本书是国家社科基金青年项目"以农民需求为导向的农村养老保障制度研究"（立项号：08CSH033）的最终成果，同时受到湖北省社科基金一般项目"湖北省社会养老服务体系建设研究：基于供需均衡的研究视角"（立项号：2013155）、华中农业大学自主科技创新基金人文社会科学优秀青年人才资助计划（课题编号：2012YQ004）和国家级科技人才培育项目（课题编号：2662015PY106)的资助。

农村社会发展丛书·钟涨宝 主编

以农民需求为导向的农村养老保障制度研究

田北海 著

中国社会科学出版社

图书在版编目（CIP）数据

以农民需求为导向的农村养老保障制度研究/田北海著.—北京：中国社会科学出版社，2017.10
（农村社会发展丛书）
ISBN 978-7-5161-9230-6

Ⅰ.①以… Ⅱ.①田… Ⅲ.①农村—养老—社会保障制度—研究—中国 Ⅳ.①F323.89

中国版本图书馆CIP数据核字（2016）第266531号

出 版 人	赵剑英
责任编辑	田 文
特约编辑	陈 琳
责任校对	张爱华
责任印制	王 超

出 版	中国社会科学出版社
社 址	北京鼓楼西大街甲158号
邮 编	100720
网 址	http://www.csspw.cn
发 行 部	010-84083685
门 市 部	010-84029450
经 销	新华书店及其他书店
印 刷	北京君升印刷有限公司
装 订	廊坊市广阳区广增装订厂
版 次	2017年10月第1版
印 次	2017年10月第1次印刷
开 本	710×1000 1/16
印 张	26
插 页	2
字 数	386千字
定 价	96.00元

凡购买中国社会科学出版社图书，如有质量问题请与本社营销中心联系调换
电话：010-84083683
版权所有 侵权必究

《农村社会发展丛书》编委会

主　　编　钟涨宝

学术顾问　陆学艺　郑杭生

编　　委　(以姓氏拼音为序)
　　　　　江立华　雷　洪　吴　毅
　　　　　万江红　周长城　钟涨宝

《农村社会发展丛书》总序

自周、秦以来，中国一直是个农业国家，是个农业社会的社会结构。直到1978年，农民仍占82.1%，只能说还是个农业国家的社会结构。真正发生大变局，转变为工业国家社会结构的是改革开放30年后。改革开放30余年，我国坚持以经济建设为中心，基本实现了经济现代化。2010年，中国的GDP达到39.8万亿元（约合6.2万亿美元），按不变价格计算，比1978年的3645亿元增长20.6倍，年均递增9.9%。三大产业结构由1978年的28.2∶47.9∶23.9转变为2010年的10.1∶46.9∶43.0。在经济建设取得巨大成就的同时，中国的社会建设却"落"下了不少功课。由此带来的是老百姓上学难、就医难、住房难、城乡差距加大、社会矛盾凸显。而这些问题，对于生活在中国当代社会的普通老百姓来说，体会得痛楚而深切。从世界各国发展经验看，在社会现代化进程中，从农业社会向工业社会转变，首先经历的是经济发展为主的阶段；在工业化中期向工业化后期转变中，关注的是经济社会协调发展；进入后工业社会时期，则是社会发展为主的阶段。现在，从整体看，我国经济结构已达到工业社会中期阶段水平，但社会结构和社会发展水平尚处于工业化初期阶段。

经济结构与社会结构是一个国家（或地区）最基本、最重要的两个结构，两者互为前提、相互支撑。一般说来，经济结构变动在先，推动着社会结构的变化；而社会结构调整了，也会促进经济结构的优化和持续变化，所以经济结构和社会结构必须平衡、协调，相辅相成。国内、国外的经验和教训说明，经济结构不能孤军独进，社会结构的变化可以稍后于经济结构的变动，但这种滞后有一个合理的限度，超过了这个限度，如果长期滞后，就会阻碍经济结构的持续变化，从而阻碍经济社会的协调发展。改革开放以来，随着经济体制改革和经济快速发展，社会结构已经发生了深刻变动。但是，由于没有适时进行社会体制改革，社会建设的投入也不足，使社会结构相对滞后，出现了经济和社会两大基本结构不契合、不匹配的状况。

总体来看，当前我国的经济结构与社会结构存在着严重的结构差，这是中国经济社会发展中最大的不协调，也就是我们常说的存在一条腿长、一条腿短的畸形尴尬状况，这是产生当今中国诸多经济社会矛盾和问题，而且久解不决的结构性原因。而"三农"问题为什么长期解决不好？凡是一个经济或社会问题，不是一个单位、一个地区的问题，而是比较普遍存在的问题；做了工作，一年两年解决不了，而且多年解决不了。这一类问题就是经济社会的结构问题、体制问题。靠加强领导、靠加强工作是解决不了的。必须通过改革，通过创新体制，调整结构才能得到解决。"三农"问题之所以迟迟解决不了，就是因为存在这样一个普遍性的问题。"三农"问题就是一个需要从经济社会结构层面来认识，从改革体制的层面才能解决的问题。"三农"问题，说到底是个结构问题、体制问题。我们搞工业化，但没有按社会发展规律搞城市化，而用种种办法把农民封闭在农村里。

现在的城乡结构、经济社会结构，既不平衡，也不合理。这种城乡结构、经济社会结构是20世纪50年代以来，我国长期实行计划经济体制条件下的户口、土地、就业、社会保障等一系列制度而形成的，总称为城乡二元结构。这种城乡二元结构，同国外讲的不完全一样。刘易斯的二元结构，主要是讲城乡二元经济结构；中国的城乡二元结构，是在上述一系列体制下逐步形成的，既是经济结构，也是社会结构，应该称作城乡二元经济社会结构。它以户口制度为基础，把公民划分为非农业人口和农业人口。国家对城市居民（非农业户口）实行一种政策，对农民（农业户口）实行另一种政策。对这种格局，有学者称为"城乡分治，一国两策"。

1978年改革开放，农村率先改革，实行包产到户和家庭联产承包责任制。农村改革到今年35年了，"三农"工作取得了巨大的成就，而这些成就是在农村改革还没有完全到位，还是在城乡二元经济社会结构的背景下实现的。虽然成绩很大，但问题也很多，应该有个好的总结和反思。从建设中国特色社会主义现代化事业，从国家长治久安，从中国跻身世界先进国家行列的全局看，解决"三农"问题仍是最大的难点和重点，仍然是我们各项工作的重中之重。现在的这套结构是不行的。今后要着力破除城乡二元结构，形成城乡经济社会一体化格局。统筹城乡经济社会发展是解决好"三农"问题的根本途径。

"统筹城乡经济社会发展"，最早是在党的十六大政治报告中提出来的。作为建设现代化农业，发展农村经济，增加农民收入的重大原则，也就是解决好"三农"问题的根本方针。2002年后每年中央全会所作的决定，都一再重申这个重大原则，2008年的十七届三中全会再次重申："必须统筹城乡经济社会发展，始终把着力构建新型工农、城乡关系作为加快推进现代化的重大战略。"10年过去了，我国的城市和乡村都有了很大的发展，经济和社会也都有了很大的进步，这是要充分肯定的。但是城市发展得快，农村发展得慢；经济这条腿长，社会这条腿短的格局，还没有从根本上扭转。一个重要的例证，就是城乡差距还在继续扩大。这表明统筹城乡经济社会这个方针还没有得到全面有效的贯彻。所谓统筹，就是要兼顾、要协调、要平衡，使城乡经济社会协调发展。在这里，统筹的主体是党中央、国务院和各级地方党委和政府，按照统筹兼顾的原则，进行宏观调控，改变过去重（城市）一头、轻（农村）一头，乃至挖一头（农村）、补一头（城市）的做法。所以，要贯彻落实统筹城乡经济社会发展这个重大战略和方针，作为统筹主体的各级党委和政府，首先要有明确的认识。其次，要贯彻落实统筹城乡经济社会发展，必须对现行的城乡体制机制进行改革。要统筹城乡经济社会发展，就一定要统筹安排进行诸如户口制度、土地制度、财政金融体制、教育医疗体制、社会保障体制等方面的改革，这些方面的每一项改革，都涉及全局，单靠农业、农村方面的力量是改不动的，而必须由党和国家，各级党委、政府统筹安排来进行。所以，要实现城乡经济社会一体化的理想，应该把统筹城乡经济社会发展加进改革的内容，称为统筹城乡经济社会的改革和发展。最后，要实现统筹城乡经济社会发展的战略任务必须在组织上落实。政治路线决定组织路线，组织路线是为政治路线服务的。新中国成立以来，特别是改革开放以来，社会主义建设实践证明，这个理论是正确的。所以，在新时期，建一个为党中央解决好"三农"问题的工作机构，从组织上落实统筹城乡经济社会的改革和发展这个重大战略任务，就很有必要。

统筹城乡经济社会发展，进行农村的经济社会建设离不开对农村深入细致的研究。从杨开道先生（1899—1981）到李守经先生（1932—2000），再到钟涨宝教授，华中农业大学社会学系一直秉承优良传统，孜孜不倦，潜心农村社会发展研究，产生了一大批优秀研究成果。这套《农村社会发展丛书》便是钟涨宝教授及其团队近年来产生的优秀成果选编。丛书以农民、农业和农村为主线，从中国实际出发，系统研究了农村社会变迁、农村组织、农村教育和农村社会保障等值得关注的农村社会面临的重大问题。更为可贵的是，钟涨宝教授及其团队多年来扎根农村基层，了解民情民意，探索农村性质，剖析农村结构，寻找农村发展之道，不可谓不勤劳，不可谓不努力，付出总有回报，这套丛书的出版即为世人展示了该团队的执着精神及卓越水平。

丛书研究大部分来源于农村经验，但又不是单纯农村经验的展示和罗列，而是包含着研究者对农村长久和深入的思考，是一套不可多得的优秀作品，值得同行学者、新农村建设的实践者以及关注中国农村发展的朋友们品鉴。

2013 年 4 月 18 日

农村社会发展与社会转型研究的新探索

——序钟涨宝教授主编《农村社会发展丛书》

从1978年以来,中国的社会转型进入了一个新的阶段,具有了以往不曾具有的特点。其中一个最明显的特点,就是在经济体制改革的带动下,社会结构转型和经济体制转轨两者同时并进、相互交叉,形成相互推动的趋势。这里,社会结构主要是指一个社会中社会地位及其相互关系的制度化和模式化的体系。社会结构转型就是不同的地位体系从传统型向现代型的转型;经济体制转轨则指的是从高度集中的计划经济体制向市场经济体制转换。无论是社会结构转型还是经济体制转轨,都是广义的社会转型的内容。用世界的眼光看,这种转型的复杂性在其他发展中国家的现代化过程中是很少见的。更进一步说,两种转变的实质在于文明形态的变更。而这种深层次的文明转型发生在中国这个地区发展极不平衡的巨型国度里,经历了不同路径的探索和实践,也呈现出纷繁复杂的社会现象。

另一方面,在20世纪与21世纪的交替期间,旧式现代性已经进入明显的危机时期,全球社会生活景观因此呈现出重大转折的种种迹象。在世界,在中国,探索新型现代性便成为一种势在必行的潮流和趋向。所谓旧式现代性就是那种以征服自然、控制资源为中心,社会与自然不协调,个人与社会不和谐,自然和社会付出双重代价的现代性。而所谓新型现代性,就是指那种以人为本,人和自然双盛、人和社会双赢，两者关系协调和谐，并把自然代价和社会代价减少到最低限度的现代性。作为一个具有历史规律性的人类追求方向，提倡并促进新型现代性的全面实现应该是具体研究领域的一种学术自觉。因此，这种对新型现代性的追求需要更多有志之士在相应的具体层面进行系统研究。这其中，作为社会系统重要构成的农村是一个不可忽视的研究领域。在城市化基本实现的当下，在推进新农村建设的现实背景下，如何进一步推动农村转型升级，实现城乡一体化，最终建成中国特色的新型社会主义，是摆在学界面前的一个重大课题。

事实上，在中国社会学的发展史上，农村研究一直占据重要地位。早在中国社会学的传播和发展时期，社会学的前辈们就深入到农村广阔的天地之中，探索和思考中国农村社会发展和转型面临的问题。从某种意义上说，对农村的经验研究成为早期中国社会学的研究重心。

改革开放后，中国社会学在中断近30年后得以恢复，农村社会学的教学与研究也获得长足发展。其中，华中农业大学社会学系是国内较早恢复农村社会学教学与研究的系所之一。我国第一位农村社会学博士、老一辈著名社会学家杨开道先生（1899—1981）曾经是华中农学院（华中农业大学的前身）的筹委会主任，他所开创的中国农村社会学教学研究事业给该校留下了宝贵遗产和优良传统。1986年，该校开设了国内第一个农村社会学专业。华中农业大学社会学专业自建立之日起，就十分重视农村社会学教学与研究中的学风建设，不但继承和发扬了杨开道先生的"理论研究与实地调查相结合，用科学方法研究中国农村"的学术理念，而且在首任系主任李守经教授的带领下，逐步形成了严谨治学、求真务实的教学和科研风气与传帮带、团结合作的工作氛围，以及"教学、科研、社会实践"三结合培养社会学应用人才的教学理念。现今，这种优良的教风学风由钟涨宝教授带领他的团队进一步发扬光大，他们所取得的成绩有目共睹，为学界公认。

这样一种注重"理论研究与实地调查相结合"，务实开拓创新的精神理念，一定程度上与我近年来提倡的中国社会学要有一种"顶天立地"的精神相契合，也是一种"理论自觉"的自我实践。所谓"顶天"，就是社会学研究要站在国际社会学研究的前沿，把握当前学术研究的前沿问题，也就是说，中国社会学必须要有国际视野。所谓"立地"，是指社会学研究一定要立足于本土研究，扎根本土社会，这就是本土视野。"顶天立地"就是要把追求前沿与深入基层结合起来，把世界眼光与草根精神结合起来。只有把两种视野结合起来，农村研究的水平和价值才能得到提升。而所谓"理论自觉"是指对社会学理论或社会理论进行"建设性的反思"。显然，"理论研究与实地调查相结合，用科学方法研究中国农村"的学术理念，其实质正是"顶天立地"和"理论自觉"。正是在这样一种务实开拓创新的精神理念下，该校的农村社会学研究一直走在学科的前沿，取得了丰硕的成果。

此次由钟涨宝教授主编的《农村社会发展丛书》无疑是农村社会学领域的又一新探索，也是对中国农村社会学的又一大贡献。该丛书立足农村社会转型和体制转轨的时代背景，综合运用社会学理论和方法，以实现农村社会和谐发展和促进农村社会建设为目标，围绕"农村社会发展行为逻辑与制度安排的互动规律"这一主线，对我国农村社会政策、农村社会组织、农村社会保障等核心问题进行系统的交叉学科研究。具体而言，这套丛书综合运用了个案研究、统计调查、历史比较研究等多种社会学研究方法，对农村经济社会变迁进行了不同侧面的研究，着重关注了当前农村发展和转型过程中的热点问题，比如农村社会保障、农民合作经济组织、民间金融组织、农村教育等事关城乡一体化的社会问题。有关这些问题的系统研究，对探索农村社会发展规律，消减农村社会发展进程中不协调的音调，从而将农村社会发展的代价减缩至最低程度，实现农村社会的良性运行和协调发展，具有重要的理论和实践价值，是对如何实现新型现代性的一种积极回应。我们有理由相信，这套丛书的出版，对于读者在理论上认识把握中国农村社会发展大有裨益，对于相关部门的政策制定亦具有重要的参考价值。

总之，这套丛书凝聚了华中农业大学社会学系多年来农村社会学研究的心血，把握了学术研究的前沿，是一套值得研读的精品。

是为序。

郑杭生

2010年3月25日于
中国人民大学理论与方法研究中心

目　录

引　言 …………………………………………………………（1）
　一　问题的提出 ……………………………………………（1）
　二　研究设计 ………………………………………………（5）

第一章　供需均衡视角下的新型农村社会养老保险制度 ………（15）
　一　问题的提出 ……………………………………………（15）
　二　新型农村社会养老保险的制度需求 …………………（16）
　三　新型农村社会养老保险的制度安排 …………………（35）
　四　新型农村社会养老保险的制度绩效 …………………（50）
　五　新型农村社会养老保险的制度整合 …………………（63）

第二章　供需均衡视角下的失地农民社会养老保险制度 ………（70）
　一　问题的提出与数据来源 ………………………………（70）
　二　失地农民社会养老保险制度的需求分析 ……………（74）
　三　失地农民社会养老保险制度的供给现状 ……………（85）
　四　失地农民社会养老保险制度供给与
　　　需求的契合度分析 ……………………………………（90）
　五　促进失地农民社会养老保险制度供需
　　　均衡的对策建议 ………………………………………（91）

第三章 供需均衡视角下的农村计生户社会养老保险制度 …… (94)
- 一 问题的提出与数据来源 ………………………… (94)
- 二 农村计生户对社会养老保险制度的需求现状 ………… (97)
- 三 农村计生户社会养老保险制度的供给现状 ………… (101)
- 四 农村计生户社会养老保险制度的供需契合度分析 …… (104)
- 五 农村计生户社会养老保险的制度整合 ……………… (108)

第四章 结构与行动互构视角下的农民工社会养老保险制度 … (112)
- 一 问题的提出 …………………………………… (112)
- 二 农民工社会养老保险的制度需求 ……………… (114)
- 三 农民工社会养老保险的制度安排及其供给机制 ……… (119)
- 四 农民工社会养老保险的制度参与 ……………… (127)
- 五 农民工社会养老保险的制度整合 ……………… (138)

第五章 供需均衡视角下的农村老年社会救助制度 ………… (142)
- 一 问题的提出 …………………………………… (142)
- 二 农村贫困老年人的社会救助需求 ……………… (144)
- 三 农村贫困老年人的社会救助现状 ……………… (149)
- 四 农村老年社会救助的制度困境 ………………… (151)
- 五 农村老年社会救助的制度整合 ………………… (159)

第六章 供需均衡视角下的农村社会养老服务体系 ………… (164)
- 一 问题的提出与数据来源 ………………………… (164)
- 二 农村老年人的养老服务需求 …………………… (168)
- 三 农村老年人的养老服务供给 …………………… (191)
- 四 城乡社会养老服务体系的供需矛盾及其影响因素 …… (199)
- 五 加快推动城乡社会养老服务体系建设的对策建议 …… (219)

参考文献 ……………………………………………… (232)

附录1 农村养老保障现状、需求与意识调查问卷 …………… (260)

附录2 新型农村社会养老保险试点制度评估研究
调查问卷 …………………………………………… (281)

附录3 湖北省农民工就业、居住、保障与融入
调查问卷 …………………………………………… (300)

附录4 鄂籍农民工城市就业、生活与权益保障
调查问卷 …………………………………………… (323)

附录5 老年人生活质量与社会支持调查问卷 …………… (357)

附录6 以农民需求为导向的农村老年人养老问题
调查问卷 …………………………………………… (373)

附录7 湖北社会养老服务体系建设研究调查问卷 …………… (382)

附录8 湖北省社会养老服务机构基本情况调查表 …………… (390)

后记 …………………………………………………………… (396)

引 言

一 问题的提出

农村养老保障是指国家通过一定的制度和措施，让农村劳动者在年老丧失劳动力时能够得到基本生活保障的一种社会机制。与大多数发展中国家一样，中国农村养老保障长期以家庭为核心，仅有极少数"五保"老人能得到制度化支持。改革开放以来，随着老龄化进程的加速、农村集体经济的衰弱、传统"孝道"的淡化和家庭养老网络的弱化（Mason，1992），计划经济体制下"家庭＋集体"保障模式的不足日益凸显。在此背景下，我国政府于 20 世纪 80 年代中期开始探索在农村建立社会养老保障的新模式，学术界亦就相关问题进行了广泛研究。

回顾本课题立项以前的研究，已有研究主要围绕如下主题展开：

一是农村养老保障制度现状与问题研究。整体层面的研究主要关注现行养老模式的城乡、地域分割特征及制度性保障缺失等问题（Shen & Williamson，2006）。由于农村养老保障改革目标是建立社会养老保障新模式，故具体层面的研究多关注农村社会养老保险现状及问题（李迎生，2001）；同时，农村"五保"供养制度存在的困境也受到一些学者的关注（洪大用等，2004；杨团、张时飞，2004）。

二是农村养老保障制度实践的经验与启示研究。本土经验研究方面的主要成果有：中国劳动和社会保障部课题组（2007）对北京市大兴区等 8 个社会养老保险试点的调研；赵德余、梁鸿（2007）对发达地区农村社会养老保险制度经验的探讨。国外经验研究方面的主要成果有：Shen & Williamson（2006）对亚非拉发展中国家普遍非缴费型养老保障制度的经验及其在中国适用性的探讨；丁少群（2004）对工业化国家"三柱式"农村养老保障体系及其在中国适用性的探讨。

三是农村养老保障制度改革理念与依据研究。在制度选择理念研究方面，主要观点有"底线公平说"（景天魁，2004）、"分类分层推进说"（郑功成，2002）和"公民权利说"（张红英，2003）。在制度选择依据研究方面，多数学者从经济条件和社会需要出发探讨了改革农村养老保障模式的必要性（卢海元，2003）；"土地保障论"则以农民有土地为理由，反对在农村建立社会养老保障制度（刘福垣，2003）。

四是构建农村养老保障制度的对策研究。在养老保障模式选择研究方面，学界观点逐渐从分歧走向综合（梁鸿、诸亮，2005），普遍认为现阶段应选择以自我养老与家庭养老为主、以社会支持为辅的"过渡模式"（李迎生，2001；田雪原，2002）；而对于"过渡模式"的具体构成，有主张家庭养老、社会养老保险和社区养老相结合者（杨翠迎，2005），有主张以家庭、社区养老为主，以自我养老和社会养老保险为辅者（谭克俭，2002），还有学者主张以非缴费型的老年津贴方案代替养老保险制度（杨立雄，2006）。在制度责任主体研究方面，学术界普遍认为个人、家庭、社区及政府都要承担责任，但在政府具体承担何种责任方面尚存分歧，主要观点有"以个人为责任主体、政府提供帮助"论（姜向群，2007）、"有限财政责任"论（杨翠迎等，2007）和"政府主导责任"论（郑功成，2002）。在制度对象构成研究方面，一种观点认为农村社会保障对象应为从事农业劳动的农村居民及其家属（郑功成，2002）；一种观点认为农村养老保障对象应包括所有农村户籍人口（李艳荣，2007）。在筹资模式选择研究方面，对于养老保险经费来源，学界普遍主张"个人缴纳为主，集体补助为辅，国家予以政策补贴"（郑秉文，2001）；也有学者主张国家和集体承担更多筹资责任（高和荣，2003）；对于个人养老经费来源，学者们分别提出了"以土地换保障"（张时飞、唐钧，2004）、"实物换保障"（卢海元，2003）等设想。总的来说，农村养老保障给付与运营模式选择方面的研究成果相对较少。

除上述研究内容外，也有学者从不同视角解析了我国农村养老保障制度困境的成因。其中，经济视角的研究认为，当前困境根源于城乡二元经济结构（田雪原，2002），关键制约因素是资金来源不足（杨立雄，2006）；政治视角的研究认为，当前困境根源于农民利益表达机制的缺失（蒋蕾，2007）；文化视角的研究认为，当前困境根源于政府的福利理念（Shi，2006）。

上述研究成果为本研究提供了有益借鉴，但仍然存在如下不足：

从研究内容来看，一方面，现有研究以农村养老保障制度的问题描述和对策探讨（Shi，2006）为主，对农村养老保障制度选择依据的研究相对较少。而有限的制度选择依据研究主要考虑的是经济因素与社会需要，较少考虑文化因素、历史因素，尤其是社会心理因素对相关制度的影响；另一方面，现有研究较多关注农村养老保障的制度供给问题，而对于农村养老保障的制度需求问题（宋宝安，2007），尤其是不同类型农民的养老保障需求及其养老权益保障机制缺乏深入的分析。

从研究视角来看，现有研究一方面主要采取"自上而下"的视角，即主要从经济条件和社会整合需要两个角度出发，探讨了政府应为农村设计什么样的养老保障制度，而对于制度的主要受益者——农民的养老需求则关注不足。作为具有一定价值取向和行动偏好的行为主体，农民养老需求直接反映甚至决定着养老保障制度的成败；相关制度的设计如果忽视农民的需求偏好，是很难有效运行的。另一方面，已有研究多将农民视为同质性群体，忽视了农民群体的内部分化及不同农民群体养老保障需求的异同。

从研究方法来看，在现有研究中，基于"自上而下"的农村养老保障制度研究成果多从制度文本或养老保障理念出发，分析农村养老保障制度的现状、问题与对策，其研究结论缺乏实证调查数据的支撑；基于"自下而上"的农村养老保障研究成果多运用实证调查数据，对农民的养老保障需求及其行为进行经验分析，但较少从理论上对农民养老保障需求与行为的形成机制及其与传统养老保障模式的关系做出有说服力的解释。

此外，在已有研究中，学者们常常将农村养老保障、农村养老保险、农村社会养老保险和农村养老等相关概念混同使用；一些学者甚至将农村养老保障等同于农村社会养老保险，忽视了农村养老保障制度的复杂性和系统性，相应地，其提出的关于完善养老保障制度的对策建议往往难以全面回应农民尤其是农村老年人的养老保障需求。

基于构建和完善农村养老保障体系的紧迫性和已有研究尚存的不足，本研究尝试在厘清农村养老保障概念的基础上，以农民需求为导向，实证分析不同农民亚群体的养老保障制度需求及其制度供给现状，从供需均衡视角出发，探析农村养老保障制度需求与供给的契合度及其影响因素，探讨实现农村养老保障制度供需均衡的有效政策路径。

本研究尝试实现如下三个方面的创新：

一是在研究内容上，从广义角度界定农村养老保障制度的含义，将其理解为由农村老年社会救助、农村社会养老保险和农村养老服务三大子系统构成的"三位一体"农村老年人基本生活保障系统。基于上述观点，从农民需求视角出发，在从整体层面对新型农村社会养老保险制度供需进行分析的基础上，对失地农民、农村计生户和农民工三大亚群体的社会养老保险制度进行比较研究；对农村老年社会救助制度和农村养老服务体系两大农村养老保障子系统的供需现状、供需关系及制度整合路径进行系统研究，以增进学术界对农村养老保障制度的全面认识。

二是在研究视角上，一方面，通过经验研究分析不同农民亚群体的农村养老保障制度需求现状及其影响因素；另一方面，从制度文本及制度实践层面分析不同农民亚群体的养老保障制度安排，并对农村养老保障制度三大子系统的供需关系进行对比分析，对农民养老保障需求及实现其需求的制度环境进行整合分析，从而实现"自下而上"研究视角与"自上而下"研究视角的有机结合。

三是在研究方法上，一方面，借鉴情境理性理论、结构与行动互构论、社会民主主义理论等，在理论层面阐释传统家庭养老的替代机制、农民的养老保障制度需求与行为特征及其形成机制；另一方面，综合运用问卷调查法、个案访谈法、座谈法和文献法，系统收集农村养老保障制度供需方面的资料，在经验层面对不同农民亚群体的养老保障制度供需现状及其影响因素进行系统的实证研究，从而实现理论研究与经验研究的有机结合，并克服现有研究相对笼统的不足。

二 研究设计

(一) 农村养老保障的概念辨析

近年来，农村养老保障方面的研究成果非常丰富。然而，对于何为农村养老保障，学术界并未形成明确的共识。为此，澄清农村养老保障的内涵及外延，构成了本研究的起点。

农村养老保障是农村社会保障体系的一个子系统。对于社会保障的含义，学术界一直有广义和狭义两种不同的观点。相应地，对于农村养老保障这一概念，学术界也形成了广义和狭义两种不同观点。

在我国，许多学者倾向于从狭义的角度理解社会保障和农村养老保障，认为农村养老保障是国家和社会为满足农村老年人的基本生活需要而提供的一系列物质帮助或制度保障。具体在研究实践中，一些学者常常将农村养老保障和农村养老保险混同使用。狭义论的观点切中了农村养老保障的重点和本质，即重点为老年人提供经济支持，以保障并满足老年人的基本生活需要。然而，将农村养老保障混同于农村养老保险的做法混淆了农村养老保障两个不同层次的功能，即：除了通过养老保险子系统保障社会成员的基本生活需要外，对于那些未进入社会养老保险安全网之内的贫困老年群体，养老保障制度还承载着通过社会救助子系统保障其最低生活水平的功能。

与狭义论的观点仅强调物质保障不同的是，持广义论观点的学者认为：社会保障是指"各种具有经济福利性的、社会化的国民生活保障系统的统称"。作为国民生活保障系统，社会保障概念客观上包含经济保障、服务保障和精神保障三个层次，包含社会保险、社会救助、社会福利及其他各种社会性保障措施[①]。还有学者指出，社会保

[①] 郑功成：《社会保障学：理论、制度、实践与思辨》，商务印书馆2000年版，第11—12页。

障应包括"作为最低层次的社会救济,作为基本部分的社会保险,作为最高层次的社会福利,作为特殊纲领的社会优抚,以及医疗保健服务"多个方面[①]。

从我国老年事业的定位来看,《中国老龄事业发展"十二五"规划》指出,要努力实现老有所养、老有所医、老有所教、老有所学、老有所为、老有所乐的工作目标。从这个意义上讲,养老保障不仅仅意味着在物质上满足老年人的基本生活需要,还应包括为老年人提供及时的生活照料和情感慰藉等服务支持。

综上所述,在本研究中,笔者将农村养老保障制度界定为:国家或社会通过国民收入再分配,依法对因年老而丧失劳动力或遭遇生活困难的农村社会成员给予一定物质帮助或服务支持,以保障其基本生活需要并提高其生活质量的一种制度。就其外延而言,农村养老保障包含农村贫困老年人社会救助、农村养老保险和农村养老服务三个方面。其中,农村贫困老年人社会救助是农村养老保障的最低层次,其主要功能是保障农村贫困老年人最基本的生存需要,维持其最低生活水平,是农村养老保障的"最后一道防线";农村养老保险是农村养老保障的核心内容,其主要功能是保障农村老年人的正常生活水平;农村养老服务是农村养老保障的最高层次,其主要功能在于为农村老年人的生活提供方便、减轻负担,提高农村老年人的生活质量[②]。以养老保障的责任主体为依据,农村养老保障可以划分为家庭养老保障和社会养老保障两种不同模式。作为一种制度安排,当前的养老保障主要指以国家和社会为主要责任主体,国家、社会与个体共担养老保障责任的社会养老保障制度。相应地,本研究中的养老保障制度具体是指社会养老保障制度,储蓄式养老保险和商业养老保险不在本研究的讨论之列。

---

① 馨芳、国太、劲民编译:《世界各国的社会保障制度》,中国物资出版社1994年版,第2页。

② 参见田北海《社会福利概念辨析:兼论社会福利与社会保障的关系》,《学术界》2008年第2期。

（二）研究思路与研究内容

本研究认为，在农村产业结构转型和市场化的双重背景下，农民日益分化为职业农民、农民工和失地农民等亚群体，不同农民亚群体有着不同的养老保障需求。此外，国家对计划生育家庭有着特殊的养老保障制度安排，农村已进入老年的居民有着现实的养老保障需求，这两类群体的养老保障需求也有其特殊性。以农民养老保障需求为导向，寻求农民养老保障需求与制度供给之间的平衡点，是构建既能最大限度满足农民需求，又能与制度环境相适应的农村养老保障制度的关键。

基于上述观点，本研究将农村养老保障制度划分为农村社会养老保险制度、农村贫困老年人社会救助制度和农村社会养老服务体系三个子系统，尝试从需求层面分析农民及其不同亚群体的养老保障需求现状与影响因素；从供给层面探讨不同农民亚群体养老保障需求的满足现状以及影响因素；从供需均衡视角出发，为构建既能最大限度满足不同农民养老保障需求，又能与制度环境相适应的整合型农村社会养老保障制度提出对策建议。

本研究的分析框架如图0—1所示。

本研究的成果由6章组成。

第一章为"供需均衡视角下的新型农村社会养老保险制度"。在本章，课题组从整体层面出发，以2009年以来在全国试点运行的新型农村社会养老保险制度为研究主题，实证分析了农民对新型农村社会养老保险的制度需求、参与意愿及其影响因素，比较分析了典型地区新型农村社会养老保险的制度文本，并分别基于农民行动与农民感知视角，对新型农村社会养老保险的制度绩效进行了评估。在此基础上，提出了促进新型农村社会养老保险制度供需均衡的对策建议。

第二、三、四章为"供需均衡视角下的失地农民社会养老保险制度"、"供需均衡视角下的农村计生户社会养老保险制度"和"结构与行动互构视角下的农民工社会养老保险制度"，课题组从供需均衡视角出发，分别对失地农民、农村计生户和农民工三大亚群体的社会养老保险制度需求、制度供给现状及其需求契合度或制度实践进行了

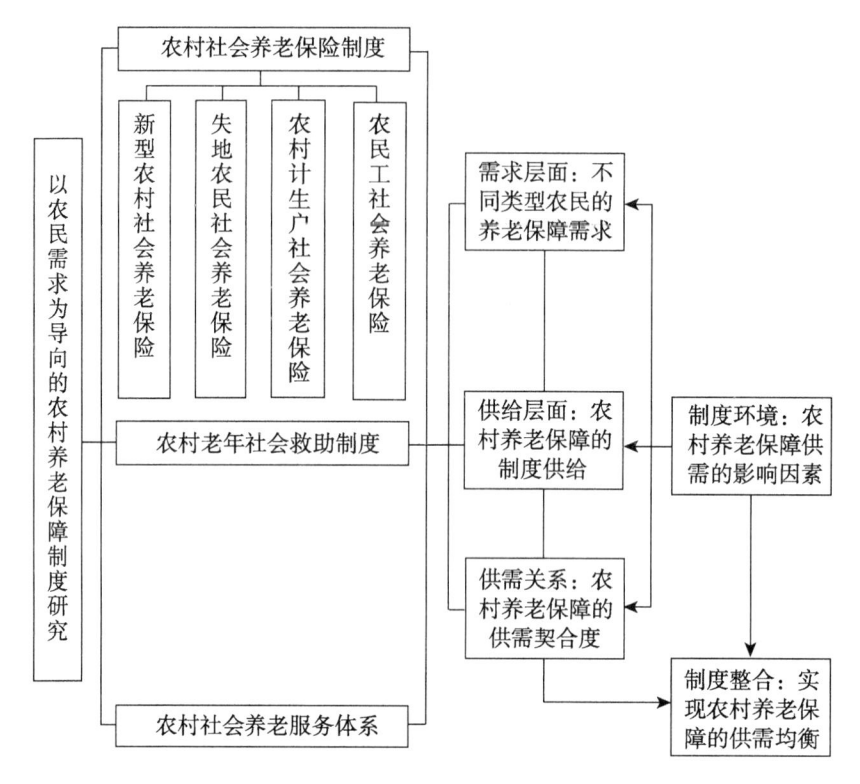

图 0—1 "以农民需求为导向的农村养老保障制度研究"框架图

实证分析,提出了促进失地农民、农村计生户和农民工社会养老保险制度整合的对策建议。

上述 4 章共同构成农村养老保障研究第一个板块的研究成果,即"以农民需求为导向的农村社会养老保险制度研究"。

第五章为"供需均衡视角下的农村老年社会救助制度"。本章基于 2012 年 7 月在湖北省 2 个县级市(区)展开的农村老年人养老问题专题调查,聚焦于农村贫困老年人群体,对农村贫困老年人的救助需求、救助供给进行了实证分析;基于在湖北省 H 市的实地调查,从理念、文本和实践三个层面对农村老年社会救助制度的困境进行了分析。在此基础上,提出了完善农村老年社会救助制度的对策建议。

第六章为"供需均衡视角下的农村社会养老服务体系"。本章以

2012年7月在湖北省2个县级市（区）展开的农村老年人养老问题专题调查数据为例，基于对家庭养老替代机制的分析，实证研究了农村老年人的社会养老服务需求及其影响因素，分析了农村老年人养老服务的供给现状；基于在湖北省开展的城乡社会养老服务体系建设专题调查，剖析了城乡社会养老服务体系的供需矛盾及其影响因素，提出了完善城乡社会养老服务体系的对策建议。

（三）研究方法

本课题的主要研究方法有问卷调查法、个案访谈法、座谈法和文献法。

1. 问卷调查法

在本研究中，课题组设计并组织了1项农村社会养老保障综合社会调查和6项专题调查（含1项新型农村社会养老保险试点制度评估专题调查、2项农民工专题调查、1项农村老年人生活质量与社会支持专题调查、1项农村老年人养老问题专题调查和1项城乡社会养老服务体系建设专题调查）。

农村社会养老保障综合社会调查于2009年暑假、2010年寒假完成。课题组设计了《农村社会养老保障现状、需求与意识调查问卷》，调查对象为16岁以上、具有农村户口的农村居民，不包括在校学生。为保证调查数据的代表性，课题组运用分阶段抽样方法确定调查对象。其具体抽样步骤及方法如下：（1）按地域分布特征和"新农保"试点情况抽取浙江、山东、湖北、安徽、广西、贵州和河北7个省（自治区），在各省（自治区）各抽取2—4个县（市）；（2）在获得当地相关部门支持后，在每个县抽取1—2个有代表性的乡镇，在每个乡镇抽取1—2个有代表性的村；（3）由乡镇干部或相关部门工作人员带抽样员及调查员进村，找到主要村干部，请村干部出示该村户主花名册（或者是粮食直补花名册）；（4）请村干部在花名册上标示出长期在外的户主名单，将其从抽样总体中剔除，然后统计出该村常住人口总户数N；（5）确定抽样间距d＝N/60（d为小数时，去除小数点后的数字，取整数，如d＝13.5时，取d值为13）；（6）运用随机数表确定抽样起始点S；（7）自抽样起始点S开始，每隔d

抽取1户，即S，S+1d，S+2d，…，S+nd，组成n户的大样本框（n≥59），在抽样记录本上登记大样本框中的户主姓名和编号；（8）运用随机数表从n户的大样本框中依次抽出30户正选调查样本，抽样员在大样本框相应序号上打"√"标识为正选抽样框样本；（9）按地域相近原则将30户正选样本分成若干个小组（依据调查员人数而定），调查员在调查记录本上登记各组正选户主姓名；（10）各组调查员手持正选户主名单，在村干部或当地村民帮助下入户，在户内抽取户主或其配偶进行调查；（11）在调查过程中，若遇到正选抽样框中的户主家中无人或调查失败，调查员在相应的户主名单上打"×"，并标明失败原因，然后进入下一个正选抽样户继续调查；（12）完成对所有正选抽样户的调查后，调查员打电话给抽样员，请抽样员用随机数表在备选抽样框中抽取出替补户主，以替换调查失败的正选户主；抽样员在调查失败户主名单上打"×"，在抽取出的替补户主名单上打"△"，并标明其所替换的对象；调查员根据抽样员提供的信息在调查记录本上登记替补户主名单及其替换对象，并请村干部或村民带其进入替补户主家中继续调查；（13）若在替补户主家中进行调查仍然未能成功，调查员在相应的户主名单后打"×"，标明失败原因；并再次打电话给抽样员，请抽样员用随机数表在备选抽样框中抽取出剩余的替补户主，以替换调查失败的户主。抽样员在调查失败户主名单上打"×"，在选取出的替补户主名单上打"△"，并标明其所替换的对象；调查员根据抽样员提供的信息在调查记录本上登记替补户主名单及其替换对象，并请村干部或村民带其进入替补户主家中继续调查。依此类推，直到完成所有调查任务或备选抽样框中的所有备选样本使用完毕，便结束在该村的调查。在农村养老保障综合社会调查中，课题组共调查了46个村庄，回收了1111份有效问卷。上述问卷调查数据构成了第一章至第四章（"以农民需求为导向的农村社会养老保险制度研究"）的主要数据来源。

新型农村社会养老保险试点制度评估专题调查于2011年8月在全国新型农村社会养老保险试点市之一的湖北省钟市展开。为评估新型农村社会养老保险试点制度的运行效果，课题组设计了《新型农村社会养老保险试点制度评估研究调查问卷》，通过整群抽样方式对钟市的桥镇和水镇2个乡镇①4个行政村的312位农民进行了问卷调查。上述问卷调查数据构成了第一章"供需均衡视角下的新型农村社会养老保险制度"第四节的主要数据来源。

湖北籍农民工就业、居住与融入问题专题调查于2008年进行。调查采取分段随机抽样的方式，在湖北省102个区县中随机抽取了武汉江夏、新洲、孝感应城、荆门沙洋、荆州公安、鄂州鄂城、襄樊宜城、宜昌当阳、秭归、十堰郧县、随州广水、咸宁崇阳、恩施建始、天门等14个区县，在每个区县各抽取一个乡镇，在每个乡镇各抽取一个行政村，然后聘请家乡在该县的本校学生到各行政村以系统随机抽样的方式在每村抽取30位农民进行调查。本次调查共发放420份问卷，回收有效问卷334份，有效回收率为79.5%，其中，农民工样本262个。

在鄂农民工就业、居住与融入问题研究调查于2008年至2009年4月完成。在调查过程中，课题组采取配额抽样的方式，在武汉、云梦、十堰、荆门4个城市的不同行业、不同所有制企业发放了480份问卷，回收有效问卷418份，有效回收率为87.1%。除问卷调查外，项目组还完成了对15位农民工的个案访谈。上述2项农民工专题调查构成了本书第四章的主要数据来源。

农村老年人生活质量与社会支持最低生活保障制度专题调查于2011年7月在湖北省河市林镇展开。为深入分析农村贫困老年人社会救助制度需求与供给现状，课题组设计了《农村老年人生活质量与社会支持调查问卷》，采取整群抽样方式对林镇12个行政村中所有60周岁及以上的老年人进行了问卷调查。上述调查数据构成了第五章第四节"农村老年社会救助的制度困境"的主要资料来源。

农村老年人养老问题专题调查于2012年7月在湖北省2个县（市、区）展开。为深入分析农村老年人养老需求及其养老现状，课题组设计了《以农民需求为导向的农村老年人养老问题调查问卷》，调查对象为60周岁及以上农村老年人。本次调查通过分段抽样方法抽取样本。首先，在湖北省抽取武汉市新洲区和孝感市汉川市2个市

---

① 遵循学术惯例，本研究出现的地名、人名作了化名处理。

（区）；其次，在每个市（区）随机抽取2个乡镇；再次，在每个乡镇各随机抽取4个行政村；最后，在每个行政村随机抽取30位年龄在60周岁及以上的老年人作为调查对象。本次调查共发放480份问卷，回收415份问卷，剔除年龄在60周岁以下的16个样本，本次调查回收399份有效问卷，有效回收率为83.1%。上述399个样本的调查数据构成了第五章、第六章中农村老年社会救助制度供需现状分析和农村老年养老服务供需现状分析的主要数据来源。

城乡社会养老服务体系建设专题调查于2013年3月在湖北省武汉市武昌区、宜昌市西陵区、孝感市汉川市三地展开。为从需求和供给两个层面全面了解城乡社会养老服务体系建设，课题组设计了2套调查问卷，即：《社会养老服务体系建设研究调查问卷》和《湖北省社会养老服务机构基本情况调查表》。《社会养老服务体系建设研究调查问卷》分别以居家养老老人和机构养老老人为调查对象，主要用于调查两种不同类型老人的生活现状、养老观念、对社会养老各项服务的需求程度及其需求满足程度。其中，居家养老老人问卷调查采取分段抽样方法抽取样本，即首先按经济发展水平的高、中、低在湖北省各抽取1个地级市（或省直管市），在每个地级市各抽取一个中心城区和一个郊区县（市、区），分别是武汉市武昌区、宜昌市西陵区和孝感市汉川市；其次，在上述每个市、区各抽取1个城关镇（街道）和一个郊区乡镇（街道），在每个乡镇（街道）随机抽取2个行政村（社区）；最后，在每个社区或行政村各抽取30位老人（男性60周岁及以上，女性55周岁及以上）进行问卷调查，同时对部分被调查者进行个案访谈。调查共发放360份问卷，回收311份有效问卷，有效回收率为86.4%。考虑到福利院中部分老人失聪、失能，无法顺利接受问卷调查，在对机构养老老人进行问卷调查时，课题组采取整群抽样方式抽取样本，在上述3个市、区各分别抽取1个公办福利院和1个民办福利院，对福利院内所有能够接受调查的老人进行问卷调查。机构养老老人问卷调查共收回163份有效问卷。《湖北省社会养老服务机构基本情况调查表》调查对象为上述3个市（区）、6个福利院的机构负责人，主要用于调查各养老服务机构在场地、软硬件设施、人员配备、服务对象、服务内容等方面的基本情况，由各福利机构负责人当场填答,并当场回收。

对于问卷调查数据,课题组运用 SPSS 17.0 统计软件,使用频次分布、相关分析、均值比较、多元线性回归、多元 Logistic 回归等工具进行定量分析。

2. 个案访谈法

在各地开展问卷调查的同时,课题组在每个县级调查点完成了对 16 名工作人员的深入访谈,其具体安排如下:第一,在各县民政局对 1 位现职农村社会福利工作人员、1 位往届农村社会福利工作人员进行深入访谈,合计 2 人;第二,在各县人力资源和社会保障局对 1 位现职农村社会保险工作人员、1 位往届农村社会保险工作人员进行深入访谈,合计 2 人;第三,在各乡镇对 1 位农村社会福利与社会保障现职工作人员、1 位往届农村社会福利与社会保险工作人员进行深入访谈,合计 4 人;第四,在各村对 1 位现任村支书或村委主任、1 位往届村支书或村委主任进行深入访谈,合计 8 人。

与此同时,每位调查员在每个行政村完成了对 5 个人的深入访谈,具体访谈对象如下:1 份对职业农民(全职或主要务农者)的深入访谈;1 份对典型农民工的深入访谈;1 份对个体经营户的深入访谈;1 份对计生户的深入访谈;1 份对 60 周岁及以上老人的深入访谈。

对于所有访谈资料,笔者均采用个案编码法进行分类整理,并采用"日期+调查地点(拼音缩写)+被调查者性别(F/M)+姓氏首字母+序号"的编码格式,如 20110713 - HCYLXW - MC2 表示 2011 年 7 月 13 日在 HC 市 YL 镇 XW 村采访的第二位对象,男性,姓 C。上述资料为课题组深入分析农村养老保障制度的供需机制提供了翔实的论据。

对于上述个案访谈资料,课题组运用比较分析法、理想类型分析法等方法进行分析。

3. 座谈法

实地调研期间,除问卷调查外,课题组在相关调查区域分别举行了农村社会养老保险制度与城乡社会养老服务体系建设的专题座谈会。座谈会参与人员为各市(区)人力资源和社会保障局农村养老保险分管领导、民政局社会养老服务分管领导、农村养老保险、社会养老服务主管部门负责人、各市（区）内拟调查乡镇（街道）的民政分管领导或民政专干、拟调查养老机构负责人；座谈会安排在课题组赴各市（区）实地调研的第一天进行，每场座谈会历时半天，每场座谈会参与人员约20人。对于座谈法收集的资料，课题组运用归纳法、典型案例分析法、比较分析法等方法进行分析。

4. 文献法

利用网络查询、直接索取等方式收集关于农村养老保障方面的各种政策规定、文件精神等。文献资料主要包括：第一，农村养老保障制度的总体政策，主要包括从中央到地方各级政府的相关通知、条例、办法、章程以及调查地区关于农村养老保障制度的具体规定，如实施细则、试行办法等；第二，调查地区与农村老年人相关的政策文件，如"五保"供养条例、残疾人优惠待遇、计划生育家庭奖励措施等；第三，调查地区关于非制度性保障的通知、文件、精神等；第四，欧美等发达国家和地区农村养老保障的相关政策、法规和文件。上述资料奠定了本研究的理论基础。

对于上述文献资料，课题组运用理想类型分析法、比较分析法等方法进行分析。

第一章 供需均衡视角下的新型农村社会养老保险制度

一 问题的提出

当前我国人口日趋老龄化，2010年第六次全国人口普查数据显示：60周岁及以上人口为1.78亿，占总人口比重达13.26%；65周岁及以上的人口相较2000年人口普查时也上升了1.91个百分点，占总人口数的8.87%（国家统计局，2011）。

我国农村一直以来以家庭养老为主，即费孝通（1983）提出的中国社会亲子关系的"反馈模式"。然而，随着计划生育的长期推行及城市化和工业化的推进，农村家庭结构日趋小型化，大量耕地被占用，上亿青壮年剩余劳动力涌入城市，加上农村以孝道为核心的传统伦理观、价值观受到现代思想观念的冲击，农民目前主要的养老方式即家庭养老、土地养老都受到明显削弱，农村老年人贫困问题日益突出。

面对日益严重的老龄化问题，民政部1986年在部分农村富裕地区开始了社会保险的试点工作，1992年开始在全国推行农村社会养老保险（以下简称"老农保"）（乔晓春，1998）。由于以个人为主要筹资主体，对农民参保缺乏有效的激励，加之养老金投资渠道限制，"老农保"很快出现参保人数大幅下滑、养老金难以保值增值等问题，直至1999年农村社会养老保险陷入停顿。在总结部分地区试点经验的基础上，2009年国务院开始在全国10%的县（市、区、旗）进行新型农村社会养老保险（以下简称"新农保"）试点，争取到2020年前基本实现全覆盖。由此农村社会养老保险发展实现了重大突破。

然而，"老农保"的失败表明，任何一项制度要想胜出，既需要有合理的制度文本,也需要具备有效的运作机制;既需要考虑制度运行的经济基础,也需要考虑制度运行的社会基础和文化基础,更需要考虑到制度受益者的需求与意愿。从这个意义上讲,以农民需求为导向,对新型农村社会养老保险的制度需求与供给现状及其影响因素进行分析,评估新型农村社会养老保险试点制度的运行过程及其运行效果,对于构建和完善适合农民需要并符合我国国情的新型农村养老保险制度具有重要的现实意义[①]。

在本章,课题组尝试以在安徽、贵州、山东、湖北、浙江、河北、广西7个省(自治区)的调查为基础,对新型农村社会养老保险制度需求与制度供给进行研究,探讨新型农村社会养老保险制度供需均衡的影响因素,进而对完善"新农保"制度提出对策建议。

二 新型农村社会养老保险的制度需求

(一) 数据来源与样本特征

1. 数据来源

本节研究数据来源于课题组 2009 年 7 月至 2010 年 3 月在安徽、贵州、山东、湖北、浙江、河北、广西 7 省(自治区)21 个新农保试点村庄 385 名农村户主所做的问卷调查[②]。调查的抽样过程在"引言"部分已有交代,本章不再赘述。

2. 样本特征

(1) 个体特征。在性别分布方面,调查对象以男性为主,女性仅占 29.3%,这一性别分布特征与课题组选择户主作为调查对象有很大关系。在年龄分布方面,调查对象的平均年龄是 49 周岁,以 45 周岁

---

① 本节部分内容曾作为阶段成果发表于《甘肃行政学院学报》2011 年第 3 期,发表原文标题为《农民参与新型农村养老保险的意愿研究》;该文被人大报刊复印资料《社会保障制度》2011 年第 9 期全文转载。

② 如前所述,课题组于 2009—2010 年在 7 个省、自治区调查了 46 个村庄。其中,有 21 个村庄开展了"新农保"试点工作。本节研究数据来源于对上述 21 个村庄的 385 个样本的问卷调查。

及以上中老年人为主，30周岁及以下的青年人仅占4.5%，这在一定程度上反映了中国多数农村大量青壮劳动力外出务工、经商的客观现实。在婚姻状况方面，95.2%的调查对象已婚且配偶健在。在受教育程度方面，绝大多数样本仅具有初中及以下学历，其中，43.0%的样本具有初中学历，还有12.4%的样本尚未接受过正式教育。在政治面貌分布方面，仅有11.3%的样本为中国共产党党员，绝大多数样本为普通群众（占86.0%）。在经济地位方面，70.9%的样本有稳定收入来源；样本个人年收入均值为13516元，但多数样本（70.4%）个人年收入在10000元及以下，其中，11.6%的样本个人年收入在1000元及以下，处于贫困水平。在劳动能力方面，绝大多数样本具有一定的劳动能力，其中，33.1%的样本"啥活都能干"；42.1%的样本"大部分活都能干"；22.1%的样本"只能干点轻活"；还有2.7%的样本"什么活也干不了"。

（2）家庭特征。在家庭规模方面，调查对象平均家庭人口数为4.5，平均家庭代际数为2.45，表明样本家庭以核心家庭和主干家庭为主，联合家庭所占比例相对较少。在子女数量方面，98.9%的样本至少有1个子女，82.6%的家庭至少有1个儿子，54.5%的家庭只有1个儿子；调查样本的子女平均数为2.1，儿子平均数为1.1，其子女性别分布特征与2010年我国人口性别比（105.2）[①] 基本相符。在家庭经济地位方面，调查样本家庭年收入均值为30316元；大多数样本（81.6%）家庭年收入在3万元及以下，其中，29.2%的样本家庭年收入在1万元以下，63.6%的样本家庭年收入在2万元以下，处于相对较低收入水平。在供养情况方面，41.1%的家中至少有1位60周岁及以上的老人，其中有36.4%的家中有2位老人；在代际关系方面，25.3%的农民表示子女会定期给钱用；绝大多数样本（占89.4%）认为子女孝顺，仅有1.2%的样本认为其子女不够孝顺。在家庭耕地面积方面，样本家庭耕地面积均值为4.5亩，绝大多数样本家庭耕地面积在10亩及以下。

---

① 数据来源：中华人民共和国统计局编：《中国统计年鉴2011》（http://www.stats.gov.cn/tjsj/ndsj/2011/indexch.htm）。

表1—1　　　　　　新农保试点地区调查样本个体特征

类别	选项	数量（人）	有效百分比（%）
性别	男	270	70.7
	女	112	29.3
年龄	30岁以下	17	4.5
	30—44岁	110	28.8
	45—59岁	188	49.2
	60岁及以上	67	17.5
婚姻状况	配偶健在	335	95.2
	丧偶或无配偶	17	4.8
文化程度	未接受过正式教育	47	12.4
	小学	135	35.6
	初中	163	43.0
	高中、中专、技校	34	9.0
政治面貌	共产党员	43	11.3
	民主党派	1	0.3
	共青团员	9	2.4
	群众	327	86.0
是否有稳定收入来源	是	266	70.9
	否	109	29.1
个人年收入	1000元及以下	39	11.6
	1001—5000元	91	27.2
	5001—10000元	106	31.6
	10000元以上	99	29.6
劳动能力	啥活都能干	124	33.1
	干大部分活	158	42.1
	只能干轻活	83	22.1
	啥也干不了	10	2.7

注：表中样本数据加总后不等于有效样本总数的原因是，部分样本的答案存在缺失值。

表1—2　　　　　新农保试点地区调查样本家庭特征

类别	选项	频率	有效百分比（%）
家庭规模 （均值=4.5，众数=5）	1—2	28	7.3
	3	73	19.0
	4	91	23.6
	5	119	30.9
	6口及以上	74	19.2
子女数 （均值=2.1，众数=2）	0	4	1.1
	1	102	27.9
	2	163	44.7
	3	62	17.0
	≥4个	34	9.3
儿子数 （均值=1.1，众数=1）	0	62	17.4
	1	194	54.5
	2	88	24.7
	3个及以上	12	3.4
家中有无老人	没有	122	58.9
	有	85	41.1
家中有几位老人	1	56	63.6
	2	32	36.4
子女是否给钱	否	260	74.7
	是	88	25.3
子女孝顺程度	很孝顺	173	50.7
	较孝顺	132	38.7
	一般	32	9.4
	不太孝顺	4	1.2
家庭耕地面积 （均值=4.5亩）	0—5亩	247	65.5
	6—10亩	113	30.0
	10亩以上	17	4.5
家庭年总收入 （均值=30316元，众数=20000）	10000元及以下	97	29.2
	10001—20000元	114	34.3
	20001—30000元	60	18.1
	30000元以上	61	18.4

注：表中样本数据加总后不等于有效样本总数的原因是，部分样本的答案存在缺失值。

(二) 农民社会养老保险制度需求的描述分析

1. 农民理想的"新农保"制度

(1) 在参保单位选择方面，新农保试点制度规定农民以个人为单位参加新农保。然而，调查结果显示，认为应以个人为单位参保的样本与认为应以家庭为单位参保的样本比例大致相当，分别占有效样本总数的 45.5% 和 40.7%。可见，以家庭为参保单位的新型农村合作医疗制度对农民的新农保参保单位选择倾向有一定的路径依赖影响。

(2) 在个人缴费标准选择方面，调查对象认为比较合理的缴费标准分别是 100 元/年（有效选择比为 21.5%）、500 元/年（有效选择比为 8.4%）、200 元/年（有效选择比为 8.1%）、2400 元/年（有效选择比为 6.4%）、1200 元/年（有效选择比为 6.1%）和 360 元/年（有效选择比为 5.2%）。其中，64.8% 的样本认为比较合理的缴费标准不应超过 500 元/年，75.0% 的样本认为比较合理的缴费标准不应超过 1000 元/年，86.3% 的样本认为缴费标准不应超过 2000 元/年。

(3) 在养老金待遇标准选择方面，调查对象期望的最低养老金待遇主要集中在 100 元/月（占比 17.4%）、200 元/月（占比 12.0%）、300 元/月（占比 8.4%）和 500 元/月（占比 5.6%）。其中，33.1% 的样本认为最低养老金待遇不应低于 300 元/月，48.5% 的样本认为最低养老金待遇不应低于 200 元/月，73.9% 的样本认为最低养老金待遇不应低于 100 元/月。相对较低的养老保险缴费标准选择倾向而言，调查对象对养老金待遇标准普遍有较高的期望。可见，多数调查对象对新型农村社会保险存在着"少缴多领"的期望。

(4) 在法定领取养老金年龄选择方面，新农保试点制度规定男性和女性开始领取养老金的年龄均为 60 周岁，而调查对象理想的法定领取养老金年龄与现行制度差异较大，且存在显著的性别差异。其中，对于男性的法定领取养老金年龄，65.4% 的样本选择 60 周岁，21.3% 的样本选择 55 周岁；对于女性的法定领取养老金年龄，31.3% 的样本选择 55 周岁，28.6% 的样本选择 50 周岁，仅有 34.6% 的样本选择 60 周岁。均值分析结果显示，在所有有效样本中，农民理想的男性法定领取养老金年龄均值是 58.5 周岁，女性法定领取养老金年龄均值则为

55.2 岁,后者比前者提前了 3.3 年。可见,在多数调查对象看来,农村女性应该和城市女职工或女干部一样,比男性提早领取养老金。

(5) 在养老保险缴费基数确定标准选择方面,53.5% 的调查对象认为应以"上年度农村居民人均纯收入"为新农保缴费基数,32.2% 的调查对象认为应以"上年度城镇居民人均可支配收入"和"上年度农村居民人均纯收入"之和为新农保缴费基数。上述数据表明,尽管多数农民倾向于按农民平均收入水平确定新农保缴费基数,但已经有超过三成的农民意识到,要站在城乡统筹的高度,实现"新农保"与城镇居民社会养老保险的一体化。

(6) 在养老保险费征缴主体选择方面,放心把养老保险费交给乡镇财政所的调查对象所占比例最高(占 50.6%),其次为交给地(市)财政局(占 43.0%)、县(市、区)财政局(占 37.8%),放心把养老保险费交给村干部的样本比例最低(仅占 22.4%)。上述统计结果表明,一方面,由于农民的政治信任呈现出级差政府信任格局(Shi,2001;Li,2004;胡荣,2007;肖唐镖、王欣,2010),即农民对政府组织及其代理机构(如村"两委")的信任水平随着其行政级别的下降而呈现出逐级下降态势,相应地,农民最不放心的养老保险费征缴主体便是村干部;另一方面,相对更上一级财政部门而言,乡镇财政所与农民的交往半径最小,是农民最方便直接打交道的财政部门,相应地,较之很难直接打交道的县、市财政部门,农民对将养老保险费交给乡镇一级财政部门的放心程度更高。

(7) 在理想的养老金领取方式方面,71.7% 的调查对象希望按月领取养老金,仅有 17.4% 的调查对象希望按季领取养老金,仅有 10.9% 的调查对象希望按年或按其他方式领取养老金。可见,按月领取养老金已在大部分农民中间形成共识。

(8) 在养老保险基金管理主体选择方面,58.4% 的调查对象认为"新农保"基金应由社保经办机构统一管理,21.0% 的农民认为应委托专业保险公司或信托机构管理,18.5% 的农民认为应由农民自己管理。上述统计结果表明,新农保基金由社保经办机构统一管理已在大部分农民中间形成共识。

基于上述研究发现,课题组总结了调查对象理想的新型农村社会养老保险制度模式如下（见表1—3）。

表1—3　　　　调查对象理想的农村社会养老保险模式

制度构成	理 想 模 式
参保单位	认为应以个人为单位参保和以家庭为单位参保的比例大致相当，分别占45.5%和40.7%
个人缴费标准	近九成认为不应超过2000元/年，3/4认为不应超过1000元/年，近2/3认为不应超过500元/年
最低养老金待遇	近八成认为不应低于100元/月，近五成认为不应低于200元/月，近1/3认为不应低于300元/月
法定领取养老金年龄	近2/3认为男性应为60周岁；六成认为女性应为55周岁或50周岁；男性均值比女性均值高3.3年
缴费基数确定标准	过半数认为应以"上年度农村居民人均纯收入"为基数，过三成建议城乡统筹
养老保险费征缴主体	农民最放心的依次是乡镇财政所、地（市）财政局、县（市、区）财政局和村干部
养老金领取方式	绝大多数（占71.7%）倾向按月领取
养老保险基金管理主体	近六成赞同由社保经办机构统一管理

2. 农民的新农保参保意愿

统计结果显示（见表1—4），绝大多数的调查对象（73.3%）愿意参加"新农保"，仅有15.6%的样本明确表示不愿意参加"新农保"，另有11.1%对是否愿意参加新农保给出了"不好说"的答案。

表1—4　　　　"村里是否推出了'新农保'"与"农民是否愿意
参加'新农保'"交叉列联分析

			您是否愿意参加新型农村社会养老保险		
			愿意	不愿意	不好说
村里是否推出了"新农保"	是	个案数	272	58	41
		组内百分比（%）	73.3	15.6	11.1
	否	个案数	428	94	94
		组内百分比（%）	69.5	15.3	15.3

续表

			您是否愿意参加新型农村社会养老保险		
			愿意	不愿意	不好说
村里是否推出了新农保	不知道	个案数	27	19	7
		组内百分比（％）	50.9	35.9	13.2
合　计		个案数	727	171	142
		百分比	69.9	16.4	13.7

注：表中样本数据加总后不等于有效样本总数的原因是，部分样本的答案存在缺失值。

比较分析结果显示，相对于本村尚未推出新农保试点的农民而言，在新农保试点地区，愿意参加新农保的样本比例更高；相对于新农保试点地区的农民而言，在本村尚未推出新农保试点的地区，参保意愿不明确的比例略高一点。相关分析结果显示（见表1—4），"村里是否推出了新农保"与"农民新农保参加意愿"在90%的置信水平上显著相关（$p=0.061<0.1$）。上述结果表明，一方面，作为体现保障责任共担原则的新制度，新农保制度受到农民的普遍欢迎，建立和推行新型农村社会养老保险制度是民心所向、大势所趋；另一方面，农民对新农保的认知程度可能会影响其参保意愿。

（三）试点地区农民新农保参与意愿的影响因素分析

1. 研究假设与分析模型

如前所述，多数农民愿意参加新型农村社会养老保险，但仍有超过1/4（26.7%）的农民不愿意或不确定是否参保。对于这样一项适度普惠型的社会保险制度，为什么仍然有一些农民不愿意参加呢？

为回答上述问题，课题组尝试将试点地区农民视为一个既受到结构情境制约，又能根据结构情境做出能动选择的有限理性行动主体。作为有限理性行动主体，农民在做出参保决策时遵循的是理性原则，但是，其参保意愿不可避免地受到结构情境的制约，其参保决策并非是基于成本收益最大化的完全理性选择，而是行动者不断与行动环境发生互动，并不断地对行动环境及行动本身做出新的主观解释，进而在情境制约下做出的有限理性选择。此外，在农民养老保险参与决策过程中,"注意力焦点"可能成为重要影响因素(西蒙,2002:345),从而使农民的参保意愿呈现出一定感性特征。

基于上述思路,课题组将农民个人与家庭经济社会特征视为影响其参保意愿的理性因素,将农民对新农保制度的认知及其养老保障意识视为影响其参保意愿的情境制约因素,将农民个人和家庭重要经历视为影响其参保意愿的"注意力焦点"因素,进而将影响农民参保意愿的因素分解为个人与家庭经济社会特征、对新农保制度的认知与养老保障意识、个人与家庭重要经历三个维度,分析上述因素对农民参保意愿的可能影响。

(1) 理性选择假设

个人与家庭经济社会特征主要体现在个人和家庭的客观状态,主要包括:年龄、性别、文化程度、婚姻状况、身体状况是否允许干活、个人全年总收入、家庭总收入、家庭规模、子女数、儿子数、子女是否定期给钱用、是否有60周岁及以上的老人、家庭耕地面积等。

作为理性行动主体,新农保制度越能够为其预防养老风险、提高养老收益,增加其养老保障,农民越倾向于参加新农保。所以,相对于年轻人而言,年龄较大的农民兑现养老保险待遇的周期较短、养老需求更迫切,更愿意参加新农保;相对女性而言,男性的家庭责任更大、危机感更强,其参保意愿更强;文化程度越高,对新农保的成本收益认知越深入,其参保意愿越强;相对于已婚人士而言,未婚或丧偶人士养老危机感更强,参保意愿更高;相对于健康人士而言,身体健康状态较差的农民参保意愿更强;根据马歇尔的消费需求理论,消费支出在人们收入中所占的比重越小,其消费需求弹性越小,由此可以认为,个人或家庭收入越高,农民的参保意愿越强烈;中国农民深受传统家庭养老观念的影响,社会养老是家庭养老的补充或次优选择,因此,家庭规模越大、子女数越多、子女中儿子的数量越多、子女越定期给钱用、越孝顺,家庭养老预期越强,农民的参保意愿越低;有老人需要赡养的家庭相对于没有老人赡养的家庭更能理解年老之后所要面临的养老风险,所以更倾向于参加新农保;土地对于中国农民具有特殊的意义,土地是农民最后的保障,因此,家庭耕地面积越大,农民越依赖于土地养老,新农保参保意愿越低。

综上所述，在本研究中，笔者将个人和家庭经济社会特征变量操作化为年龄、性别、文化程度、婚姻状况、身体状况是否允许干活、个人全年总收入、家庭总收入、家庭规模、子女数、儿子数、子女是否定期给钱用、是否有60周岁及以上的老人、家庭耕地面积等13个变量，并提出如下假设：

> 假设1—1：个人和家庭经济社会特征中的年龄、文化程度、个人全年总收入、家庭总收入对农民参加新农保的意愿有正向的影响；家庭规模、子女数、儿子数和家庭耕地面积对农民参加新农保的意愿有负向的影响；男性比女性参保意愿强；离婚或丧偶人士较已婚者参保意愿更强；身体状况越差的农民参保意愿越强；子女定期给钱用的农民参保意愿低；家庭中有60周岁及以上老人的农民参保意愿更强。

(2) 结构情境制约假设

影响农民参保意愿的情境制约因素表现在农民对新农保制度的认知及其养老保障意识，主要包括：对新农保制度的了解程度、对新农保制度的整体评价、对新农保缴费标准的评价、对集体补助的评价、对政府补贴的评价、对养老金待遇的评价、对养老责任主体的认知、对土地重要性的评价、对公民养老保障权利的认知以及对新型农村社会养老保险收益的认知等。

课题组认为，农民对新型农村社会养老保险了解越全面，对新型农村社会养老保险制度评价越高，认同度越高，其参保的积极性越高；农民对土地重要性的认知水平越高，其参保意愿越低；农民越认为养老保障是公民应该享有的权利，其参保意愿越高。

基于上述分析，本研究将农民对新农保制度的认知及其养老保障意识层面的变量具体化为对新农保制度的了解程度、对新农保制度的整体评价、对新农保缴费标准的评价、对集体补助的评价、对政府补贴的评价、对养老金待遇的评价、对养老责任主体的认知、对土地重要性的评价、对公民养老保障权利的认知以及对新型农村社会养老保险收益的认知等10个变量，并提出如下假设：

假设1—2：对新农保制度的认知及其养老保障意识层面的变量中对新农保制度的了解程度、对新农保制度的整体评价、对集体补助的评价、对政府补贴的评价、对养老金待遇的评价对农民参加新农保的意愿具有正向作用；农民对缴费标准的评价、对土地重要性的评价对农民的参保意愿具有负向作用；认为养老是政府或社会责任的农民参保意愿低；认为养老保障权利是公民义务的农民参保意愿高；认为不如把钱存到银行的农民参保意愿低。

(3) 注意力焦点假设

作为"注意力焦点"因素的农民个人和家庭重要经历变量主要包括以下几个维度：家中土地是否被征用过、被征地农民是否全额领到征地补偿款、"最近10年内，家中是否有人生过大病"、家人生病对家庭生活的影响程度、"最近10年，家中是否有人遭遇过意外事故"、家人遭遇意外事故对家庭生活的影响程度等。

农民本身或者家庭的重大经历可能会影响其对外界事物的认识及其行为选择倾向，所以在面对新农保制度时，家中土地曾被征用的农民及未全额领到征地补偿款的农民，更关注家庭养老风险，其社会养老保险意愿更强烈，更有可能愿意参加新农保；家中有人生过大病或遭遇意外事故的农民，以及家人生病和意外事故对家庭生活影响越大的农民，可能更关注家庭养老风险，参保意愿更强烈，更有可能愿意参加新农保。因此，本研究将农民个人和家庭重要经历变量划分为家中土地是否被征用过、被征地农民是否全额领到征地补偿款、"最近10年内，家中是否有人生过大病"、家人生病对家庭生活的影响程度、"最近10年，家中是否有人遭遇过意外事故"、家人遭遇意外事故对家庭生活的影响程度等6个维度，同时提出以下假设：

假设1—3：土地被征用过、补偿款没有全额领到、家里有人生过大病、家人生病对家庭的影响程度、家人有人遭遇过意外事故和意外事故对家庭的影响程度对农民选择参加"新农保"制度有正向的作用。

为验证上述假设，课题组首先用相关分析法得到与农民是否愿意参加新农保显著相关的变量；其次将所有显著相关的变量纳入到二元Logistic回归模型中做进一步检验，进而得到影响农民新型农村社会养老保险参与意愿的回归方程。

$$\text{logit}(p) = \ln\frac{p}{1-p} = \beta_0 + \beta_1\chi_1 + \beta_2\chi_2 + \cdots + \beta_n\chi_n \quad （式1—1）$$

式1—1中，p为农民愿意参加新型农村社会养老保险的概率，χ代表各个影响因素，β是自变量与因变量的回归系数。

2. 解释变量的描述性统计

在样本特征部分，课题组已对样本个人和家庭基本特征进行了描述，现对结构情境类变量和注意力焦点类变量的统计结果分析如下：

（1）农民对新农保的制度认知与养老保障意识。在制度认知方面，只有10.6%的被调查者熟悉新农保制度，另有12.2%的被调查者对该制度了解很少；在制度整体评价方面，多数人持肯定态度，有68.5%的被调查者对"新农保"制度的整体评价为"比较好"或"非常好"；在对个人缴费标准的评价方面，59.4%的农民认为标准适中，32.7%的被调查者认为标准偏高或过高，仅有7.9%的人认为标准偏低或过低；在对集体补助标准的评价方面，由于多数地方集体经济萎缩，34.5%的农民指出集体根本没有补助，29.2%的农民认为集体补助偏低或过低，另有35.1%的农民认为"集体本来就没钱，谈不上补助高或低"，因此在回答本题时选择了"适中"项；在对政府补贴标准的评价方面，57.1%的人认为补助标准适中，也有41.1%的农民认为补助偏低或过低，仅有1.8%的人认为政府补助偏高或过高；在对养老金待遇标准的评价方面，50.8%的人认为标准适中，44.1%的人认为偏低或过低，仅有5.1%的人认为偏高或过高；在对养老责任主体的认知方面，77.7%的人认为养老责任主要应由子女、自己或配偶承担，22.3%的人认为主要应由政府、社会或集体承担；在对土地重要性的评价方面，89.4%的人认为土地对自己很重要，仅10.6%的人认为土地对自己的重要程度一般或较低；在对公民养老保障权利的认知方面，92.8%的农民赞同社会养老保险是公民应享有的权利；

在对新型农村社会养老保险收益的认知方面，59.3%的农民不同意"搞农村社会养老保险，实质上是增加农民负担"这一说法，57.4%的农民不同意"缴纳农村社会养老保险费，还不如把钱存到银行"这一说法。上述数据表明，多数农民对新型农村社会养老保险制度有着积极的评价：一方面，家庭养老仍然是多数农民养老的第一支柱；另一方面，社会养老得到多数农民的认可，土地养老仍然是农民养老的重要支柱。（详见表1—5）

表1—5　试点地区农民对新农保制度的认知与养老保险意识

评价项目	维度	频次	有效百分比（%）	评价项目	维度	频次	有效百分比（%）
对新农保的了解程度	非常熟悉	2	1.0	对养老金待遇的评价	过高	4	1.3
	比较熟悉	19	9.6		偏高	12	3.8
	一般	87	44.2		适中	161	50.8
	不太熟悉	65	33.0		偏低	119	37.5
	了解很少	24	12.2		过低	21	6.6
对"新农保"制度的整体评价	很差	1	0.3	谁来承担主要养老责任	自己或配偶	45	12.5
	不太好	14	4.0		子女	234	65.2
	一般	94	27.2		集体、企业	1	0.3
	比较好	154	44.5		政府	61	17.0
	非常好	83	24.0		社会	18	5.0
对个人缴费标准的评价	过高	31	9.4	土地对您的重要程度	非常重要	249	67.1
	偏高	77	23.3		比较重要	83	22.3
	适中	196	59.4		一般	27	7.3
	偏低	19	5.8		不太重要	11	3.0
	过低	7	2.1		不重要	1	0.3
对集体补助的评价	过高	1	0.3	社会养老是公民权利	同意	347	92.8
	偏高	3	0.9		不同意	6	1.6
	适中	111	35.1		不好说	21	5.6
	偏低	58	18.4	养老保险在增加负担	同意	76	20.5
	过低	34	10.8		不同意	220	59.3
	根本没补	109	34.5		不好说	75	20.2

续表

评价项目	维度	频次	有效百分比（%）	评价项目	维度	频次	有效百分比（%）
对政府补助的评价	过高	2	0.6	参加养老保险不如把钱存银行	同意	71	19.0
	偏高	4	1.2		不同意	214	57.4
	适中	182	57.1		不好说	88	23.6
	偏低	103	32.3				
	过低	28	8.8				

注：表中样本数据加总后不等于有效样本总数的原因是，部分样本的答案存在缺失值。

（2）个人和家庭重要经历。在征地经历方面，在所有有效样本中，21.4%的农户有承包地被征用的经历；在被征地的81个有效样本中，有40.7%的农民未足额领到征地补偿金。健康变故经历方面，26.6%的农户家庭曾经有人在最近10年生过大病；在家中有人生过大病的100个有效样本中，84.0%的农民认为家人生病对其家庭生活有较大或很大影响。意外事故经历方面，15.1%的农户家庭曾经有人在最近10年遭遇过意外事故；在家庭经历意外事故的55个有效样本中，有81.8%的农民认为意外事故对家庭生活的影响很大。

表1—6　　　　　　　　调查样本个人与家庭重要经历

变量	维度	频数	有效百分比（%）	变量	维度	频数	有效百分比（%）
土地是否被征用	没有	290	78.6	家人生病对家庭生活的影响	很大	58	58.0
	部分被征	53	14.4		较大	26	26.0
	全部被征	26	7.0		一般	14	14.0
是否足额领到补偿金	否	15	18.5		较小	1	1.0
	部分领到	18	22.2		几乎没有	1	1.0
	全部领到	48	59.3	意外事故对家庭生活的影响	很大	34	61.8
最近10年家中是否有人生过大病	是	101	26.6		较大	11	20.0
	否	279	73.4		一般	5	9.1
最近10年家中是否遭遇过意外事故	是	57	15.1		较小	3	5.5
	否	320	84.9		几乎没有	2	3.6

注：表中样本数据加总后不等于有效样本总数的原因是，部分样本的答案存在缺失值。

3. 农民"新农保"参加意愿影响因素的相关分析

为检验各变量与农民参保意愿的相关关系,课题组对个人和家庭基本特征层面、新农保的制度认知与养老保障意识层面、个人和家庭重要经历层面所有与假设有关的解释变量分别赋值,并将其与因变量纳入相关分析(Bivariate)中,进行斯皮尔曼(Spearman)系数检验。各相关变量的定义和赋值如表1—7所示。

表1—7 农民新农保参与意愿影响因素回归分析的变量定义与赋值

变量名称	变量定义与赋值	变量名称	变量定义与赋值
自变量		儿子数	0个=0;1个=1;
个人和家庭特征			2个=2;≥3个=3
年龄	30周岁以下=1;30—39周岁=2; 40—49周岁=3;50—59周岁=4; 60周岁及以上=5	家庭年总收入	≤5000元=1; 5001—10000元=2; >10000元=3
文化程度	没上过学=1;小学=2; 初中=3;高中及以上=4	对制度认知与养老意识 对缴费标准的评价	过高=1;偏高=2; 适中=3; 偏低=4;过低=5
能否从事生产活动	啥活都能干=1; 干大部分活=2; 只能干轻活=3; 什么也干不了=4	对制度的评价	很差=1;不太好=2; 一般=3;比较好=4; 非常好=5
个人年收入	≤1000元=1; 1001—5000元=2; 5001—10000元=3; >10000元=4	个人和家庭重要经历 家人生大病对生活的影响	很大=1;较大=2; 一般=3; 较小=4;几乎没有=5
耕地面积	0—5亩=1;6—10亩=2; 10亩以上=3	因变量	
有无60周岁及以上老人	没有=0;有=1	是否愿意参加"新农保"	不愿意=0;愿意=1

相关分析的结果如下(详见表1—8):

表1—8　新型农村社会养老保险参保意愿与因变量的相关分析

		年龄	文化程度	是否能从事生产活动	个人年收入	是否有60周岁及以上老人	儿子数	家庭年总收入	耕地面积	个人缴费标准的评价	对制度的评价	生病对生活的影响
您是否愿意参加新农保	相关系数	0.117*	-0.129*	0.200**	-0.147**	0.169*	0.109*	-0.127*	-0.132*	0.125*	0.201**	-0.362**
	Sig.（双侧）	0.024	0.013	0.000	0.008	0.016	0.043	0.022	0.011	0.026	0.000	0.000
	有效样本数	370	367	363	327	201	344	323	365	318	334	101

注：* p≤0.05，** p≤0.01；表中样本数据加总后不等于有效样本总数的原因是，部分样本的答案存在缺失值。

（1）年龄、文化程度、身体是否能从事生产活动、个人全年总收入、是否有60周岁及以上老人、儿子数、家庭年总收入、耕地面积、家人生大病对生活的影响等变量是个人和家庭基本特征层面对农民参保意愿有显著性影响的因素。年龄、是否能从事生产活动两个自变量与是否愿意参保的相关系数均为正值，说明在其他情况不变的情况下，年龄越大、身体状况越差、越难以从事生产劳动的农民参保积极性越大，这与上文提出的研究假设相符。文化程度、个人全年总收入与农民参保意愿的相关系数为负值，说明在其他条件不变的情况下，文化程度越高、个人全年总收入越高的农民越不倾向于参加新农保，这与上文的研究假设相反。是否有60周岁及以上老人和儿子数与因变量的相关系数为正值，家庭年总收入、耕地面积、家人生大病对生活的影响与因变量的相关系数为负值，说明在其他因素不变的情况下，家庭有老人的农民相对没有老人的农民更愿意参加新农保，耕地面积越多和家人生病对生活的影响越小的农民越不愿意参保，这些都与研究假设相符。儿子数越多的农民越愿意参保，家庭年收入越高的农民越不愿意参保，这些与研究假设相反。可能的解释是，儿子数越多，参保所能获得的经费支持来源越充足，农民参保缴费意愿越强烈；家庭年收入越高，农民的自我保障能力越强，其对社会养老保障的需要程度越低，参保意愿亦低。

(2)"新农保"的制度认知与养老保障意识层面有显著相关的变量是"对个人缴费标准的评价"、"对'新农保'制度的评价",相关关系分别在 p = 0.05 和 p = 0.01 水平上显著,且与因变量相关系数均为正,说明在其他条件不变的情况下,认为个人缴费标准适中或低的农民和对现行的新农保制度整体评价高,农民对新农保制度认同度越高的农民参保意愿越高,这与本书的研究假设相符。

(3)家人生大病对生活的影响程度是个人和家庭重要经历层面对农民是否愿意参加新农保有显著影响的因素。家人生大病对生活的影响程度与因变量的相关系数为负,说明在其他因素不变的情况下,家人生病对家庭生活的影响程度越小的农民越不愿意参保,这些都与研究假设相符。

4. 农民参保意愿影响因素的 Logistic 回归分析

为了对农民参保意愿的影响因素做进一步的检验与研究,课题组采用 Logistic 回归方法(Binary Logistic Regression)将个人和家庭基本特征层面、新农保的制度认知与养老保障意识层面、个人和家庭重要经历层面具有显著相关性的变量纳入模型中进行分析,为了保证模型的社会统计意义,将表 1—8 中有效样本数小于 300 的"是否有 60 周岁及以上老人"、"家人生大病对生活的影响"2 个变量排除在模型分析外。纳入分析的 9 个变量中除"对个人缴费标准的评价"、"对新农保制度的评价"2 个有序多分类变量外,其余 7 个多分类无序变量都要设置虚拟变量。在设置虚拟变量时,本文设定以每个自变量分类中的第一个类别作为参照组。采用向前条件法(Forward:Conditional)筛选变量进入回归模型。

Logistic 分析结果显示(见表 1—9),回归模型的拟合优度 R^2 为 0.107,修正后的 R^2 为 0.153,表明自变量对模型的贡献有统计学意义。模型整体通过显著性检验(χ^2 = 26.942,p = 0.000),用该模型预测农民是否参加新农保的准确率达到 70.0%。综上所述,模型的拟合度很理想,可以用该模型来预测影响农民参加新型农村社会养老保险的因素。

表1—9　新农保试点地区农民参保意愿的 Logistic 回归分析结果

解释变量	回归系数（β）	标准差（S.E.）	沃尔德（Wald）	显著性（Sig.）	幂值 Exp（β）
是否能从事生产活动 X_1（啥活都能干）			8.924	0.030	
X_1（1）干大部分活	0.631*	0.349	3.264	0.071	1.879
X_1（2）只能干轻活	1.307***	0.459	8.120	0.004	3.694
X_1（3）什么也干不了	20.016	28420.722	0.000	0.999	4.929E8
耕地面积 X_2（0—5亩）			5.656	0.059	
X_2（1）5—10亩	-0.679**	0.330	4.241	0.039	0.507
X_2（2）10亩以上	0.661	0.841	0.617	0.432	1.936
对新农保制度的评价 X_3	0.478***	0.184	6.714	0.010	1.613
常数	-1.203	0.769	2.449	0.118	0.300

-2 Log likelihood = 260.719　Cox&Snell R^2 = 0.107　Nagelkerke R^2 = 0.153　Overall Percentage Correct = 70.0%

注：* $p \leqslant 0.1$，** $p \leqslant 0.05$，*** $p \leqslant 0.01$。

从表1—9可以看出，身体状况是否允许从事生产活动、耕地面积、对新农保制度的评价3个自变量通过了显著性检验，进入了 Logistic 回归模型。

第一，身体状况是否允许从事生产活动对农民的参保意愿影响显著。与表1—8相关分析的结果一致，随着被调查者的身体状况越来越差，从事生产能力越来越弱，农民参保的意愿越来越高。相同条件下，"能干大部分活"的农民的参保意愿是"啥活都能干"的农民的参保意愿的1.879倍；"只能干轻活"的农民的参保意愿是"啥活都能干"的农民的参保意愿的3.694倍；虽然选择"什么也干不了"的农民参保意愿标准差很大，但从趋势上可以看出其比能干活的农民参保意愿高很多。可能的解释是，传统的养老方式主要是家庭养老与自我养老，随着家庭养老的弱化，对农民来说能否通过生产劳动来实现自我养老就十分重要了。在生产劳动能力下降且家庭养老支持不足时，农民就不得不更加依赖社会养老保险，其参保意愿亦随着从事生产活动能力的弱化而不断加强。

第二，家庭耕地面积对农民是否参保影响显著。随着耕地面积的增加，农民参与新农保的积极性大致呈不规则的"U"型分布，拥有5—10亩耕地的农民与参保意愿相关性最显著，且参保意愿最低。可能的解释是，耕地面积为5—10亩的农民比耕地面积是0—5亩的农民对土地养老的期望高，所以不愿意参加新农保，其参保意愿只是参照组的50.7%。随着耕地面积的增大，当其大于10亩时，农户的参保意愿又增大到参照组的1.936倍。可能的解释是，由于农业生产经营活动周期长，耕地面积大户不仅要面临着自然风险，而且还面临着农业生产资料涨价、产品销售等市场风险，以及由此带来的很大的经济风险（张朝华，2010），因此参与新型农村社会养老保险的意愿也增大。

第三，对"新农保"制度的评价对农民是否参保有显著影响。与相关分析的结果一致，对制度的整体评价对参保意愿有显著影响（$p=0.01$）。在其他条件不变的情况下，对新农保制度的评价每增加一个单位，农民参保意愿的发生比就增加61.3%，即对新农保制度认可度越高的农民越愿意参保。

第四，通过初步相关检验的年龄、文化程度、个人年总收入、家庭年总收入、儿子数以及对个人缴费标准的评价等特征变量没有通过Logistic回归模型的显著性检验。对这种结果的可能解释是：一是样本选择的问题。被调查者多数还没进入到被赡养阶段，他们对是否参加新农保的意愿选择只是一种直觉式的认识。二是部分数据变量质量可能影响到本文的研究结果，如家庭年收入的数据，可能会基于农民有富不外露的心理而有所虚报。三是不同的调查地区特征不同，可能导致部分特征对农民的参保意愿影响不太显著。本文的调查数据源于中、东、西部的7个省（自治区），不同地区的农民在个人特征、家庭特征以及养老观念方面有很大差异，可能会导致变量对参保意愿的影响不显著。

三　新型农村社会养老保险的制度安排

（一）改革开放以来农村社会养老保险制度的发展进程

改革开放以来，一方面，集体经济受到冲击，其养老保障功能逐渐弱化；另一方面，人口老龄化进程加快给农村养老带来巨大压力。计划经济体制下"家庭+集体"保障模式的不足日益凸显。在这一背景下，中国政府于20世纪80年代中期开始探索在农村建立社会养老保障的新模式，并在农村社会养老保险改革方面进行了有益探索。

从实践层面来看，中国农村社会养老保险改革大致经历了四大阶段，即：农村社会养老保险初期探索阶段、新型农村社会养老保险试点阶段、新型农村养老保险扩大试点阶段和居民社会养老保险城乡统筹阶段。

初期探索阶段。1992年，民政部颁布了《县级农村社会养老保险基本方案》（以下简称《方案》），确立了"以个人缴纳为主、集体补助为辅、国家给予政策扶持"、"自助为主，互济为辅"的个人账户积累制社会养老保险模式，标志着中国农村社会养老保险制度正式进入初期探索阶段。然而，由于资金筹措渠道有限、保障水平低、互济互助性差[1]，农村社会养老保险对农民的吸引力大大下降。自1998年开始，全国大部分农村地区出现了参保人数下降、基金运行困难等问题，一些地区农村社会养老保险工作陷入停顿状态。

"新农保"试点阶段。针对《方案》存在的种种缺陷，1999年7月，国务院指出，目前中国农村尚不具备普遍实行社会养老保险的条件，要求对已有业务实行清理整顿，停止接受新业务，有条件的地区逐步向商业保险过渡。然而，面临日益高涨的农村社会养老保障需求，《劳动和社会保障事业发展"十一五"规划纲要》再次提出"探索建立与农村经济发展水平相适应，与其他保障措施相配套的农村社

---

[1] 李迎生：《转型时期的社会政策》，中国人民大学出版社2007年版，第260—262页。

会养老保险制度"。根据规划纲要精神，原劳动和社会保障部于2006年1月选择北京市大兴区、山东省招远市等8个县（市、区），启动了被称为"新农保"的新型农村社会养老保险试点工作，并取得了一定成效。

扩大试点和全面推广阶段。在总结2006年新农保试点工作经验与教训的基础上，2009年6月24日，国务院召开常务工作会议，决定在全国10%的县（市、区、旗）实行新一轮的新型农村社会养老保险试点，并于同年9月1日出台了《国务院关于开展新型农村社会养老保险试点的指导意见》（国发〔2009〕32号）。指导意见指出，要探索建立"个人缴费、集体补助、政府补贴相结合"、"社会统筹与个人账户相结合"的"新农保"制度，从而拉开了在全国范围内推行新型农村养老保险的序幕。

居民社会养老保险城乡统筹阶段。在总结新型农村社会养老保险和城镇居民社会养老保险试点经验的基础上，2014年2月21日颁布的《国务院关于建立统一的城乡居民基本养老保险制度的意见》（国发〔2014〕8号）决定，将新型农村社会养老保险和城市居民社会养老保险两项制度合并实施，在全国范围内建立统一的城乡居民基本养老保险制度，标志着我国居民社会养老保险正式进入城乡统筹阶段。

（二）当前农村社会养老保险的制度构成

自2009年在全国开展新型农村社会养老保险试点制度以来，各地政府根据国发〔2009〕32号文件和国发〔2014〕8号文件，因地制宜地推出了适合本地实际的新农保制度或城乡居民基本养老保险制度。课题组基于在浙江、山东、河北、湖北、安徽、广西和贵州7个省（自治区）所做的实地调查及收集的文献资料，对新型农村社会养老保险的制度构成分析如下：

1. 养老保险主体构成

社会养老保险主体即养老保险的责任主体，具体是指在农村居民社会养老保险制度中，国家、集体及个人各自扮演什么样的角色、履行什么样的义务及其相互关系。实践证明，"老农保"制度失败的一个重要原因在于,在"自助为主、互济为辅"的指导原则下,农民个人成为养老保险的主要甚至唯一责任主体,弱化了社会养老保险的互助共济性,进而失去了对农民的吸引力。针对"老农保"存在的上述问题,新型农村社会养老保险制度明确了个人(家庭)、集体、政府合理分担责任、权利和义务相对应的原则,确定了社会统筹与个人账户相结合的新型农村社会养老保险制度模式。从这个意义上讲,新型农村社会养老保险制度较之"老农保"制度有了质的飞跃,即由过去不合理的近乎个人单一责任主体制度转变为个人、集体和政府共担责任的多元责任主体制度。值得一提的是,在"新农保"制度中,政府承担了更多的保险补贴责任,这对于保障农村居民基本生活、城乡居民共享社会发展成果具有重要意义。

2. 养老保险对象构成

养老保险的对象构成反映着一个国家或地区养老保险覆盖率的高低,即在养老保险制度的运行过程中,有哪些人以及有多少人被纳入养老保险的保障范畴,也就是说,有哪些人以及有多少人将从养老保险制度中受益[1]。从制度设计来看,国发〔2009〕32号文件规定:"年满16周岁(不含在校学生)、未参加城镇职工基本养老保险的农村居民,可以在户籍地自愿参加新农保"[2];国发〔2014〕8号文件规定:"年满16周岁(不含在校学生),非国家机关和事业单位工作人员及不属于职工基本养老保险制度覆盖范围的城乡居民,可以在户籍地参加城乡居民养老保险。"[3] 就当前我国养老保险制度体系的构成来看,国家机关和事业单位工作人员可享受养老退休金待遇;《国务院关于建立统一的企业职工基本养老保险制度的决定》规定:"基本养老保险要逐步扩大到城镇所有企业及其职

---

[1] 田北海:《香港与内地老年社会福利模式比较》,北京大学出版社2008年版,第57页。

[2] 《国务院关于开展新型农村社会养老保险试点的指导意见》(国发〔2009〕32号),2009年9月1日。

[3] 《国务院关于建立统一的城乡居民基本养老保险制度的意见》(国发〔2014〕8号),2014年2月21日。

工"，"城镇个体劳动者也要逐步实行基本养老保险制度"；《国务院关于完善企业职工基本养老保险制度的决定》指出，"城镇各类企业职工、个体工商户和灵活就业人员都要参加企业职工基本养老保险"。从这个意义上讲，城乡居民社会养老保险制度将与国家机关与事业单位退休制度、企业职业基本养老保险制度一起，为城乡所有适龄公民提供养老保障，推动我国城乡社会养老保险制度实现由"补救型"向"适度普惠型"的转变。

3. 养老保险的筹资模式

在保险经费来源方面，国发〔2009〕32号文件规定："新农保基金由个人缴费、集体补助、政府补贴构成"；国发〔2014〕8号文件亦指出："城乡居民养老保险基金由个人缴费、集体补助、政府补贴构成。"通过对浙、鲁、鄂、皖、桂、冀、黔7个省（自治区）相关社会养老保险制度实施办法的分析发现，各地均参照国务院指导意见明确了"个人、集体、政府三方共同筹资"的养老保险基金筹资模式。

在个人缴费标准方面，2014年出台的国发〔2014〕8号文件设置了每年100元、200元、300元、400元、500元、600元、700元、800元、900元、1000元、1500元和2000元12个档次，并明确规定"最高缴费档次标准原则上不超过当地灵活就业人员参加职工基本养老保险的年缴费额"，"参保人自主选择档次缴费，多缴多得"[①]。在课题组调查的7个省（自治区）中，各地均根据本地实际确定了具体的缴费档次标准。其典型的做法有：一是缴费档次数与国发〔2014〕8号文件一致，但各档次缴费标准高于中央指导标准。如位于东部地区的山东省设定了12个缴费档次标准。然而，除最低档为100元外，其他11个缴费档次的标准均高于国发〔2014〕8号文件的指导标准，其中，最高三档的缴费标准分别达到每年3000元、4000元和5000元。此外，该省还明确规定，"100元档次只适用于重度残疾人等缴费困难群体的最低选择"；"除100元档次外，参保人自主选择缴费档

---

① 《国务院关于建立统一的城乡居民基本养老保险制度的意见》（国发〔2014〕8号），2014年2月21日。

次,按年缴费,多缴多得","但个人年缴费额不得超过最高缴费档次"①。二是缴费档次数及各档次缴费标准均与国发〔2014〕8号文件一致,以浙江省和广西壮族自治区为代表。三是缴费档次数少于国发〔2014〕8号文件的指导档次数。如北部的河北省和中部的湖北省、安徽省均将城乡居民社会养老保险缴费档次统一设为每人每年100元、200元、300元、400元、500元、600元、700元、800元、900元和1000元10档,由参保人自主选择缴费档次;同时,湖北、安徽两省还规定,各地人民政府可根据当地实际增设缴费档次。四是缴费档次数多于国发〔2014〕8号文件的指导档次数。如贵州省在国发〔2014〕8号文件设置的12档的基础上,增设了每年1200元一档,从而让城乡居民有了更多的选择空间。通过需求对比分析发现,国发〔2014〕8号文件设置的个人缴费档次及其最高缴费标准与农村居民的制度需求基本契合,能够满足绝大多数农村居民的缴费选择需要。

在集体补助方面,国发〔2009〕32号文件和国发〔2014〕8号文件均规定:"有条件的村集体经济组织应当对参保人缴费给予补助,补助标准由村民委员会召开村民会议民主确定。鼓励其他经济组织、社会公益组织、个人为参保人缴费提供资助。"比较分析7省(自治区)的相关规定发现,绝大多数省(自治区)均与国务院文件一样,只是在原则上规定了有条件的村集体经济组织应对参保人缴费给予补助,但并未对何为有条件的村集体经济组织作出明确规定;此外,各地还增加了"集体补助及其他经济组织、社会公益组织、个人的资助额之和不得超过最高缴费档次"的规定。基于多数村集体经济基础薄弱的现实,湖北省更是明确指出"城乡居民社会养老保险基金主要由个人缴费和政府补贴构成"。可见,对于如何落实集体补助责任这一问题,无论是中央,还是地方政府,均尚未找到满意的答案。

在政府补贴方面,国发〔2009〕32号文件和国发〔2014〕8

---

① 《山东省人民政府关于建立居民基本养老保险制度的实施意见》(鲁政发〔2013〕13号),2013年7月30日。

号文件均规定:"地方人民政府应当对参保人缴费给予补贴。"其中,国发〔2014〕8号文件明确指出:"对选择最低档次标准缴费的,补贴标准不低于每人每年30元;对选择较高档次标准的,适当增加补贴金额;对选择500元及以上标准缴费的,补贴标准不低于每人每年60元。""对重度残疾人等缴费困难群体,地方人民政府为其代缴部分或全部最低标准的养老保险费"①。在课题组调查的7个省(自治区)中,典型的做法有:一是省级政府不补贴,缴费补贴资金由市、县(市、区)政府承担,以山东省和浙江省为代表。其中,山东省规定:"政府对参保人缴费给予适当补贴,补贴标准不低于每人每年30元,缴费即补。对选择300元以上档次的,可提高补贴标准,具体标准由市、县(市、区)政府确定。缴费补贴所需资金由市、县(市、区)政府承担。"②在具体实施过程中,县(市、区)政府成为实际的补贴责任主体。如山东省聊城市规定:"缴费补贴所需资金由县(市、区)政府承担。"③和山东省一样,浙江省也规定,"参保人所在市、县(市、区)财政对参保人缴费给予补贴,补贴标准不低于每人每年30元","对选择500元以上档次标准缴费的,补贴标准不低于每人每年80元"④。但市、县(市、区)财政的分担比例在不同地区又有所差异。如杭州市规定,"主城区政府补贴由市、区两级财政各承担50%"⑤;主城区外的杭州市萧山区规定,参保人缴费补贴

---

① 《国务院关于建立统一的城乡居民基本养老保险制度的意见》(国发〔2014〕8号),2014年2月21日。

② 《山东省人民政府关于建立居民基本养老保险制度的实施意见》(鲁政发〔2013〕13号),2013年7月30日。

③ 《聊城市人民政府办公室关于印发聊城市居民基本养老保险工作实施方案的通知》,2014年2月14日。

④ 《浙江省人民政府关于进一步完善城乡居民基本养老保险制度的意见》(浙政发〔2014〕28号),2014年7月11日。

⑤ 《杭州市城乡居民社会养老保险实施意见》,2010年1月1日。

"由区、镇（街道）两级财政分别承担"[1]；杭州市桐庐县则规定，"政府补贴由县财政全额承担"[2]。二是省级政府按固定金额补贴，其他补贴责任由地方财政承担，以湖北省、安徽省为代表。两省均规定，参保人员"补贴标准不低于每人每年30元，其中省级财政负担20元"，有条件的地方可适当提高补贴标准，提高的部分由统筹地区承担[3]。三是省、市、县（市、区）三级政府按相同比例分担补贴责任，以河北省和贵州省为代表。其中，贵州省规定，"对选择100元至400元档次标准缴费的，按每人每年30元给予补贴"，"对选择500元至900元档次标准缴费的，补贴标准每人每年60元"，"对选择1000元以上档次标准缴费的，补贴标准每人每年90元"，缴费补贴由省、市（州）和县（市、区、特区）各负担1/3[4]。《河北省人民政府关于印发河北省省内政府间专款配套资金管理办法（试行）的通知》规定，参保人缴费补贴和重度残疾人代缴资金由省、市、县按1∶1∶1标准分担比例。四是省级政府与地方政府按固定比例分担补贴责任，以广西壮族自治区为代表。相关文件规定："自治区确定的缴费补贴资金和政府对城乡重度残疾人等缴费困难群体代缴养老保险费，由自治区与设区市按6∶4比例承担，自治区与县（市、区）按8∶2比例承担"，"统筹地区人民政府增设缴费档次的，所需缴费补贴资金由统筹地区人民政府负担"[5]。

综上，在筹资模式上，现行新型农村社会养老保险制度体现

---

[1] 《杭州市萧山区城乡居民社会养老保险实施办法》，2010年1月1日。

[2] 《桐庐县城乡居民社会养老保险实施意见》，2010年1月1日。

[3] 《湖北省人民政府关于实施城乡居民社会养老保险制度的意见》（鄂政发〔2011〕40号），2011年7月10日；《安徽省城乡居民社会养老保险实施办法》，2012年10月31日。

[4] 《贵州省城乡居民基本养老保险实施办法》，2014年6月14日。

[5] 《广西壮族自治区人民政府办公厅关于印发广西壮族自治区城乡居民基本养老保险实施办法的通知》（桂政办发〔2014〕70号），2014年1月1日。

出如下两个特点：

一是缴费区间灵活，充分响应了多元化保障需要。从国务院指导意见来看，新农保缴费标准档次从每年100元到2000元，涵盖12个档次；从地方实施办法来看，在贵州等地，缴费标准档次增加到13个档次，在山东等地，参保人最高缴费档次标准高达5000元。上述制度既充分考虑到不同居民在缴费能力方面的差异，也充分考虑到不同居民在养老保障水平需求方面的差异。

二是缴费补贴合理，兼顾了社会公平与效率。从促进社会公平的角度来看，各地相关制度均明确规定，"政府为缴费困难群体代缴部分或全部最低标准的养老保险费"，上述规定为构建"普惠型"基本养老保险体系提供了有力的政策保障。从提升效率的角度来看，除保障每人每年30元的缴费补贴外，对于选择较高缴费档次的参保人，政府补贴标准也会相应提高，上述规定充分体现了多缴多得的原则，有助于激励城乡居民提高其养老保障水平。

与此同时，"新农保"的筹资模式仍然存在如下不足：

一是集体补助责任虚化。如前所述，现行制度规定，有条件的村集体经济组织应对参保人缴费给予补助。然而，从制度文本来看，对于如何认定有条件的村集体经济组织、如何确保有条件的村集体经济组织履行其补助责任等具体问题，现行制度并未做出明确规定，从而为村集体规避补助责任留下了制度空间；从制度运行条件来看，我国大部分地区农村集体经济实力十分薄弱，客观上也无力为村民参保提供补助。从这个意义上讲，如何明确有条件的村集体经济组织的认定标准、强化其补助责任以及如何发展村集体经济、增强集体补助能力，是完善农村居民基本养老保险制度的当务之急。

二是政府补贴财政分担机制有待完善。从现行制度来看，中央政府不承担参保人缴费补贴责任，政府补贴主要由地方财政承担；在不同地区，省、市、县（市、区）三级政府的财政分担方式则有所不同。一般而言，在县域经济发达的地方，县（市、区）财政承担主要或全部补贴责任；在县域经济不够发达的地方，省、市、县（市、区）三级财政按同等比例承担；在县域经济欠发达的地方，省级政府承担主要补贴责任。从整体上看，上述制度安排具有一定的合理性。然而，从各级财政的筹资能力来看，中央财政有足够能力在缴费环节给予参保农民一定补贴[1]，但尚未承担相应责任；县级财政尤其是欠发达地区县级财政的筹资负担仍然偏重。最令人担心的是，一些贫困县无力配套财政补助资金，挪用农民个人账户中的钱用作当期的财政补助资金发放，形成事实上的代际供养的现收现付制[2]。

4. 养老保险的给付模式

在养老金领取资格方面，现行制度规定："参加城乡居民社会养老保险的个人，已年满60周岁、累计缴费满15年，且未领取国家规定的基本养老保险待遇的，可以按月领取城乡居民养老保险待遇"；"'新农保'或'城居保'制度实施时已年满60周岁，在本意见印发之前未领取国家规定的基本养老保险待遇的，不用缴费"，"可以按月领取基础养老金"[3]。

在养老金待遇方面，城乡居民社会养老保险由基础养老金和个人账户养老金构成，支付终身。其中，中央确定的基础养老金标准为每人每月55元，将根据经济发展和物价变动等情况适时调整，有条件的地方可适当提高基础养老金；中央确定的基础养老金对于长期缴费的城乡居民，可适当加发基础养老金，提高和加发的资金由各级人民政府支出。在课题组调查的7个省（自治区）中，浙江省、山东省的基础养老金标准高于国家规定水平，分别为每人每月100元和60元；其他5个省（自治区）则与国家规定水平一致，同时鼓励有条件的地方适当提高基础养老金标准。此外，一些地方还对长期缴费参保人的基础养老金加发标准做出了明确规定。如湖北省钟祥市规定："参保人缴费年限满15年的，

---

[1] 薛惠元、张德明：《新农保基金筹资主体能力分析》，《税务与经济》2010年第2期。

[2] 张丽：《晋陕新农保"实验"》，《中国社会保障》2009年第9期。

[3] 《国务院关于建立统一的城乡居民基本养老保险制度的意见》（国发〔2014〕8号），2014年2月21日。

每增加1年，月基础养老金增加2元；参保人年满90周岁，月基础养老金另增加45元。"① 安徽省合肥市规定："对累计缴费年限满15年以上的，缴费每超过一年，基础养老金加发1%，最高不超过10%。"② 个人账户养老金的月计发标准为个人账户全部存款余额除以139，与现行城镇职工基本养老保险个人账户养老金计发系数相同；参保人死亡的，其个人账户中的资金余额，除政府补贴外，可以依法继承。除基础养老金和个人账户养老金外，浙江省城乡居民养老保险待遇还包括缴费年限养老金。相关制度规定："缴费年限为15年的，其月缴费年限养老金为30元；缴费年限养老金在16年以上的，其月缴费养老金在30元的基础上，从第16年起，缴费年限每增加1年，增发5元。"③

综上，在给付模式上，城乡居民基本养老保险制度呈现出如下两大特征：

一是注重制度衔接，体现城乡统筹。其一，在对已满60周岁居民的养老保障待遇规定方面，注重与新农保和城镇居民保险的有效衔接，充分保障了新制度实施前已满60周岁的老年人的养老保障权益。其二，在养老待遇资格认定方面，注重与其他基本养老保障待遇制度的有效衔接，预防了重复领取养老金的风险。其三，个人账户计发标准方面，注重与城镇职工基本养老保险个人账户养老金计发系数同步，为城乡居民养老保险制度与职工基本养老保险的接续与衔接提供了便利。

二是鼓励"长缴多得"，有助于激发农民参保热情。如前所述，对于累计缴费年限超过15年的参保人，各地政府均出台了按年增发基础养老金待遇或缴费年限养老金的相关规定，有助于鼓

---

① 《钟祥市城乡居民社会养老保险实施办法》，2012年3月17日，http://www.haizihe.com/news/bendi/2012/10319.html。

② 《合肥市城乡居民社会养老保险试点工作实施细则》，2012年1月1日。

③ 《浙江省人民政府关于进一步完善城乡居民基本养老保险制度的意见》（浙政发〔2014〕28号），2014年7月11日。

励农民早参保和增加参保年限。

与此同时，现行养老金给付模式亦存在两点不足：

一是城乡居民基础养老金水平过低。自国务院决定2009年起开展"新农保"试点，到2014年决定在全国范围内建立统一的城乡居民基本养老保险制度，中央确定的农村居民基础养老金标准一直是每人每月55元，至今5年未变。与之相比，从2005年至2014年，我国已经连续10年较大幅度调整企业退休人员基本养老金水平，全国企业退休人员人均养老金已突破每月2000元。可见，相对企业职工基本养老保险而言，城乡居民的基础养老金待遇水平过低，且未能根据经济发展和物价水平等的变化及时调整，这不仅不利于缩小城乡养老保障差距，反而会加大城乡养老保障的不平等。

二是城乡居民基础养老金"长缴增发"激励力度过小。虽然各地政府纷纷出台了"长缴多得"的激励政策。然而，从现行制度来看，除浙江省外，其他各省（自治区）对居民社会养老保险的"长缴多得"激励力度均显得过小。如，安徽省合肥市规定："对累计缴费年限满15年以上的，缴费每超过一年，基础养老金加发1%"，但"最高不超过10%"①。与之相比，我国城镇企业职工基本养老保险制度规定，企业退休人员基础养老金月标准以当地上年度在岗职工月平均和本人指数化月平均工资的平均值为基数，缴费每满1年发给1%。从理论上讲，假设企业退休人员从16周岁开始参加工作并参加企业职工基本养老保险一直到60周岁退休，其缴费年限为44年；较之相同缴费水平但仅缴15年的企业职工，其月基础养老金待遇要高出29%。假设农民从16周岁开始参加城乡居民社会养老保险一直到60周岁退休，其缴费年限同样为44年；但较之相同缴费水平但仅缴15年的农民，其月基础养老金仅高出10%。可见，城乡居民基本养老保险制度在"长缴多得"的激励力度方面明显弱于城镇企业职工基本养老保险

---

① 《合肥市城乡居民社会养老保险试点工作实施细则》，2012年1月1日。

制度。

5. 养老保险的运营模式

在运营主体方面，为保障基金的完整和安全，现行城乡居民社会养老保险制度实行的是集中垄断式运营模式，即：城乡居民社会养老保险基金纳入社会保障基金财政专户，实行收支两条线管理，单独记账、独立核算，任何地区、部门、单位和个人均不得挤占挪用、虚报冒领。就部门分工而言，财政部门负责基金专户管理和会计核算工作，社会保障经办机构负责基金的日常财务管理和会计核算工作。就基金管理统筹层次而言，在课题组调查的7个省（自治区）中，除湖北省明确规定城乡居民社会养老保险基金实行省级集中管理，贵州省规定"城乡居民基本养老保险基金在市（州）社会保险经办机构分别设立收入、支出户，在同级财政设立社会保障基金专户；县（市、区、特区）社会保险经办机构设立收入户、支出户，不设财政专户"[①]，其他5个省（自治区）均暂行县级管理。

在运营方式方面，国发〔2014〕8号文件规定，"城乡居民养老保险基金按照国家统一规定投资运营，实现保值增值"[②]。浙江省则规定：居民社会养老保险基金结余"除根据财政部门与人力资源和社会保障部门商定的、最高不超过国家规定预留的支付费用外，全部用于购买国家债券或转存定期存款。除国家另有规定外，任何地区、部门、单位和个人不得动用基金结余进行其他形式的投资"[③]。

综上所述，在基金运营模式方面，城乡居民社会养老保险制度具有如下特点：一是运营主体一元，实行政府集中垄断运营；

[①]《贵州省城乡居民基本养老保险实施办法》，2014年6月14日。
[②]《国务院关于建立统一的城乡居民基本养老保险制度的意见》（国发〔2014〕8号），2014年2月21日。
[③]《浙江省财政厅浙江省人力社保厅关于印发浙江省城乡居民社会养老保险基金财务管理暂行办法的通知》（浙财社〔2011〕357号），2011年12月29日。

二是运营管理层次偏低，目前县级管理为主，仅有少数省份实行省级集中管理；三是运营方式单一，主要局限于银行定期存款和购买国债；四是投资目标保守，主要局限于保值，而非增值。上述运营模式的优点在于：在制度良性运行的前提下，能有效保障养老保险基金的运营安全；缺点则在于：在银行存款利率偏低、通货膨胀率居高不下的背景下，现行的单一投资渠道和较低的运营层次不利于分散投资风险，不仅无法实现养老保险基金的增值，甚至难以保障养老保险基金的保值。

6. 养老保险的制度衔接

在城乡居民社会养老保险异地转移衔接方面，国发〔2014〕8号文件规定："参加城乡居民养老保险的人员，在缴费期间户籍迁移、需要跨地区转移城乡居民养老保险养老关系的，可在迁入地申请转移养老保险关系，一次性转移个人账户全部储存额，并按迁入地规定继续参保缴费，缴费年限累计计算"；"已经按规定领取城乡居民养老保险待遇的"，"其养老保险关系不转移"[1]。

在城乡居民养老保险与城镇职工养老保险制度衔接方面，人社部发〔2014〕17号文件规定"参加城镇职工养老保险和城乡居民养老保险人员，达到城镇职工养老保险法定退休年龄后，城镇职工养老保险缴费年限满15年（含延长缴费至15年）的，可以申请从城乡居民养老保险转入城镇职工养老保险，按照城镇职工养老保险办法计发相应待遇；城镇职工养老保险缴费年限不足15年的，可以申请从城镇职工养老保险转入城乡居民养老保险，待达到城乡居民养老保险规定的领取条件时，按照城乡居民养老保险办法计发相应待遇"[2]。此外，文件还对两种养老保险制度的衔接时点、待遇领取地点、资金转移、缴费年限计算、重复参保处理、重复领取待遇处理、经办流程和信息查询办法做出了明确

---

[1] 《国务院关于建立统一的城乡居民基本养老保险制度的意见》（国发〔2014〕8号），2014年2月21日。

[2] 《人力资源和社会保障部、财政部关于印发〈城乡养老保险制度衔接暂时办法〉的通知》（人社部发〔2014〕17号），2014年2月24日。

规定。

上述两个文件的出台为解决城乡居民尤其是农民工跨地区流动就业养老保险关系转移及城乡养老保险制度之间的衔接提供了政策依据,有助于保障参保人员尤其是农民工的养老保险权益。然而,现行的养老保险制度衔接办法仍有一定的改进空间,其主要体现在:

第一,城乡养老保险资金转移办法不尽合理。人社部发〔2014〕17号文件规定了城乡养老保险制度转移时的个人账户余额转移办法,即无论是从城乡居民养老保险转入城镇职工养老保险,还是从城镇职工养老保险转入城乡居民养老保险,都将个人账户存储余额全部转移,合并累计计算。然而,对城乡职工养老保险向城乡居民养老保险转移的,相关文件并没有规定转移城镇职工养老保险统筹基金。对此,人力资源和社会保障部有四点解释:一是统筹基金体现的是社会保险的互济功能,与个人账户功能和权益归属不同,不属于个人所有;二是参保人员转入城乡居民养老保险制度时,不转移这部分资金,不影响其应有的养老金水平;三是如果向城乡居民养老保险转移统筹基金并计入其个人账户,会造成两类制度在政策上的不平衡;四是为了引导、激励农民工等群体从城乡居民养老保险转入城镇职工养老保险[1]。上述理由不无道理,但仍有待商榷。其一,在企业职工参加基本养老保险时,用人单位每月为其缴纳的20%缴付工资,是职工退休时享受基础养老金的重要依据。企业缴费计入统筹账户,固然体现的是社会保险的互济功能,但这部分缴费是个人企业福利的重要组成部分,与参保个人实不可分。其二,我国现行职工基本养老保险制度与城乡居民养老保险制度在待遇水平,尤其是基础养老金待遇方面有很大差别。如果参保人向城乡养老保险转移时,统筹基金不相应转移,其养老金水平将会大幅降低。其三,现行城镇职工养老保险制度确实规定缴费年限

---

[1] 人力资源和社会保障部办公厅:《城乡养老保险制度衔接办法宣传提纲》,2014年2月24日,http://www.mohrss.gov.cn/gkml/xxgk/201402/t20140228_125020.htm。

不足 15 年申请终止基本养老保险关系的,仅将其个人账户储存额一次性支付给本人。若农民工申请终止企业职工基本养老保险且不参加其他类型的基本养老保险,应一视同仁仅将其个人账户存储余额一次性支付给本人。然而,农民工由城镇职工基本养老保险向城乡居民社会养老保险转移,并不是申请终止基本养老保险关系,而往往是因为流动就业转移保险关系,性质与前者并不相同。其四,由于农民工由城镇职工基本养老保险向城乡居民社会养老保险转移往往是因为职业变动,如回乡创业等,如果仅仅为了引导激励农民工向城镇职工养老保险转移而限制其回乡创业,可能会起到本末倒置的效果。综上所述,不将本属参保人保障权益重要组成部分的城镇职工养老保险统筹基金转移到其城乡居民养老保险账户,对于辛苦在城市打拼、为城市和企业做出贡献的农民工而言是有失公平的。

第二,城乡养老保险缴费年限合并计算办法有待改进。人社部发〔2014〕17 号文件规定,"参保人员从城乡居民养老保险转入城镇职工养老保险的,城乡居民养老保险个人账户全部储存额并入城镇职工养老保险个人账户,城乡居民养老保险缴费年限不合并计算或折算为城镇职工养老保险缴费年限";"参保人员从城镇职工养老保险转入城乡居民养老保险的,城镇职工养老保险个人账户全部储存额并入城乡居民养老保险个人账户,参加城镇职工养老保险的缴费年限合并计算为城乡居民养老保险的缴费年限"[1]。对此,相关部门的解释是:两种制度缴费标准差异很大,如果采取一年折算一年的办法,城乡居民养老保险向城镇职工养老保险转移时,会导致低缴费换取高额待遇的不合理情况;如果按缴费额度折算,会出现城乡居民养老保险仅能折算为城镇职工养老保险十分之一甚至几十分之一,这也是不恰当的[2]。课题组认为,缴费年限折算时固然要避免低缴费换取高额待遇的"搭

---

[1] 《人力资源和社会保障部、财政部关于印发〈城乡养老保险制度衔接暂行办法〉的通知》(人社部发〔2014〕17 号),2014 年 2 月 24 日。

[2] 人力资源和社会保障部办公厅:《城乡养老保险制度衔接办法宣传提纲》,2014 年 2 月 24 日,http://www.mohrss.gov.cn/gkml/xxgk/201402/t20140228_125020.htm。

便车"行为，但也不能因此一笔勾销参保人的既有参保年限。如前所述，各地城乡居民养老保险制度设置了最多14个档次、最高年缴费5000元的个人缴费标准。加上政府补贴和集体补助，对于选择较高缴费档次的参保人而言，其在城乡居民养老保险制度中的缴费额度并不全是城镇职工养老保险的十分之一甚至几十分之一，有些甚至与城镇基本养老保险缴费额度基本接近甚至持平。不加区别地将所有城乡居民养老保险缴费年限一笔勾销，对于选择较高档次的城乡居民养老保险参与人而言，是显失公平的。

四 新型农村社会养老保险的制度绩效

从2009年在全国范围内开展"新农保"试点至2014年，新型农村社会养老保险制度探索已近5年。实践表明，新农保制度对于解决农民养老的后顾之忧、改善农村老年人生活现状起到了一定效果（李芝等，2011；潘思琦，2011；吕月静，2011）。

笔者认为，对新型农村社会养老保险制度绩效的评价不仅要考虑制度的覆盖率和参与率，还要考察制度的参与深度；不仅从客观层面考察制度运行的经济社会效果，还要从主观层面聆听制度受益人的心声，即农民对新农保制度绩效的评价及其影响因素，并以此作为制度整合与优化的重要依据。

基于上述观点，课题组基于2011年在湖北省钟市进行的新型农村社会养老保险试点制度评估研究问卷调查数据[①]，一方面从客观层面分析了农民的参保行为；另一方面从主观层面分析了农民对新农保

---

① 钟市于2009年自行启动新农保制度试点工作，2009年被确定为全国首批新农保制度试点县市。在2009—2010年的7省（自治区）调查中，课题组曾将钟市纳入调查样本范围。考虑到制度效果的发挥需要一定周期，课题组在对新农保制度效果进行评估时，没有选用7省（自治区）的调查样本数据，而是于2011年7月再次进入钟市，在该市最早开展新农保试点的2个乡镇（桥镇和水镇）进行了追踪调查。调查共发放360份问卷，回收312份有效问卷。截至2011年7月，两镇新农保试点运行已达3年，适合进行制度绩效评估。因此，课题组选用在该市的调查数据作为本节研究数据来源。

绩效的评价及其影响因素，进而对新型农村社会养老保险制度的运行绩效进行全面评估。

调查样本的基本特征如下：在性别方面，样本男女比例相当，但女性略多，占有效样本总数的52.6%；在年龄方面，由于课题组选择户主为调查对象，绝大多数样本（占82.7%）年龄在40周岁以上；在文化程度方面，绝大多数样本（占86.5%）仅有初中及以下学历；在收入状况方面，绝大多数样本（占84.4%）家庭年收入在40000元及以下，其中，1/3的样本家庭年收入不超过14000元，13.5%的样本家庭年收入不超过8000元，处于较低收入水平；在身体健康状况上，多数样本（65.0%）身体健康状况较好或很好，11.5%的样本身体健康状况较差或很差。

表1—10　　　　　　　　钟市调查样本的基本特征

项目	维度	频数	比例（%）	项目	维度	频数	比例（%）
性别	男	148	47.4	过去一年全家收入	8000元及以下	38	13.5
	女	164	52.6		8001—14000元	53	18.8
年龄	30周岁及以下	17	5.4		14001—25000元	84	29.8
	31—40周岁	37	11.9		25001—40000元	63	22.3
	41—50周岁	102	32.7		40000元以上	44	15.6
	51—60周岁	78	25.0	身体健康状况	很好	128	41.2
	61周岁以上	78	25.0		比较好	74	23.8
文化程度	未受过正式教育	53	17.0		一般	73	23.5
	小学	103	33.0		较差	34	10.9
	初中	114	36.5		非常差	2	0.6
	高中（中专）	41	13.1				
	大专及以上	1	0.3				

注：表中样本数据加总后不等于有效样本总数的原因是，部分样本的答案存在缺失值。

（一）新型农村社会养老保险的制度参与

调查结果显示，就参保率而言，在所有有效样本中，86.2%的农民参加了本地的新型农村社会养老保险。可见，新型农村社会养老保险制度作为一项惠农制度,已经受到农民的广泛认可和积极响应。

表1—11　　钟市调查样本的新型农村社会养老保险参与率

	频次	百分比（%）	有效百分比（%）	累计百分比（%）
是	262	84.0	86.2	86.2
否	42	13.5	13.8	100.0
合计	304	97.4	100.0	

注：表中样本数据加总后不等于有效样本总数的原因是，部分样本的答案存在缺失值。

就参保个人缴费标准而言，绝大多数（占88.4%）样本选择了最低缴费档次，即每人每年100元的个人缴费标准；另有7.0%的样本选择了最高缴费档次，即每人每年1200元的个人缴费标准；选择其他缴费标准的样本不足5%（见表1—12）。可见，虽然新农保的参保率较高，但从参与深度来看，绝大多数样本选择的个人缴费标准过低。按照这一标准，参保人达到法定领取养老金年龄后，每月只能领取55元的基础养老金；加上其个人账户余额，其每月能领到的养老金仅有100多元，对于保障农民老年生活的作用是极其有限的。

表1—12　　钟市调查样本的新农保个人缴费档次选择情况

	频次	百分比（%）	有效百分比（%）	累计百分比（%）
每年100元	176	56.4	88.4	88.4
每年1200元	14	4.5	7.0	95.4
每年200元	5	1.6	2.5	98.0
其他档	4	1.2	2.0	100.0

注：表中样本数据加总后不等于有效样本总数的原因是，部分样本的答案存在缺失值。

如前所述，无论是"新农保"制度，还是最新推出的城乡居民社会养老保险制度，都鼓励"多缴多得"。从理论上讲，农民选择的缴费档次越高，配套的政府补贴越高，其基础养老金的加发额也越高，农民的参保收益也就越高。然而，为何在实际参保过程中，绝大多数农民仍然选择每年100元的最低缴费标准呢？

结合问卷调查数据及课题组实地访谈的材料，课题组发现，农民选择最低缴费档次的原因主要有如下几个方面：

一是缴费能力的硬约束。自国家取消农业税以来，农民从事农业生产的税费负担大幅减轻。然而，随着农村青壮劳动力的大量流出，农民从事农业生产的生产资料成本、劳动力成本正在逐年攀升，农村家庭子女教育和老年人赡养支出负担亦越来越重。与此同时，为了应对日益频繁的自然灾害、疾病和市场风险，农民不得不购买各类商业保险，以应对不时之需。以钟市为例，农民除了参加新型农村合作医疗保险，还要参加油菜保险、水稻保险、小儿意外保险、社会治安保险和独生子女安康保险等诸多保险计划。如下文的个案所示，在农民生产生活成本高、家庭收入普遍偏低的情况下，农民用于提高"新农保"缴费档次的经济条件着实有限。

［个案20110704-ZXDQ-MZ1，男，桥镇办公室主任］（问："现在老百姓会不会有这样一种想法——农村以前收三提五统、公粮水费等费用。现在农业税取消了，你们不收税了，开始变着法子收保险费了？"）"是的，有些村民有这样的想法。……2月份，就开始收合作医疗，开始跟外面打工的联系……连哄带骗……新农保还没结束，又来了个什么水稻保险、综合治安保险。"

［个案20110708-ZXDQDQ-FY1，女，桥镇农保中心工作人员］："现在农民的各种保险比较多，税费改革前是交农业税，而现在就是交各种保险，像什么水稻保险啊，所以农民参保的积极性不是很高，有很多退保的人。"

［个案20110706-ZXDQDQ-ML1，男，桥镇村民，家庭劳动力2人，均已参加"新农保"，选择的是每年100元的缴费标准］（问："您为什么选择100元/年这个标准，没有选择其他的标准？"）"村干部只让我们交这么多钱，再让交多一些也交不出来了。"

[个案 20110706 - ZXLSDG - ML5，男，水镇村民，已参加"新农保"，选择的是每年 100 元的缴费标准]："我们也没有那么多的钱，儿子还要上大学，没有那么多的钱交。所以当然要选择 100 元。"

[个案 20110707 - ZXDQTS - MX1，男，桥镇村民，已参加"新农保"，选择的是每年 100 元的缴费标准]（问："您知道有不同的缴费档次的么？"）"这我知道。不过我认为啊，交 100 块就差不多，家里只有那个条件嘛！"

二是对新农保制度的信任不足。有关信任的研究表明，公民对政府的信任在国家和社会发展过程中发挥着重要作用，它不仅可以"通过影响政治参与和政策选择来影响民主政治的形成"[①]，而且"作为一种社会资本，能够通过促进公民合作和参与来提高政府绩效，促进经济发展"[②]。从这个意义上讲，农民对农村社会养老保险制度的信任水平在很大程度上影响着其参保行为。如前所述，我国曾于1992年开始在农村地区实行"个人缴费为主、集体补助为辅"的社会养老保险制度，但该制度在试行 7 年后被国务院叫停。"老农保"的失败及其遗留问题在一定程度上弱化了农民对新农保制度可持续性的信任。尤其是对于早期参加老农保的农民而言，在经历了突然停保、养老金待遇无法兑现等遭遇之后，他们难免担心"新农保"制度会不会说停就停。此外，国家政策的权变性和不稳定性、制度执行过程中出现的规范变通、规范扭曲也侵蚀着农民的制度信任基础。如以下案例所示，在对新农保制度信任不足的前提下，农民只有两种可能的选择：一是拒绝参保；二是选择风险最小的缴费档次，即最低缴费档次，这样一来，即便政策有变，农民也不会有太大损失。

---

① Ellinas, A. A. & I. Lamprianou: "Political Trust In Extremis." *Comparative Politics*, 46 (2), 2014.

② Putnam, Robert D: "Tuning In, Tuning Out: The Strange Disappearance of Social Capital in American." *Political Science and Political*, 28 (4), 1995.

［个案20110708—ZXDQ—MX1，男，桥镇农保中心服务大厅工作人员］："现在农民不愿意参保主要是'老农保'打击了大家的信任，本来大家积极性都很高的。一朝被蛇咬十年怕井绳，'老农保'取消了，一传十、十传百，大家就都不信任政策了。"

［个案20110706－ZXDQTS－FX4，女，58岁，桥镇村民，经干部多次劝说参保］："'老农保'就交了1200（元），那还是九几年。当时是民政搞的，现在连人都找不到了，非要转到'新农保'。明明说是55岁拿钱，现在不让拿，找人也没得用。国家就是想骗几个钱，哪晓得它（政策）什么时候变。"

［个案20110708－ZXDQDQ－FY1，女，桥镇农保中心工作人员］："我跟你说这块工作是特别难做。那些有纠纷或要退保的人大都是因为参加过老农保，现在对'新农保'完全不信任。而刚好我负责这块工作，头痛死了。这工作比较难的是，'老农保'在实行的时候给了农民很高的承诺，但是实行不下去了，就推行这个新农保。但是之前承诺的都没兑现，就会有很多人有意见，现在自然不愿意参加'新农保'啊。还有就是现在虽然把'老农保'的钱转到'新农保'账户里了，但是有些人就有意见，说之前'老农保'交了那么多钱，为什么现在还要交钱，所以也不愿意参加'新农保'。我印象中很深刻就是有一次，一个农民跑过来不管我们怎么做工作他就是要我们兑现'老农保'的承诺，对'新农保'根本不愿意参加。那一次是唯一一次我做工作没做通，让我们主任做工作也没做通，最后送到钟市去了，最后是连本带息都给他了。"

三是结构情境制约下的有限理性选择。理性选择理论认为，经济活动的参与者是理性人，这种人会在经济行动中尽可能以最小成本实现最大化收益，并根据自己的目标合理地确定最有效的手段。理性人假设成立的一个重要前提是，行动者在决策前掌握了充分信息。然而，在实际行动情境中，即便目标是理性的，行动者也可能因为信息缺乏、逻辑思路不清晰、形势紧急而不得不做出"紧迫性"选择，从而导致非理性结果①。从这个意义上讲，在结构情境的制约下，农民的参保行为往往是一种有限理性选择。具体而言，在缴费档次的选择上，结构情境对于农民行动决策的制约主要体现在以下几个方面：

第一，干部宣传不到位导致农民信息获取不充分。作为全国首批新农保试点县市，钟市政府提出了新农保参保率95%、续保率98%、发放率100%的"三率"目标。为实现这一目标，市、镇两级政府均成立新农保工作专班，组建了督办专班，并将参保覆盖率纳入党政干部及村"两委"（村中国共产党支部委员会和村民自治委员会）干部年度工作目标考核体系，与基层干部考核成绩及奖惩激励挂钩。如桥镇将新农保工作纳入镇党委、政府中心工作，定期召开新农保推动工作会议，通报各村参保率情况。对于参保结账率位于全镇后5名的村，镇里会点名批评，并要求村干部亮相表态；反之，对于参保结账率位居前列的村，镇里会给予一定的奖励。在各级政府的强力推进下，新农保工作成为基层干部的一项重要政治任务。然而，新农保制度涉及缴费主体、缴费方式、缴费年限、缴费标准、给付模式、运营模式、账户构成及政府补贴类型等多项内容，要想让文化程度普遍不高的农民群众在短时间内逐一理解制度细则实属不易，再加上部分群众对制度本身的不信任及由此产生的顾虑情绪，新农保的动员工作成效并不明显。为尽快完成考核任务，减轻工作负担，一些干部干脆违背自愿参保原则，强制农民参保；一些干部则将新农保制度简化为"每年缴纳100元，60岁以后每月就能领100元养老金（含55元基础养老金、30元政府缴费补贴和个人账户存储余额）"。于是，如下述个案所示，参保农民要么迫于干部压力而选择最低缴费档次参保；要么由于不知道"多缴多得"、"长缴多得"的政策而选择了最低缴费档次。

[个案20110708—ZXDQ—FZ1，女，桥镇农保中心服务大厅工作人员]（问："听说上面给每个村都下了任务，要达到一定的参保率，有这事吗？"）"有的，村干部的奖金与参保率挂钩，完成得好的村干

---

① 刘少杰：《经济社会学的新视野——理性选择与感性选择》，社会科学文献出版社2005年版，第2页。

部,我们会向局里申请给他们发补贴。……'新农保'有 15 年的缴费年限,农民在短期内看不到利益,农民不能分清其中的利弊,政府为了保障该地区农民年老后有保障,只有强制他们参保。"

[个案 20110708—ZXDQDQ—FZ1,女,桥镇农保中心服务大厅工作人员]:"对于 98% 的参保率,如果村干部向我们抱怨,我们其实也不强求,会尽量去说服他们去完成任务。就像一开始村会计反映村民不愿意参加'新农保',我们就建议让村干部鼓励村民选择那个 100 元/年。对于这个标准村民还是比较能够接受的,100 块钱对于他们来说打牌、抽烟都不止这些。"

[个案 20110705 - ZXDQDQ - FX1,女,桥镇村民,与丈夫一起参保,选择的是每年 100 元的缴费标准](问:"您目前是每年交 100 块,您愿不愿意多交点呢?")"村里就只收 100 块啊,我们还不晓得可以多交,如果可以的话我们也还要再看看政策能不能稳定,政策不变的话还是可以考虑多交点。"

[个案 20110705 - ZXDQDQ - FZ1,女,桥镇村民,已参加"新农保",选择的是每年 100 元的缴费标准]:"参加这个养老保险还有不同的标准啊?村干部只让我们一年交 100 元,说一年交 100 块到 60 岁之后就可以领钱,具体领多少钱我还搞忘记了。"

[个案 20110706 - ZXDQDQ - ML1,男,桥镇村民,已参加"新农保",选择的是每年 100 元的缴费标准]:"(村干部)谈不上什么宣传,还不是挨家挨户上门让交钱?主要是收钱不是宣传。就跟我们讲现在有那个养老保险,每个人一年交 100 块钱,到 60 岁就可以领 55 块钱。还说如果我们交那个钱的话,家里两老人就可以免费每个月领那个 55 块钱。还发了个宣传单子给我们看,说看不懂的可以问他们,他们再跟我讲。要是我们不参加那个养老保险的话,他们就经常跑到家里来做工作啊。"

[个案 20110706 - ZXLSDG - ML5,男,水镇村民,已参加"新农保",选择的是每年 100 元的缴费标准]:"说是宣传,其实就是村干部到家里说说要交钱,在广播里说说要交钱,还有谁没有交钱,具体这个政策怎样?我到现在也不明白,就知道现在每个人每年交 100 块钱,老了拿 55 块钱,其他的就不知道了。"

第二，计算能力有限导致农民对养老保险收益预期不足。如前所述，"新农保"养老金由基础养老金和个人账户养老金两部分组成。就基础养老金而言，除国家规定的每月55元外，还包括对选择较高缴费档次农民增发的部分；就个人账户养老金而言，除个人缴费存储余额和每月30元的政府补贴外，还包括对选择较高缴费档次农民增补的部分。除上述组成部分外，参保人最终的养老金待遇水平还取决于个人缴费年限及存款利率的变化。可见，参保人养老保险收益的计算十分复杂，对于文化程度较低的农民而言，要想精确地计算出来并不容易。在计算能力有限的情况下，参保农民将养老金收益简单理解为55元的基础养老金和政府每月的30元补贴，误认为缴多缴少一个样。于是，如下述个案所示，遵循收益投资比最高的理性原则，绝大多数农民选择了最低档的缴费标准。

[个案20110706 - ZXLSDG - ML5，男，水镇村民，已参加"新农保"，选择的是每年100元的缴费标准]：（问："如果政策不变的话，您会不会提高缴费档次？"）"不会。我不知道你知道不知道，交100元和交500元没有什么区别，政府每年都补贴30元。把钱交给政府还不如自己存着。"

第三，从众心理强化次优选择。大量研究表明，人们常常倾向于在知觉、态度和行为等方面与舆论或多数人保持一致，而不管舆论或多数人的选择是否得当，即从众。从众行为的产生往往源于不确定性，即个体未能获知行动情境的充分信息，不确定自己是否掌握事实。在这种情况下，个体为了保持正确并获得社会认可，往往会选择与多数人保持一致。因为，当没有客观的正确答案时，人们可能会怀疑自己，并极有可能假定群体一定是对的[①]。如前所述，在新型农村

---

① [美]道格拉斯·肯里克、史蒂文·纽伯格、罗伯特·西奥迪尼：《自我·群体·社会：进入西奥迪尼的社会心理学课堂》，谢晓非、刘慧敏、胡天翊译，中国人民大学出版社2011年版，第149页。

社会养老保险参保过程中,一些农民担心15年甚至几十年以后政策是否稳定、可持续,担心60周岁之后政府是否会兑现养老承诺,一些农民不知道有多个缴费档次可供选择,也不知晓多缴可以多得以及多缴如何多得。如下述案例所示,在面对诸多不确定因素的情况下,与多数人保持一致,"参保但只选择最低缴费档次"便成为多数农民的现实选择。显然,农民的上述参保决策并非一种收益最大化的最优完全理性选择,而是一种风险最小化的次优有限理性选择。

[个案20110704 - ZXDQDQ - MX2,男,桥镇村民,已参加"新农保",选择了每年100元的缴费标准]:"每年交的100块,别人都交了这些。"

[个案20110706 - ZXDQDQ - ML1,男,桥镇村民,已参加"新农保",选择了每年100元的缴费标准]:"村干部上门来做了好多工作,实在没办法就参加了。再说别人也都参加,我们算下账,觉得交这个钱两老人现在可以领钱,等我们到60岁也有钱拿,我们还是不会亏的,就参加了。反正交的钱也不多,对我们说也不是蛮大的压力。"

[20110707 - ZXDQDQ - MM1,男,桥镇村民,已参加"新农保",选择了每年100元的缴费标准]:"我看别人交这么多,我也就交这么多啊,而且这样也比较划得来,交100块钱到60岁之后每个月就可以领55块钱,两个月就可以领回来。"

[20110707 - ZXLSFM - FL6,男,水镇村民,已参加"新农保",选择了每年100元的缴费标准]:"说实话,不愿意,但是别人都参加了,不交的话,村干部整天来说,也就100块钱,交就交了。"

(二)农民对新农保制度实施效果的评价

总体而言,多数农民对新农保制度的实施效果持积极评价(见表1—13)。其中,54.9%的样本认为新农保制度实施效果较好,3.7%的样本认为新农保制度实施效果很好。然而,仍有超过四成的样本对新农保制度实施效果持一般或否定评价。这一数据表明,从总体层面讲，新农保制度的实施效果还有很大的提升空间。

表1—13　钟市调查样本对新农保制度实施效果的总体评价

项　　目	类　别	频次	有效百分比（%）
总体而言，您对本地新型农村社会养老保险制度的实施效果有何评价（均值=3.58）	效果很差=1	1	0.3
	效果不太好=2	11	3.7
	效果一般=3	111	37.4
	效果比较好=4	163	54.9
	效果非常好=5	11	3.7

注：表中样本数据加总后不等于有效样本总数的原因是，部分样本的答案存在缺失值。

具体而言，在农民看来，新农保制度的实施效果集中体现在改善农村贫困老年人的生活方面。如表1—14所示，绝大多数样本认为"新农保"对改善农村贫困老年人的生活有一定作用。其中，37.2%的样本认为作用很大或较大；38.2%的人认为作用一般。仅有5.9%的样本认为新农保对改善农村贫困老年人的生活几乎没有什么作用。

表1—14　钟市调查样本对新农保减贫作用的评价

项　　目	类　别	频次	有效百分比（%）
在您看来，新农保对改善农村贫困老年人的生活起多大作用（均值=3.08）	几乎没有什么作用=1	18	5.9
	作用较小=2	57	18.7
	作用一般=3	116	38.2
	作用较大=4	109	35.9
	作用很大=5	4	1.3

注：表中样本数据加总后不等于有效样本总数的原因是，部分样本的答案存在缺失值。

实地调查发现，新农保制度在改善农村贫困老年人的生活方面的作用主要体现在如下两个方面：一是对重度残疾等缴费困难群体，政府为其代缴全部或部分最低标准养老保险费；二是对于农村"五保"供养、社会优抚、最低生活保障等对象参保的，其原已享受的政策待遇不变。在这种情形下，一方面，困难群体可以不缴费或少缴费参加新农保；另一方面，困难群体达到60周岁后，可以在享受已有社会救助待遇的同时，享受养老金待遇。如下列个案所示，对于基本生活有保障的普通农民而言，每月55元的基础养老金确实不多；但对于生活困难且已获得社会救助的困难农民而言，每月55元的基础养老金多少可以缓解一些燃眉之急。

[个案 20110704 - ZXDQDQ - FZ1，女，桥镇村民，家中夫妇二人均已参保，老人已领取养老金]："老人一个月拿几十块钱还是有用的，他们没有什么别的开支。政策本身还是好的，对目前的老人来说是有好处的，尤其是无儿无女的'五保'老人。"

[个案 20110705 - ZXDQDQ - FZ1，女，桥镇村民，已参保]："政策还是好政策。以前税费改革前每年要交好多钱，现在都有补贴，肯定是好政策啊。只要实事求是就是为农民谋福利。对于对老人的作用呢？以前老人是没钱用的，现在交了一点钱后也稍微有保障了。"

[个案 20110707—ZXDQTS—MX1，男，78周岁，桥镇村民，已领取养老金]："虽然这个补贴标准比较低，但是咱国家也有困难，标准高的话补不过来。党的政策好，还能照顾贫民，原来是想不到的。"

[个案 20110705 - ZXDQDQ - FW1，女，77岁，已领取养老金]："政策还是好政策，相比起以前老是交钱，现在好多了。要是对老人的作用来说，也不能说没有作用，多多少少还是有一点作用。"

尽管"新农保"在改善农村贫困老年人生活方面发挥了一定作用，然而，在多数农民看来，"新农保"待遇无法保障农村老年人基本生活，离农村老年人基本生活需要还有较大差距。如表1—15所示，64.0%的样本认为"新农保"待遇完全不能或很难满足农村老年人基本生活需要，所有样本均认为"新农保"待遇离农村老年人基本生活需要还有差距。不难理解农民为何做出上述评价。按照目前绝大多数农民的缴费标准并缴满最低年限15年，农民年满60周岁以后能够领取的养老金每月只有100元左右。根据国家统计局数据，2011年湖北省农村居民家庭平均每人生活消费支出是5010.74元，可折算为每月418元。若老年人没有其他生活来源，每月100元的养老金收入仅占农村居家家庭人均月生活消费支出的24%，离农村老年人的基本生活需要确实有很大差距。

表1—15　　钟市调查样本对新农保基本生活保障作用的评价

项　　目	类　　别	频次	有效百分比（%）
在您看来，新农保在多大程度上能满足农村老年人的基本生活需要（均值＝2.19）	完全不能满足＝1	53	17.7
	很难满足＝2	139	46.3
	基本能满足＝3	107	35.7
	完全能满足＝4	1	0.3
在您看来，新农保待遇离本地老年人的基本生活需要有多大差距（均值＝2.19）	差距很大＝1	45	15.0
	差距较大＝2	167	55.7
	差距较小＝3	75	25.0
	差距很小＝4	13	4.3
	没有差距＝5	0	0

注：表中样本数据加总后不等于有效样本总数的原因是，部分样本的答案存在缺失值。

下文中的个案材料进一步说明，按照目前绝大多数农民的参保选择，其预期养老金收益显得过低，很难起到保障农村老年人基本生活的作用，离"新农保"的政策目标还有很大差距。因此，在钟市，仅有35.3%的样本不担心自己的养老问题，多数样本（占50.5%）仍然非常担心或比较担心自己的养老问题。

［个案：20110706-ZXDQDQ-ML1，男，37周岁，桥镇村民，已参保，选择的是每年100元的缴费标准］："完全不能满足（农村老年人的基本生活需要）！现在什么都贵，50、60多块钱根本就不能买个什么。现在米都已经两块多了。五十多块钱，一个月买米都不够用，你说怎么可以满足老年人的生活需要呢？国家补助的钱太少了，要补助就多给点，要不然这么一点根本就不

起什么作用，国家应该多给点钱。"

[个案：20110706 - ZXLSDG - FL5，男，44 周岁，水镇村民，已参保，选择的是每年 100 元的缴费标准]："我感觉不能，现在什么都涨价，这 55 块钱起不了什么作用。现在再穷的老人也得花二三百块钱吧。"

[个案 20110706 - ZXDQDQ - FG1，女，42 岁，已参加商业养老保险，未参加"新农保"]："每个月 55 元，也不能起很大作用，只能起一般作用。你想想啊，现在物价这么高，哪能够用呢？万一生病，一住院，根本起不了作用，钱太少了。"

[个案 20110706 - ZXDQDQ - FX1，女士，58 岁，桥镇村民，夫妇均已参保，选择的是每年 100 元的缴费标准]："国家政策本身还是好的，但是现在还没看到效果，我们还在向国家交钱。再说了，55 块能搞什么事？什么都搞不成。"

[个案 20110706 - ZXLSFM - MX1，男，72 岁，水镇村民，未参保]："55 块搞个鬼，剃头（理发）就要三四块，完全不够，多发点才好，才能满足老百姓的基本生活。拿这个钱还不如拿低保呢。"

[20110705 - ZXLSDG - FL3，女，58 岁，水镇村民，已参保，选择的是每年 100 元的缴费标准]："55 块钱能买什么呀！还不够他（指着孙子）买个玩具呢！现在钱不值钱呀！"

五 新型农村社会养老保险的制度整合

（一）本章主要研究结论

在本章，课题组综合运用问卷调查法、个案访谈法和文献法分析了当前我国新型农村社会养老保险的供需现状及其制度绩效。研究发现：

就制度需求而言，多数农民理想的新农保制度模式是：以上年度农村居民人均纯收入为基数，确定新农保个人缴费标准，新农保的个人缴费标准应当具有弹性，充分满足不同群体的个性化需要；新农保的法定领取养老金年龄应当男女有别，养老金待遇应能满足农村老年人的基本生活需要；新农保基金应当委托专门的社保经办机构管理运营。绝大多数农民有强烈的参保意愿，新型农村社会养老保险制度是大势所趋、民心所向。农民的参保意愿受到其身体机能、家庭耕地面积和对新农保制度评价的显著影响，其具体表现为：农民的身体机能越差，从事农业生产的能力越弱，其参保意愿越强；相对于家庭耕地面积在 5 亩及以下的农民而言，家庭耕地面积在 10 亩及以上的农民的参保意愿随着其农业经营风险的加大而增强；农民对"新农保"制度的评价水平越高，其参保意愿越强。

就制度安排而言，在主体构成方面，政府承担了更多的保险补贴责任，这对于保障农村居民基本生活、城乡居民共享社会发展成果具有重要意义；在对象构成方面，城乡居民社会养老保险制度将与国家机关与事业单位退休制度、企业职业基本养老保险制度一起，为城乡所有适龄公民提供养老保障，推动我国城乡社会养老保险制度实现由"补救型"向"适度普惠型"转变；在筹资模式上，现行新型农村社会养老保险制度具有"缴费区间灵活，充分响应了多元化保障需要"、"缴费补贴合理，兼顾了社会公平与效率"等特点，但仍然存在集体补助责任虚化和政府补贴财政分担机制有待完善两点不足；在给付模式上，城乡居民基本养老保险制度呈现出"注重制度衔接、体现城乡统筹"和"鼓励'长缴多得'，有助于激发农民参保热情"两大特征，但也存在基础养老金水平过低和"长缴增发"激励力度过小两点不足；在基金运营模式方面，现行制度良性运行的前提下，能有效保障养老保险基金的运营安全，但单一投资渠道和较低的运营层次不利于分散投资风险，不仅无法实现养老保险基金的增值，甚至难以保障养老保险基金的保值；在制度衔接方面，新出台的城乡基本养老保险衔接办法为解决城乡居民尤其是农民工跨地区流动就业养老保险关系转移及城乡养老保险制度之间的衔接提供了政策依据，有助于保障参保人员尤其是农民工的养老保险权益。但仍然存在城乡养老保险资金转移办法不尽合理和城乡养老保险缴费年限合并计算办法有待改进两点不足。

就制度效果而言，一方面，绝大多数农民参加了本地的新型农村社会养老保险。可见，新型农村社会养老保险制度作为一项惠农制度，已经受到农民的广泛认可和积极响应；另一方面，绝大多数农民仅选择了每年100元的最低缴费档次，严重制约了新农保制度对农村老年人基本生活的保障作用。农民选择最低缴费档次的主要原因有缴费能力的硬约束、对政府信任的不足以及结构情境制约下的有限理性选择。其中，结构情境对农民参保决策的制约主要体现为干部宣传不到位导致农民信息获取不充分、计算能力有限导致农民对养老保险收益预期不足和从众心理强化次优选择三个方面。

(二) 新型农村社会养老保险制度整合的对策建议

基于上述研究结论，课题组提出完善新型农村社会养老保险制度（即城乡居民社会养老保险）的对策建议如下：

1. 促进农民增收、集体增能、政府补位，完善保险责任分担机制

（1）促进农民增收，提高个人缴费能力。研究结果表明，经济收入水平低是制约农民提高缴费档次的硬约束条件。因此，要想切实发挥居民社会养老保险在保障农村老年人基本生活方面的作用，首先必须促进农民增收，提高个人缴费能力。一方面，要积极推动农村剩余劳动力转移工作，加强农民工就业技能培训、劳务派出、劳动权益保障与公共服务，保障农民工同工同酬，提高农民工收入水平及其反哺农村的能力；另一方面，要通过完善土地政策、税费优惠政策、农业补贴政策、农业金融优惠政策，加强农业科技服务与农业社会化服务，积极培育新型农业经营主体，扶持农村留守人士及返乡创业人员发展现代农业，提高农业经营收入。

（2）促进集体增能，强化村集体经济组织在居民养老保险中的补助责任。一是明确"有条件的村集体经济组织"的认定标准，夯实其保险补助责任。建议完善村集体经济组织财务公开制度，按地方经济发展水平高低，分类确定"有条件的村集体经济组织"的集体收入下限，督促"有条件的村集体经济组织"履行补助责任。二是进一步壮大和发展集体经济，增强村集体对居民的保险补助能力。首先，要加强农村社区"两委"班子建设，鼓励和吸引有文化、有责任心、事业心强、懂经营、会管理的经营大户和科技致富带头人进入村"两委"，提升农村社区干部队伍的综合素质，为发展和增大农村集体经济奠定

组织基础。其次，要帮助社区干部理顺、盘活土地、房屋、设施设备等集体资产，引导各村立足社区资源、区位等优势，通过土地流转、招商引资、特色农业、生态旅游等多种方式，因地制宜地发展村级集体经济。最后，要积极争取扶贫资金、贴息贷款、项目支持等优惠政策，充分贯彻县（市）、乡镇党政领导挂包村和挂包村办企业重点项目责任制，引导社区发掘经济潜能，引入发展项目，帮扶村级集体经济发展。

（3）促进政府补位，完善政府补贴财政分担机制。一是中央财政补位，适当分担贫困地区养老保险缴费政府补贴经费。鉴于中国农村区域经济发展极不平衡，东、中、西部差距较大，中、西部一些贫困地区地方政府财政支出严重依赖中央财政转移支付，建议中央政府按各地经济社会发展水平，分类分担贫困地区的养老保险缴费政府补贴，确保居民社会养老保险顺利推进。二是根据县域经济发展水平合理确定省（自治区）、市（州）、县（市、区）之间的政府补贴分担比例。建议在对省（自治区）、市（州）、县（市、区）人均财政收入进行统计的基础上，按不同级别政府人均财政收入水平确定其在养老保险缴费政府补贴的分担比例。

2. 优化参保激励机制，鼓励农民提高养老保障水平

（1）优化基础养老金动态调整机制，鼓励农民持续参保。在城乡一体化进程中，社会养老保险体系的完善应本着公平正义、城乡统筹的原则。如前所述，国家已经连续10年大幅调整了企业退休人员基本养老金水平，而城乡居民最低基础养老金却连续5年未变，这无疑加剧了城乡养老保险待遇的不平等。因此，建议以经济社会发展和消费物价指数变动情况为依据，遵循城乡同幅的原则动态调整基础养老金水平，让城乡居民与城镇企业共享社会福利成果，以体现城乡公平，从而鼓励居民持续参保。

（2）优化缴费激励机制，鼓励农民多缴多得、长缴多得。从多缴多得政策现状来看，现行制度多规定多缴多得的档次区间，尚未将缴费补贴精确到每一个区间。以贵州省为例，该省规定"对选择500至900元档次标准缴费的，补贴标准为每人每年60元"。依照上述规定，每年缴500元和每年缴900元获得的缴费补贴并无差别，这极有可能

导致农民倾向于选择500元档,而不是900元档。此外,现行政策多按绝对值规定政府补贴金额,没有充分体现权利与义务对等原则。因此,建议将选择较高缴费档次的政府补贴按个人缴费额的百分比精确到每一个区间,确保农民选择的缴费标准每提升一个档次,政府补贴也会相应提升一个档次,以激励更多农民选择较高缴费档次。从长缴多得政策现状来看,现行制度规定对累计缴费满15年以上的,每超过一年,加发一定比例的基础养老金,但同时规定了最高加发比例。以安徽省合肥市为例,该市规定"加发比例最多不超过10%"。依照这一规定,农民缴满25年和缴满44年加发的基础养老金相等,这可能导致多数农民最多只缴25年。为此,建议参照城镇职工基础养老金计算办法,居民缴费每超过最低年限1年,基础养老金加发1%,且不封顶,从而达到既鼓励居民长缴多得,又体现城乡公平的政策效果。

3. 改革养老金运营模式,促进保险基金保值增值

(1)尽快提高养老金运营管理层次,实行省级集中管理。如前所述,目前我国城乡居民社会养老保险基金多为县级管理运营,由于运营层次低、管理分散化,保险基金不能形成规模优势,保险基金增值较为困难。此外,县级管理、县级运营、县级使用还存在着地方行政干预、挤占、挪用保险基金的问题,从而影响保险基金安全[①]。因此,建议将居民社会养老保险基金运营管理权转移到新农保主管部门,委托专业养老保险信托机构运营管理。

(2)拓宽养老金投资渠道,在保障安全的前提下促进保险基金增值。建议参照香港的强积金运营模式[②],采取组合投资策略,即同时选择多种不同的投资工具,包括存款、国债、认股权证、单位信托与互惠基金、债券基金、均衡基金和股票基金等,以分散保险基金投资风险,提高投资收益。同时,为确保基金运营安全,建议在组合投资

---

① 惠恩才:《我国农村社会养老保险基金管理与运营研究》,《农业经济问题》(月刊)2011年第7期。

② 参见田北海《香港与内地老年人社会福利模式比较》,北京大学出版社2008年版,第77—81页。

过程中，限定银行存款和国债投资不得少于保险基金的30%；除存款和债券外，投资于同一发行机构的证券、股票或同一投资项目的基金不得超过基金资产的10%；保险基金不能进行抛空的投资行为。

4. 改进养老制度衔接办法，充分保障农民权益

（1）改进城乡养老保险资金转移办法。为体现城乡公平并促进不同养老保险制度之间的平衡，一方面，对城镇职工基本养老保险制度向城乡居民社会养老保险制度转移的，建议除将个人账户存储余额全部转移、合并累计计算外，将企业为其缴入统筹基金账户的存款余额也一并转移到居民社会养老保险中的个人账户；另一方面，对从城镇职工基本养老保险制度退出，但没有继续参加其他任何一种基本养老保险制度的，建议维持现有政策，仅将个人账户存款一次性支付给本人。

（2）改进城乡养老保险缴费年限合并计算办法。从现行筹资模式来看，城镇职工基金养老保险的缴费基数是本人月工资收入，城镇个体工商户和灵活就业人员的缴费基数为当年年度在岗职工平均工资，城乡居民社会养老保险的个人缴费标准由个人根据经济支付能力和养老意愿确定。由此可见，无论是城镇职工基本养老保险，还是城乡居民社会养老保险，不同个体的个人缴费额差异很大。建议按参保人原养老保险项目个人账户余额与新转入养老保险项目的年个人缴费标准之比，折算成新保险项目的个人缴费年限，以体现社会公平。

5. 加强宣传动员，引导农民理性参保

（1）规范宣传内容，让农民全面知晓城乡居民社会养老保险政策。要纠正新农保宣传中存在的简化处理、片面宣传、断章取义的宣传行为，督促各级干部全面宣传城乡居民社会养老保险政策。一是要强化城乡居民社会养老保险制度的意义宣传，向农民详尽解释现代社会各种风险的危害性和多发性，引导农民增强参保意识；二是强化国家基本社会养老保险制度可持续性的宣传，打消农民对政策多变或制度不稳定的顾虑；三是要强化对城乡居民社会养老保险个人缴费政府补贴政策、基础养老金增发政策、养老保险预期回报率的宣传，引导农民多缴多得、长缴多得。

（2）改进宣传方式，让农民深刻领会多缴多得、长缴多得原理。

一是结合本地实情，运用通俗易懂的当地语言和群众易于接受的方式，向农民宣传城乡居民社会养老保险政策；二是开发、推广居民社会养老保险养老金回报率精算软件，让不同缴费档次、不同缴费年限的养老金回报率一目了然，方便农民对养老金预期收益有全面、清晰的了解，进而根据自身经济条件、预期养老目标做出理性决策；三是充分发挥农村示范带动作用，发动村干部、国家公职人员家属带头选择较高缴费档次，支持低保户、五保户、优抚带头续保，进而带动更多村民续保及按高缴费档次续保。

6. 优化经办管理，促进养老保险事业良性运行

（1）加强经办平台建设，优化养老保险经办服务。一是要加快建立"一门受理、一站服务、一柜办结"的城乡居民养老保险经办平台，提高养老保险经办服务效率；二是要加强养老保险信息化建设，适时更新适龄应保人口档案、参保人员缴费档次、养老金领取对象待遇领取及死亡信息档案和居民养老保险转移档案，并根据档案最新变动信息及时跟进经办服务，既要减少或防止漏保等应保未保现象，又要防止冒领、多领等违规参保行为。

（2）加强经办队伍建设，提高养老保险服务质量。一是加强经办人员能力建设，为经办人员提供服务流程、服务态度、业务知识等全方位业务培训，帮助经办人员提高业务水平，引导经办人员为城乡居民提供专业、快捷、贴心服务，增强农民对城乡居民社会养老保险的制度认同；二是要改善城乡社会保险经办人员的就业环境和待遇水平，切实保障保险经办人员的合法权益，以调动其工作积极性；三是要加强经办工作的监管力度，坚决杜绝经办过程中可能出现的"脸难看、事难办"、挪用贪污社保基金等违规违法行为。

第二章 供需均衡视角下的失地农民社会养老保险制度[①]

一 问题的提出与数据来源

(一) 问题的提出

失地农民是指因法定原因被征用、征收土地的无地或少地农村居民。随着我国城市化和工业化进程的加速推进，越来越多的农民失去土地，成为游离于城市居民与农业劳动者之外的特殊人群。在中国农村，土地是绝大多数农民"最后的保障"。当失地农民失去其"最后的保障"时，其就业问题、养老保障问题理所当然成为社会各界共同关注的热门话题。

为解决失地农民养老保障问题，各地进行了大量实践探索，并形成了3种典型的失地农民养老保险模式：一是将失地农民纳入城镇或农村社会养老保险体系（卢海元，2009；葛芳，2010）。如北京、重庆、成都等地将参保范围限定为被征地的农转非人员，并将其纳入城镇居民基本养老保险制度；上海市独特的"镇保"模式规定被征地农民参加小城镇社会养老保险制度；而山东省青岛市则明确规定将被征地农民纳入农村养老保障制度。二是为失地农民建立专门的养老保险或基本生活保障制度（邱道持等，2005；卢海元，2007），具体做法是在政府的主导下，由地方人事劳动保障部门组

---

① 本章部分内容曾作为阶段成果发表在《华中农业大学学报》（社会科学版）2013年第1期。

织实施，采取个人、集体、政府三方筹资，为被征地农民建立个人账户及统筹账户，并参照城市最低生活保障或城镇职工基本养老保险的待遇水平为其发放生活补助金或者养老金。三是采取政府加商业保险公司的运作模式，为失地农民建立商业养老保险。其中，政府主要承担引导以及财政兜底的作用，保险公司主要负责保险金的给付责任（陈正光、骆正清，2009）。

学者们认为，上述3种模式均存在一定的问题。其中，第一种模式的缺陷在于：如将失地农民纳入农村社会养老保险，可能存在养老保险待遇水平偏低的问题（王晛，2009）；如将其纳入城镇社会养老保险体系，则既可能给筹资主体带来缴费压力，也可能对长期失衡的社会养老保险基金造成较大的支付压力（卢海元，2007）。第二种模式面临的主要问题有：政府责任缺失（周延、姚晓黎，2006）、参保率较低（史先锋、曾贤贵，2007）、保障水平及保障层次偏低（史先锋、曾贤贵，2006）、基金管理不善（王莉丽，2007）等。第三种模式则存在覆盖面小、保障水平低、监管机制缺乏（叶晓玲，2009）、可靠性差（卢海元，2007）等问题；此外，该模式的保障效果可能会受制于失地农民保险意识、缴费能力以及当地经济发展水平、保险公司自身情况等因素的影响（郭英立、秦颐，2007）。

针对当前失地农民养老保障制度存在的上述问题，学术界形成的共识是，按照低水平、广覆盖、有弹性、可持续的基本要求建立适合失地农民特点的养老保险模式已成为总体趋势（卢海元，2007）。基于上述认识，学者们从明确政府责任（宋明岷，2010）、建立多层次失地农民养老保险制度（叶晓玲，2009）、改进筹资模式（缪保爱，2008）、健全基金管理制度（李长远、陈贝贝，2007）、提高养老金水平（温乐平，2010）、加强制度衔接（刘万兆、卢闯、王春平等，2007）等方面提出了一系列改进现行制度的对策建议。

总体而言，学术界较为客观地剖析了当前失地农民养老保险制度存在的一些问题，并为合理解决失地农民养老问题提出了一些对策性建议。但现有研究仍存在有待改进的地方：从研究视角来看，现有研究主要从自上而下视角出发、从供给层面探讨失地农民养老保险制度建设问题，少见基于失地农民需求及制度供需对比的研究；从研究内容来看，现有研究多关注现行失地农民社会养老保险制度存在的问题及其改进措施，对失地农民社会养老保险需求及其需求满足现状的研究较少；从研究方法来看，现有研究虽不乏实证研究，但实地调研范围大多局限于某一地区，系统地跨区域比较研究相对较少。

针对现有研究中尚存在的问题，课题组尝试将自上而下与自下而上的研究视角相结合，从供需均衡视角出发，对失地农民社会养老保险制度需求与制度供给现状及其需求契合度进行分析，并提出相应的对策建议。

（二）数据来源

本章研究数据来源于课题组 2009 年 7 月至 2010 年 1 月在浙江、山东、河北、湖北、安徽、广西和贵州 7 个省（自治区）所做的实地调查与问卷调查。

实地调查主要通过个案访谈的方式进行。在实地调查过程中，课题组分别走访了浙江（杭州）、山东（潍坊）、河北（遵化、沧州）、湖北（武汉、宜昌和黄冈）、安徽（合肥、黄山和亳州）、广西（南宁、玉林）、贵州（遵义）7 个省（自治区）、13 个城市的人力资源和社会保障部门，与其农村社会保险主管工作人员进行了个案访谈，获取了各地失地农民社会养老保险制度供给现状方面的制度和政策文件资料。对于上述制度与政策文件资料，课题组从典型模式和制度基本框架两个方面进行了分类整理和比较分析。

问卷调查主要采取结构式访谈的方式进行。调查对象为年龄在 16 周岁以上、具有农村户口的农村居民，不包括在校学生。调查对象通过分段抽样的方法获得，其具体抽样流程是：首先采用判断抽样方式在上述 7 省、自治区抽取了 23 个城市、46 个村；然后在各村内采用系统随机抽样的方式抽取 30 个家庭户，并选择抽样户中的户主作为调查对象。在问卷调查过程中，课题组共发放 1380 份问卷，回收有效问卷 1111 份，对"家中土地是否被征用过"做出回答的有效样本数为 1027 份，包括 218 个失地农民样本和 809 个非失地农民样本。问卷调查样本的基本特征如下（见表2—1）：

表2—1　失地农民调查样本个体特征：与普通农民对比

变量	类型	失地农民 频次	失地农民 有效百分比（%）	普通农民 频次	普通农民 有效百分比（%）
性别	男	145	66.5	553	71.4
	女	73	33.5	221	28.6
年龄	≤40周岁	54	24.8	189	24.3
	41—60周岁	111	50.9	461	59.3
	≥61周岁	53	24.3	127	16.3
文化程度	未受过正式教育	29	13.4	84	10.9
	小学	71	32.7	239	31.0
	初中	89	41.0	353	45.7
	高中/中专	20	9.2	85	11.0
	大专及其以上	8	3.7	11	1.4
婚姻状况	已婚	191	88.4	688	89.8
	未婚	16	7.4	31	4.0
	离婚或丧偶	9	4.2	47	6.2
身体健康状况	很好	81	37.5	277	35.9
	比较好	70	32.4	214	27.7
	一般	45	20.8	177	22.9
	较差	15	6.9	92	11.9
	非常差	5	2.3	12	1.6

注：部分变量的有效样本加总后不等于样本总量的原因是，部分样本存在缺失值。

在性别方面，因课题组选择户主为调查对象，故男性样本明显多于女性；在年龄方面，41—60周岁的中年人较多，青年人和老年人较少；在文化程度方面，被访者总体文化程度偏低，46.1%的失地农民仅有小学及以下文化程度；在婚姻状况方面，大部分被访者已婚，未婚、离婚或丧偶的较少；在身体健康状况方面，被访者身体状况总体较好，身体健康状况"较差"或"非常差"的失地农民（9.2%）比例低于普通农民（13.5%）。

二 失地农民社会养老保险制度的需求分析

（一）失地农民社会养老保险制度需求的描述分析

1. 失地农民社会养老保险参保模式的选择倾向

调查显示，失地农民参保模式的选择倾向呈现出多元化特征。在所有有效样本中，最倾向选择"失地农民社会养老保险或基本生活保障制度"的失地农民占 33.8%，最倾向选择"生活补助 + 农村社会养老保险"的失地农民占 24.8%，最倾向选择"新型农村社会养老保险"的失地农民占 23.7%；此外，还有 17.7% 的失地农民最倾向选择"城镇职工/居民基本养老保险"。

进一步的分析表明（见表 2—2），不同地区失地农民对养老保险模式的选择倾向存在着显著差异（$\chi^2 = 36.212$，$p = 0.000$）。具体表现为：东部地区失地农民对各项保障模式的偏好无明显差异，但选择新农保的比例最高；中部地区有 40.7% 的失地农民最希望参加失地农民基本养老保险或获得基本生活保障，选择其他保险模式的均不足三成；西部地区失地农民最希望参加"生活补助 + 农村社会养老保险"。可能的原因是，东部地区农村经济发展水平和城乡一体化程度均相对较高，农村集体经济的实力较强，失地农民更注重自己的"农民"身份，因而更愿意以失地农民身份参加新农保；中西部地区的新农保试点工作推进相对较晚，农民对社会养老保险制度的认知度和认可度还有待提升，因而更加偏好专属于失地农民的"失地农民社会养老保险或基本生活保障制度"或"生活补助 + 农村社会养老保险"。

表 2—2　　　　　不同地区失地农民对参保模式的选择倾向

单位:%

		参保模式选择				合计
		城镇职工/居民基本养老保险	新型农村社会养老保险	失地农民养老保险/基本生活保障	生活补助+农村社会养老保险	
调查地区	东部	20.5	28.6	25.3	25.6	100.0
	中部	18.4	19.4	40.7	21.5	100.0
	西部	10.8	28.7	26.8	33.8	100.0
合计		17.7	23.7	33.8	24.8	100.0

2. 失地农民理想的养老保险制度框架

（1）筹资模式的选择倾向

在保险经费来源方面，41.0%的失地农民认为在参加养老保险时"以土地换保障，不应该缴费"，42.4%的失地农民希望"要缴费，但可适当减免"，仅有15.6%的失地农民认为"应该与其他群体同等缴费"。上述数据表明，在农村社会保障体系尚不健全的当下，土地是农民的"命根子"，是农民最后的保障。因此，绝大多数失地农民认为应以土地换保障、不应再缴费，或者缴费时应适当减免。

在缴费标准方面，失地农民倾向于选择较低的个人缴费水平。在问到"您认为农民参加养老保险时的个人缴费标准应该为多少？"时，失地农民的均值为1172.06元/年，高于非失地农民的989.07元/年，相对而言，失地农民能承受的缴费标准较高（$p=0.003$）。进一步分析发现，失地农民的众数为100元/年，均值和众数的差异表明，多数失地农民认可100元的年缴费标准，但也有部分失地农民能接受较高的个人缴费标准，失地农民对缴费标准的选择倾向已呈现出分化态势。

在缴费年限方面，失地农民倾向于选择较长的缴费年限。失地农民期望的缴费年限均值为13.15年，高于普通农民均值。近半数（48.1%）的失地农民对现行制度规定的15年期限持认可态度，37.5%的失地农民赞同将个人缴费年限设为10年。可见，失地农民更倾向于选择较长的缴费年限。

(2) 给付模式的选择倾向

就养老金领取年龄而言，失地农民认可度最高的均是男性从 60 周岁、女性从 55 周岁开始领取养老金。失地农民认为理想的领取养老金年龄均值分别为男性 58.17 岁、女性 54.18 岁，分别低于普通农民的 58.79 岁、54.95 岁。可见，较之普通农民，失地农民更希望较早地获得养老金。

就养老金领取方式而言，74.2% 的失地农民最倾向于按月领取养老金。可见，按月给付是绝大多数失地农民最愿意接受的养老金给付方式。

就养老金待遇水平而言，失地农民理想的养老金待遇水平均值为 399.73 元/月。其中，14.9% 的样本认为，理想的养老金待遇水平为每月 500 元；11.3% 的样本认为，理想的养老金待遇水平是每月 300 元；10.3% 的样本认为，理想的养老金水平是每月 1000 元。此外，有近三成的失地农民能接受每月不到 100 元的待遇水平。上述数据表明，失地农民对养老金待遇水平的需求呈现出多层次化特征。

表 2—3　　失地农民与非失地农民理想保险模式的比较分析

保险模式维度	是否失地农民	
	是	否
个人缴费标准	均值为 1172.06 元/年	均值为 989.07 元/年
待遇水平	399.73 元/月	365.42 元/月
领取养老金年龄	均值：男性 58.17 岁、女性 54.18 岁	均值：男性 58.79 岁、女性 54.95 岁
基金管理部门	地市财政局（30.8%）、乡镇财政所和县财政局（均为 27.9%）	乡镇财政所（28.9%）、地市财政局（28.0%）
缴费基数	上年度农村居民年人均纯收入 58.8 元	上年度农村居民年人均纯收入 62.6 元
领取方式	按月领取（74.2%）、按季领取（18.1%）	按月领取（86.7%）、按季领取（10.3%）
开始缴费年龄	均值为 39.80 岁	均值为 41.81 岁
个人缴费年限	均值为 13.15 年，48.1% 赞同缴费年限为 15 年	均值为 11.67 年，47.0% 认为缴费年限应该为 10 年

(二) 失地农民社会养老保险制度需求的影响因素分析

1. 模型构建

如前所述,在城乡居民社会养老保险合并实施之前,失地农民可供选择的社会养老保险制度至少有城镇职工养老保险、城镇居民基本养老保险、新农保、失地农民老年退休金、失地农民基本生活保障、生活补助+农村社会养老保险、留地和股权分红 7 个选项。为考察失地农民养老保险制度选择倾向的影响因素,课题组以 p_1、p_2、p_3、p_4、p_5、p_6 和 p_7 依次表示失地农民选择上述 7 种保险模式的概率,并以"留地和股权分红"(p_7)作为参照类,运用多项 Logistic 回归模型进行分析。回归模型的公式如下:

$$\text{logit}p_n = 1_n p_n / p_7 = \alpha_n + \sum \beta_{ni} \chi_{ni} \quad (\text{式 2—1})$$

上式中,$p_1 + p_2 + p_3 + p_4 + p_5 + p_6 + p_7 = 1$,$\chi$ 表示某自变量,即影响因素,β 表示该影响因素的系数,α 是常数。

2. 自变量解释及赋值

在参考已有研究成果并充分考虑失地农民特殊性的基础上,课题将可能影响失地农民养老保险需求的因素分为个人特征变量、家庭特征变量、地区特征变量、对新农保的认知变量、养老意识与观念变量等五类共 29 个变量(变量赋值及解释见表 2—4)。

表 2—4 失地农民社会养老保险模式选择倾向影响因素回归分析的自变量解释及赋值

	自变量	变量赋值及解释
个人特征	年龄	定类变量:18—40 周岁 = 1,41—65 周岁 = 2,65 周岁以上 = 3
	性别	虚拟变量:男性 = 1,女性 = 0
	文化程度	定类变量:小学及其以下 = 1,初中 = 2,高中及其以上 = 3
	婚姻状况	定类变量:已婚 = 1,未婚 = 2,离婚或丧偶 = 3
	是否共产党员	虚拟变量:共产党员 = 1,其他 = 0
	身体状况	定类变量:很好 = 1,比较好 = 2,一般 = 3,较差 = 4,非常差 = 5

续表

自变量		变量赋值及解释
家庭特征	家庭规模	定距变量：均值为 4.49 人
	家庭代际数	定距变量：均值为 2.37
	家中是否有 60 周岁及以上的老人	虚拟变量：是 = 1，否 = 0
	子女数	定距变量：均值为 2.37 个
	儿子数	定距变量：均值为 1.30 个
	是否有子女读过大学	虚拟变量：是 = 1，否 = 0
	子女是否均已成家	虚拟变量：是 = 1，否 = 0
	与子女关系	定类变量：1 = 很不融洽，2 = 不太融洽，3 = 一般，4 = 较融洽，5 = 非常融洽
	子女是否定期给钱	虚拟变量：是 = 1，否 = 0
	子女孝顺程度	定类变量：1 = 不孝顺（参照值），2 = 一般，3 = 比较孝顺，4 = 非常孝顺
	是否有稳定收入	虚拟变量：是 = 1，否 = 0
	是否以务农为主要收入来源	虚拟变量：是 = 1，否 = 0
	家庭社会经济地位	定类变量：1 = 下层，2 = 中下层，3 = 中层，4 = 中上层，5 = 上层
	家庭人均土地面积	定距变量：均值 = 0.60 亩
	土地被征用情况	虚拟变量：完全被征用 = 1，部分被征用 = 0
	领取征地补偿金情况	虚拟变量：没有领到补偿金 = 0，领到部分补偿金 = 1，领到全部补偿金 = 2
地区特征	当地敬老爱老风气	定距变量：均值 = 22.1
对新农保的认知变量	是否听说过新农保	虚拟变量：是 = 1，否 = 0
	对新农保的了解程度	定类变量：非常熟悉 = 1，比较熟悉 = 2，一般 = 3，不太熟悉 = 4，了解很少 = 5
	当地是否推出新农保	虚拟变量：是 = 1，否 = 0
养老观念和意识变量	对失地农民缴费方式的看法	定类变量：1 = 不应缴费（参照值），2 = 要缴费，但可适当减免，3 = 与其他群体同等缴费
	对土地重要性的认识	定类变量：非常重要 = 1，比较重要 = 2，一般 = 3，不太重要 = 4，不重要 = 5（参照值）
	对养老保险权利的认识	虚拟变量：是 = 1，否 = 0
	对城乡居民养老保障权利的认识	虚拟变量：是 = 1，否 = 0

其中，个人特征变量主要包括年龄、性别、文化程度、婚姻状况、是否共产党员、身体状况。

家庭特征变量主要包括家庭规模、子女数、儿子数、劳动力人口比重、是否有子女上过大学、与子女的关系好坏、子女的孝顺程度、子女是否均已成家、子女是否定期给钱、家中是否有60周岁及以上老人、是否有稳定收入、是否以务农为主要收入来源、家庭人均土地数以及家庭社会经济地位。地区特征变量主要包括土地被征用程度、领取补偿金情况、当地敬老爱老风气。

当地敬老爱老风气用被访者对涉及敬老爱老方面的5个变量的得分之和来衡量，每个变量的最低得分为0，最高得分为10，这5个变量分别是我们村的大多数年轻人都很孝敬父母、我们村的大多数年轻人都很尊重老人、当地政府的养老、敬老政策比较完善、村里经常有一些为老年人服务的活动、村里非常关注老年人的精神健康状况。

对新农保的认知变量主要包括是否听说过新农保、对新农保的了解程度、当地是否推出新农保。养老意识与观念变量主要包括是否担心养老问题、对土地重要性的认识、对养老保险权利的认识以及对城乡居民养老保障权利的认识。

对养老保险权利的认识和对城乡居民养老保障权利的认识反映了失地农民对公民养老权利以及不同群体养老权利的看法，分别操作化为"是否认为社会养老保险是所有公民应该享有的权利"和"是否认为农民应享有和城市居民一样的养老保障权利"。

3. 变量筛选

为深入研究失地农民的个体特征、家庭特征、地区特征、对新农保的认知特征以及养老意识与观念特征等五个方面因素与失地农民养老保险模式选择偏好的关系，课题组首先通过列联表分析筛选出具有显著相关性的变量。

具体做法是，以"您认为失地农民应该参加何种养老保险模式"为因变量，以上述五个类别的29个变量为自变量，建立交叉列联表，进行相关性检验（$p \leq 0.1$），筛选出与因变量显著相关的20个自变量（详见表2—5）。

表 2—5　　失地农民社会养老保险模式选择倾向自变量
与因变量的相关性分析

自变量	因变量：您认为失地农民应该参加何种养老保险模式	
	p 值	Cramer's V 系数
年龄	0.037**	0.257
婚姻状况	0.067*	0.100
是否共产党员	0.007***	0.133
身体健康状况	0.096*	0.091
家庭代际数	0.079*	0.093
是否有稳定收入来源	0.003***	0.143
是否以务农为主要收入来源	0.005***	0.139
家庭社会经济地位	0.001***	0.111
是否有子女读过大学	0.005***	0.142
子女是否定期给钱	0.067*	0.115
与子女关系好坏	0.083*	0.097
子女孝顺程度	0.003***	0.116
人均土地面积	0.000***	0.130
土地被征用情况	0.028**	0.108
对土地重要性的看法	0.001***	0.115
是否听说新农保	0.007***	0.135
本地是否推出新农保	0.000***	0.139
对失地农民缴费方式的看法	0.000***	0.144
对养老保险权利的认识	0.029**	0.123
对城乡居民养老保障权利的认识	0.002***	0.124

注：*、**、*** 分别表示在 10%、5% 和 1% 的统计水平上显著。

4. 结果分析

将上述 20 个自变量纳入模型进行多项 Logistic 回归分析。结果显示，模型整体拟合较好（$\chi^2 = 410.235$，$p = 0.000$），伪判决系数统计量均大于 0.5，该模型具有统计学意义。似然比检验表明，是否有稳定收入来源、身体健康状况、与子女关系好坏、家庭社会经济地位、对失地农民缴费方式的看法、对土地重要性的认识以及人均土地面积等因素对失地农民养老保险模式选择具有显著性影响。

表 2—6　　　　失地农民社会养老保险模式选择倾向
回归模型最大似然比检验

	卡方值	自由度	显著性水平（Sig.）
截距	0.000	0	
是否有稳定收入来源	18.283	6	0.006***
身体健康状况	35.041	24	0.068*
与子女关系好坏	33.436	24	0.095**
家庭社会经济地位	42.017	30	0.071**
对失地农民缴费方式的看法	33.012	18	0.017**
对土地重要性的认识	37.086	24	0.043**
人均土地面积	39.689	24	0.023**

当以第七类"留地和股权分红"为参照类别时，参数估计结果显示：

第一，对土地重要性的看法影响着失地农民对各种养老保险模式的需求。相对于认为土地"不重要"的失地农民而言，认为土地非常重要的失地农民最希望参加"生活补助+农村社会养老保险"，认为土地比较重要和重要性程度一般的失地农民均最希望参加"生活补助+农村社会养老保险"，认为土地不太重要的失地农民则更希望获得被征地农民老年退休金。

第二，是否有稳定收入来源显著影响失地农民对城镇居民基本养老保险以及失地农民老年退休金的需求。相对有稳定收入来源的失地农民而言，无稳定收入来源的失地农民更不愿意参加城镇居民基本养老保险以及被征地农民老年退休金。

第三，是否有子女读过大学和是否听说过新农保均显著影响失地农民对城镇职工基本养老保险的需求。相对于没有子女读过大学的失地农民而言，有子女读过大学的更愿意参加城镇职工基本养老保险。这可能是由于有子女读过大学的失地农民对子女前景有着更乐观的预期，不必死守着赖以生存的土地，愿意农转非并从事非农工作，从而参加城镇职工基本养老保险。听说过新农保的失地农民更不愿意参加城镇职工基本养老保险，可能的原因是：听说过新农保的农民更愿意参加新农保，而新农保制度要求参保对象必须为农业户口，因此，听说过新农保的失地农民更愿意保留农业户口选择新农保。

第四，家庭人均土地面积对失地农民参加"城镇职工基本养老保险"、"被征地农民老年退休金"以及"被征地农民基本生活保障"均具有显著影响。其中，人均土地面积在0.31—0.50亩范围的失地农民更愿意参加"被征地农民老年退休金"、"城镇职工基本养老保险"和"被征地农民基本生活保障"，而人均土地面积在0.51—1.00亩的失地农民则更倾向于选择"被征地农民老年退休金"。

第五，土地被征用情况对失地农民养老保险需求也具有显著性影响。相对于参照类别"留地和股权分红"而言，失去部分土地的失地农民更愿意参加"被征地农民基本生活保障"。

第六，子女孝顺程度对失地农民养老保险需求具有显著性影响。具体而言，子女"比较孝顺"的失地农民更愿意参加"生活补助+农村社会养老保险"。可能的解释是，传统家庭养老建立在子女孝顺的基础上。子女越孝顺，农民选择家庭养老的家庭条件越充分，其对"留地和股权分红"这种高风险、高收益的养老模式选择意愿越弱；与此同时，对于子女比较孝顺的老年人而言，他们在依赖自我养老或家庭养老的同时，也希望通过获得生活补助和农村社会养老保险来减轻子女的养老负担。

表2—7　失地农民社会养老保险模式选择倾向 Logit 回归分析结果

参保模式选择（参照值：留地和股权分红）		β	Wald	Sig.	Exp（β）
城镇职工基本养老保险	截距	-3.329	0.000	0.990	
	是否有子女读过大学　否	-1.474	3.313	0.069	0.229
	是（参照值）	.	.	.	.

续表

参保模式选择（参照值：留地和股权分红）			β	Wald	Sig.	Exp（β）
城镇职工基本养老保险	是否听说过新农保	否	-1.264	2.794	0.095	0.282
		是（参照值）	.	.	.	.
	对土地重要性的认识	非常重要	1.579	1.097	0.295	4.852
		比较重要	1.734	0.999	0.318	5.666
		一般	5.111	3.673	0.055	165.773
		不太重要	2.861	1.716	0.190	17.483
		不重要（参照值）	.	.	.	.
	家庭人均土地面积	0—0.10亩	-0.050	0.001	0.972	0.951
		0.11—0.30亩	-0.099	0.001	0.978	0.906
		0.31—0.50亩	1.823	3.044	0.081	6.188
		0.51—1.00亩	0.194	0.052	0.819	1.214
		1亩以上（参照值）	.	.	.	.
城镇居民基本养老保险	截距		17.398	0.009	0.926	
	是否有稳定收入来源	否	-2.175	5.063	0.024	0.114
		是（参照值）	.	.	.	.
	对土地重要性的认识	非常重要	1.766	2.188	0.139	5.846
		比较重要	2.582	3.539	0.060	13.222
		一般	4.072	2.638	0.104	58.681
		不太重要	3.244	3.439	0.064	25.635
		不重要（参照值）	.	.	.	.
新农保	截距		10.527	0.003	0.958	
	对土地重要性的认识	非常重要	1.648	2.304	0.129	5.198
		比较重要	2.967	5.646	0.017	19.442
		一般	3.730	2.321	0.128	41.694
		不太重要	0.751	0.162	0.688	2.120
		不重要（参照值）	.	.	.	.
被征地农民老年退休金	截距		1.598	0.000	0.994	
	是否有稳定收入来源	否	-2.438	6.045	0.014	0.087
		是（参照值）	.	.	.	.
	对土地重要性的认识	非常重要	2.112	2.060	0.151	8.262

续表

参保模式选择（参照值：留地和股权分红）			β	Wald	Sig.	Exp（β）
被征地农民老年退休金	对土地重要性的认识	比较重要	3.300	4.162	0.041	27.105
		一般	4.325	2.598	0.107	75.587
		不太重要	3.625	3.317	0.069	37.534
		不重要（参照值）	.	.	.	.
	家庭人均土地面积	0—0.10亩	0.920	0.597	0.440	2.510
		0.11—0.30亩	2.992	1.484	0.223	19.918
		0.31—0.50亩	2.145	5.063	0.024	8.544
		0.51—1.00亩	1.164	2.964	0.085	3.204
		1亩以上（参照值）	.	.	.	.
失地农民基本生活保障	截距		8.729	0.002	0.966	
	土地被征用情况	没有被征用	2.605	2.244	0.134	13.533
		部分被征用	4.171	4.977	0.026	64.812
		全部被征用（参照值）	.	.	.	.
	对土地重要性的认识	非常重要	0.563	0.337	0.561	1.756
		比较重要	2.126	3.407	0.065	8.381
		一般	4.305	3.261	0.071	74.056
		不太重要	1.695	1.070	0.301	5.447
		不重要（参照值）	.	.	.	.
	家庭人均土地面积	0—0.10亩	1.547	1.948	0.163	4.698
		0.11—0.30亩	3.781	2.597	0.107	43.870
		0.31—0.50亩	1.779	3.894	0.048	5.925
		0.51—1.00亩	0.821	1.659	0.198	2.272
		1亩以上（参照值）	.	.	.	.
生活补助+农村社会养老保险	截距		3.751	0.000	0.985	
	子女孝顺程度	非常孝顺	3.277	1.825	0.177	26.494
		比较孝顺	4.189	3.036	0.081	65.965
		一般	1.463	0.435	0.509	4.318
		不孝顺（参照值）	.	.	.	.
	对土地重要性的认识	非常重要	2.859	4.446	0.035	17.449

续表

参保模式选择（参照值：留地和股权分红）		β	Wald	Sig.	Exp（β）
生活补助+农村社会养老保险	对土地重要性的认识				
	比较重要	4.452	8.938	0.003	85.756
	一般	5.770	5.058	0.025	320.538
	不太重要	3.066	2.601	0.107	21.459
	不重要（参照值）	.	.	.	.

三　失地农民社会养老保险制度的供给现状

（一）失地农民社会养老保险的典型模式

当前，各地的失地农民社会养老保险制度可归纳为3类典型模式（见表2—8）。

表2—8　　　　各地区失地农民社会养老保险的典型模式

典　型　模　式	实　施　地　区
建立专门的失地农民养老保障、养老保险或生活保障制度	安徽省亳州市、合肥市、黄山市；广西壮族自治区玉林市；贵州省遵义市；山东省潍坊市；湖北省黄冈市、宜昌市；河北省遵化市、沧州市；浙江省
纳入城镇职工基本养老保险	广西壮族自治区南宁市
失地农民可自愿参加城镇职工基本养老保险、新型农村社会养老保险或失地农民养老保障中的任何一种	湖北省武汉市

一是建立专门的失地农民社会养老保险或基本生活保障制度，以河北省沧州市、安徽省合肥市、广西壮族自治区玉林市等为代表。该模式旨在为部分或全部失地农民提供老年生活保障，其养老保险经费来源以个人缴费为主、集体补助和政府补贴为辅。失地农民达到规定年龄后即可获得相应的养老金待遇，部分地区还为生活困难的失地农民提供额外生活补助。

二是将失地农民整体纳入城镇职工基本养老保险制度，以广西壮族自治区南宁市为代表。该模式按照城乡统筹发展的原则，将城区范围内的失地农民整体纳入城镇企业职工基本养老保险体系，符合条件的还可以享受最低生活保障、失业救助、医疗保险等待遇。

三是由失地农民自愿选择参加城镇企业职工基本养老保险、失地农民养老保障或新型农村社会养老保险制度。如湖北省武汉市规定，失地农民可自愿选择上述3种保险模式，但不得重复参保。

（二）失地农民社会养老保险制度设计的基本框架

1. 失地农民社会养老保险的筹资模式安排

在养老保险经费来源渠道方面（见表2—9），大多数地区明确了养老保险经费来源以个人缴费为主，个人、集体和政府三方共担责任的筹资原则。如安徽省黄山市明确规定，失地农民基本养老保险资金由两部分组成：一是参加失地农民的个人账户资金；二是政府出资的被征地农民基础养老保险资金。其中，失地农民个人账户资金具体又来源于失地农民按选定缴费标准缴纳的个人账户资金和被征地农民所在村委给予参保农民个人账户的补助资金。与上述地区不同的是，安徽省合肥市被征地农民养老保障基金主要来源于个人缴费，即70%的土地补偿费，安置补助费扣除抚养补助费、自谋职业补助费以外的部分，基金的利息及其他增值收入，和其他可用于被征地农民养老保障的基金。只有在上述四项资金不足支付时，政府才会从国有土地使用权出让收入中划入补助资金。

表2—9　　　　各地区失地农民社会养老保险的资金来源渠道

养老保险资金来源	实 施 地 区
个人、集体、政府三方筹资	安徽省黄山市；山东省潍坊市；贵州省遵义市；河北省遵化市、沧州市；浙江省；湖北省武汉市、黄冈市、宜昌市；广西壮族自治区南宁市、玉林市
个人为主、政府为辅	安徽省合肥市、亳州市

在个人缴费标准方面，典型的做法有（见表2—10）：一是自主选择缴费档次缴费。即：事先设定不同的缴费档次（最低档为3600

元，最高档为45700元），由失地农民自主选择相应档次缴费，以安徽省亳州市和黄山市为代表；二是按缴费基数一定比例缴费。即：按上年度本省或本市在岗职工月平均工资、当地城镇最低生活保障待遇水平等指标确定缴费基数，由失地农民按缴费基数的一定比例缴费，以湖北省武汉市、宜昌市、黄冈市，广西壮族自治区南宁市，贵州省遵义市为代表。三是以支定收。即：先让失地农民选择养老金待遇水平，再根据相应的公式计算出其缴费水平，并规定个人缴费比例，以山东潍坊、河北遵化、河北沧州、广西玉林为代表。此外，也有地区规定（如安徽省亳州市），参保时已达到养老金领取年龄的失地农民，不用缴费就可直接领取养老金。

在集体补贴方面，典型的做法有（见表2—10）：一是明确规定集体的筹资比例区间。如广西壮族自治区南宁市明确规定集体筹资比例不得高于30%；湖北省宜昌市明确规定集体筹资比例为5%—20%；湖北省黄冈市明确规定集体负担比例为15%—30%；河北省沧州市明确规定集体筹资比例不低于40%。二是规定有条件的村集体应给予适当补助，以安徽省黄山市、山东省潍坊市、河北省遵化市为代表。三是笼统规定集体的筹资责任，如广西壮族自治区玉林市规定个人和集体缴费占70%，贵州省遵义市规定个人和集体缴费不超过60%，但均未规定个人和集体各自如何分担缴费责任。四是未提及集体缴费责任，如安徽省合肥市、亳州市。

在政府补助方面，典型的做法有（见表2—10）：一是按征地面积给予缴费补助。如安徽省亳州市明确规定，对于参保失地农民，政府按25元/m^2的标准给予缴费补助。二是明确规定政府筹资比例。如山东省潍坊市和贵州省遵义市分别规定政府筹资比例不得低于30%、40%。三是未明确规定政府的筹资责任。如安徽省合肥市规定，只有在失地农民个人账户基金不足支付养老金时，政府才会从国有土地使用权出让收入中划入补助资金。

在个人缴费年限方面，现行制度安排主要有2种类型（见表2—11）：一是一次性缴费制，即要求达到参保年龄的失地农民，一次性缴纳应由个人负担的养老保险费。如安徽的亳州市、合肥市、黄山市，河北的沧州市，贵州的遵义市，广西的南宁市、玉林市，湖北的武汉市、黄冈市、宜昌市。二是按年度缴费制，即要求参保失地农民以年为单位缴纳养老保险费，如山东省潍坊市和河北省遵化市。其中，山东省潍坊市规定失地农民最低缴费年限为15年；河北省遵化市规定参保失地农民的最低缴费年限是5年，最高缴费年限是18年。

表2—10　　　各地区失地农民社会养老保险的缴费标准

筹资主体	缴费标准	实 施 地 区
个人	自主选择缴费档次缴费	安徽省亳州市、黄山市
	按缴费基数一定比例缴费	湖北省武汉市、宜昌市、黄冈市； 广西壮族自治区南宁市；贵州省遵义市
	以支定收	山东省潍坊市；广西玉林市； 河北省遵化市、沧州市
集体	规定集体筹资比例区间	广西壮族自治区南宁市；湖北省宜昌市、黄冈市； 河北省沧州市
	规定有条件的集体适当补贴	安徽省黄山市；山东省潍坊市；河北省遵化市
	笼统规定集体的筹资责任	广西壮族自治区玉林市；贵州省遵义市
	未提及集体缴费责任	安徽省亳州市、合肥市
政府	按征地面积给予补助	安徽省亳州市
	规定政府筹资比例	贵州省遵义市；山东省潍坊市；浙江省； 广西壮族自治区南宁市、玉林市；河北省遵化市、沧州市； 湖北省武汉市、宜昌市、黄冈市
	无明确规定	安徽省合肥市、黄山市

表2—11　　各地区失地农民社会养老保险的个人缴费年限规定

缴费年限	实 施 地 区
一次性缴费制	安徽省亳州市、合肥市、黄山市； 河北省沧州市；广西壮族自治区南宁市、玉林市； 贵州省遵义市；湖北省武汉市、宜昌市、黄冈市
按年度缴费制	河北省遵化市；山东省潍坊市

2. 失地农民社会养老保险的给付模式安排

在养老金领取年龄方面，绝大多数地区均规定男性达到60周岁、女性达到55周岁即可享受相应保障待遇，仅有贵州省遵义市规定男、女的法定领取养老金年龄均为60周岁。

在待遇领取方式方面，综合各地相关政策规定来看，凡是按规定参加当地失地农民社会养老保险的，在达到法定领取待遇年龄的次月起，按月享受养老保障待遇，实行社会化发放。参保的失地农民凭相关凭证即可按月到指定金融机构领取养老金。

在待遇水平方面，主要有缴费确定型、给付确定型2种不同模式（见表2—12）。其中，缴费确定型以安徽省亳州市、合肥市、黄山市，广西壮族自治区玉林市，河北省遵化市为代表，主要根据参保失地农民个人账户存储余额计算养老金发放标准。在实施给付确定型养老金给付制度的调查区域中，有些地区是根据上年度城镇职工月平均工资以及本人指数化月平均工资等参数来确定统筹账户养老金标准，如贵州省遵义市；还有些地区是根据城镇最低生活保障标准确定失地农民养老金待遇水平，如山东省潍坊市。具体而言，各地区养老金待遇标准的最低水平是80元/月，最高水平是300元/月。

表2—12　　　　各地区失地农民社会养老保险的给付模式

给付模式	实　施　地　区
缴费确定型	安徽省亳州市、合肥市、黄山市；广西壮族自治区玉林市；河北省遵化市
给付确定型	贵州省遵义市；山东省潍坊市；河北省沧州市；湖北省宜昌市、黄冈市；浙江省

综上所述，调查地区失地农民社会养老保险制度尚未统一，大部分地区建立了失地农民专门的养老保险或生活保障制度，部分地区采取将失地农民纳入城镇职工基本养老保险制度的做法，还有少数地区允许失地农民自愿选择参加上述2种保险制度或者新农保制度。就失地农民专门的养老保险或生活保障制度而言，各地在筹资模式和给付模式方面亦不尽相同。也就是说，失地农民社会养老保险制度供给的

区域差异仍然存在，失地农民社会养老保险制度多元模式并存状态仍未从根本上改变。

四 失地农民社会养老保险制度供给与需求的契合度分析

失地农民社会养老保险制度供需对比显示，在现行制度安排中，除养老金领取年龄和发放方式与失地农民需求契合度较高外，失地农民社会养老保险制度供给与需求在如下几个方面契合度较低。

（一）筹资责任分担不甚合理，失地农民个人缴费负担偏重

在筹资模式选择方面，从制度需求来看，绝大多数失地农民希望个人免缴或少缴养老保险费，希望主要由政府或村集体为其筹集养老保障基金。而从制度供给来看，除少数地区明确规定集体应对失地农民个人缴费给予补助、政府应对失地农民社会养老保险账户给予补贴外，多数地区明确规定了个人的缴费责任，却未明确集体、政府的筹资责任，在一定程度上造成筹资过程中集体和政府的缺位。即便是有些地方规定了政府应给予失地农民参保补贴，但各地区均规定了政府补贴比例的最高上限。地方政府在征地过程中获得了可观的土地开发收益，却让失地农民用征地补偿费来缴纳个人养老保险费并承担养老保险的主要筹资责任，其制度安排的合理性有待商榷。

在个人缴费负担方面，失地农民认可度最高的是100元/年的个人缴费标准，半数以上的失地农民可接受的个人年缴费标准不超过500元。按个人缴费15年计算，半数以上的失地农民可以承担的参保费用总计不超过7500元。然而，一些地区要求失地农民一次性缴纳3600—45700元的保险费。上述制度安排至少在两个方面超出了失地农民的经济承受能力或心理预期。其一，对于长期从事农业生产的失地农民而言，失去土地同时意味着失去工作。由于缺乏非农职业经验，他们很有可能无法在短期内顺利找到新的工作并获得稳定收入，他们迫切需要用有限的征地补偿款应付重新就业前的生产生活及投资需要。也就是说，失地农民能够用于缴纳养老保险费用的资金其实是

极其有限的。其二，在市场化浪潮冲击下，作为经济人，失地农民多希望通过最小成本获得最大收益，难免存在"少缴多得"的心理。在他们眼里，土地既是安身立命之本，也是一种社会保障，失去了土地却还要缴纳养老保险费显然不符合他们的心理预期。

（二）一次性缴费的规定与失地农民较长缴费年限的期望存在出入

从制度需求来看，多数失地农民更愿意按年度缴费，更愿意接受较长的缴费年限。从制度供给来看，多数地区要求失地农民一次性缴纳应该由个人承担的养老保险费，这项规定明显不符合失地农民对于缴费年限的期望。对于失地农民而言，他们在短期内只能依靠征地补偿金生活。一次性缴纳保险费，固然有助于防止失地农民因不当消费而影响其持续缴费能力，但势必会大大降低其当下的经济支配能力。因此，多数失地农民不愿意甚至无力一次性缴纳全部保险费。

（三）待遇水平偏低，不能满足失地农民多层次的需求

从制度需求来看，失地农民理想的养老金待遇均值约为400元/月，近三成的失地农民希望养老金待遇水平为每月500元或每月1 000元。从制度供给方面来看，失地农民的养老金标准仅为80—300元/月，一些地方的失地农民养老金水平甚至仅相当于本地城镇居民最低生活保障水平。可见，现行制度安排尚不能满足失地农民多层次的养老金待遇水平需求。

五　促进失地农民社会养老保险制度供需均衡的对策建议

（一）拓宽筹资渠道，明确界定各方筹资责任

首先，要在失地农民社会养老保险制度安排中明确地方政府的筹资比例，确保地方政府有充足的财政投入。其次，进一步明确界定村集体的筹资责任。村集体获得了部分土地出让收益，有责任为失地农民缴纳一定的养老保险费用。因此，建议通过科学测算确立合适的集体筹资比例，既不能对集体缴费不作强制规定，也不能要求集体缴费

比例高于政府,应确保村集体有能力从土地出让收益、集体其他收入中列支失地农民社会养老保险费。最后,要适当引入社会筹资渠道。征地单位利用失地农民的土地进行生产建设,它们在获取土地潜在收益的同时应该适当承担失地农民的养老义务。因此,建议适当提高征地补偿款,将其中一部分费用直接用于充实失地农民社会养老保险基金。此外,应鼓励有条件的征地单位及个人为失地农民社会养老保险提供资金捐赠。

(二)充分照顾失地农民的多层次需求,改进筹资模式,提高待遇水平

首先,综合城乡统筹发展趋势和充分尊重失地农民需求的基本原则,应允许失地农民根据自身需要及其经济状况自由选择参加城镇职工基本养老保险、失地农民基本养老保障或新型农村社会养老保险中的任意一种社会养老保障体系,并做好相关制度之间的衔接工作。其次,建议实行灵活多样的弹性缴费制度。既允许有经济实力的失地农民一次性缴纳养老保险费用,又允许有经济困难的失地农民按年缴纳养老保险费用;既通过科学测算确定失地农民的最低缴费水平,又鼓励失地农民根据自身经济状况选择合理的缴费档次。再次,建议本着"多缴多得"的原则,对选择较高缴费档次的失地农民给予适当补贴,以提高失地农民提高缴费档次的积极性。最后,要兼顾地方经济社会发展水平和失地农民需求,切实提高失地农民社会养老保险的统筹水平,确保失地农民在养老保障待遇方面至少与本地城镇基本养老保险待遇平均水平相当,而不是徘徊在城镇最低生活保障水平边缘,以体现社会公平。

(三)提高失地农民经济收入,增强其缴费能力

首先,要适度提高征地补偿标准,落实征地补偿金赔付工作,保障失地农民经济权益。一方面,相关部门应科学测算土地价值,充分结合物价水平和经济发展水平制定征地补偿标准;另一方面,应积极落实征地补偿金的赔付工作,确保失地农民及时、足额获得征地补偿。其次,要加大对失地农民就业、创业的支持力度,帮助失地农民

提升城市竞争能力。一方面，要进一步完善失地农民就业、创业优惠政策，鼓励失地农民积极就业、创业；另一方面，要加强失地农民就业、创业培训与帮扶，帮助其提升就业、创业竞争能力，保证其在失地后有稳定收入来源，增强其养老保险缴费能力。

（四）引导失地农民形成合理的养老观，提升其制度认知水平

首先，要加强对失地农民养老风险的教育和宣传，通过宣传人口老龄化趋势及养老危机，增强失地农民的养老风险与保障意识，引导其合理消费，积极参保。其次，要加强对失地农民社会养老保险制度细则的宣传，引导失地农民正确认识养老保险权利与义务的关系问题、个人缴费水平与养老金待遇的关系问题，了解养老保险中个人缴费标准与养老金待遇的测算方法，增强其对社会养老保险的认知度与认可度，引导其结合自身的经济承受能力和养老预期合理选择参保模式与个人缴费档次，并积极缴纳相关费用。

第三章 供需均衡视角下的农村计生户社会养老保险制度

一 问题的提出与数据来源

（一）问题的提出

所谓农村计生户是指满足以下三个条件的家庭：（1）本人及配偶均为农业户口或界定为农村居民户口；（2）没有违反计划生育法律法规和政策规定生育；（3）曾经生育一个子女或两个女孩。计划生育政策在我国农村已有30多年的历史，许多农村计划生育夫妇已进入老龄化阶段。相对其他家庭而言，农村计生户的家庭养老资源较为匮乏，加上大批农村年轻劳动力向城镇转移，更是加大了农村计生户的社会养老需求，使未来农村人口老龄化问题比城市更为严重，计划生育家庭的社会养老问题更加突出（张汉湘、周美林，2002）。针对这一问题，国家从1985年开始在辽宁省、福建省的部分地区率先探索了计生户的利益导向机制，其中，农村计划生育家庭奖励扶助政策（以下简称奖扶政策）在一定程度上改善了农村计生户的养老状况。2009年，新型农村社会养老保险制度（以下简称"新农保"）正式实施，国家要求试点地区做好新农保与奖扶制度的衔接工作，以保证农村计生户都能够及时地融入新农保之中。

学术界在不同时期对农村计生户的社会养老问题有不同程度的关注。起初，诸多学者在建立农村计划生育养老保障的重要性和紧迫性上进行了探讨（王国军，2000；张汉湘、周美林，2002；曾毅，2002；王国强，2002），认为建立农村计划生育养老保障必须成为政府的议事日程。近些年来，随着农村计生户的利益导向制度的不断推广，学术界围绕为农村计划生育夫妇设计什么样的社会养老保障制度进行了探讨。如魏瑞亮等（2005）在实践的基础上，认为制约农村计划生育养老保障的主要因素是领导的重视程度不够、社会参与程度不高、部门之间配合不流畅以及群众的认可程度不高，并在此基础上提出了一些对策和建议；郑韩雪、胡继亮（2007）认为只有建立多元化的计划生育家庭老年经济供养体系，才能保证这一群体分享到执行人口政策的成果，同时保障其晚年生活；郑功成（2008）认为宜将优先发展农村计生户的社会养老保险作为农村社会保障制度的一个重要突破口；王培安（2008）认为对农村计生户应实行城乡一体化的社会保障制度；杨益华、杨军昌（2010）从均衡理论的角度指出，农村计生户社会养老保险制度的建立，应综合考虑各种因素，并在多重因素中找到一个均衡点，只有这样才能使该制度顺畅运作；潘晓阳（2010）等建议，在建立多元化、多层次农村社会养老保险制度的基础上，增加财政投入，保障农村计生户这一困难群体的养老需求，以更好地建立向计划生育家庭倾斜的社会养老保障体系。石人炳等（2011）建议将农村计生户奖扶政策并入新农保之中。

上述研究成果为完善农村计生户社会养老保障制度提供了有益借鉴，但在如下几个方面仍有待进一步深入：首先，在研究视角上，现有研究多是"自上而下"为农村计生户设计社会养老保障制度，较少深入了解农村计生户社会养老需求；其次，在研究内容上，从供给层面探讨计生户养老保险制度的成果多，从农村计生户的养老需求出发研究养老需求和制度供给均衡的成果少；最后，在研究方法上，多对农村计生户的社会养老需求做简单描述性分析，较少将农村非计生户作为参照组，研究农村计生户对社会养老的特殊需求。

针对现有研究中尚存的问题，本章从供需均衡的视角出发，首先，通过农村计生户与非计生户社会养老需求的比较分析，"自下而上"地探讨农村计生户的社会养老需求；其次，通过"自上而下"地归纳总结7个省（自治区）中的制度供给模式，分析现有农村计生户社会养老保险制度的供给现状；最后，进一步探讨了农村计生户社会养老保险制度供需的契合度水平，并在此基础上提出促进农村计生户社会养老保险制度供需均衡的对策建议。

(二) 数据来源与样本特征

本章的研究数据来源于课题组于2009年7月至2010年1月在浙江、山东、河北、湖北、安徽、广西和贵州7省（自治区）进行的实地调查和问卷调查。其中，问卷调查共发放1380份问卷，回收有效问卷1111份，有效回收率为80.5%。根据农村计生户的概念，课题组筛选出无子女户样本61个、独生子女户样本281个和双女户样本69个，剔除其中的46个未婚样本和4个婚姻状况值缺失的样本，合计构成361个计生户户主样本。

农村计生户户主样本的基本特征如下：在年龄特征方面，农村计生户户主样本平均年龄为43.6周岁，其中，45周岁以下青壮年人占58.1%，45—59周岁中年人占34.4%，60周岁及以上老年人占7.5%；在性别特征方面，由于课题组选择户主为调查对象，故男性比例（占68.3%）明显高于女性；在文化程度分布方面，样本文化程度普遍偏低，其中，86.9%的样本仅具有初中及以下学历；在身体健康状况方面，多数农村计生户户主身体健康状况良好，其中，47.1%的样本身体很健康，25.6%的样本身体较健康；在居住现状方面，82.5%的样本与子女居住在一起；在家庭经济收入方面，样本平均家庭年收入为18109元，绝大多数样本家庭年收入在50000元以下，其中，64.5%的样本家庭年收入在30000元以下，14.8%的样本家庭年收入在10000元以下。

表3—1　　　　　农村计生户户主样本的基本特征

变量	类别	频次	有效百分比（%）	累计百分比（%）
年龄	45周岁以下	209	58.1	58.1
	45—59周岁	124	34.4	92.5
	60周岁及以上	27	7.5	100.0
性别	女	114	31.7	31.7
	男	246	68.3	100.0

续表

变量	类别	频次	有效百分比（%）	累计百分比（%）
文化程度	未受过正式教育	26	7.2	7.2
	小学	99	27.6	34.8
	初中	187	52.1	86.9
	高中（中专）	40	11.1	98.1
	大专及以上	7	1.9	100.0
身体状况	很好	169	47.1	47.1
	比较好	92	25.6	72.7
	一般	72	20.1	92.8
	较差	20	5.6	98.3
	非常差	6	1.7	100.0
是否与子女同住	否	59	17.5	17.5
	是	279	82.5	100.0
家庭年均收入	10000元以下	47	14.8	14.8
	10000—29999元	158	49.7	64.5
	30000—49999元	72	22.6	87.1
	50000元及以上	41	12.9	100.0

注：部分变量的有效样本加总后不等于样本总量的原因是，部分样本存在缺失值。

二 农村计生户对社会养老保险制度的需求现状

（一）农村计生户理想的社会养老保险参保模式

频次分析结果显示（见表3—2），大部分农村计生户户主希望按计生户专门社会养老保险参保，其有效百分比是59.9%，也有三成计生户户主（30.2%）希望按新型农村社会养老保险参保，仅有不到一成（8.1%）的计生户户主希望按城乡统筹基本社会养老保险参保。

表 3—2　农村计生户理想的社会养老保险参保模式：
计生户与非计生户户主样本态度对比

样本类型		城乡统筹基本社会养老保险	新型农村社会养老保险	计生户专门养老保险	其他	合计
非计生户	频次	39	208	375	15	637
	组内百分比（%）	6.1	32.7	58.9	2.4	100.0
计生户	频次	28	104	206	6	344
	组内百分比（%）	8.1	30.2	59.9	1.7	100.0
合计	频次	67	312	581	21	981
	组内百分比（%）	6.8	31.8	59.2	2.1	100.0

注：变量的有效样本加总后不等于样本总量的原因是，部分样本存在缺失值。

相关检验结果显示，农村计生户户主理想的参保模式与非计生户的看法并无显著差异（卡方值为 2.17，$p=0.538>0.05$）。与计生户户主一样，多数非计生户户主（58.9%）认为，农村计生户应按"计生户专门养老保险"参加社会养老保险。上述统计结果表明，充分考虑农村计生户的特殊家庭结构及其给计生户家庭养老带来的可能影响，为农村计生户提供特惠型养老保险制度安排，既是多数农村计生户的需求，也符合公众民意。

实地调查结果进一步证实，尽管多数农户并不知道什么是计生户专门养老保险，但人们普遍认为，国家对计生户参加社会养老保险应该提供专门的优惠政策（详见个案 20110707 - ZXLSFM - FL8、20110704 - ZXDQDQ - FL1）。

[个案 20110707 - ZXLSFM - FL8，女，68 岁，水镇村民，非计生户]（问："您觉着咱们计生户应该参加哪种养老保险好呢？"）"这个我也没有想过，不过将来哪个更优惠就参加哪个？只要是对计生户有所照顾，都一样。"

[个案 20110704 - ZXDQDQ - FL1，女，36 岁，桥镇村民，双女计生户]（问："您觉着咱们计生户应该参加哪种养老保险？"）"哪种更优惠就参加哪种了。只要是政策真的对独生子女

（家庭）有照顾。"

（二）农村计生户理想的社会养老保险制度框架

1. 农村计生户的养老保险缴费模式需求

在缴费标准方面（见表3—3），大多数计生户户主样本（62.5%）认为，农村计生户在参加社会养老保险时"要缴费，但可适当减免"，19.9%的计生户户主样本认为，计生户在参加社会养老保险时"不用缴费"，仅有16.4%的计生户样本认为，计生户在参加社会养老保险时应"与其他农户同等缴费"。

表3—3　农村计生户理想的社会养老保险缴费模式：
计生户与非计生户户主样本态度对比

样本类型		不用缴费	要缴费，但可适当减免	与其他农户同等缴费	其他	合计
非计生户	频次	95	432	106	12	645
	组内百分比（%）	14.7	67.0	16.4	1.9	100.0
计生户	频次	69	217	57	4	347
	组内百分比（%）	19.9	62.5	16.4	1.2	100.0
合计	频次	164	649	163	16	992
	组内百分比（%）	16.5	65.4	16.4	1.6	100.0

注：变量的有效样本加总后不等于样本总量的原因是，部分样本存在缺失值。

相关检验结果显示，对于农村计生户理想的社会养老保险缴费模式，计生户与非计生户户主样本的态度并无显著性差异（卡方值为5.009，$p=0.171>0.05$）。与计生户户主一样，绝大多数非计生户户主样本（81.7%）认为，农村计生户在参加社会养老保险时，应享受缴费减免的优惠待遇（见表3—3）。上述统计结果表明，让农村计生户享受社会养老保险缴费减免待遇，不仅是绝大多数计生户的需求，也受到绝大多数非计生户的认可。

2. 农村计生户的养老保险给付模式需求

在给付模式方面，如表3—4所示，绝大多数农村计生户

(70.5%)认为农村计生户在享受养老金待遇时应"在与其他农户享受同等待遇的基础上,另外发放养老补助"。相关检验结果显示,对于农村计生户是否应在享受养老金待遇时获得额外优惠,计生户户主样本与非计生户户主样本并无显著性差异(卡方值为2.084,p=0.353>0.05);与计生户户主样本一样,绝大多数非计生户户主样本(74.6%)认为,计生户在享受养老金待遇时,应"在与其他农户享受同等待遇的基础上,另外发放养老补助"。上述统计结果表明,让农村计生户享受养老金额外优惠待遇,不仅是绝大多数计生户的需求,也受到绝大多数非计生户的认可。

表3—4　　　农村计生户理想的社会养老保险待遇模式:
计生户与非计生户户主样本态度对比

样本类型		与其他农户享受同等待遇	在与其他农户享受同等待遇的基础上,另外发放养老补助	其他	合计
非计生户	频次	154	478	9	641
	组内百分比(%)	24.0	74.6	1.4	100.0
计生户	频次	95	244	7	346
	组内百分比(%)	27.5	70.5	2.0	100.0
合计	频次	249	722	16	987
	组内百分比(%)	25.2	73.2	1.6	100.0

注:变量的有效样本加总后不等于样本总量的原因是,部分样本存在缺失值。

3. 农村计生户的养老保险待遇水平需求

在待遇水平需求方面,农村计生户户主样本理想的养老金待遇水平均值为每月不低于389元。其中,63.1%的计生户户主样本认为,个人可以领取到的养老金应不低于200元/月才算合理;48.4%的计生户户主样本认为,个人可以领取到的养老金应不低于300元/月才算合理;逾三成(30.3%)的农村计生户户主样本认为,个人可以领取到的养老金应不低于500元/月才算合理;另有1/5的农村计生户户主样本认为,个人可以领取到的养老金应不低于600元/月才算合理（见表3—5）。参照2014年各大主要城市的最新低保标准①，平均而言，农村计生户理想的最低养老保险待遇水平仅能维持与城乡最低生活保障救助对象大致相当的水平。可见，绝大多数农村计生户对其养老保险待遇水平的预期较为谨慎。

表3—5　　农村计生户理想的社会养老保险待遇水平下限：
与非计生户样本对比

（单位：元/月；%）

样本类型		600及以上	500—599	400—499	300—399	200—299	200以下	合计
非计生户	频次	112	82	55	69	72	224	614
	组内百分比	18.2	13.4	9.0	11.2	11.7	36.5	100.0
计生户	频次	64	33	29	29	47	118	320
	组内百分比	20.0	10.3	9.1	9.1	14.7	36.9	100.0
合计	频次	176	115	84	98	119	342	934
	组内百分比	18.8	12.3	9.0	10.5	12.7	36.6	100.0

注：变量的有效样本加总后不等于样本总量的原因是，部分样本存在缺失值。

三　农村计生户社会养老保险制度的供给现状

实践证明，20世纪70年代以来实施的计划生育政策，为我国的经济、社会和生态发展做出了不可磨灭的贡献②。农村计划生育家庭是计划生育政策的响应者和支持者，他们在为控制人口生育率做出牺牲的同时正在逐渐步入老年。相对于非计划生育家庭而言，其家庭养老资源匮乏的问题更为突出，亟须政府和社会为其提供相应的养老

---

① 如武汉市2014年的标准是，城镇低保对象每人每月约600元，农村低保对象每月每人约300元，参见 http://www.hbncw.cn/minsheng/zixun/butie/20140226/18224.html；济南市2014年的标准是，城镇低保对象每人每月510元，农村低保对象每人每年4000元，参见 http://news.163.com/14/0920/11/A6J6BUSR00014AED.html。

② 邬沧萍、苑雅玲：《农村计划生育家庭分享控制人口取得成果的政策研究》，《人口与经济》2004年第6期。

支持。

为奖励和补偿农村计生户，并解决其实际养老困难，我国于2004年开始在部分地区试行农村部分计划生育家庭奖励扶助制度，并于2009年元月开始，在全国范围内全面推行农村部分计划生育家庭奖励扶助制度（以下简称农村计生户奖扶制度）。农村计生户奖扶制度规定，对符合国家计划生育政策、只有一个子女或两个女孩的计划生育家庭，在夫妇年满60周岁时，由中央或地方财政安排专项资金，在各地现有计生优惠政策的基础上，按每人每年平均不低于720元的标准发放奖励金。

此外，为解决计生户特别困难家庭的实际困难，国家人口计生委、财政部还于2007年启动了计划生育家庭特别扶助制度试点，并于2008年全面实施。该制度规定，对城乡独生子女死亡或伤残后未再生育或收养子女、女方年满49周岁的夫妻，每人每月分别给予不低于100元、80元的特别扶助金。为进一步做好计划生育特殊困难家庭扶助工作，国卫家庭发〔2013〕41号文件规定：[①]"自2014年起，将女方年满49周岁的独生子女伤残、死亡家庭夫妻的特别扶助金标准分别提高到：城镇每人每月270元、340元，农村每人每月150元、170元，并建立动态增长机制。中央财政按照不同比例对东、中、西部地区予以补助。"

2009年《国务院关于开展新型农村社会养老保险试点的指导意见》出台后，为做好新农保制度与人口和计划生育政策的衔接，鼓励和支持农村独生子女和双女父母参加新农保，国家人口计生委、人力资源和社会保障部、财政部联合发出了《关于做好新型农村社会养老保险制度与人口和计划生育政策衔接的通知》（国人口发〔2009〕101号）。通知指出，"在新农保试点过程中，农村部分计划生育家庭奖励扶助制度以及计划生育家庭特别扶助制度的奖励扶助金、特别扶助金，不能抵顶农村独生子女和双女父

---

① 国家卫生计生委、民政部、财政部、人力资源和社会保障部、住房和城乡建设部：《关于进一步做好计划生育特殊困难家庭扶助工作的通知》（国卫家庭发〔2013〕41号），2013年12月18日。

母参加新农保的政府补贴"①,从而为保障农村计生户在新农保制度的特别奖助待遇提供了政策依据。国发〔2014〕8号文件进一步指出,城乡居民社会养老保险制度"与农村部分计划生育家庭奖励扶助制度的衔接,按有关规定执行"。为贯彻上述文件精神,各地在制定城乡居民社会保险制度的同时,也就城乡居民社会养老保险与农村计生户奖扶制度的衔接做出了相应的制度安排。

根据国发〔2014〕8号文件精神,农村适龄计生户家庭成员也应参加城乡居民社会养老保险。因此,就农村计生户社会养老保险制度安排而言,主要涉及农村计生户在参与城乡居民社会养老保险时的特惠待遇问题。实地调查发现,农村计生户参保时的特惠待遇主要体现在政府补贴方面。具体而言,对于农村计生户参保时的政府补贴,主要有如下三种模式:

一是只补"入口",不补"出口",即:在农村计生户自愿参保缴费的基础上,由政府给予一定缴费补贴,计入其个人账户;但在领取养老金环节,不额外享受特惠待遇(以安徽省为代表)。如《合肥市区城乡居民社会养老保险试点工作实施细则》规定,"对城乡独生子女领证户和农村双女绝育户父母参保,除享受所选档次缴费补贴外,区财政另给每人每年补贴30元";"对独生子女死亡或伤残(三级以上)后未再生育夫妻(女方满49周岁)、节育手术并发症人员(三级以上)等缴费困难群体,由区财政按照最低标准(100元)为其代缴全部养老保险费,同时享受30元的政府补贴"。

二是只补"出口",不补"入口",即:在农村计生户夫妻参加城乡居民社会养老保险时,不额外享受特惠型政府缴费补贴;但在年满60周岁领取养老金时,可在享受计生户奖励扶助金或计划生育家庭特别扶助金的同时,额外享受一定标准的基础养老金补贴(以湖北省为代表)。如湖北省《省人口计生委关于做好新型农村社会养老保险制度与人口计生政策相衔接工作的指导意见》便"提倡采取'补出

---

① 国家人口计生委、人力资源和社会保障部、财政部:《关于做好新型农村社会养老保险制度与人口和计划生育政策衔接的通知》(国人口发〔2009〕101号),2009年12月31日。

'口'的方式"。依据上述指导意见，武人计〔2010〕59号文件指出，对农村计生家庭参加新农保的，在其年满60周岁时，除给予农村部分计划生育家庭奖励扶助金或计划生育家庭特别扶助金外，"对农村独生子家庭夫妻，每人每月给予40元的补贴"；"对农村独生女家庭、计划生育双女户家庭的夫妻，每人每月给予60元的补贴"；"对农村节育并发症二、三等级对象，每人每月给予80元的补贴"；"对农村独生子女伤残（三级以上，含三级）家庭的夫妻和农村独生子女死亡家庭的夫妻，每人每月给予100元的补贴"[①]。

三是既补"入口"，又补"出口"，即：一方面，在农村计生户自愿参保缴费的基础上，由政府给予一定的额外缴费补贴，计入其个人账户；另一方面，在农村计生户夫妻年满60周岁领取养老金时，可在享受计生户奖励扶助金或计划生育家庭特别扶助金的同时，额外享受一定标准的基础养老金补贴（以贵州省为代表）。如贵州省遵义市规定，对计划生育家庭父母参加新型农村社会养老保险的，"在享受普惠政策每年30元缴费补贴的基础上，每年给予50元的缴费补助；年满60周岁后，基础养老金在享受普惠政策每月55元的基础上，每月增发65元"[②]。

四 农村计生户社会养老保险制度的供需契合度分析

农村计生户社会养老保险制度供需对比显示，在现行制度安排中，农村计生户的特惠需求在一定程度上得到了满足。其具体表现在：

第一，新型农村社会养老保险制度及城乡居民社会养老保障制度

[①] 武汉市人口计生委：《关于做好新型农村社会养老保险制度与人口和计划生育政策衔接的通知》（武人计〔2010〕59号），2010年12月23日。

[②] 中共遵义市委、遵义市人民政府：《关于进一步强化人口和计划生育工作确保实现"双降"目标的实施意见》（遵党发〔2011〕18号），2011年11月2日。

实施前，国家针对农村计生户在养老保障方面面临的实际困难，适时推出了农村部分计划生育家庭奖励扶助制度和计划生育家庭特别扶助制度。上述两项制度在一定程度上弥补了计划生育家庭父母年老时家庭养老支持匮乏的不足，缓解了计划生育家庭老年人的养老困难，体现了党和政府对计划生育家庭的关怀、诚信和责任意识，对于稳定人口与计划生育政策具有重要意义。

第二，新型农村社会养老保险及城乡居民社会养老保障制度实施以来，国家明确规定，农村部分计划生育家庭奖励扶助制度以及计划生育家庭特别扶助制度的奖励扶助金、特别扶助金，不能抵顶农村独生子女和双女父母参加新农保或城乡居民社会养老保险的政府补贴。这一政策有两层可能的含义：一是在新农保或新居保实施以前享受奖励扶助金和特别扶助金的计生户，在参加新农保或新居保时，既有权利继续享受奖励扶助金和特别扶助金，还有权利和其他参保农民一样享受政府缴费补贴、集体缴费补助及基础养老金待遇；二是在新农保或新居保实施以前享受奖励扶助金和特别扶助金的计生户，在参加新农保或新居保时，既有权利继续享受奖励扶助金和特别扶助金，还有权利在与其他参保农民享受同等参保待遇的基础上，在个人缴费和领取养老金环节分别获得额外补贴。上述制度安排对于促进计划生育奖扶制度、特别扶助制度与农村社会养老保险制度的有效衔接进行了有益尝试，在一定程度上满足了计生户在社会养老保险普惠待遇基础上的特惠待遇需求。

然而，有关计生户社会养老保险的制度安排与农村计生户的需求在如下方面契合度较低：

（一）农村计生户养老保险特惠政策的覆盖面有限

综上所述，农村计生户养老保险特惠政策主要包含农村部分计划生育家庭奖扶制度、计划生育家庭特别扶助制度和城乡居民社会养老保险计生户参保特惠制度三个方面。从相关制度的受益对象来看，农村部分计划生育家庭奖扶制度惠及所有60周岁以上的农村计生家庭夫妇；计划生育家庭特别扶助制度主要惠及妻子满49周岁的独生子女死亡、伤残（三级以上）家庭夫妇；城乡居民社会养老保险计生户参保特惠制度受益对象因地区而异,有些地区惠及所有农村计生家庭夫妇,有些地方则仅惠及独生子女死亡、伤残(三级以上)家庭夫妇。而对于独生子女患重大疾病久治不愈的农村计生家庭夫妇,现行的计划生育家庭特别扶助制度及部分地区的城乡居民社会养老保险计生户参保特惠制度均尚未纳入特惠受益对象范围之内。与独生子女伤残的农村计生家庭夫妇一样,独生子女罹患重大慢性疾病的农村计生家庭夫妇在年老时不仅无法从子女处获得养老支持,而且还要承担持续照料子女的道义责任和经济负担。从这个意义上讲,独生子女罹患重大慢性疾病的农村计生家庭夫妇也应纳入计生家庭特别扶助和城乡居民社会养老保险计生户参保特惠制度范围内。

(二) 农村计生户养老保险特惠政策的导向作用滞后

当前,农村部分计划生育家庭奖励扶助制度规定计划生育家庭夫妻年满60周岁才能享受奖励扶助金;计划生育家庭特别扶助制度规定女方满49周岁的独生子女死亡、伤残(三级以上)夫妇才能享受特别扶助金;城乡居民社会养老保险计生户参保特惠制度因地区而异,其中,一些地方只补"出口",不补"入口",计生户父母仅能在60周岁以后才能享受基础养老金额外补贴。上述制度安排不无道理,但存在的一个共同缺陷是:对计生户的激励显得不够及时,对农村居民生育决策的导向作用滞后,必然会影响相关制度对稳定低生育效果的发挥[①]。

(三) 农村计生户养老保险特惠政策的待遇水平偏低

从相关制度的功能定位来看,农村计生户养老保险特惠政策应与城乡居民社会养老保险制度一起,承担起保障农村计生户基本生活水平的功能。然而,从现行制度安排来看,国家规定的农村部分计划生育家庭奖扶金标准自2011年由每人每月50元提高至每人每月60元,至今3年未变;国家规定的农村计生家庭特别扶助金标准为每人每月150元和每人每月170元,尚不及2013年全国农村低保

---

① 参见石人炳、李明《"奖扶制度"并入"新农保":创新制度的再创新》,《华中农业大学学报》(社会科学版) 2011年第5期。

平均标准（每人每月196元）[①]；不同地区对农村计生户参保补贴标准不尽相同，但最高补贴水平亦不过每人每月120元。从制度设计来看，农村部分计划生育家庭奖扶金与特别扶助金是不能叠加享受的。因此，从理论上讲，相对于非计生户而言，计生户在养老保障方面能够享受到的特惠待遇最多不过每人每月290元，加上计生户按最低档次缴费可能获得的每月100元养老金，其所有养老金收入不过每人每月390元，仅与计生户对养老金的最低期望值均值（389元）相当，难以满足多数农村计划生育家庭的基本保障需求。如表3—6所示，77.8%的农村计生户样本仍然担心自己的养老问题，其中，近半数（46.8%）的农村计生户样本比较担心或非常担心自己的养老问题。进一步的相关分析显示，农村计生户与非计生户在对"自己的养老问题"的担心程度方面呈现出显著差异（斯皮尔曼相关系数为 -0.054，$p=0.085<0.1$），较之非计生户，农村计生户样本对自己养老问题的担心程度更高。可见，现行的农村计生户养老保险特惠政策的待遇水平尚有待提高。

表3—6　　　　　　"您担心自己的养老问题吗？"
（计生户与非计生户户主样本态度对比）

样本类型		非常担心	比较担心	一般	不太担心	不担心	合计
非计生户	频次	91	170	129	117	156	663
	组内百分比（%）	13.7	25.6	19.5	17.6	23.5	100.0
计生户	频次	62	102	52	57	78	351
	组内百分比（%）	17.7	29.1	14.8	16.2	22.2	100.0
合计	频次	153	272	181	174	234	1014
	组内百分比（%）	15.1	26.8	17.9	17.2	23.1	100.0

注：变量的有效样本加总后不等于样本总量的原因是，部分样本存在缺失值。

---

① 数据来源：《2013年民政工作报告》，http://mzzt.mca.gov.cn/article/qgmzgzsphy/gzbg/201312/20131200568966.shtml。

(四) 计生户养老保险特惠政策的城乡差距明显

2014年"中央一号"文件指出，要加快推进城乡基本公共服务均等化，包括"开展城乡计生卫生公共服务均等化试点"、"整合城乡居民基本养老保险制度，逐步建立基础养老金标准正常调整机制"等。2014年开始实施的城乡居民社会养老保险制度在城乡居民基础养老金待遇标准上已经实现均等化。相应地，城乡计生户在享受奖扶金待遇或特扶金待遇时也应逐步实现城乡统一。然而，从现行制度安排来看，无论是部分计划生育家庭奖扶制度，还是计划生育家庭特别扶助制度，在城乡扶助标准方面均有一定差距。仅有合肥市等少数地区明确提出计划生育家庭特别扶助金要"逐步实现城乡统一"。从这个意义上讲，计生户养老保险特惠政策的制度安排在城乡公平方面还有待改进，其城乡一体化进程仍有待推进。

五 农村计生户社会养老保险的制度整合

本章运用课题组在鄂、皖、桂、冀、鲁、黔、浙7省（自治区）的调查资料，分析了农村计生户户主的社会养老保险需求及其制度安排，并通过供需对比分析了当前农村计生户社会养老保险制度安排尚存在的问题。研究的主要发现如下：

就需求而言，农村计生户普遍有较高的社会养老保险特惠政策需求，且这一需求得到多数普通公众的民意认可；在参与城乡居民社会养老保险时，多数农村计生户主既希望在"入口"环节（即个人缴费环节）得到政府及相关部门的特惠缴费补贴，又希望在"出口"环节（即领取养老金待遇环节）得到政府的特惠基础养老金补贴，还希望农村计生户社会养老保险的保障水平能够维持其老年时的基本生活需要，而不是最低生活需要。

就制度供给而言，农村部分计划生育家庭奖励扶助制度、计划生育家庭特别扶助制度和城乡居民社会养老保险计生户参保特惠政策共同构成了当前计生户社会养老保险特惠制度体系。现行制度安排实现了计划生育国策与养老保障制度的有机结合，既有助于帮助农村计生户解决老年生活的实际困难,又在一定程度上发挥了计划生育政策的激励效应。

就供需对比而言,上述制度安排对于促进计划生育奖扶制度、特别扶助制度与农村社会养老保险制度的有效衔接进行了有益尝试,在一定程度上满足了计生户在社会养老保险普惠待遇基础上的特惠待遇需求。然而,有关计生户社会养老保险的制度安排在与农村计生户的需求仍然存在着受益覆盖面有限、导向作用滞后、特惠待遇水平偏低和城乡差距明显等不足。

基于上述研究结论,课题组提出促进农村计生户社会养老保险制度整合及制度供需均衡的对策建议如下:

(一) 扩大农村计生户养老保险特惠政策的覆盖面

计划生育家庭特别扶助制度受益对象的确定标准应当是独生子女是否完全或部分丧失劳动能力或生活自理能力,以至于独生子女不仅无法承担赡养老人的义务,反而需要父母为其提供生活照料和经济支持。按照这一标准,独生子女死亡或伤残三级以上的计划生育家庭父母应纳入计划生育家庭特别扶助对象,独生子女罹患某些重大慢性疾病的计划生育家庭父母也应纳入计划生育家庭特别扶助范围。如罹患严重帕金森病、重型再生障碍性贫血、肾衰竭、恶性肿瘤、严重阿尔茨海默病、严重运动神经元病等重大慢性疾病的患者,不仅完全失去生活自理能力,还要为维持生命耗费大量的医疗费用。对于独生子女罹患上述重大慢性疾病的父母而言,其经济负担较之独生子女伤残三级以上的父母不是较轻,而是更重。因此,建议将独生子女罹患上述重大慢性疾病的父母也纳入计划生育家庭特别扶助范围,切实解决其养老困难及家庭实际困难。

(二) 提高农村计生户养老保险特惠政策的及时性

一是建议将部分农村计划生育家庭奖励扶助制度并入城乡居民社会养老保险制度,将奖励扶助金折算成城乡居民社会养老保险个人缴费政府补贴。根据目前每人每年 720 元的奖扶金标准和 71.6 周岁的平均预期寿命,农村计划生育家庭可从政府获得的奖扶金总额为人均

8340元。为提高奖励制度的及时性,尤其是提升该项制度对农村育龄青年生育决策的导向作用[①],建议将该项扶助金按年折算计入居民社会养老保险个人缴费政府补贴。考虑到农村青年婚育年龄普遍早于城市青年,30周岁是其生育旺盛年龄峰值期,建议对于符合计生户条件的农村居民,30周岁之前按城乡居民社会养老保险自愿参保;当计生户父母年满30周岁时,政府按每年280元的标准给予政府补贴直至60周岁,政府补贴全部计入个人账户并计算利息,且不得抵顶普通居民参与城乡居民社会养老保险的政府补贴,计生户父母年满60周岁后根据个人账户总额和城乡居民社会养老保险政策领取养老金待遇。

二是建议加大计生户参加城乡居民社会养老保险时"入口"环节的补贴力度。从政策效应来看,对计划生育家庭参与城乡居民社会养老保险补"入口"和补"出口"各有利弊。然而,从充分发挥城乡居民社会养老保险"早缴多得"的激励效应以及社会养老保险的共济功能的角度来看,补"入口"比补"出口"优势更为明显。为此,建议参照安徽省的做法,在计生户参加城乡居民社会养老保险时,根据计生户类别分别给予个人缴费政府补贴,让计生户家庭从参保之日起就能感受到政府对计划生育家庭的政策温暖,进而在巩固计划生育政策效果的同时鼓励计生户早日参加城乡居民社会养老保险。

(三) 合理确定农村计生户养老保险特惠政策的待遇水平

国家计划生育政策的宣传口号是"少生快富"、"少生优生幸福一生"。从词源意义来看,幸福意味着更高的生活质量,至少是基本生活有保障。因此,农村计生户养老保险特惠政策应与城乡居民社会养老保险制度一起,保障农村计生户父母在老年时能够过上基本体面的生活。唯其如此,才能体现政府的制度诚信和制度公平。从这个意义上讲,农村计生户社会养老保险特惠政策的待遇水平应与农村居民家庭人均消费支出水平相平衡,应至少高于农村最低生活保障水平。为此,建议参照农村居民家庭人均消费支出水平,并与农村最低生活保

---

① 参见石人炳、李明《"奖扶制度"并入"新农保":创新制度的再创新》,《华中农业大学学报》(社会科学版)2011年第5期。

障、农村社会优抚等保障标准调整联动，适时提高部分农村计划生育家庭奖励扶助金、计划生育家庭特别扶助金和计生户参保额外补贴标准。

（四）加快推进计生户养老保险特惠政策的城乡待遇均等化

在城乡一体化背景下，促进城乡基本公共服务均等化是民心所向，也是政府的庄重承诺。城乡居民社会养老保险待遇均等化是城乡基本公共服务均等化的题中应有之义。相应地，城乡计生户的养老保险特惠待遇也应逐步实现均等化。从城乡最低生活保障制度变迁来看，2007年，全国城市低保标准为人均196元/月，农村低保标准为人均70元/月，城市平均低保标准是农村标准的2.8倍；2013年，全国城市低保标准为人均362元/月，农村低保标准为人均182.4元/月，城市平均低保标准降为农村标准的1.98倍。可见，城乡最低生活保障平均标准的差距正在缩小。而从计划生育家庭特别扶助制度变迁来看，2008年，对城乡独生子女死亡后未再生育或收养子女、女方年满49周岁的夫妻，每人每月给予100元的特别扶助金，城乡之间并无差别；2013年，独生子女死亡父母城市特别扶助金标准提高至每人每月340元，农村特别扶助金标准则提高至每人每月170元，农村标准仅为城市标准的一半。可见，城乡计生户的养老保险特惠待遇不是在缩小，而是在加大。这与城乡基本公共服务均等化的政策导向是背道而驰的。为此，借鉴安徽省经验，逐步缩小计生户养老保险特惠待遇城乡差距，直至实现计生户养老保险特惠待遇城乡统一，显得迫在眉睫。

第四章 结构与行动互构视角下的农民工社会养老保险制度

一 问题的提出

农民工是我国改革开放以来在城乡二元结构体制下形成的一个城市边缘性社会群体,也是中国经济发展中最活跃、最具创造性的新兴力量。然而,就是这样一个对社会发展做出巨大贡献的群体,却一直处于养老保险权益严重缺失的尴尬境地。近年来,探索建立适合农民工特点的养老保险制度,解决农民工养老保障问题,已成为社会共识;农民工养老保险制度问题,也越来越成为农民工研究领域的焦点问题。

早期的农民工养老保险研究主要围绕建立农民工养老保险制度的必要性、可行性展开。如在农民工养老保险制度的必要性、可行性研究方面,付饶(2007)从提高我国城市化水平的需要、社会稳定的需要及促进农业发展的需要出发,论证了建立农民工养老保险制度的必要性;周作昂(2007)从农民工的养老保障需要、农村土地和子女养老保障功能的弱化、加快农村养老保险制度建设的需要及完善社会保障体系的需要出发,论证了建立农民工养老保险制度的必要性,并从个人负担能力、企业负担能力、政府财政支持能力和农民工养老保险的制度环境四个方面论证了建立农民工养老保险制度的可行性。

随着各地农民工养老保险政策的出台,近年来,学术界关注的焦点集中在农民工参保现状及其影响因素的研究方面。大量研究表明,农民工社会保障现状仍然不容乐观。据国家统计局数据,截至2013年年底,雇主为农民工缴纳养老保险、工伤保险、医疗保险、失业保险和生育保险的比例分别为 15.7%、28.5%、17.6%、9.1% 和 6.6%[①]。可见，在制度执行层面，农民工社会保险缺失问题依然突出。

对于农民工养老保险的实践困境，学术界分别有"结构论"和"行动论"两种不同的研究取向。

"结构论"的研究取向强调社会结构对农民工养老保险的影响，其基本假设是：农民工养老保险权益缺失是城乡二元社会结构体制的产物。城乡二元结构背景下的户籍制度、就业制度以及由此形成的城市人口管理制度是制约农民工养老保险的关键因素；农民工养老保险制度不健全（杨翠迎，2006；曹信邦，2007）、制度文本与制度实践脱节（江立华、符平，2005）、市民及地方政府的自利自保倾向（陈映芳，2005）是农民工参保难的重要原因。走出农民工养老保险实践困境的根本出路在于制度改革和改变市民、政府对农民工的"社会排斥"与"社会歧视"（李强、唐壮，2002）。

"行动论"的研究取向认为，农民工在城市的生存与发展并非被动适应制度与环境的过程，而是作为行动者的农民工不断反思、调整自己行动，并通过这些行动影响制度和环境的过程。相关研究多从理性选择视角出发，将农民工养老保险参与实践视为是行动主体对养老保险投入与产出、风险与收益进行综合评估后所作出的理性选择（顾永红，2010），认为社会风险意识越强、缴费能力越高、对相关制度的信任程度越高，农民工越有可能参加养老保险；反之，农民工参与养老保险的可能性越低（安增龙，2006）。

"结构论"研究取向关注的是城乡二元结构体制下农民工养老保险的制度性障碍因素，这种取向往往预设城市与农村、市民与农民之间的二元对立，简化了农民工与城市社会的复杂关系，低估了农民工的能动性、建构性和反思性，夸大了制度对农民工的决定作用，因而无法解释为什么在同样的养老保险制度安排面前，不同的农民工有着迥然相异的选择。正如有学者所言，结构对行动的支配

---

① 国家统计局：《2013 年全国农民工监测调查报告》，2014 年 5 月 12 日，http://www.stats.gov.cn/tjsj/zxfb/201405/t20140512_551585.html。

和制约作用在社会制度框架稳定时期往往更为有效；而在社会转型期，由于人们力求改变社会基本结构，而制度安排也不可能像稳定时期那样规范人们的行为，故强调行动对结构的构建似乎更有必要（沈原，2006）。

然而，片面强调参保行为的理性特征似乎又不免陷入个体主义方法论和经济人假设的窠臼。农民工是社会制度变迁的产物。因此，对农民工养老保险的研究不可能脱离对中国社会转型期制度背景和城乡互动关系网络的考察。

综上所述，无论是只见"结构决定性"而不见"行动建构性"的研究取向，还是只见"个体理性选择"而无视"结构制约性"的研究取向，都无法全面理解农民工养老保险的实践性。因此，在对农民工养老保险实践进行研究时，需要一种"结构与行为互构论"的研究取向，将农民工养老保险实践视为行动与结构的双重建构过程（黄平，1997）[1]。

针对现有研究中尚存在的问题，课题组尝试将自上而下与自下而上的研究视角相结合，基于结构与行动互构论的研究取向，对农民工社会养老保险制度需求与制度供给现状进行分析，并提出相应的对策建议。

二 农民工社会养老保险的制度需求

（一）数据来源与样本特征

本章的研究数据来源于课题组于2009年7月至2010年1月在浙江、山东、河北、湖北、安徽、广西和贵州7个省（自治区）进行的实地调查和问卷调查。其中，问卷调查共发放1380份问卷，回收有效问卷1111份，有效回收率为80.5%。课题组以样本主要收入来源为依据，将主要收入来源为"打工"和"个体经营"的样本视为"农民工"，共筛选出375个农民工样本。

---

[1] 本节部分内容作为阶段成果发表在《学习与实践》2011年第6期，原文标题为《制度安排与行动逻辑：农民工养老保险参与现状的实证研究》。

农民工样本的基本特征如下（见表4—1）：在年龄特征方面，农民工样本以青壮年为主，其中，30—44岁青年劳动力占44.1%，30岁以下青年农民工样本占13.9%，45—59岁老生代农民工样本占35.3%；在性别分布方面，由于本次调查对象是农村居民户主，故样本以男性为主（占77.3%）；在婚姻状况方面，绝大多数（89.1%）样本已婚；在文化程度方面，多数样本为初中、高中学历，其中，初中学历样本占56.0%，高中学历样本占12.9%；在身体健康状况方面，绝大多数农民工样本身体健康状况良好，仅有2.7%的样本身体健康状况较差；在工作现状方面，绝大多数农民工样本在体制外单位就业，仅有19.9%的样本在国有、集体企事业单位就业，绝大多数农民工样本（69.8%）以体力劳动为主或纯粹从事体力劳动，仅有极少数样本从事管理工作；在收入水平方面，绝大多数农民工样本均年个人收入在2万元以下，仅有约1/3（36.9%）的农民工样本年收入在2万元及以上。

表4—1 农民工样本的基本特征（基于7省、自治区的调查）

类别	变量	频次	有效百分比（%）	累计百分比（%）
年龄	30周岁以下	52	13.9	13.9
	30—44周岁	165	44.1	58.0
	45—59周岁	132	35.3	93.3
	60周岁及以上	25	6.7	100.0
性别	女	85	22.7	22.7
	男	289	77.3	100.0
婚姻状况	已婚	327	89.1	89.1
	未婚	28	7.6	96.7
	离婚或丧偶	12	3.3	100.0
文化程度	未受过正式教育	16	4.3	4.3
	小学	93	24.9	29.2
	初中	209	56.0	85.3
	高中（中专）	48	12.9	98.1
	大专及以上	7	1.9	100.0

续表

类　别	变　量	频次	有效百分比（％）	累计百分比（％）
身体健康状况	很好	182	48.9	48.9
	比较好	119	32.0	80.9
	一般	61	16.4	97.3
	较差	10	2.7	100.0
工作单位类型	国有企事业	22	12.5	12.5
	集体企事业	13	7.4	19.9
	私营、民营企事业	97	55.1	75.0
	个体经营户	38	21.6	96.6
	外资、合资企业	5	2.8	99.4
	其他	1	0.6	100.0
工作类型	纯体力劳动	42	23.5	23.5
	以体力劳动为主	83	46.4	69.8
	需要初级技术	37	20.7	90.5
	需要中、高级技术	12	6.7	97.2
	管理工作	5	2.8	100.0
个人年均收入	10000 元以下	78	22.7	22.7
	10000—19999 元	139	40.4	63.1
	20000—29999 元	76	22.1	85.2
	30000 元及以上	51	14.8	100.0

注：部分变量的有效样本加总后不等于样本总量的原因是，部分样本存在缺失值。

（二）农民工社会养老保险的制度需求特征

1. 农民工理想的参保模式

频次分析结果显示（见表4—2），在养老保险参与地选择倾向方面，38.1％的农民工样本倾向于在户籍地参加新型农村社会养老保险或城乡统筹基本养老保险；32.1％的农民工样本倾向于在打工地参加城镇职工基本养老保险或城镇居民社会养老保险。在养老保险制度类别选择倾向方面，14.6％的农民工样本倾向于参加打工地城镇居民社会养老保险，17.5％的农民工样本倾向于参加打工地城镇职工基本养老保险，28.7％的农民工样本倾向于参加"单独推行农民工养老保险"。可见,对于农民工应该按何种模式参加社会养老保险,农民工样本的看法呈现出多元化特征。

表4—2　　农民工理想的养老保险参保模式频次分布:
与非农民工样本对比

样本类型		打工地城镇职工基本养老保险	打工地城镇居民社会养老保险	户籍地新型农村社会养老保险	户籍地城乡统筹基本养老保险	单独推行农民工养老保险	其他	合计
非农民工	频次	92	61	267	43	140	25	628
	组内百分比(%)	14.6	9.7	42.5	6.8	22.3	4.0	100.0
农民工	频次	62	52	116	19	102	4	355
	组内百分比(%)	17.5	14.6	32.7	5.4	28.7	1.1	100.0
合计	频次	154	113	383	62	242	29	983
	组内百分比(%)	15.7	11.5	39.0	6.3	24.6	3.0	100.0

注:变量的有效样本加总后不等于样本总量的原因是,部分样本存在缺失值。

2. 农民工理想的养老保险缴费模式

频次分析结果显示(见表4—3),42.4%的农民工样本倾向于按户籍地农村居民缴费标准参保;30.0%的农民工样本倾向于在打工地城镇职工或城镇居民缴费标准参保,还有22.8%的农民工样本倾向于"单独设立既高于农村、又低于城市的缴费标准"。对于农民工应该按哪种标准缴费养老保险费,农民工样本的看法同样呈现出多元化特征。

表4—3　　农民工理想的养老保险费缴费标准频次分布:
与非农民工样本对比

样本类型		按打工地城镇职工缴费标准	按打工地城镇居民缴费标准	按户籍地农村居民缴费标准	按城乡居民统筹缴费标准	单独设立既高于农村、又低于城市的缴费标准	其他	合计
非农民工	频次	71	66	299	29	135	23	623
	组内百分比(%)	11.4	10.6	48.0	4.7	21.7	3.7	100.0

续表

样本类型		按打工地城镇职工缴费标准	按打工地城镇居民缴费标准	按户籍地农村居民缴费标准	按城乡居民统筹缴费标准	单独设立既高于农村、又低于城市的缴费标准	其他	合计
农民工	频次	51	56	151	13	81	4	356
	组内百分比（%）	14.3	15.7	42.4	3.7	22.8	1.1	100.0
合计	频次	122	122	450	42	216	27	979
	组内百分比（%）	12.5	12.5	46.0	4.3	22.1	2.8	100.0

注：变量的有效样本加总后不等于样本总量的原因是，部分样本存在缺失值。

3. 农民工的新型农村社会养老保险参保意愿

频次分析结果显示（见表4—4），近2/3的农民工样本（65.3%）愿意参加新型农村社会养老保险，仅有14.9%的农民工不愿意参加新型农村社会养老保险。相关分析结果显示，农民工样本与非农民工样本在新型农村社会养老保险参保意愿上呈现出显著差异（卡方值为15.89，$p=0.00<0.05$），相对非农民工而言，农民工愿意参加新农保的比例更低，新农保参保意愿不明确（即表示"不好说"）的比例更高。

表4—4　农民工新型农村社会养老保险参保意愿频次分布：
与非农民工对比

样本类型		愿意	不愿意	不好说	合计
非农民工	频次	464	114	70	648
	组内百分比（%）	71.6	17.6	10.8	100.0
农民工	频次	237	54	72	363
	组内百分比（%）	65.3	14.9	19.8	100.0
合计	频次	701	168	142	1011
	组内百分比（%）	69.3	16.6	14.0	100.0

注：变量的有效样本加总后不等于样本总量的原因是，部分样本存在缺失值。

综上所述，从制度需求来看，作为频繁流动于城乡之间的边缘群体，农民工的职业、住所及其未来归属均呈现出高度的不稳定性特征。相应地，农民工群体的社会养老保险需求也呈现出多元化特征。

三 农民工社会养老保险的制度安排及其供给机制[①]

（一）问题的提出及研究假设

与农民工多元化制度需求相对应，当前我国农民工社会养老保险的制度安排也是多元化的。从应然来看，作为具有农民社会身份的群体，农民工可以参加户籍所在地的城乡居民社会养老保险；作为具有工人职业身份的群体，农民工可以参加打工所在地的城镇职工基本社会养老保险。然而，从实然来看，如前所述农民工社会保障现状仍然不容乐观，农民工社会养老保险缺失问题依然突出。

对于农民工社会保险缺失的原因，学术界主要从政府与社会、农民工自身和雇主三个层面进行了分析。从政府与社会层面看，城乡分割的户籍制度以及由此形成的歧视性就业制度和二元社会保障制度被视为农民工社会保险缺失的制度性根源（郑功成，2002；李强、唐壮，2002）；农民工社会保障制度碎片化、统账结合制度便携性差、转移接续难（郑秉文，2008）、制度文本与制度实践脱节（江立华、符平，2005）、市民及地方政府的自利自保倾向（陈映芳，2005）被视为农民工社会保险缺失的深层原因。从农民工自身层面看，农民工收入低、负担能力有限、工作稳定性差被视为农民工社会保险缺失的客观原因（杨翠迎、郭金丰，2006）；农民工维权意识淡薄、对社保制度不信任、参保热情不高被视为农民工参保率低的主观原因（吕学静，2005；姚俊，2010）。从雇主层面看，片面奉行"股东至上"原则（杨波，2007）、社会责任感缺失（岳颂，2007）、缴纳社会保险激励机制不足（伍青生、钟展，2010）被视为雇主不给农民工缴纳社

[①] 本节内容曾发表在《中南民族大学学报》（人文社会科学版）2011年第6期，原文标题为《人力资本、权利意识、维权行动与福利获得——农民工社会保险待遇的雇主供给机制研究》。

会保险的主要原因。

进一步分析发现,在农民工社会保险缺失的政府与社会原因及农民工自身原因方面,学术界已基本达成共识,分歧主要在于政府与社会的具体影响机制及个体层面影响因素的权重;而对于雇主对农民工社会保险的影响,现有研究存在一个明显的不足,即:多将为农民工缴纳社会保险仅视为企业成本,将雇主视为农民工社会保险福利供给的消极主体,片面认为雇主倾向于规避农民工社会保险责任,不给农民工缴纳社会保险是其最优选择,忽视了农民工参保对雇主的积极意义;多从经济理性人假设出发回答了雇主不给农民工缴纳社会保险的原因,而对于雇主为何有选择性地为一部分农民工提供社会保险待遇却缺乏深入分析。雇主是农民工社会保险福利最直接的提供主体,农民工获得社会保险的关键在于雇主的行动选择。因此,从雇主视角出发,探讨农民工社会保险待遇的雇主供给机制,对于切实保障农民工社会保险权益显得尤为重要。

基于上述认识,课题组将雇主视为一个社会理性人,而非原子化的经济理性人。作为一个社会理性人,雇主的福利供给行为既会受到自身理性行动逻辑的支配,又会受到外在环境压力的影响。

理性行动逻辑对雇主福利供给行为的支配作用体现为:一方面,雇主为追求利润最大化,必然会尽可能压缩劳动者工资和劳动福利;另一方面,边际主义理论告诉我们,当劳动者的工资率低于边际生产率时,雇主会主动提高劳动者工资和劳动福利以防止人才流失[1],因此,雇主往往倾向于主动为那些对企业有较大贡献的农民工购买社会保险。

外在环境压力对雇主福利供给行动的影响体现为:社会民主论认为,社会福利支出水平取决于阶级力量的平衡,社会福利的发展需要劳工阶级和资本家之间的阶级斗争及其为改善生活而做出集体努力[2][3]。根据这一观点,随着新《劳动合同法》的实施,为农民工缴

---

[1] 麦克纳尔:《劳动经济学的起源与发展》,中国劳动出版社1993年版。

[2] George. V. & Wilding, P.: *Welfare and Ideology.* New York: Harvester Wheatsheaf, 1994.

[3] 蔡文辉:《社会福利》,五南图书出版股份有限公司2002年版。

纳社会保险成为雇主的法定责任,当农民工意识到自己的保险权益并从行动上去争取这一权益时,雇主可能会迫于制度惩罚的压力而作出让步,即为部分农民工缴纳社会保险。由此,笔者提出了农民工社会保险雇主供给机制的三个假设。

假设一:人力资本假说。人力资本越高的农民工,对雇主的潜在经济贡献越大,雇主越有可能为其缴纳社会保险。

本研究参照舒尔茨[①]的人力资本测量方法,从农民工的文化程度、职业培训经历及专业资格证书获得情况方面对其人力资本进行考察,进而由假设一产生以下推论:

> 推论1:农民工的文化程度越高,雇主为其缴纳社会保险的可能性越大。
>
> 推论2:相对于其他农民工,接受过职业培训的农民工从雇主处获得社会保险的可能性更大。
>
> 推论3:相对于其他农民工,拥有专业资格证书的农民工从雇主处获得社会保险的可能性更大。

假设二:权利意识假说。农民工的权利意识越高,雇主为其缴纳社会保险的可能性越大。本研究用"农民工是否知道雇主有义务为其缴纳社会保险"这一变量进行考察,由此产生

> 推论4:相对其他农民工而言,知道雇主有义务为其缴纳社会保险的农民工获得社会保险的可能性更大。

假设三:维权行动假说。农民工越是从行动上维护自身的权益,雇主为其缴纳社会保险的可能性越大。

本研究将从农民工"是否要求雇主签订劳动合同"、"是否要求雇主为其参加社会保险"两个方面进行考察,由此产生以下两个推论:

---

① 舒尔茨:《人力资本的投资》,泽珠华等译,北京经济学院出版社1990年版。

推论5：相对其他农民工而言，要求签订劳动合同的农民工从雇主处获得社会保险的可能性更大。

推论6：相对其他农民工而言，要求雇主缴纳社会保险的农民工从雇主处获得社会保险的可能性更大。

（二）数据来源与样本特征

本节研究数据源自课题组于2008—2009年对在湖北省城市区域内进行的农民工调查。调查采取配额抽样方法，分别选取武汉、十堰、孝感、荆门4个城市，在每个城市分别抽取不同行业、不同所有制性质的企业，在每个企业内抽取10—30名农民工进行调查。调查发放问卷480份，回收有效问卷418份，有效回收率为87.1%。对于调查数据，课题组利用SPSS 17.0社会统计软件进行了分析。

调查样本的基本特征如下：在性别分布上，男性农民工236位，女性农民工177位，分别占样本总数的57.1%和42.9%；在年龄分布上，调查对象以青壮年居多，39周岁及以下的农民工超过七成；在文化程度方面，农民工的文化程度普遍不高，以初中、高中文化程度居多，分别有46.9%、33.8%的农民工接受过初中、高中教育；在婚姻状况方面，已婚农民工居多，占有效样本总数的59.0%（详见表4—5）。

表4—5　　　　农民城市社会养老保险现状调查样本特征

变量	类别	频次	有效百分比（%）
性别	男	236	57.1
	女	177	42.9
年龄	29周岁及以下	190	46.6
	30—39周岁	114	27.9
	40—49周岁	85	20.8
	50周岁及以上	19	4.7
文化程度	未受过正式教育	18	4.3
	小学	34	8.2
	初中	194	46.9
	高中/中专/技校	140	33.8

续表

变量	类别	频次	有效百分比（%）
	大专	27	6.5
	本科及以上	1	0.2
婚姻状况	已婚	246	59.0
	未婚	142	34.1
	其他	30	7.0

注：变量的有效样本加总后不等于样本总量的原因是，部分样本存在缺失值。

（三）农民工社会保险待遇供给现状及维权意识的描述性分析

1. 农民工社会保险待遇的供给现状

调查显示，在所有有效样本中，只有26.9%的农民工获得养老保险、医疗保险、失业保险和工伤保险全部4项基本社会保险；有11.9%的农民工获得了其中的3项；11.9%的农民工获得了其中的2项，4.5%的农民工获得了其中的1项，44.8%的农民工一项都没参加。可见，多数雇主没有很好地执行劳动合同法规，农民工社会保险福利供给情况不尽如人意。

2. 农民工的权利意识和维权行动

（1）农民工签订劳动合同的权利意识和维权行动。在所有有效样本中，65.6%的农民工签订了劳动合同，仍有34.4%的农民工没有签订劳动合同。在没有签订劳动合同的农民工中，31.4%的样本表示双方都认为没有必要签，27.5%的样本表示雇主不签，自己不愿意签和先干干再说的分别占18.7%和14.6%。当问及农民工是否主动向雇主提出签订合同的要求时，高达67.3%的样本表示没有提出过，其中，认为"没有必要签"的占37.2%，因"看到其他同事都没签"的占21.0%，不知道自己有这项权利的占14.4%，因"害怕丢了工作"的占7.9%，其他原因占19.5%。上述数据表明，多数农民工缺乏签订劳动合同以维护自身合法权益的意识。

（2）农民工对社会保险权益的认知和维权行动。在未缴全4项社会保险的农民工中，有41.8%的样本不知道雇主有义务为自己购买社会保险，说明相当一部分农民工在社会保险权利方面的知识还很欠缺。在既知道雇主有缴纳义务又未能缴全4项保险的样本中，高达63.9%的农民工没有主动向雇主提出过要求，其主要原因包括"其他员工也没给买，提要求也没用"（占44.7%）、"自己不想参加，所以没提"（占33.3%），也有少部分农民工因"怕提出要求后丢了工作"（占8.5%）和其他原因（如"在家有保险"、"试用期"、"工作时间短"等）未能参保。

（四）农民工社会保险待遇供给机制的回归分析

1. 变量设置与模型建构

（1）因变量。本研究以农民工所在单位是否为其缴纳基本保险为因变量，其中，将养老保险、医疗保险、失业保险和工伤保险中均已缴纳、缴了3项、缴了2项、缴了1项的都视为缴纳了社会保险，将"一项都没有缴纳"和"不知道是否缴纳"视为没有缴纳社会保险。

（2）自变量。本研究将农民工社会保险待遇供给的影响因素分为农民工个人的人力资本、权利意识与维权行动三个维度。人力资本维度设置文化程度、职业培训和专业资格证书获得情况3个变量；权利意识维度设置"是否知道雇主有义务为其购买社会保险"1个变量；维权行动维度设置"是否提过购买社会保险的要求"和"是否提出签订劳动合同的要求"2个变量（详见表4—6）。

表4—6　变量赋值及基本描述（括号内为各变量所占百分比）

变量类型		变量解释与赋值
控制变量	性别	虚拟变量：男性（57.1%）=1；女性（42.9%）=0
	年龄	定距变量：均值为31.52岁
自变量 人力资本	文化程度	虚拟变量（参照值：未受过正式教育，4.3%） 小学（8.2%） 初中（46.9%） 高中\中专\技校（33.8%） 大专及以上（6.7%）

续表

变量类型			变量解释与赋值
自变量	人力资本	是否经历职业培训	虚拟变量：接受过培训（30.4%）＝1，未接受过培训（69.6%）＝0
		有无专业资格证书	虚拟变量：有专业资格证书（34.0%）＝1，无专业资格证书（66.0%）＝0
	权利意识	是否知道雇主有义务为其购买社会保险	虚拟变量：知道（59.3%）＝1，不知道（40.7%）＝0
	维权行动	是否提过购买社会保险的要求	虚拟变量：提过（34.2%）＝1，没有提过（65.8%）＝0
		是否提出签订劳动合同的要求	虚拟变量：提出过（28.6%）＝1，没有提过（71.4%）＝0
因变量		雇主是否为其缴纳社会保险	虚拟变量：缴纳1项及以上社会保险（55.2%）＝1，没有缴纳社会保险（44.8%）＝0

为了验证上述研究假设，本研究以农民工社会保险福利获得状况为被解释变量，以农民工的人力资本、权利意识、维权行动为解释变量，建立二项Logistic回归模型如下：

$$\text{Logit}(P) = \ln[P/(1-P)] = \alpha + \sum \beta_i X_i + \varepsilon \quad (式4—1)$$

式4—1中，P表示雇主为农民工缴纳社会保险的概率，$P/(1-P)$表示雇主为农民工缴纳与未缴纳社会保险的概率之比，X_i表示农民工获得社会保险福利的影响因素即自变量，β_i表示影响因素的回归系数，ε表示随机误差项，α为常量。

2. 结果分析

回归分析结果显示，模型的似然比卡方检验的观测值为36.143，概率P值为0.000，小于显著性水平0.05，用该模型预测雇主是否为其提供社会保险的准确率达到69.4%，模型的拟合度较理想。从具体的影响因素看：

（1）人力资本因素中，文化程度、是否接受职业培训对雇主是否为农民工提供社会保险待遇的影响不显著，专业资格证书获得情况对雇主是否为农民工提供社会保险福利在99.0%的统计水平上影响显著。从回归系数和发生比可以看出，在其他条件不变的情况下，雇主更可能向有职业资格证书的农民工提供社会保险待遇，且发生概率是没有职业资格证书的农民工的3.563倍。假设一中的推论3得到了验证，推论1和推论2没有得到验证。

（2）权利意识和维权行动因素中，农民工是否提出签订劳动合同对其所在单位是否提供社会保险待遇不产生显著影响，推论5没有得到验证。农民工是否知道所在单位有义务为其购买社会保险、是否要求所在单位为其购买社会保险两变量均对雇主是否提供社会保险待遇产生显著影响（$p<0.05$）。从二者的回归系数和发生比率值可以看出，在相同条件下，雇主更可能向权利意识较高的农民工提供社会保险待遇，且发生概率是不知道雇主有购买社会保险义务的3.153倍；向雇主提出参保要求的农民工比没有向雇主提出过参保要求的农民工更有可能获得社会保险福利，其概率是后者的2.103倍，推论4和推论6得到证实。

表4—7　农民工社会保险福利获得的二项Logistic回归模型

	自变量	回归系数（β）	标准差（S.E）	显著度（Sig.）	幂值 Exp（β）
控制变量	性别	-0.540	0.371	0.145	0.583
	年龄	-0.016	0.021	0.444	0.984
人力资本	未受过正式教育			0.880	
	小学学历	-0.182	1.454	0.900	0.834
	初中学历	-0.734	1.184	0.535	0.480
	中专\高中\技校学历	0.125	0.830	0.880	1.133
	大专及以上	0.207	0.819	0.800	1.230
	是否经历职业培训	0.411	0.415	0.322	1.508
	有无专业资格证书	1.271***	0.389	0.001	3.563
权利意识	是否知道单位有义务为其购买社会保险	1.149**	0.542	0.034	3.153
维权行为	是否向单位提出购买社会保险的要求	0.743**	0.365	0.042	2.103
	是否提出签订劳动合同的要求	0.111	0.374	0.766	1.118

续表

自变量	回归系数（β）	标准差（S.E）	显著度（Sig.）	幂值 Exp（β）
常量	-1.413	1.102	0.200	0.243
模型综合检验	χ^2=36.143，Sig.=0.000，预测正确率=69.4%			

注：*、**、***分别表示在10%、5%和1%水平上显著。

四　农民工社会养老保险的制度参与[①]

（一）资料来源与样本特征

本研究数据主要来源于课题组2008—2010年在湖北省11个区县所做的问卷调查和个案访谈。其中，问卷调查采取分段抽样的方式进行，即首先在湖北省所有区县中随机抽取11个区县，其次在每个区县抽取1—2个村，然后在每个村按系统随机抽样方式抽取30户居民，最后在每户居民中选取1名年龄在18周岁以上且有打工经历的家庭成员[②]作为调查对象。问卷调查于2008年3月完成，共发放450份问卷，回收334份有效问卷，其中，农民工样本262个。

农民工调查样本的主要社会人口特征如下：（1）在性别结构方面，以男性为主，占70.2%；（2）在年龄结构方面，25周岁及以下的农民工有149人（占57.8%），26—35周岁的有38人（占14.7%），表明湖北籍农民工以"70后"新生代农民工为主；（3）在受教育水平方面，65.6%的农民工仅有初中及初中以下学历，表明湖北籍农民工受教育程度普遍偏低；（4）在婚姻状况方面，未婚与已婚者比例大致相当，分别占48.1%和48.5%；（5）在家庭经济地位方面，54.8%的有效样本认为自家在当地属于"中层"，认为自家处于

[①] 本节部分内容曾作为阶段成果发表在《学习与实践》2011年第6期，原文标题为《制度安排与行动逻辑：农民工养老保险参与现状的实证研究》。

[②] 如果调查户所有家庭成员都没有打工经历，则对户主进行访问，且只请被访者对问卷的第一部分做出回答。

"下层"和"上层"的比例相当,表明多数农民工有阶层地位认同"中层化"的倾向。

农民工调查样本的从业概况如下:(1)在外出打工年限方面,70.4%的农民工外出务工年限在"5年以下",务工时间相对较短;(2)在工作地点方面,近2/3(60.6%)的湖北籍农民工过去一年中在外省打工;(3)在行业分布方面,湖北籍农民工主要集中在加工制造(40.5%)、建筑装饰业(22.6%)、批发零售(5.2%)和餐饮住宿业(5.2%)等劳动密集型行业;(4)在岗位分布方面,湖北籍农民工主要从事工人(51.4%)、服务员(11.0%)、业务员(4.7%)和质检员(4.3%)等以体力劳动为主的职业;(5)在工作单位性质方面,湖北籍农民工主要集中在私营/民营企事业(占47.3%)和个体经营(占28.7%)等体制外工作部门。

除问卷调查外,课题组于2008—2010年分别在武汉、荆门、宜昌3地对21名湖北籍农民工进行了个案访谈。其中,在武汉收集个案11名,在荆门和宜昌各收集个案5名。访谈个案的基本特征如下:(1)性别方面,8位为男性,13位为女性;(2)行业分布方面,7位来自于餐饮住宿服务业、5位来自于建筑装饰业、5位来自于加工制造业、2位来自于批发零售业、2位来自于物流交通业;(3)岗位分布方面,3位为单位主管、16位为普通职员、2位为个体经营户;(4)工作单位性质方面,15位在私营企业就业,2位在国有事业单位就业,4位在个体经营部门工作。

(二)农民工养老保险制度参与现状的描述分析

在参与现状方面,仅有17.2%的农民工参加了打工所在城市的基本养老保险(见表4—8)。与之形成鲜明对比的是,31.8%的农民工表明最希望单位或雇主提供"基本养老保险",其所占比例比农民工参保率超出近1倍。上述数据证实了假设一,即农民工群体参保意愿较高,但参保率相对较低。

表4—8　农民工参与打工地城镇职工基本养老保险的频次分布

项目	频率	有效百分比（%）	累积百分比（%）
是	43	17.2	17.2
否	207	82.8	100.0
合计	250	100.0	

那么，是什么原因导致农民工参保行为与意愿呈现出较大差异呢？进一步分析发现，农民工未参加养老保险的主要原因依次是"本人对养老保险政策不了解，没有参加"（占41.3%）、"担心交了费也不一定领得到养老金"（占14.5%）、"单位或雇主不提供养老保险待遇"（占12.3%）和"当地没有明确的养老保险政策"（占10.6%）。此外，如下列个案所示，制度供给不足和雇主支持有限也是制约农民工参保的重要因素。

[个案20080218 - WHJPZ - LF1，女，40岁，已婚，现在武汉打工，餐饮行业配菜工]（问："你有没有参加这里的养老保险？"）"没有。"（问："为什么呢？"）"老板没给办。"（问："你有想过要买养老保险吗？有没有向老板提过这方面的要求？"）"我们哪里会想到要买养老保险？我的收入也不多，好不容易在城里找了个相对稳定的工作，供生活就不错了。老板肯定也不愿意为我们买，我只怕提过多的要求，饭碗也丢了。"

（三）农民工参保实践行动逻辑的回归分析

1. 研究假设

在本研究中，笔者将农民工视为一个既受到结构情境制约，又能根据结构情境作出能动选择的有限理性行动主体。作为有限理性行动主体，农民工的养老保险参与实践可能呈现出以下三个方面的特征：首先，在养老保险制度安排面前，农民工并非单纯的被动主体，而是具有能动作用的积极行动主体，对于是否参保以及如何参保，农民工有自己的行动逻辑；其次，农民工的养老保险参与实践不可避免地受到结构情境的制约，其参保实践并非基于成本收益最大化的完全理性行为，而是行动者不断与行动环境发生互动，并不断地对行动环境及行动本身做出新的主观解释，进而在情境制约下做出的有限理性选择；最后，在农民工养老保险参与实践中，"注意力焦点"（西蒙，2002：345）可能成为养老保险决策的重要影响因素，从而使农民工的养老保险参与行为呈现出一定的感性特征。

基于上述思路，笔者将农民工所在城市的用工环境及其与农村的关联度视为其养老保险参与行为的结构制约因素，将农民工的人力资本现状视为影响其养老保险参与行为的能动性因素，将农民工的身份归属认同视为影响其养老保险参与行为的"注意力焦点"因素，进而提出关于农民工养老保险参与现状的5个假设和11个推论。

假设1：农民工的养老保险参与行为与其参保意愿存在一定差距，表现为农民工养老保险参与意愿较高，但实际参保率相对较低。

假设2：农民工的城市环境对其养老保险意愿与行为有显著影响，表现为城市用工环境越完善，农民工参保的可能性越大。由此产生以下推论：

> 推论1：农民工职业稳定性越强，其参保的可能性越大。
> 推论2：已签订劳动合同的农民工，其参保的可能性更大。
> 推论3：由于体制内单位用工较为规范，相对在体制外工作的农民工而言，在体制内单位工作的农民工更有可能参保。

假设3：农民工与农村的关联度越高，其参保意愿越低，参保的可能性越小。由此产生以下推论：

> 推论4：相对于在农村无责任田的农民工而言，有责任田的农民工参保意愿较低，参保的可能性亦更小。
> 推论5：相对于愿意放弃责任田的农民工而言，不愿放弃责任田的农民工的参保意愿较低，参保的可能性更小。

假设4：农民工的人力资本越高，其参保的可能性越大。由此产生如下推论：

推论6：农民工文化程度越高，参保的可能性越大。

推论7：农民工城市务工经历越丰富，参保的可能性越大。

推论8：农民工职业技能越强，参保的可能性越大。

推论9：农民工培训经历越丰富，参保的可能性越大。

假设5：农民工越关注自己的户籍身份，其参保的可能性越小。由此产生如下推论：

推论10：农民工越认同自己的农民身份，其参保的可能性越小。

推论11：农民工越认同自己的乡下人身份，其参保的可能性越小。

2. 模型选择与变量设置

本书采用二项 Logistic 回归模型来分析农民工参保实践的行动逻辑。以农民工是否已参加打工所在城市的基本养老保险为因变量，具体设置为：已参保赋值为1，未参保赋值为0。采用 Enter 方法，同时，用发生比率 OR（Odds Ratio）解释模型中的变量。发生比率在回归结果报告中给出，用来表示自变量发生一个单位的变化时，相对于参照变量而言因变量发生比率的变化。回归模型用公式表示为：

$$\text{logit}(p) = \ln[p/(1-p)] = \alpha + \sum \beta\chi + \varepsilon \quad (\text{式}4—2)$$

在式4—2中，p 表示已参加打工所在城市的基本养老保险概率，p/(1-p) 表示已参加打工所在城市的基本养老保险的概率与未参加打工所在城市的基本养老保险概率之比，定义为已参加打工所在城市的基本养老保险机会比率。

与研究假设相对应，本书分别建立了四组回归模型，即城市用工环境回归模型、农村关联度回归模型、人力资本回归模型和身份归属认同回归模型。其中，城市用工环境回归模型的自变量包括所在行业、工作单位性质、是否签订劳动合同和工作稳定性（用工作变动次数来测量）4个变量；农村关联度回归模型的自变量包括有无责任田和是否愿意放弃责任田2个变量；人力资本回归模型的自变量包括性别、年龄、文化程度、务工年限、专门培训资质和职业技能6个变量；身份归属认同回归模型的自变量包括"是否认为自己属于农民"和"是否认为自己属于乡下人"2个变量。

对于每组回归模型，笔者均采用极大似然法进行估计，对样本采用 Enter 方法进行回归检验。

3. 农民工参保行为影响因素的 Logistic 回归分析结果

（1）城市用工环境对农民工参保的影响

表4—9显示，城市用工环境回归模型通过检验（$\chi^2 = 23.412$，$df = 11$，$p = 0.024$），具有统计学意义。其中，所在行业、劳动合同签订情况对农民工是否参保具有显著性影响。

第一，相对于其他行业而言，建筑业、采掘装饰业、加工制造业和餐饮家政服务业农民工不参保的概率要高。如上述个案 LCF 所示，上述行业所形成的劳动力市场均属于以体力劳动为主的次级劳动力市场，工作的技术含量低、工作岗位的可替代性强、稳定性差。在次级劳动力市场中，农民工更为关注的可能是失业风险，而不是养老风险。对于这类农民工而言，保住工作比获得养老保险更为重要。可见，工作稳定性越差，其参保的可能性越小。

一个意外的发现是，在90%的置信水平上，农民工的工作变动次数显著影响其参保行为：农民工工作每变动一次，其参保的可能性就增加12.7%。这一发现似乎与工作稳定性假设相冲突。对此，笔者的解释是，农民工"一旦发生职业或社会地位的流动，那么不论流动是以何种形式出现的，绝大多数都是向上的流动"[①]。在向上流动过程中，农民工的工作环境会得到相应改善，其养老保险权益得到实现的可能性亦会随之增加。据此，推论1似乎可以修正为：农民工失业风险越大，其参与养老保险的可能性越小。

第二，签订劳动合同的农民工比没签劳动合同的农民工更有可能

---

① 李强：《中国大陆城市农民工的职业流动》，《社会学研究》1993年第3期。

参与养老保险。表4—9显示，在99%的置信水平上，签订了劳动合同的农民工参与养老保险概率是未签订劳动合同者的1.445倍。这一结果表明，农民工所在城市企业用工环境越完善，劳动保障制度越能落实到位，其参保机会就越多。由此，推论2得到证实。

第三，农民工工作单位性质对参保现状的影响未通过显著性检验。表2显示，相对于非国有企业等体制外企业而言，国有企业农民工的参保概率高出0.582倍，但这一影响并未通过显著性检验（p=0.605＞0.05）。笔者的解释是，一般而言，国有单位的用工规范程度可能要好于非国有企业尤其是私营企业。然而，如个案HF1、WF1和TM1所示，相对于已经高度市场化、科层化的体制外企业而言，在国有企业内部，编制内岗位与编外岗位、干部身份与工人身份的劳动力市场分割更为明显，其保障待遇的区隔问题更为突出。相关企业往往通过规范变通来规避其职工养老保险责任，用潜规则来取代显规则，进而抵消了其规范用工的积极效应。

[个案20090424－WHHJJL－HF1，女，26岁，未婚，时任武汉某大型民营餐饮集团大堂经理]（问："公司有没有为从农村来的员工办理养老保险？"）"有啊。为什么不办？为什么叫我们农民工？我没觉得自己比城里人差呀！在我们公司，只要是转正的员工，都能享受养老保险。"

[个案20090818－JMJLQJT－WF1，女，28岁，已婚，时任湖北荆门某民营化工集团人力资源部经理]该集团80%以上的员工来自周边农村。当访问员提到农民工时，WF1说："我们这里没有农民工与城镇职工之分！这里早不兴叫农民工了。只要是集团员工，我们一视同仁。"

[个案20100314－WHHN－TM1，男，58岁，丧偶，武汉某高校宿舍管理员，临时工]（问："现在国家要求所有单位都要给职工办理养老保险，学校给您办了没有？"）"办个鬼！这个政策我是知道的。但学校有学校的办法。人事处和保卫处要求我们每个人写一个自愿放弃参保承诺书，否则就不让上岗。你说我是要参保，还是要工作？"

表4—9　农民工是否参加养老保险的城市用工环境 Logistic 回归模型

自变量	回归系数 β	S. E.	Wald	df	Sig.	Exp（β）
工作单位性质（非国有部门）	0.459	0.886	0.268	1	0.605	1.582
行业类别（参照值：农林牧渔）			9.669	6	0.139	
建筑、采掘、装饰业	-3.839**	1.775	4.679	1	0.031	0.022
加工制造业	-3.268**	1.564	4.366	1	0.037	0.038
交通运输、仓储物流业	-2.023	1.850	1.195	1	0.274	0.132
批发零售业	-21.530	14540.893	0.000	1	0.999	0.000
餐饮、家政等服务业	-3.110*	1.656	3.524	1	0.060	0.045
签订合同（参照值：没签）	2.008***	0.773	6.741	1	0.009	1.445
打工变动次数	0.119*	0.068	3.038	1	0.081	1.127
常量	-21.619	12346.387	0.000	1	0.999	0.000
模型汇总	$\chi^2=23.412$，df=11，p=0.024，预测的正确率 88.5%					

注：*表示 $p<0.10$；**表示 $p<0.05$；***表示 $p<0.01$；自变量栏括号内为参照变量名称。

（2）与农村的关联度对农民工参保的影响

表4—10 显示，与农村的关联度对农民工参保的影响模型亦通过显著性检验（$\chi^2=8.191$，df=3，p=0.042<0.05）。其中，家中是否有责任田对农民工参保具有显著性影响，表明推论4通过验证。具体表现为：相对于有责任田的农民工而言，无责任田农民工的参保可能性要高出1.648倍。这一结果表明，土地是农民在农村最后的保障。当农民工失去责任田以后，其与乡土社会的联系纽带便渐趋松弛，对乡土社会的依赖程度亦渐趋下降，取而代之的是对扎根城市和在城市获得社会保障的强烈需求与积极行为。反之，当农民工仍然有责任田时，由于拥有最后的土地保障，尤其是心理上的保障，当他们在城市主张保障权益受阻时，往往可能选择退而求其次，或安于现状，相应地，其参保需求便不再那么强烈，参保行动亦不再那么积极。

[个案20100420 - WHJZG - ZM1，男，43岁，在城市打零工]（问："你家有责任田吗？"）"有。"（问："你愿意放弃责任

田吗?")"不愿意"。(问:"为什么呢?")"土地对我们很重要,我们在农忙时会回来,农闲时则出去打工。"(问:"你为什么没参加打工地的养老保险呢?")"我还是不太习惯城市,还是在农村比较安稳。农村是生我养我的地方。有土地作保障,我老了也不会饿死。"(访谈时间 2010-04-20)

表4—10还显示,农民工是否愿意放弃责任田与其是否参保呈正相关关系。相对于没有明确意愿的农民工而言,明确表示愿意放弃责任田的农民工的参保概率高出0.889倍,但这一差异未通过显著性检验($p=0.243>0.05$),因而推论5未能得到证实。

表4—10 与农村的关联度对农民工参保影响的 logistic 回归分析

自变量	回归系数β	S.E.	Wald	df	Sig.	Exp(β)
X1 有无责任田(参照值:有)	0.974**	0.428	5.184	1	0.023	2.648
X2 是否愿意放弃责任田(参照值:否)			1.910	2	0.385	
无所谓	-0.090	0.421	0.046	1	0.830	0.914
愿意放弃	0.636	0.545	1.362	1	0.243	0.889
模型汇总	$\chi^2=8.191$, df=3, p=0.042					

注:** 表示 $p<0.05$;自变量栏括号内为参照变量名称。

(3) 人力资本对农民工参保的影响

所谓人力资本,是指人们花费在教育、健康、训练和信息获得等方面的支出所形成的成本,它与物质资本的最大差别在于人力资本不能与其所有者分离。根据人力资本的属性特征,可以将其分为先赋型人力资本和自致型人力资本,其中农民工的性别、年龄等属于先赋型人力资本,而文化程度、务工经历、专门培训资质和技能等级则属于自致型人力资本。

表4—11显示,回归模型整体通过检验($\chi^2=45.749$, df=17, p=0.000),具有统计学意义。专门培训资质和职业技能等自致因素通过显著性检验,性别、年龄等先赋因素则未能对农民工参保形成显

著性影响。在90%的置信水平上，接受过专门培训的农民工比没有接受过专门培训的农民工的参保概率要高出1.763倍；在95%的置信水平上，拥有中级职业技能的农民工比没有获得任何职业技能的农民工的参保概率要高出3.796倍。由此，推论8和推论9得到证实。上述数据表明，一方面，相对人力资本较为匮乏的农民工而言，人力资本比较丰富的农民工在劳动力市场中竞争力更强，主张养老保险权益的谈判能力亦随之得到强化；另一方面，由于人力资本较为丰富的农民工创造了更多的劳动边际生产率，为防止人才流失，雇主会通过主动提高待遇和提供福利以增强其企业认同感。上述两种因素综合作用的结果便是，人力资本越丰富，农民工参保的可能性越大。

文化程度和务工年限经历对农民工参保的影响均未通过显著性检验，表明推论6和推论7未能得到证实。对此，笔者的解释是，无论是在受教育水平分布，还是务工年限方面，被调查农民工的同质性都较强，即多数农民工仅有初中以下学历、仅有不到5年的城市打工经历，进而使得文化程度和务工年限对农民工参保的影响差异不够明显。

表4—11　人力资本因素对农民工参保影响的Logistic回归分析

自变量	回归系数β	S. E.	Wald	df	p值	Exp（β）
性别（女为参照变量）	0.626	0.560	1.248	1	0.264	1.870
年龄	0.054	0.036	2.245	1	0.134	1.055
文化程度（参照值：未受正式教育）			1.648	2	0.439	
初级文化程度	20.027	17649.284	0.000	1	0.999	4.986E8
中高级文化程度	20.577	17649.284	0.000	1	0.999	8.638E8
务工年限	0.003	0.046	0.006	1	0.940	1.003
专门培训经历（参照值：没接受过）	1.016*	0.526	3.734	1	0.053	2.763
职业技能（参照值：没有获得）			6.472	3	0.091	
初级职业技能	0.496	0.612	0.658	1	0.417	1.643
中级职业技能	1.56**	0.639	6.011	1	0.014	4.796
高级职业技能	0.835	0.862	0.938	1	0.333	2.305
模型汇总	$\chi^2 = 45.749$，df = 17，p = 0.000，预测的正确率为86.7%					

注：*表示$p < 0.10$；**表示$p < 0.05$；自变量栏括号内为参照变量名称。

(4) 身份归属认同对农民工参保的影响

西蒙认为, 在经济行动决策中, 一定存在着包括感性选择在内的"非理性因素"。其中,"注意力焦点是行为的主要决定因素"(西蒙, 2002: 345)。如堪瑞瑟(Kunreuther)等人研究了业主对是否购买针对水灾损失的保险的决策。对于这一问题, 经济人假设的基本主张是, 如果从水灾中得到的预期可偿还损失大于保险费的话, 业主会购买保险。然而, 实际数据和这一主张大相径庭, 购买保险的人主要是遭受过水灾的人或其相识者, 保险购买行为与其成本收益并无直接关系(西蒙, 2002: 345)。

上述研究发现的启示是, 农民工的"注意力焦点"可能会影响其参保决策。对于农民工而言, 自身的身份归属便是其"注意力焦点"之一。也就是说, 分清"我是谁", 对于农民工决定是返乡还是进城、是飘浮在城市还是扎根于城市、是安于天命还是主张权利具有重要意义。

表4—12显示, 农民工的身份归属认同对其参保行为同样具有显著性影响($\chi^2 = 6.849$, df = 2, p = 0.033, 预测的正确率为82.8%), 具体表现为: 在90%的置信水平上, 强调自己农民户籍身份的农民工比强调自己工人职业身份的农民工的参保概率低46.9%, 即农民越关注自己的户籍身份, 其参保意愿可能越低, 在参保过程中感受的阻力可能越大, 参保的可能性亦越低。由此, 推论10通过验证。表4—12还显示, 关注自己乡下人身份的农民工比认为自己已经是城里人的农民工参保的可能性要低, 但这一差异未能通过显著性检验(p = 0.246 > 0.1)。由此可见, 推论11还缺乏有力的数据支撑。

表4—12 身份归属因素对农民工参保影响的 logistic 回归分析

自 变 量	回归系数 β	S. E.	Wald	df	p 值	Exp (β)
我是农民(参照值: 我是工人)	-0.634*	0.368	2.967	1	0.085	0.531
我是乡下人(参照值: 我是城里人)	-0.452	0.390	1.345	1	0.246	0.636
常量	-1.014	0.259	15.362	1	0.000	0.363
模型汇总	$\chi^2 = 6.849$, df = 2, p = 0.033, 预测的正确率为82.8%					

注: * 表示 p < 0.10; ** 表示 p < 0.05; *** 表示 p < 0.01; 自变量栏括号内为参照变量名称。

下列个案材料进一步表明，受制于自己的农民户籍身份，农民工在城市遭遇了各种歧视与排斥，一些农民工既在客观上未能享受到养老保险待遇，又在主观上缺乏主张养老保险权利的意识。

[个案 20090423 - WHHNLFD - TF1，女，35 岁，已婚，初中文化程度，理发店女工]（问："你在城里有没有因为户口问题而受到歧视？"）"有啊。农村人和城里人就是不平等啊。人家就觉得你是农民，我是城里的，就是有歧视的。"（问："你有没有参加当地的养老保险？"）"没有，我户口都不在这，参加没意思，参加也受歧视。"

[个案 20100528 - WHZTJS - ZM1，男，30 岁，小学文化程度，建筑工，进城务工已 10 年]（问："你在城市打工很久了，你觉得你的身份是农民还是工人呢？"）"我出生就是农民，孩子在农村，每年会回家几次，可是我在城里打工做的是工人的事情，但与城里的工人还是不一样的，我们顶多称为打工仔。是农民还是工人也无所谓了。"（问："你参加养老保险了吗？你想过为你们单独建立农民工的养老保险制度吗？"）"目前还没有。对于单独为农民工建立专门的养老保险制度这个我倒没怎么想过。我觉得哪种方式我都没什么意见。"

五　农民工社会养老保险的制度整合

（一）主要研究结论

本章分别从制度需求、制度供给和制度参与三个方面分析了农民工社会养老保险制度的供需现状及其制度绩效。研究的主要结论如下：

第一，在制度需求方面，基于农民工社会身份与职业身份的双重性、职业流动的频繁性和未来归属的不确定性，农民工在社会养老保险需求方面呈现出多元化特征，表现为倾向于在打工地参保、在户籍地参保及参加单独的农民工社会养老保险的农民工样本均占有相当的比例。

第二，在制度供给方面，在制度设计层面，基于农民工的双重身份，现行制度规定，农民工可以自愿参加城乡居民社会养老保险或城镇职工基本养老保险；在制度执行层面，农民工社会保险待遇的供给情况不容乐观。一方面，国家规定的基本保险项目在农民工群体中的覆盖率较低，近半数的农民工没有享受到雇主提供的社会保险待遇；另一方面，农民工个人的权益维护意识薄弱，六七成的农民工没有向雇主提出签订劳动合同的要求，也没有向雇主提出购买社会保险的要求。人力资本对农民工社会保险福利获得产生显著影响，但这种影响主要通过农民工的专业资格证书产生，文化程度、是否接受过职业培训对雇主是否为农民工提供社会保险待遇的影响不显著；农民工个人的权利意识和维权行动对其社会保险福利获得有显著影响，主要表现为：知道雇主有义务为其缴纳社会保险和要求雇主为其缴纳社会保险的农民工更有可能获得社会保险福利。

第三，在制度参与层面，农民工养老保险参与现状滞后于农民工养老保险参与意愿。作为有限理性行动主体，农民工的养老保险参与实践既不可避免地受到结构情境的制约，又是行动者不断与行动环境发生互动，并不断地对行动环境及行动本身做出新的主观解释和选择的过程。与此同时，农民工在身份归属认同方面"注意力焦点"的存在，也使得农民工的参保行为呈现出一定的感性特征。其一，农民工养老保险实践的结构制约因素主要包括城市用工环境和农民工与农村的关联度。城市用工环境对农民工参保的制约机制表现为：农民工越处于次级劳动力市场，失业风险越大，其参保的可能性越小；农民工所在企业用工环境越完善、劳动保障制度越能落实到位，其参保机会越多；不同所有制企业的农民工在参保现状方面无显著性差异，相对体制外企业而言，体制内单位的内部劳动力市场分割更为明显，保障待遇的区隔问题更为突出。其二，农民工与农村关联度对其参保行为的影响机制表现为：农民工与农村尤其是土地的关联度越高，与乡土社会的联系纽带越紧密，其城市养老保险需求的迫切程度可能相对较低；反之，当农民工失去责任田，他们与乡土社会的联系纽带便渐趋松弛，对乡土社会的依赖程度亦渐趋下降，取而代之的是对城市养老保障的强烈需求和积极行为。其三，农民工养老保险实践的能动性因素主要是农民工的人力资本状况，其对农民工参保行为的影响机制表现为：自致型人力资本对农民工参保有显著性影响，接受过专门培训或拥有中级职能技能的农民工较之人力资本相对匮乏的农民工有更强的养老保险权益主张资本与谈判能力，其参保的可能性更大。其四，农民工养老保险实践的感性因素主要体现为农民工的"注意力焦点"，即农民工对自身身份归属的认同方面，表现为：强调自身农民户籍身份的农民工较之强调自身工人职业身份的农民工的参保意愿更低，参保过程中感受的阻力更大，参保的可能性更小。

（二）加强农民工社会养老保险权益保障的对策建议

1. 加强监管，保障农民工社会养老保险权益。建议加大农民工社会保险法律法规及社会保险政策执行情况的监控力度，督促用人单位按规定及时为农民工缴纳社会养老保险，保障农民工合法权益；对拒绝与农民工签订用工合同、拒绝为农民工购买社会保险等侵犯农民工劳动保障及社会保险权益的违法违规行为，建议加大惩处力度，消除用人单位的侥幸心理。

2. 加强职业培训，提升农民工获取保险福利的人力资本。如前所述，职业资格证书对农民工社会保险福利获得有着重要影响，因此对农民工进行专业技术培训并实行技术资格认证极为重要。从调查结果来看，超过六成的农民工认为做好当前工作需要接受专门的技能培训，但只有近三成的农民工接受过技能培训。面对这一问题，一方面，相关部门应建立和健全多层次的农民工职业教育体系，帮助农民工提高就业竞争力；另一方面，农民工自身也要加强业务学习，努力提升就业技能，提高向雇主主张社会保险权益的人力资本筹码。

3. 加强宣传引导，提高农民工的社会保险权利意识与维权能力。如前所述，农民工对社会保险权益的认知和维权行动是影响农民工社会保险福利待遇获得的重要因素。在农民工社会保险权益保障过程中，农民工"可以动用的最重要资源其实就是他们自己"。因此，一方面,农民工要积极关注与自身权益保障密切相关的法律法规、政策制度,为维护自身权益寻找制度依据;另一方面,农民工要善于运用合理的方式"组织起来,以群体的形式与企业进行集体协商、讨价还价"[1],切实维护自身权益。此外,对于相关部门而言,一方面应加强对农民工权益保障法规制度宣传,帮助其提高制度认知水平和维权意识;另一方面要为农民工合法维护自身权益提供更多的制度保障,帮助农民工提升其维权能力。

---

[1] 刘林平、郭志坚:《企业性质、政府缺位、集体协商与外来女工的权益保障》,《社会学研究》2004年第6期。

第五章 供需均衡视角下的农村老年社会救助制度

一 问题的提出

农村老年社会救助是指政府或社会对因自然灾害或其他经济、社会原因而无法维持最低生活水平的农村老年人给予救助,以保障其最低生活水平的制度或措施。老年社会救助与社会养老保险同属养老保障的范畴,二者的主要不同之处在于:一是保障水平不同,社会养老保险是为了保障老年人的基本生活需要,而老年社会救助则仅能保障老年人的最低生活水平;二是保障原则不同,社会养老保险体现了权利与义务相结合的原则,一般以个人缴纳社会养老保险费为前提,老年社会救助则并不要求权利与义务相结合。从一定意义上讲,社会养老保险是有偿保障,老年社会救助是"免费午餐",老年社会救助是养老保障的最后一张安全网[1]。

随着身体机能的衰退和社会角色的转变,老年人成为典型的社会弱势群体。较之青壮成年人,老年人身体机能更弱,其基本生活需要尤其是医疗护理需要比一般成年人更复杂,而其改善自身生活条件和满足自身生活需要的能力却较青壮年要差得多。为此,加强老年社会救助制度建设,保障农村贫困老年人最低生活水平,是完善农村养老保障制度的题中应有之义。

---

[1] 田北海:《香港与内地老年社会福利模式比较》,北京大学出版社2008年版,第89页。

当前，我国以老年人为专门救助对象的农村老年救助制度主要是农村五保供养制度。改革开放以来，我国农村五保供养制度改革经历了依托于乡镇统筹的五保供养时期（1978—2001）、由农业税列支的五保供养时期（2002—2005）和由国家财政拨付的五保供养时期（2006年以来）三个阶段[①]。随着社会经济的不断发展，中国农村五保供养制度不断完善，对五保对象基本做到了应保尽保，五保供养水平也在不断提高。截至2013年年底，全国有农村五保供养537.2万人，比上年下降1.5%。全年各级财政共支出农村五保供养资金172.3亿元，比上年增长18.9%。其中：农村五保集中供养183.5万人，集中供养年平均标准为4685元/人，比上年增长15.4%；农村五保分散供养353.8万人，分散供养年平均标准为3499元/人，比上年增长16.3%[②]。

除五保供养制度外，农村最低生活保障制度虽然不以老年人为专门救助对象，但也在农村老年社会救助事业中发挥着重要作用。就农村最低生活保障制度而言，自20世纪90年代开始，我国相继在四川、河北、甘肃等省市开展了农村最低生活保障制度试点工作。在总结试点经验的基础上，我国于2007年全面建立农村最低生活保障制度。近年来，我国农村最低生活保障对象覆盖面逐年扩大、保障水平逐年提高。截至2013年年底，全国有农村低保对象2931.1万户、5388.0万人，比上年同期增加43.5万人，增长了0.8%；全国农村低保人均标准2434元/年，比上年提高366元，增长17.7%；全国农村低保月人均补助水平116元，比上年增长11.7%[③]。

毋庸置疑，上述老年社会救助制度在保障农村贫困老年人最低生活水平方面发挥着重要作用。然而，在城乡贫富差距不断扩大、居民生活成本不断攀升的背景下，现行老年社会救助制度是否充分响应了农村贫困老年人的救助需要？如何进一步优化现行制度，帮助农村贫

[①] 吴晓林、万国威：《新中国成立以来五保供养的政策与实践：演进历程与现实效度》，《西北人口》2009年第5期。

[②] 数据来源：《民政部2013年社会服务发展统计公报》，民政部门户网站，2014-06-17。

[③] 同上。

困老年人缓解其生活困难、改善其生活境遇？上述问题构成了本章尝试回答的核心问题。

在本章，课题组基于对湖北省 H 市 335 位老人的问卷调查与个案访谈，从需求层面分析农村贫困老年人的救助需求，从制度供给层面分析了农村贫困老年人社会救助现状及其困境，从制度整合层面探讨农村老年社会救助制度的优化路径。

二　农村贫困老年人的社会救助需求

（一）数据来源与样本特征

本章数据来源于课题组 2012 年 7 月在湖北省汉川市和武汉市新洲区进行的"以农民需求为导向的农村老年人养老问题问卷调查"。调查对象为 60 岁以上的农村老人。调查共回收 399 份有效问卷。参照 2011 年我国农村贫困线标准，课题组筛选出 215 位个人年纯收入在 2300 元以下的老年人构成贫困老年人样本。

贫困老年人样本的基本特征如下：在性别分布方面，女性样本略多于男性，占 55.3%；在年龄分布方面，贫困老年人样本以 80 岁以下的中、低龄老年人为主，其中，60—69 岁样本占 44.2%，70—79 岁样本占 36.7%；在文化程度分布方面，绝大多数贫困老年人（96.3%）仅具有初中及以下学历，其中，55.8% 的样本未受过正式教育；在婚姻状况方面，65.6% 的样本有配偶且配偶健在，31.6% 的样本已丧偶；在身体健康状况方面，多数贫困老年人样本身体健康状况一般或较差，二者合计占 50.7%；在生活自理能力方面，绝大多数贫困老年人样本生活能够自理，其中，61.6% 的样本生活完全能够自理，33.6% 生活基本能够自理；在收入来源方面，多数样本有稳定收入来源，但也有近半（46.9%）没有稳定收入来源；在家庭结构方面，贫困老年人样本家庭规模均值为 5.7 口人，家庭代际数均值为 2.7 代，其中，96.2% 的样本有子女；在居住方式方面，大多数样本独居或与配偶居住，其中，35.1% 的样本与配偶单独居住，23.7% 的样本独自一人居住，另有 27.0% 的样本与配偶、子孙共同居住，11.4% 的样本仅与子女或孙子女居住。

表5—1　　　　　农村老年社会救助问卷调查样本特征

变　　量	类　　别	有效样本（人）	有效百分比（%）	累计百分比（%）
性别	男	96	44.7	44.7
	女	119	55.3	100.0
年龄	60—69周岁	95	44.2	44.2
	70—79周岁	79	36.7	80.9
	80周岁及其以上	41	19.1	100.0
文化程度	未受过正式教育	120	55.8	55.8
	小学	59	27.4	83.3
	初中	28	13.0	96.3
	高中及以上	8	3.7	100.0
婚姻状况	已婚	139	65.6	65.6
	丧偶	67	31.6	97.2
	离婚	1	0.5	97.6
	未婚	5	2.4	100.0
身体健康状况	很好	33	15.3	15.3
	比较好	65	30.2	45.6
	一般	47	21.9	67.4
	比较差	62	28.8	96.3
	非常差	8	3.7	100.0
生活自理能力	完全能自理	130	61.6	61.6
	基本能自理	71	33.6	95.3
	基本不能自理	8	3.8	99.1
	完全不能自理	2	0.9	100.0
有无稳定收入来源	有	112	53.1	53.1
	无	99	46.9	100.0
有无子女	没有	8	3.8	3.8
	有	202	96.2	100.0

续表

变量	类别	有效样本（人）	有效百分比（%）	累计百分比（%）
居住方式	独自居住	50	23.7	23.7
	与配偶单独居住	74	35.1	58.8
	仅与子女或孙子女居住	24	11.4	70.1
	与配偶、子孙共同居住	57	27.0	97.2
	养老院	6	2.8	100.0

注：部分变量的有效样本加总后不等于样本总量的原因是，部分样本存在缺失值。

（二）农村贫困老年人对救助项目的需求

当前，社会救助主要包括现金救助和实物救助两种形式。频次分析结果显示，总体而言，农村贫困老年人对现金救助的需求程度明显高于其对实物救助的需求。如表5—2所示，在所有有效样本中，95.8%的贫困老年人对"现金"救助有需求，其中，20.1%的样本很需要现金支持，43.0%的样本较需要现金支持。

具体而言，在对实物救助的需求方面，农村贫困老年人对医疗药品资助的需求程度明显高于其对其他实物救助的需求程度。如表5—2所示，53.5%的贫困老年人表示很需要或较需要医疗药品资助，相比而言，很需要或较需要其他实物资助的样本比例均未超过50%。进一步比较发现，在需求程度不高的其他实物救助项目中，农村贫困老年人对米、面、油等食品救助和衣被资助的需求程度又明显高于其对非实用型实物救助的需求。

表5—2　　　农村贫困老年人救助需求内容的频次分布

（括号内为有效百分比）

社会救助内容	很需要	较需要	不太需要	不需要
现金	43（20.1%）	92（43.0%）	70（32.7%）	9（4.2%）
米、面、油等食物	15（7.0%）	72（33.8%）	98（46.0%）	28（13.1%）
衣被	13（6.1%）	61（28.6%）	104（48.8%）	35（16.4%）

续表

社会救助内容	很需要	较需要	不太需要	不需要
电视机等家用电器	8（3.8%）	56（26.3%）	105（49.3%）	44（20.7%）
医疗器械	11（5.3%）	57（27.3%）	70（33.5%）	71（34.0%）
医疗药品	26（12.3%）	87（41.2%）	58（27.5%）	40（19.0%）
保健药品	15（7.0%）	60（28.2%）	80（37.6%）	58（27.2%）

注：部分变量的有效样本加总后不等于样本总量的原因是，部分样本存在缺失值。

综上所述，多数农村贫困老年人对现金、医疗药品、食品等实用性强的救助项目需求程度更高。可能的解释是，现金是最直观的救助方式，有了现金，农村贫困老年人可以自由地购买维持其最低生活水平所急需的生活或医疗用品，因而其最受贫困老年人欢迎；老年人普遍处于身体机能的衰退期，随时可能遭受疾病的困扰，因而其对医疗药品的需求程度较高；"民以食为天"，食物是维持贫困老年人生活的最基本需要，因而老年人对其的需求程度也较高。可见，农村贫困老年人对社会救助的需求普遍处于一种相对朴素的状态。

（三）农村贫困老年人对救助主体的需求

在救助主体需求方面，调查结果显示（见表5—3），绝大多数农村贫困老年人最希望从配偶或子女处获得金钱或物质支持。其中，40.8%的样本最希望从配偶处获得金钱或物质支持，38.9%的样本最希望从子女处获得金钱或物质支持。仅有约两成的样本有社会救助需求意识，其中，19.0%的样本最希望从政府处获得金钱或物质支持。

表5—3　　　　农村贫困老年人理想的救助主体频次分布

救助主体类别	有效样本（人）	有效百分（%）	累计百分（%）
配偶	86	40.8	40.8
子女	82	38.9	79.6
村集体	2	0.9	80.6
政府	40	19.0	99.5
其他	1	0.5	100.0

相关分析结果显示,农村贫困老年人对理想救助主体的需求与其对养老责任主体的看法在99%的置信水平上显著相关(斯皮尔曼相关系数为0.479,P=0.00<0.01)。如表5—4所示,绝大多数样本(80.7%)认为"自己或配偶"和"子女"应当承担最主要的养老责任,仅有近两成的样本认为政府或社会应当承担最主要的养老责任;相应地,绝大多数样本最希望从配偶、子女处获得金钱与物质支持,仅有两成样本最希望从政府处获得金钱与物质支持。

表5—4　　农村贫困老年人对养老责任主体的看法与理想的救助主体交叉列联分布

			最希望从哪里得到金钱或物质支持			
			配偶	子女	政府	合计
谁应该承担最主要的养老责任	自己或配偶	频次	44	12	4	60
		组内百分比	73.3%	20.0%	6.7%	100.0%
	子女	频次	23	62	10	95
		组内百分比	24.2%	65.3%	10.5%	100.0%
	政府	频次	9	3	23	35
		组内百分比	25.7%	8.6%	65.7%	100.0%
	社会	频次	1	0	1	2
		组内百分比	50.0%	.0%	50.0%	100.0%
	合计	频次	77	77	38	192
		组内百分比	40.1%	40.1%	19.8%	100.0%

上述统计结果表明,受传统的家庭养老观念及"自强、自立、自尊"的传统救助观的影响[①],与多数农村老年人一样,配偶或子女资助仍然是绝大多数农村贫困老年人首选的养老保障来源。只有在家庭养老资源不足时,农村贫困老年人才会寻找社会救助。因此,农村贫

[①] 田北海:《香港与内地老年社会福利模式比较》,北京大学出版社2008年版,第197页。

困老年人的社会救助需求往往体现为一种刚性需求。这种需求一旦产生且无法得到政府或社会的响应，贫困老年人就很有可能沦入生活无着的悲惨境地。

三　农村贫困老年人的社会救助现状

（一）农村贫困老年人救助资源的获取情况

频次分析结果显示（见表5—5），有87.8%的样本曾获得过现金资助，67.3%的样本曾获得过米、面、油等食物资助，64.2%的样本曾获得过衣被资助，59.3%的样本曾获得医疗药品资助，53.8%的样本曾获得过电视机等家用电器资助，获得医疗器械资助和保健药品资助的样本则均未过半数。可见，与多数农村贫困老年人的需求相对应，现金、食物、衣被和医疗药品是目前农村贫困老年人所能获得的主要救助资源。

表5—5　　农村贫困老年人救助资源获取情况的频次分布

（括号内为有效百分比）

社会救助内容	总是	经常	偶尔	很少	从未
现金	6（2.8%）	52（24.4%）	83（39.0%）	46（21.6%）	26（12.2%）
米、面、油等食物	11（5.2%）	23（10.9%）	35（16.6%）	73（34.6%）	69（32.7%）
衣被	10（4.7%）	23（10.8%）	28（13.2%）	75（35.4%）	76（35.8%）
电视机等家用电器	6（2.8%）	15（7.1%）	20（9.4%）	73（34.4%）	98（46.2%）
医疗器械	1（0.5%）	8（3.8%）	12（5.7%）	56（26.8%）	132（63.2%）
医疗药品	1（0.5%）	21（10.0%）	48（22.7%）	55（26.1%）	86（40.7%）
保健药品	2（0.9%）	14（6.6%）	22（10.4%）	64（30.2%）	110（51.9%）

注：部分变量的有效样本加总后不等于样本总量的原因是，部分样本存在缺失值。

供需对比结果显示，对于现金资助，95.8%的样本有需要，但只有87.8%的样本得到过相应的资助，其需求响应率为91.6%；对于食物资助，86.9%的样本有需要，但只有67.3%的样本得到过相应的资助，其需求响应率为77.4%；对于衣被资助，83.6%的样本有需要，但只有64.2%的样本得到过相应的资助，其需求响应率为76.8%；对于医疗药品资助，81.0%的样本有需要，但只有59.3%的样本得到过相应的资助，其需求响应率为73.2%；对于家用电器资助，79.3%的样本有需求，但只有53.8%的样本得到过相应的资助，其需求响应率为67.8%；对于保健药品资助，72.8%的样本有需要，但只有48.1%的样本得到过相应的资助，其需求响应率为66.1%；对于医疗器械，66.0%的样本有需要，但只有36.8%的样本得到过相应的资助，其需求响应率为55.8%。上述统计数据表明，没有任何一项农村贫困老年人的救助需求得到充分响应，其中，农村贫困老年人对医疗器械、家用电器和医疗药品的资助需求响应率明显偏低。可见，农村贫困老年人救助现状与其需求还存在一定差距。

（二）农村贫困老年人的救助来源

在救助来源方面，如表5—6所示47.5%的样本主要从配偶处获得金钱与物质支持，41.1%的样本主要从子女处获得金钱与物质支持，仅有约一成（10.4%）的样本主要从政府处获得过金钱与物质支持。可见，配偶与子女仍然是农村贫困老年人最主要的救助来源。

表5—6　　　　　　农村贫困老年人的救助来源分布

救助主体类别	有效样本（人）	有效百分比（%）	累计百分比（%）
配偶	96	47.5	47.5
子女	83	41.1	88.6
村集体	2	1.0	89.6
政府	21	10.4	100.0

供需对比结果显示，有19.0%的样本最希望从政府处获得救助，但只有10.4%的样本主要从政府处获得了相应的资助，其需求响应率仅为54.7%。可见，尽管对政府救助有需求的样本比例并不高，但即便是对为数不多的急需社会救助者，政府也未能充分响应其救助需求。可见，老年人社会救助供给现状与其需求同样存在一定差距。

四　农村老年社会救助的制度困境[①]

如前所述，我国已经建立了以农村五保供养制度和农村最低生活保障制度为主的农村老年社会救助体系，上述两项制度基本实现了应保尽保，且保障水平正在逐年提高，在保障包括贫困老年人在内的农村贫困人口的基本生存权、促进社会和谐方面发挥着重要作用。然而，前文的供需对比结果显示，在农村，仍然有相当一部分贫困老年人未被纳入社会救助范围之内，其社会救助需求仍未得到充分响应。是什么原因导致农村老年社会救助制度出现供需失衡呢？本节尝试以课题组于2011年7月对湖北省Z市和H市两个县级市的实地调查为例，并结合全国其他地区农村社会救助制度的运行现状，对农村老年社会救助的制度困境进行探讨。

（一）农村老年社会救助制度的理念困境

农村低保制度与农村五保供养制度是现代社会救助制度的重要组成部分。随着城乡制度性保障体系的建立，我国的社会救助理念正在经历从施恩论向权利论、从道义性救助到义务性救助的转变。[②] 然而，在社会救助理念的现代化转型过程中，传统救助观念仍然长期存在并发挥作用，从而导致了农村老年社会救助的一些认识误区。具体表现为：

1. 就救助主体而言，施恩观念尚存，责任意识有待提升。

在传统救助阶段，救助行为往往被视为对穷人的施舍和恩赐，施助者往往处于居高临下的姿态，被助者则往往处于感恩、被裹挟的状态。[③] 现代社会救助制度建立以来，一方面，"国家和社会有责任保障每一位公民的基本生存权"已成为共识；另一方面，施恩观仍然根深

[①] 本节部分内容曾作为阶段性成果发表在《学习与实践》2012年第3期，原文为《我国农村最低生活保障的制度困境与优化路径》，在最终成果中略有改动。

[②] 徐道稳：《论我国社会救助制度的价值转变和价值建设》，《社会科学辑刊》2001年第4期。

[③] 此观点在阶段性成果《农村低保的伦理失范及其矫治探讨》一文中有专门论述，原文发表于《求实》2010年第8期。

蒂固，并在新时期有了新的内涵：在一些基层干部看来，低保或五保指标是一种稀缺资源，给困难户低保或五保待遇既体现了党和政府对农民的关心，也体现了干部个人对农民的关照。作为低保或五保供养制度的具体实施者，一些干部将低保指标当作提高个人威信、强化基层控制的治理性手段[①]；一些干部则将低保、五保待遇当作个人施予低保、五保对象的人情，甚至期望后者在物质或情感方面给予相应的回报，却忽视了自己作为社会救助制度执行者的应尽责任。

2. 就救助对象而言，公民权利意识薄弱，诚信观念淡薄。

随着公民权理念的传播和现代社会保障体系的建立，农民的权利意识正在觉醒。然而，一方面，受传统感恩文化的影响，一些农村贫困老年人仍将低保待遇视为领导干部的恩赐。为了保住低保或五保户资格，他们不仅在口头上对党和政府感恩戴德，而且在行动上依附于基层干部。用民政干部话说就是："一般你给他办了低保，他都很高兴，很感谢国家和政府。村里有什么事都蛮积极，叫他搞（做）什么事，只要能搞（做），都有得（没有）怨言。"[②] 一些低保户从来不过问具体的低保标准，更不敢提出任何疑问或意见，一般是"发好多（多少）就拿好多（多少）"[③]。一些救助对象甚至"夹着尾巴"在村里做人，他们说话嗓门不敢太大，衣食住行都得小心低调、看人眼色。用低保户的话说就是："我偶尔吃点好的，改善一下伙食，村里人就说我日子比他们过得好，凭什么给我发低保。所以，吃荤菜时只好偷偷摸摸的，感觉像做贼一样。"[④] 另一方面，也有一些农民将低保指标当成"不拿白不拿"的公共资源，他们往往通过虚报家庭收入、托关系走后门等办法骗取低保或五保供养待遇。"有些人显然达不到

[①] 刘燕舞：《作为乡村治理手段的低保》，《华中科技大学学报》（社会科学版）2008 年第 1 期。

[②] 资料来源：课题组 2011 年 7 月 11 日对 H 市 Y 镇民政干部 MZ2 的访谈记录。

[③] 资料来源：课题组 2011 年 7 月 14 日对 H 市 Y 镇 X 村低保户 FL7 的访谈记录。

[④] 资料来源：课题组 2011 年 7 月 6 日对 Z 市 L 镇 D 村低保户 MD1 的访谈记录。

低保标准,但他们会装,又会拍村干部的马屁,会走后门。别看他们领低保,其实比我们日子好过得多。"①

3. 就公众而言,对致贫原因认识不清,歧视、排斥现象明显。

关于贫困的原因,学术界主要有个体主义贫困观和结构主义贫困观两种解释。个体主义贫困观认为,任何人都有同样的通过努力工作获得发展的机会,一个人陷入贫困,往往是由遗传基因欠佳、道德品质低下、生活方式不良、工作不甚努力或家庭环境恶劣等个人因素导致。结构主义贫困观则认为,贫困主要是由社会因素导致的,如制度的不完善、贫困文化的影响、社会分配的不公、劳动力市场的分割等,因此,政府和社会应该致力于改善导致贫困的社会制度与环境,为穷人提供必要的帮助。受几千年来"自强"、"自立"、"万事不求人"等传统文化的影响,在非低保群体中,个体主义贫困观仍然占据主流。在非低保群体看来,低保对象多是因自身生理或心理缺陷而导致贫穷。面对身边的低保对象,普通民众虽然也不乏同情和帮助,但仍然难免歧视、偏见和排斥心理与行为,由此给低保、五保供养对象带来了极大的心理压力。正如一些低保户所说:"我们绝对不是依赖这个低保,也不是懒、不搞事(劳动、干活),确实是没有办法了,只有指望国家照顾,希望社会不要老是嘲笑我们。"②

(二) 农村老年社会救助制度的文本缺陷

1. 农村老年社会救助制度缺乏公平公正的规范体系。

当前,我国有关农村低保、五保的一切事项均是由各级政府及其民政部门以通知、意见等形式来加以明确的,尚缺乏专门的法律规范。以农村最低生活保障制度为例,目前,全国性的规范文件是2007年国务院发出的《关于在全国农村建立最低生活保障制度的通知》;地方性规范文件则多以《×××农村最低生活保障制度实施办法》等

---

① 资料来源:课题组2011年7月5—6日对Z市D镇D村村民MZ1、FL1和L镇D村村民MD2、MD3的访谈记录。

② 资料来源:课题组2011年7月11—15日对H市Y镇C村村民MC1、FC1、FC3和X村村民MX2、MX5的访谈记录。

形式呈现。调查发现,和全国绝大多数地方一样,江汉平原Z市和H市的《实施办法》均只对农村低保制度的原则、目标、保障范围、保障标准、资格申请及审批程序、待遇发放、资金管理以及管理机制等进行了原则性说明,在具体的工作程序、界定标准方面仍然缺乏具有较强操作性的明确规定。

2. 农村老年社会救助制度缺乏科学的执行程序。

一是救助资金筹集方面,筹资责任分担失衡,地方财政负担过重。以农村最低生活保障制度为例,根据国务院《通知》规定:农村低保资金筹集以地方为主,地方各级人民政府要将其列入财政预算,省级人民政府要加大投入;同时,鼓励和引导社会力量为农村低保提供捐赠和资助,中央财政对财政困难地区给予适当补助。可见,当前农村低保筹资责任主要在地方政府。然而,由于我国大多数农村集体经济衰弱,欠发达地区(乡)镇、县、市等地方财政"吃紧",解决城市低保资金筹集问题已是"勉为其难",农村低保资金的筹集更是"难上加难"。

二是救助标准制定方面,科学性有待提升。如现行农村最低生活保障制度规定:"农村最低生活保障标准由县级以上地方人民政府按照能够维持当地农村居民全年基本生活所必需的吃饭、穿衣、用水、用电等费用确定",并"随着当地生活必需品价格变化和人民生活水平提高适时进行调整",要"对低保对象实行分类、差额补助"。上述规定有一定合理性,但未考虑家庭需求的规模效应因素[①]。同等条件下,N个人的家庭所领取的救助金额简单地等同于单人户家庭所领金额的N倍,这样的标准设计既可能增加财政负担又容易造成"福利依赖",其科学性有待提升。

三是救助对象甄选:部分特殊群体是否纳入保障范围存在争议。如国务院《通知》规定:农村低保对象是"家庭年人均纯收入低于当地最低生活保障标准的农村居民",主要指"因病残、年老体弱、丧失劳动能力以及生存条件恶劣等原因造成生活常年困难的农村居民"。然而,对于五保户、流动人员、超生户、有越轨经历人员等特殊人群

---

① 邓大松、王增文:《我国农村低保制度存在的问题及其探讨》,《山东经济》2008年第1期。

是否应该纳入低保,相关制度并未做出明确规定,往往由低保经办人员根据自己的价值判断"自由裁量",从而导致农村低保对象甄选呈现出一定的随意性。

四是家庭收入核算:收入项目不明确,核算方法有待改进。家庭收入包括现金收入和实物收入两个方面。在现金收入方面,现行核算方法可操作性不强。如《H 市农村居民最低生活保障实施办法》规定,"务工、经商收入,按其提供的收入证明计算;不能提供的,按务工、经商所在地最低工资标准计算"。对于无法提供相关凭据或证明的收入,统一以当地最低工资标准计算未免有失偏颇。在实物收入方面,相关文件亦未明确量化标准。如何对其进行科学核定?农村低保经办人员尚未得到明确的规范指引。

五是工作条件落实:软硬件配备尚未落实到位。如国务院《通知》要求各地要"科学整合县乡管理机构及人力资源,合理安排工作人员和工作经费,切实加强工作力量,提供必要的工作条件,逐步实现低保信息化管理",但没有将合理安排工作人员、工作经费以及工作条件的责任具体落实到特定责任主体,也未就如何整合机构和人力资源、如何筹集工作经费、如何实现信息化管理提出明确的指导性规范,从而导致软硬件的落实问题具有不确定性。以 H 市 Y 镇为例,该镇仅配有 2 位民政专干,其中一位有公务员编制,另一位为"以钱养事"的聘用人员,2 位工作人员要为 Y 镇 30 个行政村的农村居民提供农村低保、新型农村社会养老保险、五保等一系列民政公益服务,工作负担相对较重。

3. 农村老年社会救助制度缺乏保证制度公平操作的监督机制。

一是对救助对象而言,现行制度缺乏预防道德风险的有效监督机制。在有效监督机制缺乏的情况下,行为主体的失信成本几乎为零,他们就容易突破道德规范去谋取低保利益、规避低保责任。如在主张权利时,一些农民通过虚报家庭收入、分家、假离婚、多处申报等办法来获取低保资格;在履行义务时,尽管制度规定低保对象"无正当理由不得拒绝参加社区、村委安排的公益劳动",但由于何为"正当理由"无法界定,一些低保户往往找出各种理由来规避义务。

二是对救助经办人员而言,现行制度缺乏有效的工作程序监控机制。农村低保、五保作为一种稀缺资源，既容易引发救助对象的逆向选择行为，也容易滋生低保经办人员的"寻租"行为。比如，从各种规范性文件中所涉及的"动态管理"内容来看，当决定减发、停发某救助对象的救助金时，民政部门只需及时向社会公布有关信息即可，利益相关人未被授予申诉、辩解的机会和权力[①]。这种制度设计削弱了救助对象及公众的监督权利，无法实现对相关部门及其工作人员工作程序的有效监督。

三是农村老年社会救助制度缺乏保证制度正义自动实现的自控机制。任何制度的有效运行均离不开保障制度公平正义自动实现的自控机制，即将制度的严格执行与执行者的切身利益结合起来，使执行者产生严格执行制度的内在动力[②]。当前，中央及地方农村社会救助制度均从原则上对农村社会救助事业管理做出了规定，对保障制度公平与正义起到了一定的规范作用。然而，由于上述规定过于抽象，它们既无法从根本上对低保制度运行中的越轨行为起到警示和预防作用，也无法对制度执行者的积极工作提供足够的正向激励。因此，当制度执行者发现："如果严格按上级文件标准来实施低保程序，其制度执行成本可能更高，既需要消耗大量的人力、物力和时间，也可能因为秉公行事而破坏乡亲感情；反之，如果在政策执行过程中懂得规范变通、灵活处理，不但不会降低自己的威望，反而能获得低保户的尊重，甚至获得额外的回报"，一些低保经办人员难免会选择以规范的"灵活性"动摇甚至破坏其"原则性"，从而影响制度公平与正义的实现。

（三）农村老年社会救助制度的运行困境

鉴于农村老年社会救助目前还只是一项政策性权利，未成为法定权利。在相关政策尚未完善的前提下，各地的农村老年社会救助制度运行面临着"五大难"：

---

① 赵颖：《我国农村最低生活保障行政程序的实证分析》，《国家行政学院学报》2009年第6期。

② 陈朝宗：《论制度设计的科学性与完美性——兼谈我国制度设计的缺陷》，《中国行政管理》2007年第4期。

1. 救助资金筹集难

以农村最低生活保障制度为例,从筹资方式来看,各地在实际操作中已经形成了省、市、县财政共同负担,市、县以下财政共同负担,市、县、镇财政共同负担等三种主要模式。但由于各地贫困人口基数不一致且经济发展不均衡,筹资状况也各不相同。总体而言,东部地区筹资能力强于中西部地区。农村低保筹资难的原因是多方面的。就客观方面而言,我国区域经济发展水平极不均衡,地方政府财政实力相差悬殊,东部地区经济发展水平明显高于中西部地区,因此,其筹资状况比较乐观,而中西部地区则常常捉襟见肘。就主观方面而言,少数地方决策者"重政绩而轻民生"、"重经济增长而轻社会保障",常常以财政支付能力有限为由压低低保标准,甚至挪用低保资金[1]。

2. 救助对象甄选难

救助对象甄选难主要表现为"对象瞄准现象"与"道德风险"共存。就基层经办人员而言,由于他们拥有信息垄断权、政策解释权和一定程度的"自由裁量权",低保、五保资格往往成为其实现基层治理甚至是权力寻租的工具。一些经办人员根据其自身价值取向,将一些有过越轨(犯罪或违法)经历的群体乃至其家属标签化,将其排斥在制度保障范围之外[2];一些经办人员用低保资格充当其工作的"润滑剂",诱使村民服从行政命令或工作指示;极少数基层经办人员甚至徇私舞弊,拿低保资格送人情。据报道[3],仅在2010年,湖北省恩施自治州就清退关系保、人情保4009人。就低保申请者而言,一些村民为获取经济利益,不惜弄虚作假,如将年老父母与子女分开,由其单独申请低保,把本应由子女承担的责任推给政府[4];极少数农

---

[1] 财政部财政科学研究所:《建立农村最低生活保障制度的综述》,《经济研究参考》2005年第55期。

[2] 肖云、李亮:《农村最低生活保障制度筹资研究》,《合作经济与科技》2009年第4期。

[3] 周光兵:《恩施去年清退4009个关系保人情保》,http://ctdsb.cnhubei.com/html/ctdsb/20110302/ctdsb1312308.html。

[4] 崔义中、赵可嘉:《完善我国农村最低生活保障制度的若干思考》,《中州学刊》2010年第2期。

民甚至以"上访"相威胁,逼迫当地干部为其办理低保手续,如在湖北省某镇,曾有某专业上访户扬言:"只要你给我低保,我保证不上访。"[1]

3. 家庭收入核算难

由于制度规定的家庭收入核算方法可操作性不强,农村基层低保经办人员在实践中发明了"上门看房子、进屋看被子(谷子)、吃饭看盘子、穿着看身子(家庭用品)、银行看折子"[2]等土方法。正如H市Y镇民政专员MZ1所说:"村里谁家穷,谁家富,大家心里都很清楚。不需要严格核算,即使严格核算也不一定是准确的。"上述土方法固然可行,但难免有失科学性和精确性。随着农村产业结构的调整,农民的收入来源日趋多样化,家庭收入核算的难度将进一步加大。

4. 救助标准确定难

救助标准确定难主要体现在"以钱定标"现象突出,地区差异明显。一方面,农村低保、五保标准尚未完全与地方经济发展水平、物价指数和农村居民收入等因素挂钩,许多地方政府往往以当地绝对贫困线为基础,根据其财政支付能力来确定保障标准,"以钱定标"现象比较突出。另一方面,我国各地农村低保、五保供养标准差异悬殊,这种差异不仅体现在不同省市之间,而且体现在同一省市的不同地区之间。如经济较发达的北京市与经济欠发达的甘肃省的农村低保标准分别为家庭年人均 3600 元[3]和 1096 元[4],二者相差近 4 倍;同样是在广州市农村,番禺区与从化市的保障水平也

---

[1] 田先红:《当前农村谋利型上访凸显的原因及对策分析——基于湖北省江华市桥镇的调查研究》,《华中科技大学学报》(社会科学版) 2010 年第 6 期。

[2] 财政部财政科学研究所"农村低保制度研究"课题组:《农村低保制度研究》,《经济研究参考》2007 年第 15 期。

[3] 北京市民政局:《2011 年将大幅调整城乡居民最低生活保障标》,http://shbz.beijing.cn/syxz/n214105708.shtml。

[4] 甘肃省人民政府办公厅:《甘肃省人民政府办公厅关于印发 2011 年提高城乡低保标准和补助水平实施方案的通知》(甘政办发〔2011〕69 号),http://www.gansu.gov.cn/ZfgbZxwjQw.asp?ID=1654。

大不相同，二者分别为 420 元与 300 元①。低保标准与地方经济发展水平相适应是可取的，但不同地区低保标准悬殊过大亦有可能导致新的不公平。

5. 动态管理难

国务院《通知》中提到的动态管理是指保障对象"有进有出"，保障标准随时调整，但在农村的工作实践中，上述要求并未完全落实。首先，由于缺乏人手、退出机制不完善、监督不力等原因，部分地区出现了终身享受低保，甚至低保对象去世了其家人仍然可以享受低保的现象②。其次，尽管大部分省市在实际操作过程中基本做到了随物价、农民人均收入水平及农村社会经济发展水平变化调整农村低保、五保供养标准，但鲜有地方政府以专门文件对农村低保标准调整机制及其与相关因素的联动机制做出明确规定。目前，仅有广州市等城市规定"当低收入居民食品消费价格指数上涨到4%并持续6个月时，将启动调整机制，提高低保标准"③。

五　农村老年社会救助的制度整合④

（一）理念创新

1. 转变"施恩"观念，强化责任意识。按照我国现行宪法第四十五条规定："中华人民共和国公民在年老、疾病或者丧失劳动能力的情况下，有从国家和社会获得物质帮助的权利。国家发展为公民享

---

① 广州市民政局：《关于提高城乡低保标准和低收入困难家庭认定标准的通知》（〔2011〕52 号）。http：//www.gzmz.gov.cn/zwgl/flwj/gfxwj/201103/9447.html.

② 凤凰网：村民反映村支书家 5 人领 6 份低保，对方称不知情。（2011 - 04 - 18）http：// finance. ifeng. com/city/cskx/20101102/2811920. shtml.

③ 广州市民政局：《关于印发〈广州市调整最低生活保障标准试行办法〉的通知》（穗民〔2010〕399 号）。http：// sfzb. gzlo. gov. cn/sfzb/htm；/doc/79065 EE　087464349AF42476170A7F419. htm.

④ 本节部分内容曾作为阶段性成果发表在《学习与实践》2012 年第 3 期，原文为《我国农村最低生活保障的制度困境与优化路径》，在本书中略有改动。

受这些权利所需要的社会保险、社会救济和医疗卫生事业。"这一规定充分体现了公民的社会保障权、保障农村居民的基本生存权是国家和社会义不容辞的责任。因此，应加强对民政工作人员的宣传，引导其强化责任意识和服务意识，用优质的服务为每一位需要救助的贫困人员撑起保护伞。

2. 树立权利意识，强化诚信观念。首先，要加强农村老年社会救助政策宣传，强化救助对象的权利意识，要让农村老年贫困人口意识到从政府或社会获得基本生活保障是自己的法定权利，要让救助对象清楚地知晓当地农村低保、五保户的申报条件、保障标准，而不是"政府给了就要，不给就不要"或者"给多少就拿多少"。其次，要引导救助对象形成自尊、自立、自强的心态，一方面不必因为申请低保而觉得"低人一等"；另一方面也应积极寻找脱贫之路，而不是过分依赖社会救助。最后，引导并督促救助对象如实申报家庭收入及其变动情况，强化救助对象的诚信意识，在最大限度内杜绝"骗保"行为的发生。

3. 树立公平意识，正视贫穷，尊重弱势群体。如前所述，造成贫困的原因是复杂多变的，既有可能来自于个体，更有可能来自于社会。当前，我们正处于高风险社会。自然灾害、疾病、意外事故、产业转型、经济结构调整、市场机制失灵等因素均有可能使一个原本小康富足的家庭陷入贫困。在个体或家庭陷入贫困时，由国家和社会给予及时的帮扶和救助，既是人道主义的需要，也是共享社会发展成果和促进社会和谐的需要。因此，相关部门应加强风险意识教育，引导公众客观看待贫困问题，消除对低保对象的歧视和偏见，更好地尊重、理解、同情、接纳并帮助贫困弱势群体。

（二）制度创新

1. 完善法律法规，建立健全农村社会救助法律体系。法律规范的缺位导致农村老年社会救助实践无法可依，社会救助制度呈现出"碎片化"、"地方化"和"差异化"特征，这显然不利于农村低保事业的可持续发展。因此，有必要制定专门的"社会救助法"及配套法规，对包括农村最低生活保障在内的城乡最低生活保障、五保供养制度、优抚等社会救助事业的主体、对象、原因、内容及其管理办法做出明确的规定，从而使相关事业有法可依，有章可循。

2. 明确各级主体的筹资责任，构建多元化筹资渠道。一方面，应优化筹资结构，改变过去重城市、轻农村的政策倾向，加大中央财政对农村低保资金的转移支付，适当减少地方（尤其是经济欠发达地区）财政的负担；另一方面，要在强化政府责任的同时，努力构建多元化筹资渠道，如把部分个人所得税纳入低保基金①、把部分福利彩票收入纳入农村低保基金②以及充分利用民间资本，开展社会捐赠③等。

3. 创新方法，科学审查社会救助申请资格。建议改变完全按照"收入"单一指标确立低保标准的做法，通过"政府摸底"与"群众评议"相结合的办法对低保申请者的收入水平及消费水平进行评估。具体操作办法可以按如下两个步骤进行④：一是通过民政部门牵头，财政、统计、残疾人联合会等部门以及乡镇民政所、乡镇干部、村干部，对各村的低收入户进行摸底调查，在全面了解贫困家庭的成员结构、收入水平、致贫原因等情况的基础上，初步确定保障对象；二是充分发挥群众评议作用，让村民根据自己对贫困的理解，从熟知的邻里乡亲中，依序找出那些最困难的家庭，真正做到"给你报上了，别人说不上意见"。

4. 制定统一的社会救助标准指导规范。为防止各级地方政府在制定社会救助标准的过程中出现"规范扭曲"问题，必须制定科学、统一的规范来指导农村低保、五保标准的制定。同时，由于我国东、

---

① 吴云勇：《农村最低生活保障问题研究综述》，《党政干部学刊》2007年第12期。

② 刘玉森、于彤、范黎光等：《贫困县农村"低保"金筹措渠道研究——新疆、甘肃农村贫困人口最低生活保障问题调查》，《河北农业大学学报》（农林教育版）2006年第2期。

③ 童星、王增文：《完善农村低保制度的政策建议》，《农村工作通讯》2010年第19期。

④ 贺大姣：《农村低保制度的操作程序及组织机构探析》，《求实》2008年第2期。

中、西部农村经济发展水平不一,农村居民实际生活水平也存在着一定的差异,不能为了表面的公平而强制性地搞"一刀切",应该充分考虑各地政府财政实力以及物价指数、人均收入、社会经济发展水平的不同,可以允许有高低不同的保障水平。

5. 加强配套制度建设,做好社会救助制度与其他各项制度的衔接工作。作为农村社会保障体系的一个重要组成部分,社会救助工作的顺利开展需要各项配套政策、制度的协调。从宏观角度而言,农村老年社会救助需要农村经济社会政策的配套支持,大力发展农村经济是根本的出路所在。只有经济发展了,农民收入增加了,才能变"输血"为"造血",进而从根本上减少农民对社会救助制度的依赖。从社会保障体系内部环境而言,农村社会救助制度不能孤立地存在,高涨的物价、高额的教育与医疗支出往往让贫困家庭陷入恶性循环。这就需要不断完善教育、医疗、养老等多方面的保障措施,使之与农村社会救助制度实现有效衔接。尤其要保障低龄贫困老年人、低保"边缘户"能够得到及时有效的救助,做到"反贫困"与"扶贫"相结合。

(三) 管理创新

1. 建立健全农村社会救助工作的软硬件设备。包括:增设农村社会救助工作专门科室;建立信息化操作平台,变革现行人工、纸质记录的工作方式;建立城乡社会救助管理无缝连接管理系统,实现对城乡社会救助人员的动态管理;加强对低保经办人员的培训,提升其业务素质及办事效率;提升低保经办人员,尤其是"以钱养事"聘用人员的待遇水平,强化其正向激励。

2. 加强对农村社会救助制度运行程序的监督管理。首先,要加强对农村低保、五保供养制度操作程序的管理,增强农村低保、五保申报、评议、审核、发放工作的透明性,切实做到公开、公平、公正。其次,要加强对农村社会救助资金的动态管理,坚决杜绝将家庭人均救助资金挪作他用及冒领、贪污社会救助金等违规违法行为的发生。最后,要充分发挥社会场的作用,调动乡镇、村级组织和村民的积极性,鼓励其积极监督农村社会救助工作的运行。

3. 完善农村社会救助制度配套管理机制。一方面，要将动态管理真正落实到位，加强对低保、五保供养对象的定期回访、监督制度[①]，检查社会救助资金是否足额按时发放，低保、五保对象的生活状况有无改善，最大限度地保证社会救助资金用在"最需要救助的人"身上；另一方面，应逐步建立并完善社会救助工作人员激励机制，将社会救助经办人员的待遇与群众评价结果、工作量及办事效率挂钩，减少寻租行为、腐败行为的发生，保证制度公平正义的自动实现。

[①] 张云筝：《确定农村最低生活保障对象中的问题》，《当代经济管理》2009年第1期。

第六章 供需均衡视角下的农村社会养老服务体系

一 问题的提出与数据来源

(一) 问题的提出[①]

自国务院办公厅于2000年在《转发民政部等部门关于加快实现社会福利社会化意见的通知》以来,社会养老服务体系建设问题近年来受到党和政府的高度重视。继中共"十七大"提出"老有所养"的战略目标以来,党的十七届五中全会提出了"优先发展社会养老服务"的要求,国家"十二五"规划纲要提出要建立"以居家为基础、社区为依托、机构为支撑的养老服务体系",从而将发展养老服务问题提升到国民经济社会发展的高度。

近年来,学者们就社会养老服务体系建设的国内外经验(例如章晓懿,2012;陈伟、黄洪,2012;Midgley et al.,2000;Kodner,2006)、社会养老服务体系建设现状与困境(例如 Anderson et al.,2000;Wong and Tang,2006;Bužgová and Ivanová,2011;Scheil-Adlung and Bonan,2013;王金元,2010)展开了大量研究,并对构建适合中国国情的社会养老服务体系提出了相应的对策建议(例如张晓霞,2011;曲绍旭,2012;丁建定,2013)。

上述研究为养老服务体系建设提供了有益借鉴,但仍至少存在以

[①] 本节曾作为阶段性成果发表在《中国农村观察》2014年第4期,原文标题为《城乡老年人社会养老服务需求特征及其影响因素——基于对家庭养老替代机制的分析》。

下两方面不足:一是研究内容以社会养老服务体系建设的问题描述和对策探讨为主,较少涉及社会养老服务体系建设模式的选择依据;二是研究视角侧重从服务供给层面出发,探讨应为老年人提供什么样的社会养老服务,而对服务的主要受益者——老年人的养老服务需求缺乏必要的关注。

与上述研究取向不同,一些学者侧重从需求层面探讨老年人的社会养老服务需求。在国外相关研究中,Hitaité and Spirgiené(2007)分析了立陶宛考纳斯地区不同年龄和居所状况的老年人的社会养老服务需求差异。该研究发现,老年人年龄越大,其对社会养老服务的需求越强烈;相对城市老年人而言,农村老年人对社会养老服务的需求更强烈。Valkila et al.(2010)通过研究芬兰老年人的社会养老服务需求与消费习惯指出,老年人对重家务活、户外活动、协助处理个人事务及休闲服务的服务需求比较强烈;老年人作出接受社会养老服务的抉择非常困难,迈出这一步可能需要很长时间。Chen and Ye(2013)研究了子女支持在老年人做出入住养老院决策时所扮演的角色,其研究发现,老年人对子女支持的满意度与其入住养老院的意愿成反比,老年人对子女支持的满意度水平越高,其入住养老院的意愿越低。

在国内相关研究方面,李伟(2012)基于对河南省的调查指出,在农村社会养老服务需求层次中,经济保障是农村老年人最为迫切的需求,其次是生活照料需求,医疗卫生服务需求位居第三,最后是精神服务需求。郭竞成(2012)基于对浙江省的调查,证明了居家养老项目需求弹性的客观存在,并将居家养老服务项目划分为可舍弃类、强弹性类、弱弹性类、无弹性类4类,认为对各类项目可确定轻重缓急不同的工作策略。胡宏伟等(2011)基于对浙江等地的调查指出,居住地对居家养老和家庭养老的影响较为显著,城市老年人更倾向于选择居家养老,农村老年人倾向于选择家庭养老,而城乡老年人之间对机构养老的需求不存在显著差异。吕学静、丁一(2013)分析了北京市老年人的网络养老服务需求意愿及其影响因素,其研究发现,整体而言,老年人对通过网络获取养老服务的热情很高;具体而言,老年人对通过网络获取医疗服务的需求最大;是否使用过互联网、是否通过互联网使用过养老服务是决定老年人网络养老服务需求的关键因素。Chen and Chen

(2012)研究了身体健康状况、家庭资源及社会参与对台湾老年人养老意愿的影响,指出经济社会地位较高的老年人更倾向于独居或与子女居住在一起;家庭资源越丰富,老年人越倾向与子女居住在一起;而能获得适当社会支持或拥有联系网络的老年人更倾向于独居。

上述从需求层面出发的研究亦存在以下两大不足:一是相关研究对老年人社会养老服务需求总体状况及结构特征的关注较少;二是相关研究多是对养老服务需求的经验分析,较少从理论上对社会养老服务需求的形成机制及其与家庭养老的关系做出有说服力的解释。

针对现有研究的不足,本章尝试首先运用嵌入性分析视角,阐释家庭养老的替代机制并提出农村老年人社会养老服务需求影响因素的若干假设,分析农村老年人养老服务需求的结构特征及其影响因素;其次对农村养老服务的供给现状及供需关系进行对比,探索养老服务供需均衡的影响因素,寻找养老服务需求与社会养老服务供给之间的平衡点,并以此为基础,对如何在社会养老服务体系中整合社会养老服务需求与社会环境,实现社会养老服务各大子系统之间有效对接等提出对策建议。

(二) 数据来源与样本特征

本章数据来源于课题组 2012 年 7 月在湖北省汉川市和武汉市新洲区进行的以农民需求为导向的农村老年人养老问题问卷调查。调查对象为 60 岁以上的农村老人。调查共回收 399 份有效问卷,样本的基本特征如下:

在性别分布方面,男女比例均衡,女性样本比例占 50.1%,男性样本比例占 49.9%;在年龄分布上,总体而言,老人的平均年龄为 70 岁。在具体的年龄段上,有超过一半的样本(52.4%)属于 70 岁以下的低龄老人,32.3% 的样本属于 70 岁到 79 岁的中龄老人,15.3%的样本属于 80 岁以上的高龄老人;在文化程度方面,调查对象以小学及以下的老人为主,其中,50.9% 的老人未受过正式教育,29.3%的老人为小学以下文化程度,仅 19.8% 的老人有初中及以上学历;在政治面貌方面,调查对象以群众居多,仅有 9.3% 的样本为共产党员;在婚姻现状方面,69.5% 的老人已婚且配偶健在,30.5% 的老人处于未婚、离婚或丧偶状态；在家庭结构方面，调查样本的家庭平均人口数为 5.55 人；家庭平均代际数为 2.68，其中，15.4% 的老年人家庭有 1 代人，9.4% 的老人家庭有 2 代人，67.4% 的老人家庭有 3 代人，7.8% 的老人家庭有 4 代人及以上；绝大多数老人（占 95.9%）有子女，在有子女的老人样本中，94.1% 的老人至少有一个儿子，83.7% 的老人至少有一个女儿；在经济来源方面，54.9% 的老人有稳定经济来源；在健康状况方面，在所有有效样本中，健康状况很好的老年人占 16.8%，健康状况较好的老年人占 31.8%，健康状况一般的老年人占 22.3%，健康状况较差的老年人占 25.6%，健康状况非常差的老年人仅占 3.5%；在生活自理能力方面，完全能自理和基本能自理的老年人分别占 64.9%、30.8%，基本不能自理和完全不能自理的老年人分别占 3.8%、0.5%。

表 6—1　农村老年人养老问题专题调查样本基本特征

变量	类别	频率	有效百分比（%）
性别	男	199	49.9
	女	200	50.1
年龄	均值（标准差）	70.03（7.65）	
文化程度	未接受过正式教育	203	50.9
	小学	117	29.3
	初中及以上	79	19.8
政治面貌	共产党员	37	9.3
	非共产党员	360	90.7
婚姻状况	已婚且配偶健在	274	69.5
	未婚、离婚或丧偶	120	30.5
有无子女	有子女	377	95.9
	无子女	16	4.1
儿子数	0	22	5.9
	1	132	35.1
	2	143	38.0
	3 个以上	79	21.0

续表

变量	类别	频率	有效百分比（%）
女儿数	0	61	16.3
	1	129	34.4
	2	98	26.1
	3个以上	87	23.2
家庭人口	均值/标准差	5.55	3.59
家庭代际数	均值/标准差	2.68	0.84
收入来源	有稳定收入来源	214	54.9
	无稳定收入来源	176	45.1
身体健康状况	很好	67	16.8
	比较好	127	31.8
	一般	89	22.3
	比较差	102	25.6
	非常差	14	3.5
生活自理能力	完全能自理	255	64.9
	基本能自理	121	30.8
	基本不能自理	15	3.8
	完全不能自理	2	0.5

注：表中样本数加总后不等于有效样本数的原因是，部分样本的问卷答案存在缺失值。

二 农村老年人的养老服务需求

（一）农村老年人养老服务需求测量的操作化

社会养老服务是通过社会化途径为老年人提供的、旨在全面满足老年人生活需要、提升其生活质量的各类设施和服务的总称。中国《社会养老服务体系建设规划（2011—2015年)》明确指出，社会养老服务体系主要由居家养老服务、社区养老服务和机构养老服务3个有机部分组成，涵盖生活照料、家政服务、康复理疗、医疗保健、精神慰藉、紧急救援等多项功能，包括生活照料、精神慰藉、社会参与、权益保障等多个方面。鉴于本研究的主题是农村养老保障，故本章所研究的社会养老服务仅包括保障老年人基本生活需要的生活照料和精神慰藉服务 2 类 17 个服务项目（见表 6—2），不涉及社会参与和权益保障类服务。

表 6—2　　　　　　农村老年人养老服务需求项目

服务类别	服务项目	服务类别	服务项目
生活照料	1. 清扫房间、整理物品	精神慰藉	12. 聊天解闷，排解抑郁情绪
	2. 换洗衣被		13. 子女的陪伴和关心
	3. 做饭		14. 参加一定的娱乐活动
	4. 清洗餐具		15. 读书看报等知识性活动
	5. 喂食喂药		16. 邻里间串门
	6. 个人清洁护理		17. 心理辅导
	7. 协助翻身、起卧		
	8. 户外活动陪护		
	9. 按摩保健		
	10. 康复理疗		
	11. 体检		

在本研究中，课题组将服务需求程度选项设置为"不需要"、"不太需要"、"较需要"和"很需要"4 个等级，由低到高分别赋值 1 分至 4 分，以此测量老年人对各服务项目的需求程度。除了需求程度之外，课题组进一步考察了农村老年人对养老服务供给主体的需求，以"您最希望由谁为您提供生活照料或情感支持？"形式提问，将生活照料服务供给提供主体设置为"配偶"、"子女"、"村集体"、"政府"、"专职服务人员"和"志愿者"6 个选项，将精神慰藉服务供给提供主体设置为"配偶"、"子女"、"邻里"、"村集体"、"政府"、"专职服务人员"和"志愿者"7 个选项。

（二）农村老年人养老服务需求的描述分析

1. 农村老年人理想的养老方式

为从整体上了解农村老年人的养老服务需求，课题组首先对农村老年人理想的养老方式进行了调查。调查结果显示（见表6—3），总体而言，家庭养老仍然是绝大多数农村老年人（93.5%）的首选养老方式；在家庭养老资源不足的前提下，老年人才会选择在机构养老（占6.5%）。

表6—3 　　　　农村老年人理想的养老服务方式与
　　　　　　　　　当前居住方式交叉列联表

			您目前的居住方式			
			与配偶或者与子女、孙子女共同居住	独居	养老院	合计
如果让您做主，您会选择在哪里养老？	在家里养老	计数	284	70	4	358
		组内百分比（%）	96.6	93.3	28.6	93.5
	在养老院养老	计数	10	5	10	25
		组内百分比（%）	3.4	6.7	71.4	6.5
	合计	计数	294	75	14	383
		组内百分比（%）	100.0	100.0	100.0	100.0
相关检验		Spearman相关系数=0.273，p=0.00				

注：表中样本数加总后不等于有效样本数的原因是，部分样本的问卷答案存在缺失值。

相关分析结果显示（见表6—3），不同居住方式的老年人在养老方式的选择方面有显著差异（p=0.00<0.05）。在与配偶、子女或孙子女共同居住的农村老人样本中，绝大多数老年人（96.6%）选择在家里养老，仅有3.4%的老年人希望在养老院养老；在独居的农村老人样本中，选择在家中养老的比例略微有所降低，但绝大多数老年人（93.3%）仍然希望在家中养老，仅有6.7%的老年人希望在养老院养老；而居住在养老院的农村老年人，大部分希望在养老院养老（71.4%），选择在家中养老的比例相对较低（28.6%）。

农村老年人关于养老责任承担主体观念的多重响应统计显示（见表6—4），在所有有效样本中，认为自己或配偶应当承担主要养老责任的响应百分比为37.4%，认为子女应当承担主要养老责任的响应百分比为 36.5%，可见，家庭养老仍是大多数农村老年人首要选择，除了自己以及家人之外，20.6% 的老年人认为政府应该承担主要的养老责任，3.1% 的老年人认为村集体应该承担主要的养老责任，2.4% 的老年人认为社会应该承担主要的养老责任。

表6—4　　　　养老责任承担主体多重响应统计结果

	响应 N	百分比（%）	个案百分比（%）
自己或配偶应该承担主要养老责任	203	37.4	52.9
子女应该承担主要养老责任	198	36.5	51.6
村集体应该承担主要养老责任	17	3.1	4.4
政府应该承担主要养老责任	112	20.6	29.2
社会应该承担主要养老责任	13	2.4	3.4
总计	543	100.0	141.4

注：表中样本数加总后不等于有效样本数的原因是，部分样本的问卷答案存在缺失值。

上述有关养老方式和养老责任主体的调查结果表明，老年人的理想养老方式选择是嵌入生活境遇中的一种"情境理性"，居住在家中的老年人大多数希望在家中养老，而居住在养老院中的老年人则更倾向于在养老院养老。当前，受中国传统"养儿防老"观念路径依赖效应的影响，青壮年时上敬父母、下育子女，年老时儿孙满堂、颐养天年，仍然是大多数中国老年人理想的家庭生活模式。因此，有超过7成的老年人认为自己、配偶以及子女应当是养老的主体，而政府、村集体和社会养老服务机构这一类社会化主体所应当承担的养老责任则相对较小。

2. 农村老年人对养老服务内容的需求

统计结果显示（见表6—5），农村老年人对养老服务各项内容的总体需求水平均值为 1.834，界于"不需要"与"不太需要"之间，需求水平相对较低。比较而言，农村老年人对生活照料服务的需求水平（得分均值为 1.532）要低于其对精神慰藉服务的需求水平（得分均值为 2.156）。其可能的原因是，农村老年人生活自理水平（均值为3.600）普遍较高，多数老年人生活基本可以自理或完全可以自理，仅有极少数老年人无生活自理能力（4.3%），大多数农村老年人身体健康状况也属于中等以上水平（70.9%），故其对生活照料服务的需求水平相对较低；有三成农村老年人无配偶或已丧偶，在家庭代际中心下移、青壮年子女工作生活压力加剧的情况下，老年人的精神慰藉需求显得相对迫切。

表6—5　　　　　　农村老年人养老服务内容需求水平

	N	极小值	极大值	均值	标准误	标准差
养老服务需求水平	363	1.06	3.82	1.834	0.024	0.451
生活照料服务需求水平	392	0.91	3.64	1.532	0.029	0.579
精神慰藉服务需求水平	365	1.00	3.50	2.156	0.022	0.426

注：表中样本数加总后不等于有效样本数的原因是，部分样本的问卷答案存在缺失值。

英国社区需要分析学者布赖德肖将需要归为规范性需要、感觉性需要、表达性需要和比较性需要四种类型[①]。参照布赖德肖对需求的分类标准，本文研究的社会养老服务需求属于感觉性需求范畴，它是指老年人被问及是否需要社会养老服务时产生的感受。它既有可能是基于现实需要产生的刚性需求，也可能是基于主观预期产生的弹性需求。为更清楚地了解农村老年人的养老服务需求特征，有必要对各服务项目的需求状况进行具体分析。

（1）生活照料服务需求

描述统计结果显示（见表6—6），对于生活照料的11类服务项目，农村老年人需求水平最高的是"体检"，需求水平均值为2.13，属于"比较需要"的范畴，有11.2%的老人对这一项目有迫切需求，23.9%的老人对这一项目有较为迫切的需求；其次依次是"清扫房间、整理物品"、"换洗衣被"、"做饭"和"清洗餐具"，农村老年人对以上4项服务内容的需求水平均值分别为1.82、1.80、1.79和

---

① Jonathan Bradshaw, The Concept of Social Need. *New Society*, Vol.19, 1972, pp.640–643.

1.74，均处于中间偏低水平。相对而言，农村老年人对"喂食喂药"、"个人清洁护理"、"按摩保健"、"康复理疗"、"户外活动陪护"和"协助翻身、起卧"6项特殊生活照料服务的需求程度处于较低水平，其得分均值分别为 1.55、1.54、1.51、1.51、1.49 和 1.47，除了"康复理疗"服务项目的需求比例超过 10.0% 之外（10.4%），其他项目的需求比例均低于 10.0%。综上所述，就农村老年人生活照料服务需求而言，除生活照料需求水平较高外，部分身体健康水平欠佳老人及失能老人对"喂食喂药"、"个人清洁护理"、"按摩保健"、"康复理疗"、"户外活动陪护"和"协助翻身、起卧"等特殊照料的需求也应受到关注。

表 6—6　农村老年人生活照料需求频次分布

（括号内为有效百分比）

服务项目	不需要	不太需要	较需要	很需要	均值
清扫房间、整理物品	158（40.0%）	168（42.5%）	52（13.2%）	17（4.3%）	1.82
换洗衣被	161（40.9%）	166（42.1%）	50（12.7%）	17（4.3%）	1.80
做饭	161（40.8%）	172（43.5%）	47（11.9%）	15（3.8%）	1.79
清洗餐具	174（44.1%）	165（41.8%）	42（10.6%）	14（3.5%）	1.74
喂食喂药	221（55.9%）	141（35.7%）	23（5.8%）	10（2.5%）	1.55
个人清洁护理	223（56.5%）	141（35.7%）	21（5.3%）	10（2.5%）	1.54
协助翻身、起卧	246（62.6%）	118（30.0%）	19（4.8%）	10（2.5%）	1.47
户外活动陪护	246（62.6%）	112（28.5%）	26（6.6%）	9（2.3%）	1.49
按摩保健	241（61.3%）	115（29.3%）	27（6.9%）	10（2.5%）	1.51
康复理疗	243（61.7%）	110（27.9%）	31（7.9%）	10（2.5%）	1.51
体检	129（32.7%）	127（32.2%）	94（23.9%）	44（11.2%）	2.13

注：表中样本数加总后不等于有效样本数的原因是，部分样本的问卷答案存在缺失值。

相关分析结果显示（见表6—7），老年人身体健康状况、生活自理水平和年龄与其对生活照料服务的需求显著相关（p值均小于0.01）。其中，老年人身体健康状况和生活自理水平与其对生活照料服务的需求呈显著负相关，即老年人身体健康状况越差、生活自理水平越低，其对生活照料各项服务的需求越迫切；老年人的年龄与其对生活照料服务的需求呈显著正相关，即老年人年龄越大，其对生活照料各项服务的需求程度就越高。老年人的居住形式与"喂食喂药"、"个人清洁护理"、"协助翻身、起卧""户外活动陪护"和"按摩保健"5项特殊生活照料服务需求显著正相关（p<0.05），即相对于与配偶、子女和孙子女共同居住的老年人而言，独居老年人更需要特殊照料服务，而相比于前两者而言，居住在养老院的老年人对其上述5项服务的需求更为迫切。老年人的收入水平与其对生活照料服务需求水平没有显著的相关关系，这在一定程度上说明农村老年人的生活照料需求是一种刚性需求，受到老年人身体机能的硬性约束。

表6—7　　农村老年人生活照料服务内容需求的相关分析
（Spearman 相关系数）

服务项目	身体健康状况	生活自理水平	年龄	居住形式	年收入水平
清扫房间、整理物品	-0.246**	-0.337**	0.172**	0.095	-0.074
换洗衣被	-0.252**	-0.354**	0.173**	0.086	-0.092
做饭	-0.247**	-0.346**	0.184**	0.092	-0.093
清洗餐具	-0.264**	-0.318**	0.133**	0.074	-0.051
喂食喂药	-0.196**	-0.290**	0.167**	0.103*	-0.057
个人清洁护理	-0.249**	-0.334**	0.153**	0.111*	-0.037
协助翻身、起卧	-0.202**	-0.331**	0.195**	0.141**	-0.052
户外活动陪护	-0.191**	-0.275**	0.154**	0.144**	0.003
按摩保健	-0.202**	-0.324**	0.197**	0.123*	-0.018
康复理疗	-0.242**	-0.349**	0.184**	0.090	-0.044
体检	-0.177**	-0.272**	0.144**	0.016	-0.001

注：* $p<0.05$，** $p<0.01$；表中样本数加总后不等于有效样本数的原因是，部分样本的问卷答案存在缺失值。

(2) 精神慰藉服务需求

统计结果显示（见表6—8），老年人对"子女的陪伴和关心"、

"聊天解闷,排解抑郁情绪"和"邻里间串门"3项服务的需求处于相对较高水平,其得分均值分别为2.65、2.63和2.50。其中,各有约5.0%老年人对上述三项服务内容有非常迫切的需要,分别有58.7%、59.7%和49.5%的老年人对上述三项服务有较为迫切的需要。老年人对"参加一定的娱乐活动"和"读书看报等知识性活动"两项服务的需求依次处于中间水平和中间偏低水平,其得分均值分别为2.01和1.81。其中,分别有2.5%和4.9%的老年人对上述2项服务内容有非常迫切的需要,分别有24.1%和14.1%的老年人对上述两项服务有比较迫切的需要。老年人对"心理辅导"这一专业性服务的需求水平较低,其得分均值只有1.39,仅有1.1%的老年人对此项服务有非常迫切的需要,仅有6.5%的老年人对此项服务有较为迫切的需要。

表6—8　　　　　农村老年人精神慰藉服务需求频次分布

（括号内为有效百分比）

服务项目	不需要	不太需要	较需要	很需要	均值
聊天解闷,排解抑郁情绪	17（4.3%）	126（32.1%）	234（59.7%）	15（3.8%）	2.63
子女的陪伴和关心	15（3.8%）	126（32.3%）	229（58.7%）	20（5.1%）	2.65
参加一定的娱乐活动	112（28.4%）	178（45.1%）	95（24.1%）	10（2.5%）	2.01
读书看报等知识性活动	166（42.5%）	151（38.6%）	55（14.1%）	19（4.9%）	1.81
邻里间串门	41（10.4%）	137（34.8%）	195（49.5%）	21（5.3%）	2.50
心理辅导	255（69.5%）	84（22.9%）	24（6.5%）	4（1.1%）	1.39

注：表中样本数加总后不等于有效样本数的原因是,部分样本的问卷答案存在缺失值。

综上所述,老年人对"老有所伴"服务的需要较为迫切,对"老有所乐"服务的需求水平一般,对"老有所学"服务的需求水平较低,对"心理辅导"这类深层次、专业服务的需求水平很低。

进一步的相关分析结果显示（见表6—9）,老年人对"聊天解闷,排解抑郁情绪"和"邻里间串门"这两项"老有所伴"类服务内容的需求水平与其身体健康状况显著正相关（p 值均小于 0.05），即老年人身体健康状况越好，其对上述两项服务内容的需求越迫切；而其对"子女的陪伴和关心"这一项"老有所伴"服务内容的需求水平与其生活自理水平呈显著负相关（p 值均小于 0.05），即相对于生活自理能力较好的老年人而言，生活自理能力较差的老年人更需要子女的陪伴和关心。老年人对"参加一定的娱乐活动"这类"老有所乐"服务的需求仅与年龄有关，即老人年龄越大，对"老有所乐"的需求更加迫切；老年人对"心理辅导"这类专业服务的需求水平也仅与年龄显著相关，即年龄越大的老年人更需要心理辅导，根据埃里克森人格发展八阶段理论，65 岁的老年人属于自我调整与绝望冲突期，随着年龄的增长，老年人体力、心力和健康状况每况愈下，相对于低龄老年人而言，高龄老年人在心理上面临着更多的冲突，需要做出更多的调整和适应，因而需要心理辅导的需求也更强烈。除此之外，老年人对"聊天解闷，排除抑郁情绪"这一服务的需求与其居住形式显著正相关，即相对于与配偶、子女、孙子女共同居住的老年人而言，独居老年人更需要这类服务，而居住在养老院的老年人对该项服务的需求水平最高。

表6—9　　　　农村老年人精神慰藉服务内容需求相关分析
（Spearman 相关系数）

服务项目	身体健康状况	生活自理水平	年龄	居住形式	年收入水平
聊天解闷，排解抑郁情绪	0.162*	-0.038	0.044	0.100*	0.022
子女的陪伴和关心	0.026	-0.155**	0.052	-0.078	-0.039
参加一定的娱乐活动	0.027	-0.038	0.103*	0.050	0.058
读书看报等知识性活动	0.018	0.034	-0.019	0.023	0.141
邻里间串门	0.180**	0.077	-0.003	0.005	0.031
心理辅导	-0.007	-0.091	0.111*	0.036	0.044

注：*p≤0.05，**p≤0.01；表中样本数加总后不等于有效样本数的原因是，部分样本的问卷答案存在缺失值。

综合比较老年人对 2 大类 17 项养老服务的需求水平，我们不难发现，老年对"老有所伴"、"老有所乐"、"老有所依"和"老有所学"服务的需求水平呈现出渐次降低的态势。可能的解释是：首先，作为中国传统的养老模式，家庭养老具有深厚的历史沉淀与文化基础；作为一种世代承袭的传统养老观念，家庭养老对于身处传统和现代转型节点的老年人，尤其是农村老年人而言，有着强大的形塑力。因此，对于大多数农村老年人而言，在年老时儿孙满堂、颐养天年仍然是理想的生活方式，故其对"老有所伴"服务的需求水平较高；其次，由于农村老年人整体身体健康状况良好，生活自理水平较高，故对特殊生活照料服务的需求水平较低，在整体上对生活照料服务也即是"老有所依"服务需求水平相对偏低，但由于身体机能的衰退和工作上的退休使得大多数老年人退出其在家庭与社会事务中的主要角色地位，因此，老年人仍然希望参加一定的娱乐活动，充实自身的生活，对"老有所乐"服务的需求水平较高；最后，由于农村老年人整体的文化水平有限，再加上视力、听力、神经系统等生理衰退，故多数老年人的学习能力和兴趣有所下降，老年人更多的希望通过娱乐活动而不是读书看报等知识性活动来满足其精神需求，因此，其对老有所学服务的需求水平相对较低。

3. 农村老年人对养老服务主体的需求

（1）农村老年人对生活照料服务主体的需求

统计结果显示（见表 6—10），多数老人最希望由配偶或子女提供生活照料，其所占百分比分别为 40.8% 和 35.1%，有 12.5% 的老年人希望独立生活、自我照料，11.2% 的老年人最希望由政府提供生活照料，最后，希望村集体和专职服务人员为自己提供生活照料的老年人各自仅占 0.3%。上述统计结果表明，在生活照料服务方面，多数老年人希望由家人提供，在家庭资源有限的情况下，老年人希望自食其力，对政府、村集体和专职服务人员这些社会化的服务主体需求并不高。

表6—10 农村老年人生活照料服务主体需求频次分析

服务主体	频率	百分比（%）	有效百分比（%）	累积百分比（%）
自己	48	12.0	12.5	12.5
配偶	157	39.3	40.8	53.2
子女	135	33.8	35.1	88.3
村集体	1	0.3	0.3	88.6
政府	43	10.8	11.2	99.7
专职服务人员	1	0.3	0.3	100.0
合计	385	96.5	100.0	

注：表中样本数加总后不等于有效样本数的原因是，部分样本的问卷答案存在缺失值。

相关分析结果显示（见表6—11），老年人对生活照料服务主体的社会化需求与其年龄和居住环境显著正相关（p值均小于0.05），即年龄越大，老年人越希望由村集体、政府和专职服务人员等社会化服务主体为其提供生活照料服务；相对于与配偶、子女和孙子女共同居住的老年人而言，独自居住的老年人希望由村集体、政府和专职服务人员等社会化服务主体提供生活照料服务的需求程度更高，而居住在养老院的老年人对社会化服务主体的需求程度较前两者而言最高。

表6—11 农村老年人生活照料服务主体需求的相关分析
（Spearman 相关系数）

服务项目	身体健康状况	生活自理水平	年龄	居住环境	年收入
您最希望由谁为您提供生活照料？	-0.091	-0.096	0.145**	0.112*	-0.038

注：*$p<0.05$，**$p<0.01$。

（2）农村老年人对精神慰藉服务主体的需求

频次分析结果显示（见表6—12），与对生活照料服务主体的需求一样，多数老人最希望由配偶或子女为自己提供精神支持，其所占百分比分别为50.4%和38.9%，此外，有5.6%的老年人希望通过与邻里聊天来满足自己的精神需求，3.6%的老年人最希望由政府提供精神支持，最后，希望村集体和专职服务人员为自己提供精神支持的老年人分别仅占0.8%。

表6—12　农村老年人精神慰藉服务主体需求频次分析

服务主体	频率	百分比（%）	有效百分比（%）	累积百分比（%）
配偶	198	49.6	50.4	50.4
子女	153	38.3	38.9	89.3
邻居	22	5.5	5.6	94.9
村集体	3	0.8	0.8	95.7
政府	14	3.5	3.6	99.2
专职服务人员	3	0.8	0.8	100.0
合计	393	98.5	100.0	

注：表中样本数加总后不等于有效样本数的原因是，部分样本的问卷答案存在缺失值。

相关分析结果显示（见表6—13），老年人对精神慰藉服务主体的社会化需求与其年龄和居住环境显著正相关（p值均小于0.05），即老年人年龄越大，越需要村集体、政府和专职服务人员等社会化服务主体来为其提供精神支持；相对于与配偶、子女和孙子女共同居住的老年人而言，独自居住的老年人对村集体、政府和专职服务人员等社会化服务主体的需求程度更高，而居住在养老院的老年人最希望通过社会化服务主体来满足自己的精神需求。

表6—13　农村老年人精神慰藉服务主体需求的相关分析
（Spearman 相关系数）

服务项目	身体健康状况	生活自理水平	年龄	居住环境	年收入
您最希望从哪里获得精神支持？	0.048	-0.097	0.125*	0.242**	-0.060

注：* $p<0.05$，** $p<0.01$。

对于上述统计结果，课题组认为，与其说高龄或机构养老老人更希望从社会化服务主体处获得精神慰藉服务，不如说这类老人本身受生理和居住环境的限制，能从家人或邻里处获得上述服务的机会更为稀缺。在无法从家人或邻里处获得精神慰藉的前提下，这类老人不得不退而求其次，转而向社会化主体寻找服务支持。也就是说，老年人对精神慰藉服务主体的选择倾向并非一种完全理性的最优化选择，而是一种基于情境理性的次优选择。

（三）农村老年人养老服务需求影响因素分析

上文描述了老年人养老服务的需求现状，并通过相关分析比较了不同年龄、不同生理条件、居住环境及社会经济条件下老年人对不同养老服务项目及其主体的需求异同。上述相关分析只是检验了单个解释变量与被解释变量之间的相关关系。考虑到影响老年人养老服务需求的各个解释变量之间可能存在着交互作用，有必要建立回归模型来进一步考察这些因素的影响及其作用机制。

1. 研究假设[①]

在《经济学原理》一书中，马歇尔提出了"需求弹性"概念。他指出，个体消费欲望的边际递减速度与消费需求弹性有关；消费需求弹性主要受消费品支出占个人收入的比重、消费品的用途、实用性、可替代性和潜在需求实现的可能性等因素的影响。除上述因素外，"我们必须考虑风尚、爱好和习惯的变化"，"消费者对于能够代用的代替品感到习惯，是需要时间的"（马歇尔，1964）。因此，在理解老年人社会养老服务需求时，不仅要关注社会养老服务本身的功能，还应考察它的替代对象——家庭养老对于老年人的意义，考察社会、文化因素对养老服务需求的影响。

在《经济行动与社会结构：嵌入问题》一文中，Granovetter（1985）指出，行为主体在具体、动态的社会关系制度中追求自身多重目标体系的实现；经济行为嵌入于个人关系网络之中，其个人关系网络又嵌入于更为广阔的社会关系网络及由其所构成的社会结构之中，并受到来自社会结构的文化、价值因素的影响。

---

① 本节曾作为阶段性成果发表在《中国农村观察》2014年第4期，原文标题为《城乡老年人社会养老服务需求特征及其影响因素——基于对家庭养老替代机制的分析》；本节收录时有删改。

综合借鉴消费需求理论和"嵌入性"概念，课题组认为，不能脱离社会养老服务的产生背景理解社会养老服务需求。社会养老服务是家庭养老日渐式微的产物，是家庭养老的替代选择。尽管中国代际关系重心下移（贺雪峰，2008）、家庭养老弱化（姚远，1998），但作为农耕文明的历史沉淀物，中国传统的家庭养老观念仍有强大的路径依赖效应。"在孝道伦理仍旧获得道德认可的社会结构和文化环境中"（陈皆明，2010），作为家庭养老的替代品，社会养老服务被老年人需求的程度取决于家庭养老的可替代性；而家庭养老的可替代性则主要取决于老年人身体机能、家庭养老资源的可获得性和老年人对家庭养老目标的理解，个体社会经济地位对老年人养老服务需求可能并无显著影响。

作为中国的传统养老模式，家庭养老有着其深厚的历史沉淀与文化基础；作为一种世代承袭的传统养老观念，家庭养老对于身处传统与现代转型节点的老年人而言，有着强大的形塑力。正如本尼迪克特所说："个人生活史的主轴是社会所遗留下来的传统模式和准则的顺应，每一个人，从他诞生时起，他所面临的那些风俗便塑造了他的经验和行为"（本尼迪克特，1987）。对于多数老年人而言，家庭仍是首选的养老支持来源，寻求社会养老服务支持只是家庭养老条件或资源不足时老年人的一种替代选择。

那么，如何评估家庭养老条件或资源是否充足呢？在相关文献中，现有研究多从资源交换视角出发，将家庭养老视为资源由成年子女向老年父母的转移，即费孝通（1983）先生所说的"反馈模式"。相应地，家庭养老往往被理解为亲子关系的一项功能性内容，亲子关系则往往被视为家庭养老行动的结构性条件（House and Kahn，1985）。基于上述观点，学者们指出，养老行为的实现取决于代际关系的性质（陈皆明，2010）。然而，代际关系不仅具有表现为资源互换的功利性，更具有以亲情和利他为核心的情感性（吴帆、李建民，2010）。如果仅从功利性角度去理解代际关系，就很难解释"农村子女普遍不孝且严重发生，而父母依然为子女婚配耗尽心血"（贺雪峰，2008）这一社会事实。正如潘光旦（1993）所说："中国社会维系家庭养老模式运行的，不是西方社会的权利义务观念，而是情感的流露和亲情的联络"。由于代际关系兼具功利性和情感性，家庭养老之于老年人的意义不仅在于从成年子女那里获得资源反馈和生活照料,而且还在于:通过在家中养老,老年人可以感受到家族的绵延(杨善华、吴愈晓,2002),获得情感慰藉,享受天伦之乐,并实现其在家庭的价值。因此,家庭养老条件或资源是否充足不仅会受到代际关系的影响,更会受到后代尤其是孙辈是否在场、老年人对家庭的潜在贡献及配偶是否健在等其他家庭结构因素的影响。此外,身体机能可能构成老年人家庭养老的硬约束条件,当前养老方式可能强化老年人的养老服务需求。

(1) 身体机能硬约束假设。本研究用年龄、性别、身体健康状况和生活自理能力4个指标来反映身体机能。一般而言,低龄老年人身体健康状况相对较好,生活自理能力相对较强,其社会养老服务需求水平可能相对较低。反之,高龄老年人身体健康状况较差、生活自理能力较弱,其身体机能便成为制约其家庭养老的硬约束条件。受家庭养老资源短缺、希望减轻子女照料负担并得到及时照料等主客观因素的影响,他们对社会养老服务的需求水平可能较高。已有研究表明,性别对老年人家庭养老偏好无显著影响[①]。基于上述分析,本文提出身体机能硬约束假设如下:

假设1:身体机能是老年人家庭养老的硬约束条件,身体机能越差,老年人的家庭养老条件越不充分,其对社会养老服务的需求水平越高。

(2) 家庭结构嵌入假设。本研究用家庭人口数、家庭代际数、儿子数、女儿数、上过大学的家庭成员数、与家中晚辈关系及老年人配偶情况等10个指标来反映家庭结构因素。

就家庭人口数与家庭代际数对养老服务需求的可能影响而言,家庭人口越多,意味着家庭关系结构越复杂,家庭抚养负担越重。在子代义务和责任弱化(王跃生,2011)的背景下,对于身处大家庭的老年人而言,其家庭境遇的边缘化程度可能更高,获得充足家庭养老资源的可能性也许更低,其对社会养老服务的需求水平可能更高。家庭代际数的增加固然可能导致老年人家庭境遇的边缘化,但这更意味着老年人有更多机会在家中感受到"家族的绵延",在隔代养育中体现

[①] 参见课题组的另一篇阶段成果《生活境遇与养老意愿:农村老年人家庭养老偏好影响因素的实证研究》,《中国农村观察》2012年第2期。

个体价值并获得情感慰藉。因此，家庭代际数越多，老年人留在家中养老的意愿可能越强烈，其社会养老服务需求水平可能越低。

就子女情况的可能影响而言，已有研究表明，儿子仍是父母养老的主要承担者（王跃生，2012）。近年来，多子家庭中儿子间相互推诿养老责任的现象时有发生。然而，受面子、情感和社会舆论压力等因素的影响，老年人尽管有上述遭遇，他们仍然更期望从儿子那里获得养老支持。在他们看来，既然已经有这么多儿子，无论儿子们有多么不孝，自己再向社会寻求养老服务支持既没面子，也不现实。因此，基于养老责任分散效应，多子虽然可能影响老年人实际获得的养老支持资源，但它会强化、而不是弱化老年人的家庭养老偏好。也就是说，儿子数越多，老年人潜在的家庭养老资源可能越丰富，其对家庭养老的期望可能越高，对社会养老服务的需求水平可能越低。近年来，女儿越来越多地参与到娘家父母的赡养活动中（金一虹，2000），但女儿的赡养行为多是非正式、自发自愿的行为（唐灿等，2009）。因此，女儿数对老年人社会养老服务需求可能不具有显著影响。

就家中上过大学的人数的可能影响而言，家中上过大学的人越多，家庭成员对现代养老观念和社会养老方式的整体接受程度可能越高，受家庭成员间养老观念传播效应的影响，老年人对社会养老服务的认可和需求水平可能越高。

就代际关系的可能影响而言，一方面，老年人与家中晚辈关系不融洽可能意味着子女承担家庭养老责任的动力缺失，即家庭养老的资源基础不足；另一方面，当老年人更看重"家族绵延"的价值及其对儿孙的责任时，哪怕是与其关系不融洽，老年人也仍愿意在家中养老。因此，代际关系对老年人社会养老服务需求的影响方向不确定。

就配偶情况的可能影响而言，在代际关系失衡的背景下，"老伴"是老年人在家中最主要的生活照料者和情感慰藉来源。因此，当配偶健在时，老年人留在家中养老的意愿可能较为强烈，其社会养老服务需求水平可能较低；反之，对于丧偶或无配偶的老年人而言，其对社会养老服务的需求水平可能较高。

综上所述，本文提出家庭结构嵌入假设如下：

假设2：老年人的社会养老服务需求嵌入其家庭结构情境之中。

家庭人口数、上过大学的家庭成员数越多,家庭代际数、儿子数越少,老年人的社会养老服务需求水平越高;较之丧偶或无配偶者,配偶健在的老年人的社会养老服务需求水平可能较低。

(3) 社会经济地位假设。本研究用文化程度、政治面貌、有无稳定收入来源和2012年个人年收入4个指标来反映个体的社会经济地位。就文化程度的可能影响而言,文化程度较高的老年人可能更易于接受社会养老这种新型养老方式,对社会养老服务的需求水平可能更高。就政治面貌的可能影响而言,由于养老方式的选择和社会养老服务需求的产生是高度个体化的过程,政治面貌对老年人社会养老服务需求水平可能并无影响。就经济地位的可能影响而言,对于老年人来说,家庭养老意味着多重目标的实现,其文化意义甚至优于经济意义。在表达养老服务需求偏好时,老年人不仅会考虑子女是否有意愿或能力为其提供养老支持,而且会考虑能否通过在家中养老为晚辈做出贡献(例如操持家务、照料孙辈)而不是增加子女负担。从这个意义上讲,较高的经济地位既可能增强老年人的社会养老服务购买能力,也有可能增强老年人家庭养老的"底气";较低的经济地位既可能降低老年人的社会养老服务购买能力,也可能增加家庭养老时的子女负担。因此,经济地位对老年人社会养老服务需求水平的影响方向不确定。基于上述分析,本文提出如下假设:

假设3:除文化程度对老年人社会养老服务需求水平有正向影响外,反映老年人社会经济地位的其他变量对其社会养老服务需求水平的影响不确定。

(4) 当前养老方式的自我强化效应假设。在《制度、制度变迁与经济绩效》一书中,North(1990)从经济制度学视角提出了制度变迁的路径依赖效应及其自我强化机制。之后,社会学者拓展了对路径依赖的理解,将其视为人们围绕特定制度建立起来的行动惯例、社会联系及认知结构(Page,2006)。参照上述观点,笔者认为,老年人当前的养老方式对其养老服务需求认知有一种自我强化效应。对于当前养老方式为家庭养老的老人而言,熟悉的日常生活情景、长期积淀的家庭生活习惯、稳定的家庭及社区联系会强化其家庭养老需求,他们可能更愿意留在家中养老,对社会养老服务的需求水平可能较低;

对于已经在养老院等机构养老的老年人而言，相对便捷、及时和专业的社会化服务、家庭养老条件或资源的缺失及其自身身体机能的硬约束，可能强化其对社会养老服务的认知与需求，他们对社会养老服务的需求水平可能较高。基于上述分析，本文提出当前养老方式的自我强化效应假设如下：

假设4：老年人当前的养老方式对其养老服务需求有一种自我强化效应，相对于家庭养老的老人而言，在机构养老的老年人社会养老服务需求水平可能更高。

2. 分析模型与变量描述性分析

为验证上述研究假设，课题组将"农村老年人养老服务需求量表"中老年人对17项服务项目需求程度的算术平均值设为因变量y——农村老年人养老服务需求程度；将老年人身体机能、家庭结构、经济社会地位和生活场域4类16个变量作为自变量为 χ_1, χ_2, $\cdots$, χ_n，其中n为解释变量的个数，n=16；采用多元线性回归分析方法，运用SPSS 20.0统计软件对农村老年人养老服务需求的影响因素进行了回归分析。

$$y = \beta_0 + \beta_1\chi_1 + \beta_2\chi_2 + \cdots + \beta_n\chi_n + \varepsilon \qquad (式6—1)$$

式6—1其中，β_0为常数项，β_1, β_2, $\cdots$, β_n为各解释变量的回归系数，反映其对因变量影响的方向和程度，ε为误差项。

下面对各个维度部分变量的含义做如下说明：

（1）在老年人身体机能维度，性别为定类变量，课题组将其按虚拟变量处理；身体健康状况有5个等级，由低到高分别赋分1—5分；生活自理水平有4个等级，由低到高分别赋分1—4分，课题组将其视为定距变量纳入回归方程。

（2）在家庭结构特征维度，课题组对婚姻状况进行了重新编码，即将"离婚"、"丧偶"和"未婚"合并为"无配偶陪伴"，与"已婚且配偶健在"形成对比，作为虚拟变量进入方程；老年人家庭总人口数、家庭代际数和家中上过大学的人数作为定距变量进入方程；与晚辈关系融洽程度有五个等级，由低到高分别赋值1—5分，课题组将其视为定距变量纳入回归方程；将儿子数和女儿数划分为0个、1个、2个、3个及以上4个区间，将其视为虚拟变量纳入回归方程。

（3）在社会经济地位维度，课题组将个人收入水平进行了重新编码，将部分选项进行合并，转换为"2300元以下"、"2300—4999元"和"5000元及以上"三个选项，作为虚拟变量纳入回归方程中。文化程度、政治面貌、是否有稳定收入来源为定类变量，课题组将其按虚拟变量处理纳入回归方程中。

（4）在生活场域维度，课题组对居住环境进行重新编码，将"与配偶单独居住"、"仅与子女或孙子女居住"、"与配偶、子孙共同居住"这三个选项合并为"与配偶、子女或孙子女共同居住"，与"独自居住"、"养老院"共同作为虚拟变量纳入回归方程。

各变量的描述性分析结果如下（见表6—14）：

表6—14　农村老年人养老服务需求回归分析的变量含义及描述性分析

变量类型	变量名称	变量含义赋值	均值	标准差
解释变量				
身体机能变量	年龄	均值	70.03	7.65
	性别	0＝女（参照组）；1＝男	0.50	0.50
	身体健康状况	1＝非常差；2＝比较差；3＝一般；4＝比较好；5＝很好	3.33	1.13
	生活自理能力	1＝完全不能自理；2＝基本不能自理；3＝基本能自理；4＝完全能自理	3.60	0.59
家庭结构特征	婚姻状况	0＝无配偶陪伴（参照组）；1＝已婚且配偶健在	0.70	0.46
	有无子女	0＝无（参照组）；1＝有	0.96	0.20
	儿子数	0＝0个儿子（参照组）；1＝1个儿子；2＝2个儿子；3＝3个以及上儿子	1.74	0.85
	女儿数	0＝0个女儿（参照组）；1＝1个女儿；2＝2个女儿；3＝3个以及上女儿	1.56	1.02
	家庭人口数	定距变量	5.55	3.60
	代际数	定距变量	2.68	0.84
	上过大学人数	定距变量	0.46	0.85
	与晚辈关系	1＝很不融洽；2＝不太融洽；3＝一般；4＝较融洽；5＝很融洽	4.22	0.70

续表

变量类型	变量名称	变量含义赋值	均值	标准差
解释变量				
社会经济地位	文化程度	1=未受过正式教育（参照组）；2=小学；3=初中及以上	1.69	0.78
	政治面貌	0=非共产党员；1=共产党员	0.09	0.29
	稳定收入来源	0=无；1=有	0.55	0.50
	2012年收入	1=2300元以下（参照组）；2=2300–4999元；3=5000元及以上	1.59	0.79
生活场域	居住环境	1=与配偶、子女、孙子女共同居住（参照组）；2=独居；3=养老院居住	1.27	0.52
被解释变量	养老服务需求水平	17项服务需求程度算术平均值	1.83	0.45

（1）在家庭成员教育背景方面，多数老人（占70.0%）家中没有人上过大学，19.4%的老人家中有一个大学生，6.6%的老人家中有2个大学生，还有4.0%的老人家中有3个以上的大学生。

（2）在家庭关系方面，绝大多数老人（占87.3%）与家中晚辈关系融洽，其中，36.3%的老人与家中晚辈关系很融洽，50.9%的老人与家中晚辈关系较融洽。

（3）在社会经济地位方面，超过一半的老年人（59.9%）过去一年的收入在国家贫困线2300元以下，21.4%的老年人过去一年纯收入在2300—4999元之间，18.7%的老年人过去一年的收入在5000元以上。

（4）在居住环境方面，在所调查的样本中，76.9%的农村老年人与配偶、子女或孙子女共同居住，19.3%的老年人独居，3.8%的老年人居住在养老院。

（5）在养老服务需求程度方面，调查样本的得分均值为1.83，表明农村老年人的养老服务需求总体水平偏低。

3. 分析结果

在多元回归分析中，课题组设置了4个模型，将上述4类解释变量依次纳入方程中（见表6—15），以期更全面地考察农村老年人的养老服务需求是否以及如何受到不同因素的影响。

表6—15　农村老年人养老服务需求水平多元线性回归分析
（标准化回归系数）

变量类型	变量名称	模型1	模型2	模型3	模型4
身体机能	年龄	0.117**	0.116*	0.143**	0.112*
	性别（参照组：女性）	0.068	0.030	0.041	0.039
	身体健康状况	-0.089*	-0.064	-0.066	-0.073
	生活自理能力	-0.374***	-0.380***	-0.363***	-0.374***
家庭结构特征	婚姻状况（参照组：丧偶或无配偶）		-0.056	-0.051	0.005
	家庭人口数		0.054	0.050	0.031
	代际数		-0.145**	-0.148**	-0.137**
	儿子数（参照组：0个儿子）				
	1个儿子		-0.173	-0.180	0.081
	2个儿子		-0.244**	-0.248**	0.035
	3个及以上儿子		-0.064	-0.078	0.173
	女儿数（参照组：0个女儿）				
	1个女儿		0.071	0.050	0.076
	2个女儿		0.073	0.059	0.101
	3个及以上女儿		0.071	0.040	0.090
	上过大学人数		-0.156***	-0.155***	-0.148***
	与晚辈关系		0.014	0.017	0.018
社会经济地位	文化程度（参照组：未受过正式教育）				
	小学			0.015	0.021
	初中及以上			-0.025	-0.015
	政治面貌（参照组：非党员）			-0.006	0.001
	是否有稳定收入来源（参照组：无）			-0.099*	-0.094*
	2012年个人收入（参照组：2300元以下）				
	2300—4999元			-0.025	-0.016
	5000元以上			0.053	0.073

续表

变量类型	变量名称	模型1	模型2	模型3	模型4
生活场域	居住形式（参照组：与配偶、子女、孙子女共同居住）				
	独居				0.050
	养老院				0.265***
	常数	2.464***	2.769***	2.674***	2.479***
	调整后的判决系数	0.209	0.273	0.278	0.325
	F	24.730***	9.095***	6.872***	7.690***

注：* $p \leq 0.1$，** $p \leq 0.05$，*** $p \leq 0.01$。

从模型1可知，在身体机能变量中，除性别外，年龄、身体健康水平和生活自理水平均对其养老服务需求水平有显著影响。年龄每增加1岁，老年人养老服务需求水平得分便上升0.117个单位；老年人身体健康水平每提升1个单位，其对养老服务的需求水平会下降8.9%；老年人生活自理水平每提升1个单位，其对养老服务的需求水平会下降37.4%。因此，原假设1得到验证。

模型2显示，在加入家庭结构特征变量后，回归方程中调整后的判决系数达到0.273，较之模型1中的判决系数增加了6.4个百分点，年龄与生活自理水平对老年人养老服务需求水平的影响依然显著，但身体健康状况的影响变得不再显著。在代表家庭结构特征的7个变量中，家庭人口代际数、儿子数、家庭成员中上过大学人数3个变量对老年人养老服务需求水平有显著影响。具体表现为：家庭人口每增加一代，老年人养老服务需求水平就下降14.5%；相对于没有儿子的老年人而言，有两个儿子的老年人的养老服务需求水平要低出24.4%；家庭中上过大学的人数每增加一个，老年人养老服务需求水平便下降15.6%，这一结果与原假设的作用方向相反，可能的解释是，家庭中上过大学的人数越多，家庭成员整体素质越高，老年人在家中受到的照顾越充分，其养老服务需求因此显得不那么迫切。综上，原假设2中，除家庭中上过大学的人数这一变量对老年人养老服务需求的影响作用方向与原假设相反外,其他假设均得到验证。

模型3显示,在加入社会经济地位变量后,回归方程中调整后的判决系数为0.278,较模型2中的判决系数增加了0.5个百分点,原模型2中对因变量有显著影响的各个变量的影响依然显著,年龄、家庭人口代际数和儿子数对老年人养老服务需求水平的影响作用增强,生活自理水平和家庭中上过大学的人数对老年人养老服务需求水平的影响略微下降。反映社会经济地位的4个变量中,仅是否有稳定收入来源在90%的置信水平上对老年人养老服务需求水平有显著影响,相对于没有稳定收入来源的老年人而言,有稳定收入来源的老年人的养老服务需求水平下降9.9%。可见,较高的社会经济地位更有助于提高老年人在家中养老的"底气"。文化程度对老年人养老服务需求的影响未通过显著性检验,可能的解释是,调查样本文化程度普遍偏低,仅有极少数样本具有高中以上学历,故高学历对社会养老服务需求的促进作用无法通过现有样本显现出来。

模型4的回归分析结果显示,在引入居住形式变量后,回归方程中调整后的判决系数增加至0.325,较模型3中的判决系数增加了4.7个百分点。除儿子数的影响不再显著之外,原模型3中对因变量有显著影响作用的其他各个变量的影响作用依然显著,生活自理能力的影响作用有所增强,其他变量的影响力度均有所下降。居住环境对老年人养老服务需求水平有显著影响,相对于与配偶子女、孙子女共同居住的老人而言,独居老人的养老服务需求增加5.0%,而居住在养老院的老人的养老服务需求水平增加26.5%。因此,假设4通过检验。

综上所述,农村老年人对养老服务的需求程度主要受到其个人生理特征、家庭结构特征和居住环境的影响,社会经济地位对老年人养老服务需求程度的影响并不显著。具体表现为:第一,年龄越大、身体健康状况越差、生活自理水平越低的老年人,其养老服务需求程度越高。第二,家庭人口代际数越多、儿子数越多、家庭中接受过大学教育的人数越多,老年人对养老服务的需求程度越低。第三,相对于配偶、子女、孙子女共同居住的老年人而言,独居老人对养老服务的需求程度更高,居住在养老院的老年人对养老服务的需求程度最高。

上述分析结果表明：当前，农村老年人养老服务需求主要是一种客观的现实性需求，而非主观的感知性需求。也就是说，在家庭养老观念仍然占据主导地位的时代背景下，对于多数老年人而言，无论其社会经济地位高低，只要具有生活自理能力，老年人首先会考虑"靠自己养老"；只有随着年龄的增长，当其生理机能和生活自理能力持续下降，以至于无法依靠自己养老时，老年人才可能考虑寻求他者的养老支持。而在他者提供的养老服务中，老年人的第一选择仍然是家庭；只有当家庭资源不足时（如没有儿子或有赡养能力的儿子少；因家庭人口代际数很少而导致老年人在家庭中得不到情感慰藉），老年人才会有较为迫切的养老服务需求。从这个意义上讲，老年人的养老服务需求是一种刚性的、不可逆的现实性需求。这种需求一旦产生，如果缺乏相应的社会化服务主体为之提供相应的服务，老年人将会处于孤立无助乃至绝望的境地。为此，强化居家养老的核心地位，以身体机能较差的高龄、鳏居老人为重点对象建设社会养老服务体系应成为当务之急。

三 农村老年人的养老服务供给

（一）农村老年人的养老服务供给现状

1. 农村老年人养老服务主体构成

在生活照料服务主体构成方面，频次分析结果显示（见表6—16），农村老年人生活照料服务的主要供给主体是配偶和子女。其中，57.1%的样本主要从配偶处获得生活照料服务；26.6%的样本主要从子女处获得生活照料服务。

表6—16　　　农村老年人生活照料服务供给主体分布

	频率	百分比（%）	有效百分比（%）	累积百分比（%）
配偶	210	52.6	57.1	57.1
子女	98	24.6	26.6	83.7

续表

	频率	百分比（%）	有效百分比（%）	累积百分比（%）
村集体	2	0.5	0.5	84.2
政府	16	4.0	4.3	88.6
专职服务人员	3	0.8	0.8	89.4
其他	39	9.8	10.6	100.0

注：表中样本数加总后不等于有效样本数的原因是，部分样本的问卷答案存在缺失值。

在精神慰藉服务主体构成方面，调查结果显示（见表6—17），老年人精神慰藉服务的主要供给主体也是配偶和子女。其中，56.5%的样本主要从配偶处获得精神慰藉支持，33.7%的样本主要从子女处获得精神慰藉支持。

表6—17　　　　　老年人精神慰藉服务供给主体分布

	频率	百分比（%）	有效百分比（%）	累积百分比（%）
配偶	213	53.4	56.5	56.5
子女	127	31.8	33.7	90.2
村集体	12	3.0	3.2	93.4
政府	2	0.5	0.5	93.9
专职服务人员	3	0.8	0.8	94.7
其他	20	5.0	5.3	100.0

注：表中样本数加总后不等于有效样本数的原因是，部分样本的问卷答案存在缺失值。

2. 农村老年人养老服务供给的频繁程度

在生活照料服务供给方面，调查结果显示（见表6—18），对于"清扫房间、整理物品"服务项目，仅有14.4%的老年人总是或经常获得支持；对于"换洗衣被"服务项目，仅有14.4%的老年人总是或经常获得支持；对于"做饭"服务项目，仅有16.4%的老年人总是或经常获得支持；对于"清洗餐具"服务项目，仅有14.9%的老年人总是或经常获得支持；对于"喂食喂药"服务项目，仅有5.9%的老年人总是或经常获得支持；对于"个人清洁护理"服务项目，仅有4.3%的老年人总是或经常获得支持;对于"协助翻身、起卧"服务项目,仅有3.1%的老年人总是或经常获得支持;对于"户外活动陪护"服务项目,仅有2.8%的老年人总是或经常获得支持;对于"按摩保健"服务项目,仅有1.8%的老年人总是或经常获得支持;对于"康复理疗"服务项目,仅有1.8%的老年人总是或经常获得支持;对于"体检"服务项目,仅有5.4%的老年人总是或经常获得支持。综上所述,多数农村老年人得到的生活照料服务十分有限。

表6—18　　　　农村老年人获得生活照料服务的频繁程度

(括号内为有效百分比)

服务项目	总是	经常	偶尔	很少	从未
清扫房间、整理物品	17(4.3%)	40(10.1%)	49(12.4%)	137(34.7%)	152(38.5%)
换洗衣被	17(4.3%)	40(10.1%)	47(11.9%)	135(34.2%)	156(39.5%)
做饭	23(5.8%)	42(10.6%)	42(10.6%)	127(32.2%)	161(40.8%)
清洗餐具	19(4.8%)	40(10.1%)	41(10.4%)	130(32.9%)	165(41.8%)
喂食喂药	7(1.8%)	16(4.1%)	28(7.1%)	128(32.4%)	216(54.7%)
个人清洁护理	5(1.3%)	12(3.0%)	26(6.6%)	114(28.9%)	238(60.3%)
协助翻身、起卧	5(1.3%)	7(1.8%)	17(4.3%)	113(28.8%)	251(63.9%)
户外活动陪护	1(0.3%)	10(2.5%)	17(4.3%)	110(28.0%)	255(64.9%)
按摩保健	1(0.3%)	6(1.5%)	13(3.3%)	112(28.5%)	261(66.4%)
康复理疗	1(0.3%)	6(1.5%)	15(3.8%)	115(29.3%)	256(65.1%)
体检	7(1.8%)	14(3.6%)	59(15.0%)	138(35.1%)	175(44.5%)

注:表中样本数加总后不等于有效样本数的原因是,部分样本的问卷答案存在缺失值。

在精神慰藉服务供给方面,对于"聊天解闷,排解抑郁情绪"、"子女的陪伴和关心"和"邻里间串门"3项服务项目,大部分老年人获得精神慰藉服务的频繁程度较高。具体而言,对于"聊天解闷,排解抑郁情绪"服务项目,有29.7%的老年人很少或从未获得支持,45.2%的老年人总是或经常获得支持,还有25.1%的老年人偶尔获得支持;对于"子女的陪伴和关心"服务项目,30.8%的老年人很少或从未获得支持，32.3%的老年人总是或经常获得支持，还有37.0%的老年人偶尔获得支持；对于"邻里间串门"服务项目，30.6%的老年人很少或从未获得支持，43.8%的老年人总是或经常获得支持，还有25.6%的老年人偶尔获得支持；对于"参加一定的娱乐活动"服务项目，76.7%的老年人很少或从未获得支持，仅有10.3%的老年人总是或经常获得支持；对于"读书看报等知识性活动"服务项目，79.8%的老年人很少或从未获得支持，仅有11.2%的老年人总是或经常获得支持；对于"心理辅导"服务项目，95.8%的老年人很少或从未获得支持，仅有1.7%的老年人总是或经常获得支持（见表6—19）。

表6—19　　　　农村老年人获得精神慰藉服务的频繁程度

（括号内为有效百分比）

服务项目	总是	经常	偶尔	很少	从未
聊天解闷，排解抑郁情绪	19（4.9%）	156（40.3%）	97（25.1%）	101（26.1%）	14（3.6%）
子女的陪伴和关心	12（3.1%）	113（29.2%）	143（37.0%）	104（26.9%）	15（3.9%）
参加一定的娱乐活动	3（0.8%）	37（9.5%）	51（13.0%）	161（41.2%）	139（35.5%）
读书看报等知识性活动	6（1.6%）	37（9.6%）	35（9.1%）	122（31.6%）	186（48.2%）
邻里间串门	19（4.9%）	150（38.9%）	99（25.6%）	79（20.5%）	39（10.1%）
心理辅导	1（0.3%）	5（1.4%）	9（2.5%）	82（22.7%）	264（73.1%）

注：表中样本数加总后不等于有效样本数的原因是，部分样本的问卷答案存在缺失值。

（二）农村老年人养老服务供需对比

统计结果显示（见表6—20），总体而言，老年人养老服务需求响应率均值为0.533，表明超过1/2样本的养老服务需求能从相应服务主体处获得响应或支持。

表 6—20　　　　　　　农村老年人养老服务需求响应率

	N	极小值	极大值	均值	标准差
养老服务需求响应率	356	0.00	1.00	0.533	0.401
生活照料服务需求响应率	176	0.00	1.00	0.209	0.380
精神慰藉服务需求响应率	334	0.00	1.00	0.566	0.402

注：表中样本数加总后不等于有效样本数的原因是，部分样本的问卷答案存在缺失值。

为进一步了解老年人不同类别养老服务需求的均衡度，课题组分别从生活照料服务、精神慰藉服务供需关系进行了对比分析。

1. 生活照料服务供需对比

如表 6—20 所示，农村老年人生活照料服务响应率均值为 0.209。这意味着，平均而言，老年人 20.9% 的生活照料服务项目需求能够获得响应或支持。

逐项对比农村老年人对生活照料各项服务的需求率与响应率发现（见表 6—21），对于"清扫房间、整理物品"服务项目，有 17.5% 的老年人有需要，有 14.4% 的老年人经常或总是获得支持；对于"换洗衣被"服务项目，有 17.0% 的老年人有需要，有 14.4% 的老年人经常或总是获得支持；对于"做饭"服务项目，有 15.7% 的老年人有需要，有 16.4% 的老年人经常或总是获得支持；对于"清洗餐具"服务项目，有 14.2% 的老年人有需要，有 14.9% 的老年人经常或总是获得支持；对于"喂食喂药"服务项目，有 8.4% 的老年人有需要，但只有 5.9% 的老年人经常或总是获得支持；对于"个人清洁护理"服务项目，有 7.8% 的老年人有需要，但只有 4.3% 的老年人经常或总是获得支持；对于"协助翻身、起卧"服务项目，有 7.4% 的老年人有需要，但只有 3.1% 的老年人经常或总是获得支持；对于"户外活动陪护"服务项目，有 8.9% 的老年人有需要，但只有 2.8% 的老年人经常或总是获得支持；对于"按摩保健"服务项目，有 9.4% 的老年人有需要，但只有 1.8% 的老年人经常或总是获得支持；对于"康复理疗"服务项目，有 10.4% 的老年人有需要，但只有 1.8% 的老年人经常或总是获得支持；对于"体检"服务项目，有 35.0% 的老年人有需要，但只有 5.4% 的老年人经常或总是获得支持。可见，在所有农村老年人需求的生活照料服务项目中,除"清扫房间、整理物品"、"换洗衣被"、"做饭"、"清洗餐具"和"喂食喂药"5项服务的需求响应率相对较高以外,其他各项生活照料服务的响应率均处于较低水平。

表6—21 农村老年人生活照料服务需求率、供给率逐项对比分布

单位:%

服务类别或项目	需求率	供给率
1. 清扫房间、整理物品	17.5	14.4
2. 换洗衣被	17.0	14.4
3. 做饭	15.7	16.4
4. 清洗餐具	14.2	14.9
5. 喂食喂药	8.4	5.9
6. 个人清洁护理	7.8	4.3
7. 协助翻身、起卧	7.4	3.1
8. 户外活动陪护	8.9	2.8
9. 按摩保健	9.4	1.8
10. 康复理疗	10.4	1.8
11. 体检	35.0	5.4

2. 精神慰藉服务供需对比分析

如表6—20所示,农村老年人情感慰藉服务项目需求的响应率均值为0.566。这意味着平均而言,老年人有56.6%的服务项目需求得到了相应的响应和支持,但仍有超过4成的服务需求尚未得到响应。

逐项对比农村老年人对精神慰藉各项服务的需求率与响应率发现(见表6—22),对于"聊天解闷,排解抑郁情绪"服务项目,63.5%的老年人有需求,但只有45.2%的老年人经常或总是获得支持;对于"子女的陪伴和关心"服务项目,63.8%的老年人有需求,但只有32.3%的老年人经常或总是获得支持;对于"参加一定的娱乐活动"服务项目,26.6%的老年人有需求,但只有10.3%的老年人经常或总是获得支持;对于"读书看报等知识性活动"服务项目,18.9%的老年人有需求,11.2%的老年人经常或总是获得支持;对于"邻里间串

门"服务项目，54.8%的老年人有需求，43.8%的老年人经常或总是获得支持；对于"心理辅导"服务项目，7.6%的老年人有需求，1.7%的老年人经常或总是获得支持。可见，就供需关系而言，在精神慰藉服务需求方面，对于6个服务项目，老年的服务需求均能得到不同程度的响应，但响应比例均较低。

表6—22 农村老年人精神慰藉服务需求率、供给率逐项对比分布

单位:%

服务类别或项目	需求率	供给率
1. 聊天解闷，排解抑郁情绪	63.5	45.2
2. 子女的陪伴和关心	63.8	32.3
3. 参加一定的娱乐活动	26.6	10.3
4. 读书看报等知识性活动	18.9	11.2
5. 邻里间串门	54.8	43.8
6. 心理辅导	7.6	1.7

（三）农村老年人对养老服务供给的满意度

通过计算样本对生活照料服务、精神慰藉服务和养老服务主体满意度水平的算术平均值，课题组得到农村老年人对养老服务整体满意度的得分均值（见表6—23）。统计结果显示，总体而言，农村老年人对养老服务供给整体满意度得分均值为2.966，处于一般水平。其中，农村老年人对养老服务内容满意度得分均值是3.526，介于"一般"和"比较满意"之间；农村老年人对养老服务主体满意度得分均值是2.710，介于"不太满意"和"一般"之间。

表6—23　农村老年人对养老服务的满意度描述统计

	N	极小值	极大值	均值	标准差
养老服务整体满意度	244	1.71	4.14	2.966	0.529
养老服务内容满意度	390	1.00	5.00	3.526	0.734
养老服务主体满意度	245	1.60	4.20	2.710	0.615

注：表中样本数加总后不等于有效样本数的原因是，部分样本的问卷答案存在缺失值。

为了进一步厘清社会养老服务体系建设的改进方向，笔者分别对养老服务内容和供给主体的满意度进行了具体分析。

在对养老服务内容的满意度方面（见表6—24），对于生活照料服务，59.2%的样本表示比较满意或非常满意，其满意度得分均值为3.55，介于"一般"和"比较满意"之间；对于精神慰藉服务57.8%的样本表示非常或比较满意，其满意度得分均值是3.50，亦介于"一般"和"比较满意"之间。可见，多数农村老年人对养老服务内容持比较满意态度。

表6—24　　　农村老年人对养老服务内容满意度的频次分布

（括号内为有效百分比）

服务内容	很不满意	不太满意	一般	比较满意	非常满意	均值
生活照料服务	4（1.0%）	29（7.4%）	127（32.4%）	212（54.1%）	20（5.1%）	3.55
精神慰藉服务	6（1.5%）	37（9.5%）	122（31.2%）	206（52.7%）	20（5.1%）	3.50

注：表中样本数加总后不等于有效样本数的原因是，部分样本的问卷答案存在缺失值。

在对养老服务主体的满意度的方面，除对子女的服务满意度均值在3分以上外，调查样本对其他4类服务主体的满意度均值均在3分以下（见表6—25）。具体而言，在4类社会养老服务主体中，农村老年人对邻里的满意度水平最高，对政府和村干部的满意度次之，对社区专职人员和志愿者的满意度最低。可见，总体而言，农村老年人对社会养老服务的满意度仍处于较低水平。

表6—25　　　老年人对养老服务主体满意度的频次分布

（括号内为有效百分比）

服务主体	很不满意	不太满意	一般	比较满意	非常满意	均值
子女	12（3.1%）	31（7.9%）	70（17.9%）	220（56.4%）	57（14.6%）	3.72
邻里	28（7.2%）	132（33.8%）	88（22.5%）	129（33.0%）	14（3.6%）	2.92
政府和村干部	36（9.1%）	161（40.9%）	95（24.1%）	82（20.8%）	20（5.1%）	2.72

续表

服务主体	很不满意	不太满意	一般	比较满意	非常满意	均值
社区专职人员	149（60.1%）	22（8.9%）	65（26.2%）	12（4.8%）	0（0%）	1.76
志愿者	149（60.1%）	23（9.3%）	67（27.0%）	7（2.8%）	2（0.8%）	1.75

注：表中样本数加总后不等于有效样本数的原因是，部分样本的问卷答案存在缺失值。

四 城乡社会养老服务体系的供需矛盾及其影响因素

如上所述，农村养老服务供给与老年人需求之间还有较大差距。那么，农村养老服务的供需失衡在社会养老服务体系建设实践中有哪些体现？造成农村社会养老服务供需失衡的原因何在？为回答上述问题，课题组于2013年3月在湖北省武汉市、宜昌市和汉川市展开了城乡社会养老服务体系建设专题调查。调查发现，城乡社会养老服务体系供需矛盾具有很大的相似性。为此，笔者以三地社会养老服务体系建设实践为例，分析城乡社会养老服务体系的供需矛盾表征及其影响因素。

（一）农村养老服务体系的供需矛盾表征

1. 养老服务供给总量不足，难以满足社会化养老服务需要

（1）机构养老设施总量不足，公办机构与民办机构发展失衡

一是机构养老床位缺口较大。据统计，截至2013年3月，湖北省现有老年人与残疾人收养服务床位22.8万张，日间照料床位数2963张，社区留宿照料床位1527张，现有床位数不及全省老年人口总数的2.9%，离国家中部地区标准（3%）还有一定差距，离国际标准（5%）还有较大差距。从实地调查的情况来看，武汉市养老床位不到4万张，离5%的国际标准还有2万多张的差距；宜昌市千人床位数仅为22张，离3%的中部地区标准还有较大差距；汉川市城区仅有1家公办养老院和3家民办福利院，其养老床位数与国家中部地区标准还有很大差距。

二是公办养老机构与民办养老机构发展水平差距拉大。在硬件设

施方面，多数地区开展了公办养老院的提档升级工作，完成了公寓楼、食堂、老年人活动中心及院内设施的升级改造；民办养老机构却因土地供应紧张、城市改造、征地拆迁、经费紧张等原因普遍面临着"新建养老院土地和场所缺乏"、"已建养老院后期投入不足、设施设备年久失修、安全消防条件不达标"等问题。在软件服务方面，公办养老院养老服务的人性化、专业化水平显著提高。如宜昌市社会福利院开通了餐厅免排队语音叫号服务、QQ群等老年人家属沟通平台和社会工作服务等项目，其打造的"亲亲福园"品牌获全国民政系统窗口单位为民服务创先争优活动"优质服务品牌"称号。与之相比，民办养老机构一般只能提供基本的自理、半自理服务，服务的专业化程度很低。于是，公办福利院往往一床难求，长期满负荷运转；民办养老机构则因社会认同度不高而常常出现床位闲置情况，不少民办养老机构只能艰难度日，一些民办养老机构甚至濒临倒闭。如在宜昌市，一度以"医养结合"为特色的平湖老年公寓，因平湖半岛旅游开发而被纳入征地拆迁范围，加上其新址尚未确定，该机构未能及时更新改造设施、设备，也没法扩大经营规模，从而导致其设施、设备老化且年久失修，收养服务对象规模逐年萎缩，目前正处于勉强维持状态。在十堰市，该市批准运营的社会养老机构有4家，因缺乏配套扶持，有2家已经倒闭，仅存2家则在艰难度日。

三是城乡机构养老服务发展不平衡，农村机构养老服务供需缺口更大。自2000年社会福利社会化改革以来，城市公办和民办福利机构均有所发展，除"三无"老人外，越来越多的城市老年人可以通过自费代养方式在福利院获得各种类型的养老服务。而在农村，由于社会养老服务事业发展尚处于起步阶段，绝大多数乡镇福利院仅为五保供养对象提供集中供养服务，仅有极少数福利院有闲置床位为其他农村老年人提供自费代养服务。可见，农村老年人的机构养老服务供给与需求之间的缺口更大。

（2）居家养老服务明显滞后于机构养老服务体系建设

从服务点建设现状来看，多数地区居家养老服务体系建设尚处于试点阶段，其发展进程明显滞后于机构养老服务体系建设。如，在汉川市，截至2013年3月，仅有山后湾、西门桥、火猴山3个社区建立了居家养老服务站。

从居家养老服务运转现状来看，一些地方因政府购买服务后续经费不到位、服务人员紧缺等原因，其居家养老服务站基本停止运转；个别地方为应付检查、树立典型，只是在形式上成立了居家养老服务站，"文件成册，制度上墙"，并未开展实质性居家养老服务。

从服务对象构成来看，一些地方虽开展了居家养老服务工作，却因为宣传有限、动力不足等原因导致服务受益人员有限，服务对象仅限于高龄"三无"老人，尚无法满足其他高龄、失能老人的服务需求。

从服务内容来看，居家养老服务的内容多以帮助做饭、代购物品、打扫卫生等日常生活照料、家政服务和"聊天谈心"类的精神慰藉服务为主，康复护理、医疗保健服务和专业化程度较高的"心理辅导"服务供给严重不足。

（3）社区养老服务覆盖率低，日间照料与居家养老支持功能发挥有限

一是服务平台建设不足，受益面窄。在城市社区养老服务中心建设方面，据宜昌市民政局调查，该市已建成社区养老服务中心数不到全市社区总数的30%，离社区日间照料服务全覆盖目标还有很大差距；在农村互助照料服务活动中心建设方面，由于村集体经济薄弱，闲置场地有限，仅有少数农村社区建立了互助照料活动中心。

二是服务功能发挥有限。在城市，多数社区养老服务中心一般都提供了基本的日间照料、配餐送餐服务，但因为床位有限，多未能有效发挥其短期托养服务功能；在农村，由于经费投入不足、老年人支付能力和服务人员有限，多数农村互助照料活动中心仅能为老年人提供打牌、下棋、读书看报的娱乐、学习活动场所，少数农村互助活动中心为老年人提供了配餐送餐服务，仅有极少数农村互助活动中心能为老年人提供日间照料和短期托养服务。从一定意义上讲，多数农村互助照料活动中心仅能发挥老年人自娱自乐功能，其互帮互助、以老助老功能尚未得到充分发挥。

2. 养老服务工作人员队伍稳定性差，专业素质有待提高

（1）养老服务工作人员招用难、留人难

从养老服务机构规模来看，福利机构的总体规模偏小，从业人员

人数相对有限。调查发现，绝大多数福利机构的员工总数在35人以下，仅有16.7%的福利机构员工总数在35人以上。其中，67%的福利机构员工总数不足25人，还有22.3%的福利机构员工总数不足15人。

从就业意愿来看，多数专业人员不太愿意从事护理服务工作。据多名养老机构负责人反映，由于照顾老人既要有耐心，又要有好的脾气，老年人护理工作繁杂且又脏又累，一般人很难承受，护理员难请、难留是当前多数养老服务机构所面临的普遍问题。

（2）养老服务工作人员结构不尽合理，专业素质不高

从工作人员来源构成来看，绝大多数养老服务工作人员为下岗工人或农民工。平均而言，养老服务机构中有33.21%的服务工作人员是从下岗工人中招聘的，有41.09%的服务工作人员是从农村招聘的，二者所占比例合计74.3%。

从工作人员构成来看，在课题组调查的22家养老机构中，绝大多数养老机构仅配置了日常照料护理人员、厨师和保洁员。72.7%的机构没有配置康复理疗人员，81.8%的机构没有配置心理辅导师，81.8%的机构没有配备社会工作师，58.3%的机构没有配置营养师，50%的机构没有配置医师。由此可见，绝大多数机构仅能为老年人提供日常饮食起居、配餐送餐、居室卫生护理等基本服务，尚无法为老年人提供专业的医疗康复护理、精神慰藉服务，离社会养老规划提出的"医养结合"目标还有较大差距。

从工作人员文化素质来看，绝大多数养老服务工作人员仅具有高中以下学历。平均而言，养老机构中有48.1%的服务工作人员仅具有初中以下学历，有31.6%的服务工作人员仅具有高中学历。在所有有效样本中，有66.7%的养老机构中具有本科以上学历工作人员的数目为0，有18.8%的养老机构中具有大专学历工作人员的数目为0。可见，整体而言，养老服务工作人员的学历层次普遍较低。

从工作人员专业水平来看，多数服务人员为未获得职业资格证书的非专业从业人员，仅有36.2%的养老服务工作人员具有职业资格证书。

3. 养老志愿服务风尚与长效机制有待形成

调查显示，在所有有效样本中，仅有21.9%的老年人接受过志愿

者提供的服务。比较而言，居住方式不同的老年人在接受志愿服务的频繁程度方面有显著差异：机构养老老年人因为有固定的养老服务场所，其接受过志愿者服务的比例（31.0%）较居家养老老年人高出13.2个百分点。上述数据表明，一方面，多数老年人尚未接受过志愿者提供的服务；另一方面，在居家养老老年人中，接受志愿服务的比例更低。

在志愿服务的频繁程度方面，在所有有效样本中，有12.3%的老年人偶尔接受志愿服务，仅有5.2%的老年人"较频繁"地得到志愿服务，仅有0.8%的老年人"很频繁"地得到志愿服务。比较而言，较之机构养老老年人，较频繁得到志愿服务的居家养老老年人比例更低，仅有3.2%；"很频繁"地得到社区志愿服务的机构养老老年人数目为0。上述数据表明，尽管有少数老年人得到过志愿者服务，但志愿服务多是临时性的，长期性、经常性志愿服务极少。据多家养老机构负责人反映，志愿者一般会在周末或重阳节、端午节、学雷锋日等重要节假日来福利院或居家养老服务站提供志愿服务。尤其是在重阳节和学雷锋日，同一个机构一天要接待好几批志愿者，经常会出现老年人重复接受志愿服务的现象。然而，节假日一过，志愿者就少多了，福利院或居家养老服务站又会变得冷清下来。由此可见，志愿养老服务仍然具有"运动式"的特征。

在养老服务志愿者构成方面，据多家养老机构负责人反映，当前，志愿服务者仍以学生为主力，一般以课外实习、社会实践方式进行，非学生志愿者比例很低。其中，学生志愿者又以高校学生为主，中、小学学生相对较少。在武汉市武昌区，有28.3%的老年人得到过志愿服务，其中11.1%的老年人较频繁地得到志愿服务；在宜昌市，有24.6%的老年人得到过志愿服务，其中8.8%的老年人较频繁或很频繁地得到过志愿服务；在汉川市，仅有14.3%的老年人得到过志愿服务，频繁得到志愿服务的老年人数目为0。在上述三个地区，武汉市武昌区是高校聚集地，宜昌市有三峡大学等高校，汉川市仅有中等职业技术学院。比较而言，武昌的在校大学生最多，宜昌次之，汉川很少。这进一步论证了大学生是养老志愿服务的主力军，其他类型志愿者提供养老服务的比例很低。可见，养老服务志愿者队伍仍然具有来源单一化的特征。

在志愿服务内容方面，所有有效样本中，1.2%的老年人主要从志愿工作者处获得"按摩保健"服务；1.4%的老年人主要从志愿者处获得"常见疾病的防治"服务；2.0%的老年人主要从志愿者处获得"医疗保健知识的普及"服务；0.3%的老年人主要从志愿者处获得"定期体检、义诊"服务；0.5%的老年人主要从志愿者处获得"生日有人问候和陪同"服务；0.5%的老年人主要从志愿者处获得"节日有人问候和陪同"服务；1.2%的老年人主要从志愿者处获得"组织老年联谊活动"服务；1.1%的老年人主要从志愿者处获得"组织老年娱乐活动"服务；0.9%的老年人主要从志愿者处获得"老年培训或讲座"服务；2.0%的老年人主要从志愿者处"参加公益等社会活动"服务；0.4%的老年人主要从志愿者处获得"帮助解决家庭纠纷"服务。上述数据表明，志愿者为老年人提供的服务主要包括："按摩保健"、"常见疾病的防治"、"医疗保健知识的普及"等预防、保健型医疗护理服务；"组织老年娱乐活动"、"参加公益等社会活动"、"组织老年联谊活动"等社会参与服务。相对而言，志愿者较少为老年人提供长期照料、专业护理、心理辅导、权益保障等服务。由此可见，从服务内容来看，现阶段的养老志愿服务仍然具有"浅层化"特征，即志愿者服务往往限于为福利机构义务劳动、帮助服务对象做简单护理、为服务对象组织娱乐、联谊活动等浅层次的服务，较少为老年人提供专业护理、心理辅导等深层次服务和长期照料服务。

综上所述，养老志愿服务仍然呈现出"运动式"、"单一化"和"浅层化"特征，志愿服务的社会风尚和长效机制仍然有待形成。

4.养老服务福利性不足，服务质量有待提高

（1）养老服务内容单一、层次偏低，难以满足老年人高层次服务需要

在课题组实地调查的养老机构中，除武昌区社会福利院较好地实现了"养医结合"、宜昌市社会福利院较好地实现了人性化、全方位服务外，多数福利院主要为老年人提供自理和半自理服务，其全护理服务对象大多不超过收养老人总数的10%，养老服务内容因此均较为单一，且层次较低。以汉川市为例，该市在城区有一家公办福利院和

3家民办福利院。作为该市唯一一家公办示范性福利院，汉川市社会福利院为老年人提供的服务主要也仅限于日常护理、聊天谈心。在医疗护理服务方面，该院唯一的一名医护人员于2012年退休，目前仅有一名副院长能做简单的医护工作，院内老年人的日常医疗护理只好全部承包给福利院附近的优抚医院。在心理疏导方面，该院主要通过聊天谈心开导老年人，极少为老年人提供专业心理辅导服务。据该院负责人不完全统计，在该院入住的119位名老人中，约有10人心理问题比较突出，但得不到专业治疗或辅导。而在老有所乐服务方面，在2012年，除市民政局组织"送戏上门"一天外，平时基本上是老年人在福利院里自发组织跳舞、打麻将、下棋之类的娱乐活动，老年人很少像大城市福利院老年人一样可以经常参加一些娱乐、竞技乃至社会公益活动。

（2）养老服务福利性不足，边缘群体难以共享社会发展成果

社会养老服务是社会福利事业的重要组成部分，其本质特征在于福利性。然而，由于财政支持有限，多数养老服务机构尤其是民办福利机构主要依靠市场机制维持运转。其结果是，在各类养老机构，除"三无"老人、"五保老人"可以享受公费收养待遇，高龄独居老人可以享受政府购买服务补助，以稳定退休收入或其他稳定经济来源的高收入人士可以享受自费代养与家政服务外，大量有社会养老需求但经济条件较差的中低收入老年人或有子女但子女不在身边的空巢老年人被排斥在社会养老服务体系之外。此外，由于政府对公费收养老年人的补贴标准偏低或购买服务补贴标准偏低，养老服务机构不得不严格控制老年人服务成本，从而导致部分老年人服务需求无法得到有效满足。

案例6—1：实地调查期间，据H福利院入住老人反映，该院一位"三无"老人不慎摔伤，经福利院批准，指定医院给老人开了一个星期的药。一周之后，老人并未完全康复，希望到医院继续治疗。然而，福利院为控制医疗费用，并未批准老人的申请，而是让老人改用热水袋热敷患处。

(3) 养老服务不够人性化，老年人权益受损问题突出

近年来，各级民政部门加强了对养老机构的安全管理工作。为防止老年人发生安全事故，一些福利院对入住老年人实行封闭化管理，平时一般大门紧锁，禁止入住老年人随意外出。在实地调查期间，据多家养老机构入住老人反映，"福利院总是担心我们出去后的安全问题。为防止我们出事后家人找福利院的麻烦，每次我们出院，福利院都会要求我们签订安全责任协议，并申明出院后安全自负。否则，就不让出院。"

> 案例2：一位老人因导尿管堵塞，向福利院申请上医院疏通。福利院因老人身体不便，未批准老人单独出去。老人只好给外地的儿子打电话。接到电话后，老人的儿子给福利院负责人打电话，请求福利院派人送其去医院。对此，福利院的答复是，可以带老人去医院，但因为最近两天事情太多，实在没有时间，只能在两天后送老人去医院。老人再次请求自己出去，但仍旧以安全理由被拒绝。

在个案2中，福利院关心老年人安全总是无可厚非，但为了规避责任而无视老年人的紧急需求，未免显得人性化不足。

此外，个别福利机构还存在克扣老人饮食、侵犯老人权益的现象。如实地调查期间，课题组成员亲眼看见一位中风老人想起床，屋里的服务员却熟视无睹。

(4) 养老服务众口难调，难以满足老年人多元化服务需要

如前所述，老年人的养老服务需求与其身体健康状况、生活自理能力、家庭特征及社会经济地位密切相关。身体健康水平、生活自理能力不同，老年人对养老服务内容的需求就不尽相同；家庭特征不同，老年人养老服务的需求重点就不尽相同；社会经济地位不同，老年人养老服务的需求水平及消费能力也不尽相同。以膳食服务为例，有的老人口味比较清淡，有的老人口味较重；有的老人喜欢吃素食，有的老人爱吃荤菜；有的老人注重口感，有的老人注重营养搭配。对于不同老人的不同需求，宜昌市社会福利院立足"优质服务、特色服

务"的宗旨,除为老人提供统一服务外,还针对不同的护理对象制订个性化护理方案,内容涵盖了膳食、治疗、护理、康复、心理、教育等环节,较好地满足了福利院老人的个性化服务需求。然而,在绝大多数民办养老机构和入住老人较少的公办福利院,由于服务人手和精力有限,加上出于控制运营成本的考虑,一般只能为老人提供统一标准的膳食服务,较少兼顾老年人的个性化需求。如据汉川市社会福利院负责人反映,"院里有老人提出个性化服务需要,但有类似需求和消费能力的老人不多,加上我们的师傅人手不足,精力有限。所以,目前只能求同存异,暂时无法满足少数老人的个性化需求。"

(二) 养老服务体系供需均衡的影响因素分析

1. "发展规划缺位"加剧养老服务供需矛盾

无论是福利院,还是居家养老服务站(中心)或社区养老服务中心,都需要一定的服务场所和服务用房。由于湖北省正处于城镇化、工业化快速发展阶段,经济社会持续快速发展对建设用地的需求不断增长,建设用地的供给压力更加突出,养老服务建设用地未能得到充分保障。

为加快发展城乡社区居家养老服务,鄂政办发〔2012〕83号文件提出,"各地要比照公益性养老机构,将社区居家养老服务中心和服务实体的设施、场所建设纳入本地经济社会发展规划",在编制实施相关规划时,"充分考虑社区居家养老服务发展需要,优先规划定点,预留发展空间,合理规划布局养老服务设施和场所"。

然而,综观全省各地,除武汉市在社会养老服务建设"十二五"规划中明确提出"在新建小区、旧城改造、城中村改造、迁村腾地及建设新农村项目中,配套建设相应面积的居家养老服务用房;老旧社区通过腾退、置换相应房产予以配置居家养老服务用房"外,其他地区均未出台相应的政策文件或实施细则。如荆州市荆发〔2012〕4号文件规定,新建住宅小区和旧城连片改造居民区,根据政府规划独立设置社区居民委员会的,建设方必须同时规划建设不低于300平方米的社区工作用房和居民公益性服务设施,无偿提供给社区居委会使用,但没有明确该用房或资金用于社区居家养老服务。《宜昌市人民政府关于推进养老服务社会化的实施意见》提出要统筹安排养老服务机构建设,要将养老服务机构及床位建设纳入当地经济社会发展计划,但同样未对养老机构设施、场所及建房用地规划提出明确指导意见或实施意见。相应地,各个地区的经济社会发展规划一般只是笼统地提出要加快发展社会养老服务事业,并未对社会养老服务事业的空间布局作出明确规划。

由于地方经济社会发展水平滞后,社会养老服务供需矛盾更加突出。其主要表现为:第一,由于养老服务设施、场所与住房建设在城乡经济社会发展规划中定位不明,规划滞后,在湖北省的绝大多数地方,新建小区普遍有医院、幼儿园、学校、居委会等配套设施与场所,却没有养老机构用房。第二,因为土地供应紧张,绝大多数民办养老机构只能靠租赁场地和房屋来提供养老服务。由于是租赁经营,"只要养老院经营较好,房东就要涨房租或赶你走",这是多数民办养老机构负责人共同的烦恼。第三,由于中心城区土地资源紧缺,多数养老机构只能建在郊区,普遍面临基本公共服务设施配套不全、老年人出行不便等问题。第四,由于规划无位、拿地无望,一些民间资本有意投资养老服务业,却不得不望而却步。如在十堰市,因没有做养老专项用地控制性详细规划,该市城区近几年批准筹办的13家社会养老机构,均未能落实建设用地。

2. "政策不到位"延缓养老服务社会化进程

当前,湖北省各级政府相继出台了推进养老服务体系建设的相关政策文件或实施办法,为扶持养老服务事业发展提供了政策依据和制度保障。然而,在相关政策实施过程中,政策不到位、"制度软化"的现象仍然十分突出,这明显延缓了养老服务社会化进程。其主要表现为:

第一,一些地区实施细则不明确,导致养老扶持政策形同虚设。如在黄冈地区,由于各县(市)仍未出台统一的社会养老服务体系建设总体规划和实施细则,对于如何保障养老公共服务经费来源、社会养老机构如何布局、养老机构与设施规模应达到什么样的标准、如何落实对民办养老机构的扶持政策等问题,当地并未形成统一的目标和实施方案,从而导致养老公共服务投入在当地社会事业发展支出中所占比例偏低、养老机构建设远远落后于国家中部地区标准、民办养老机构发展迟缓、社会力量参与不足等问题①。

第二,一些地区养老扶持政策缺乏可持续性,导致部分养老服务项目难以为继。以居家养老服务项目为例,在武昌区,对于新建居家养老服务中心,政府给予5万元的开办经费,但机构成立后的运营经费主要靠居家养老服务机构自己解决。由于经费来源有限,一些机构很难维持正常运转。在汉川仙女山街道火猴山社区居家养老服务站,从2009年至2011年,政府按每人每月100元的标准为享受居家养老服务的老年人提供政府购买服务补贴,服务站最高峰时为11位老人提供过居家养老服务;2012年以来,由于政府不再拨款,社区没有其他经费来源,老年人也无力承担服务费用,该服务站只好暂停居家养老服务。在十堰市,由于没有养老服务"运营补贴"和"购买服务补贴"经费支撑,没有固定场所和专职专业人员服务,该市兴办的27处社区居家养老服务中心多是挤占社区其他服务用房或在社区服务大厅挂上一个牌子,社区居家养老服务活动开展乏力。

第三,一些地方政府财政补贴周期过长,严重影响养老服务建设项目进度。据孝感市孝南区反映②,因国家、省"十二五"规划配套资金、市福利彩票公益金从申报到资金到位时间跨度过长,各养老服务设施建设单位普遍资金有限,严重影响按时按质完成社区养老服务站、养老服务设施项目建设。

第四,一些地方民办养老机构扶持政策不到位,导致民办养老服务机构发展迟缓。其主要表现为:一是因民政部门与水、电、气、税部门条块分割,地方政府对上述部门没有直接管辖权,导致民办养老机构用水、用电、用气及税收优惠政策难以落到实处。二是民办养老机构的床位补贴及运营补贴未能及时、足额拨付到位。如按荆州市规定,民办养老机构床位补贴由市区两级按1∶1配套补助,但在2010

---

① 湖北民政:《养老服务体系建设初探——以湖北省麻城市为例》,湖北民政网,http://hubei.mca.gov.cn/article/gzyj/201210/20121000365183.shtml。

② 孝南区民政局:《政府主导、城乡统筹全力打造适度普惠型养老服务体系》,湖北民政网,http://www.hbmzt.gov.cn/xxgk/ywb/shfl/zcfg/201012/P020101229351415930274.doc。

年度，该市市级补助资金到位，荆州区、荆州开发区的区级补助却因为多种原因未能兑现给民办养老机构①。三是信贷支持渠道不畅通，影响民办养老机构建设和发展。养老服务机构建设涉及土地整理、房屋建设、设施设备购置、场地规划、消防安全配置、服务人员聘请等一系列环节，每一个环节都要投入大量的资本，具有投入大、周期长、见效慢等特点。因此，民办养老机构对信贷支持有较大的需求。然而，由于针对民办养老机构信贷支持的配套政策不到位，在"信贷紧缩"背景下，民办养老机构普遍面临贷款难、融资难的问题，进而限制了其机构建设、规模扩张和进一步发展。

3. 经费来源渠道单一，弱化社会养老服务福利性

一般而言，社会养老服务机构的经费来源渠道主要有三种，即：政府资助、自营收入和社会捐赠收入。其中，政府资助主要体现为：各级政府通过财政转移支付和福彩公益金资助养老服务机构开展服务设施建设、承担公办养老机构日常行政支出和有财政编制人员的工资支出，对收养"三无"和"五保"集中供养老人的养老机构发放机构补贴，对民办养老机构发放床位新建与运营补助；自营收入主要源于养老服务机构向自费代养老人、居家养老老人及社区日间照料老人收取的养老服务费用；社会捐赠收入主要是指养老服务机构通过募捐、接受捐赠等方式获得的社会慈善捐助收入。就湖北省现状而言，社会养老服务机构普遍面临政府资助标准过低、社会捐赠有限等问题，其结果是，多数养老服务机构不得不主要依靠自营收入维持运转，进而可能弱化社会养老服务的福利性。

第一，政府资助标准过低，影响政府供养对象福利待遇。以十堰市为例，湖北省各地政府规定，对于农村"五保"老人，集中与分散供养财政补助标准年人均分别为2100元（175元/月/人，5.8元/日/人）和1600元（133元/月/人，4.4元/日/人），而当年全市城乡居民平均生活水平分别为11840元和4013元，由此可见，"三无"、"五

---

① 荆州市民政局课题调研组：《荆州市养老服务建设现状及思考》，湖北民政网，2013年4月8日，http：//jz.hbmzt.gov.cn/gzyj/201304/t20130408_151517.shtml。

保"供养对象的生活标准离当地居民的平均生活水平还有很大的差距[①]。

第二，社会捐赠收入有限。在实地调查过程中，据多家养老服务机构反映，除服务收费和政府资助外，平时也会有一些慈善人士或慈善团体到老年福利服务机构捐钱、捐物，但一般以捐物为主，且社会捐赠的数量很少，几乎可以忽略不计。据湖北省民政厅统计，在2013年第1季度，全省社会福利费支出3772.4万元，其中社会捐赠资金支出为122万元，仅占社会福利费支出总额的3.2%。另据汉川市社会福利院介绍，在2012年该院筹建、兴建老年寿星楼期间，争取省民政厅划拨资金500万元，通过当地政府福彩公益金筹集1000万元，另向社会筹募了4笔相对较大的慈善捐助金，第一笔是本地知名经济人士YHP的兄长捐了3万元，第二笔是马鞍乡的一个宗教团体捐了近6万元，第三笔和第四笔均为本地最大的企业主TGY所捐，上述四笔捐款合计不足20万元，仅为政府资助总额的1.3%。

第三，养老服务机构过于依赖自营收入，中低收入老年人服务需求难以得到满足。据课题组对武昌区15家收养性养老服务机构的统计，公办福利院的老年人代养服务最低收费标准是2160元/月，最高收费标准高达3000多元/月；其民办老年公寓的最低收费标准为650元/月，最高为3000元/月。平均而言，武昌区各类养老服务机构老年人代养服务最低收费标准为990元/月，最高收费标准为1950元/月；绝大多数养老机构的代养服务最低收费标准在每月1000元以上。另据统计，2012年，武汉市中心城区低保标准为518元/月，武汉市最低工资标准为1100元/月；2012年，武汉市20%最低收入家庭人均工资性收入为10480.90元（即867元/月），全市人均工资性收入

[①] 曹芳明：《十堰市人民政府关于全市养老服务体系建设情况的报告——2013年3月28日在市四届人大常委会第十六次会议上》，《十堰市人大常委会公报》2013年第3期。

为 18364.11 元（即 1530 元/月）[①]。通过上述几组数据的对比不难发现，对于 20% 最低收入家庭的老年人而言，其家庭人均工资性收入根本无力支付其入住养老院的最低服务费用；对于一般家庭而言，其家庭人均工资性收入尚无力支付其在公办福利院的最低服务费用。可见，除"三无"老人、"五保"供养老人以外，多数中低收入家庭的老年人尚无力承担其基本的养老服务费用。

4. 激励机制缺乏导致社会养老服务动力不足

就目前养老服务工作人员构成现状来看，专业服务人员比例偏低、服务人员招用难、留人难是各地面临的共同问题。究其原因，主要在于工作压力大、待遇水平低。其具体表现为：

（1）工作压力大，养老服务人员不堪重负

一是工作时间长，劳动强度大，养老护理员难招。就工作时间而言，据课题组调查，几乎所有的养老服务工作人员都没有双休日，每月最多只有 4 天的休息时间。就工作性质而言，多家养老服务机构负责人表示，"照顾老人要有耐心还要有好的脾气，工作脏累、繁杂且异常辛苦，是一般人所不能承受的工作"，因此，很少有年轻的专业护理人员愿意长期从事老年护理工作，绝大多数养老服务机构只能从 40—50 岁的农村妇女、下岗女工中招聘养老护理员。

二是社会声望低，工作风险大，养老服务人员职业认同感低。社会养老服务事业本是一项福利事业和爱心事业。然而，由于极少数服务工作人员缺乏职业道德，近年来，国内媒体频频曝出养老服务机构虐待老人的事件，从而将养老服务机构及其工作人员置于舆论谴责的风口浪尖。于是，一些养老机构被贴上"黑心养老院"的标签，养老服务机构及其工作人员的社会声望也因此受到影响。在这一背景下，一旦老年人与养老服务机构因意外事故发生纠纷，养老服务机构的角色往往非常被动。据多家养老服务机构负责人反映："老年人是弱势群体，极易发生意外事故。在养老院，老人一旦出事，扯皮拉筋的事情就来了。家属根本不管到底是养老院的责任，还是老人自己的责

[①] 宋书玉：《武汉低收入居家家庭的"四盼"》，武汉统计信息网（http://www.whtj.gov.cn/details.aspx?id=1778）。

任，动不动就是曝光，找记者，搞得我们非常被动。"从科学的角度讲，老年人处于生理机能衰退期和疾病高发期，遭遇病痛、因骨质疏松而发生骨折、中风、瘫痪的概率要远远高于青壮年人士。也就是说，老年人发生意外，并不一定总是服务人员的责任。然而，养老服务机构及其服务人员"常常不被老年人家属理解"。对于养老服务人员而言，照顾老人本来就是很辛苦的事，平时的报酬本来就不高，如果再摊上什么责任事故，并遭遇舆论的不公正评价，其心理压力便可想而知。因此，只要能找到其他的工作，一些养老护理员就会辞职不干。

（2）待遇水平偏低，难以吸引养老服务专业工作人员

据课题组调查，在武汉市武昌区，养老服务工作人员的月平均工资水平为1500—1600元，年平均工资收入18000—19200元，相当于2012年武汉市城市居民人均可支配收入（27061元）的66.5%—71%，仅相当于2012年武汉市城镇非私营单位在岗职工平均工资48942元的36.8%—39.2%。其中，一些民办养老机构支付给养老服务工作人员的工资仅为1100元/月，仅相当于本地最低工资标准。

根据武汉市2013年出台的《社会工作人才专业职位设置及薪酬待遇方案（试行）》，武汉市入职社会工作员月薪2500元，本科毕业生试用期月薪2100元，最高的中级一档月薪为3100元。根据这一方案，最高的中级一档社会工作师的工资待遇水平仅相当于当年武汉市城镇非私营单位在岗职工平均工资的76%。也就是说，对于专业社会工作人才而言，就目前所能达到的最高职级而言，其收入水平尚无法达到武汉市城镇非私营单位在岗职工的平均工资水平。根据武汉市就业办公室发布的武汉市2012年大中专毕业生就业白皮书，武汉地区2011届本科毕业生平均月收入2983元。根据这一方案，武汉市入职社会工作人员的月薪比武汉本科毕业生平均月收入水平尚低16.2%。

综上所述，即使按新出台的薪酬方案，社会工作人才专业职位的待遇水平仍然偏低，对社会工作专业人才的吸引力极其有限。根据一项对武汉市首届MSW（社会工作专业硕士）毕业生的专业认

同调查①，在问及"假如可以重新选择，是否会选择社会工作专业"时，37.8%的样本明确表示"不会重新选择本专业"，只有18.9%的样本会重新选择本专业；在问及是否会推荐别的同学报考本专业时，高达42.2%的样本明确表示不会推荐，仅有15.5%的样本会推荐别的同学报考本专业；在问及是否乐意从事与本专业相关的工作时，58.9%的样本持模糊或否定态度，其中，18.9%的调查对象明确表示不乐意从事与本专业相关的工作。此外，由于资金短缺，多数养老服务机构尚未为职工落实医疗保险等社会保险待遇，这也是服务人员难留的原因之一。

5. 资源整合乏力导致社会养老服务合力难以形成

（1）行政资源整合乏力，导致养老服务扶持政策落实难

社会养老服务体系建设是一个系统工程，涉及民政、老龄委、人力资源和社会保障、残联、发改委、财政、税务、工商、住建、卫生、国土、银行、消防、供水、供电、供气、人防、绿化等数十家部门。社会养老服务体系建设离不开上述各部门的各司其职、协同配合。然而，由于上述各部门相互独立、条块分割，受部门利益驱动，各级政府所推出的养老服务事业扶持政策很难落到实处。其主要表现在如下几个方面：

一是"土地财政"加剧了土地供应紧张局面，导致养老服务机构新建服务设施优惠政策难以落实。近年来，土地逐渐成为地方财政收入的一个主要来源。2003年到2012年间，土地转让金与地方本级财政收入的比例平均为50%，2010年最高达到72%②。在"土地财政"格局和城市化加速进程中，地方政府主要依赖土地使用权转让和房地产税收收入来支持其城市建设，从而加剧了土地供应的紧张局面。因此，养老服务机构普遍难以在中心城区获得建设用地。加上受部门利益驱动，一些部门往往以养老服务建设用地属性不明（即是否为非营

---

① 李朋杰：《中国首届社会工作专业硕士生专业认同研究——以武汉市为例》，硕士学位论文，华中农业大学社会工作，2012年。

② 张茉楠：《"土地财政"转型须通盘考虑》，《经济参考报》2013年5月20日。

利性）为由，拒绝落实其在划拨用地、土地价款、土地权属调查、城市基础设施配套等方面的费用优惠政策。

二是地方政府部门与水电气供应部门条块分割，无力督促其落实对养老服务机构的收费优惠政策。政企分开改革以来，供水、供电、燃气、通信、广播电视等公共服务部门分离为自主经营、自负盈亏的法人实体和市场竞争主体。作为市场经营主体，各地的供水、供电、燃气、通信、广电企业要么是独立经营的法人主体，要么是接受母公司垂直管理的子公司或派出机构。按政企分开原则，政府不能直接干预企业的生产经营活动。因此，当相关企业未履行社会责任，未落实对养老服务机构的相关优惠政策时，地方政府往往无能为力。

（2）养老服务资源配置不尽合理，三大子系统互补衔接不够

一是机构养老服务单位自理、半自理老年人入住比例过高，大量失能、半失能老年人无法得到及时照料。从应然角度看，机构养老服务应主要面向失能、半失能老年人。然而，受人员和专业水平限制，多数机构养老服务单位的服务对象以自理、半自理老年人为主。在实地调查期间，共有16家养老院向课题组提交了服务对象构成情况方面的数据。其中，除2家老年公寓自理、半自理老年人所占比例低于50%外；14家养老院的自理、半自理老年人所占比例在52%以上；12家养老院的自理、半自理老年人所占比例在60%以上；9家养老院的自理、半自理老年人所占比例在70%以上；7家养老院的自理、半自理老年人所占比例在80%以上；2家养老院的自理、半自理老年人所占比例超过90%；还有1家养老院入住老年人全为自理、半自理老年人。上述数据表明，大量身体状况较好、基本能自理的老年人入住了本应主要为失能、半失能老年人提供护理服务的养老院，加剧了机构养老服务资源的供应紧张程度，挤占了失能、半失能老年人的福利空间，使其无法得到及时照顾。

二是社区养老服务资源利用率低，未能得到有效整合。近年来，通过城乡社区建设和新农村建设，多数社区已基本配备了集劳动保障、法律咨询、文化教育、医疗卫生、社会救助、体育健身、娱乐休闲等为一体的社区公共服务平台。上述公共服务平台是社区养老和居

家养老服务不可或缺的重要社区资源。然而，由于社区养老与居家养老服务体系建设主要由民政局、老龄委牵头，由街道和社区管理，而劳动保障、法律咨询、文化教育、医疗卫生、社会救助、体育健身等养老服务资源分属不同部门条块管理，且服务对象与服务领域不尽相同。各部门在服务资源配置过程中缺乏必要的沟通和协调，一方面造成社区养老与居家养老服务平台建设和运营过程中资源重复配置，进而形成资源浪费；另一方面造成社区养老与居家养老服务平台服务设施不齐全，配置不够合理，难以满足老年人需要，资源利用率低，进而造成资源闲置。

三是机构养老服务与居家养老、社区养老服务的互补、衔接不够。从应然层面讲，机构养老服务、居家养老服务和社区养老服务应该是一个互为补充、无缝对接的系统。然而，在服务实践中，三大子系统的衔接远远不够。如从理论上讲，养老院等机构养老服务完全可以利用其场地、设施及人员优势拓展日间照料等居家养老服务项目。然而，实地调查发现，除武昌区社会福利院已经承接了社区养老与居家养老服务外，其他老年人收养服务机构则因人员、经费不足等原因而未能涉足这一领域。另据武昌区社会福利院负责人介绍，在开展日间照料服务过程中，该院也遭遇了一些困难。如"日间照料室的老年人精力充沛，喜欢唱歌跳舞、敲锣打鼓，他们在福利院一唱就是一整天，吵得入住老人没法休息。为此，入住老人多有抱怨。我们也曾尝试开展一些机构养老老人与居家养老老人的联谊活动，但他们就是没法走到一块，好像总是互不买账"[①]。对此，武昌区社会福利院至今也没找到合适的解决办法。

6. 行业管理乏力导致社会养老服务质量良莠不齐

（1）少数养老服务机构游离于监管体系之外，安全隐患问题突出

根据《中华人民共和国民政行业标准：养老机构安全管理》规定，养老机构建筑在正式投入使用之前，应通过公安消防机关的消防验收。养老机构消防安全涉及"建筑防火设计"、"建筑内部装修设计及使用装修材料的燃烧性能等级"、"火灾自动报警系统"、"自动灭

---

① 资料来源：2013年3月18日对武昌区福利院负责人LF的访谈录音。

火系统或室内外消火栓系统及防排烟设施"、"灭火器材"等相关配置要求,对于民办养老机构而言是一笔不小的投入。为了降低投入成本,少数民办养老机构未能按要求配置消防安全设施、设备,未能通过消防安全验收,因而处于无证经营状态,其安全隐患问题突出。据武昌区民政局反映,该区尚有6家民办养老院因消防安全不达标、未通过消防验收而处于无证经营状态。由于没有执法权,对于这6家无证经营养老院,武昌区民政部门颇为头疼。正如其社会福利科负责人所言:"按道理说,消防不达标,我是不能批的。但别个(别人)既然把养老院建起来了,你不批也不行。""目前,武昌区有6家无证经营的,消防条件比较差。我们去检查过,但是我没有执法权。(可一日.)① 出了问题,责任由谁来担?""我们科里正在起草报告,探讨如何引导他们(整改),使他们符合(消防)条件。我也是怕,如果他在外头自己经营呢?我不颁证(不纳入管理),也不行,他出了问题还是要找到我这里来。"

(2) 行业规范标准执行推广缓慢,养老护理人员素质参差不齐

《养老护理员国家职业技能标准》规定,养老护理员是国家规定的持职业资格证书就业的职业之一。按民政部要求,2015年,我国养老护理员将全面实现持证上岗。然而,由于养老护理员待遇差、社会认同度低,养老护理员行业长期处于供不应求状态,养老护理员持证上岗制度并未得到严格执行。在大多数民办养老服务机构,从业人员上岗前并未经过正式培训,甚至缺乏养老护理的基本常识,其所提供的服务仅仅停留在饮食照料、清洁卫生、简单生活护理等日常生活照料服务上,缺乏医疗护理和精神慰藉等方面专业服务。与此同时,为降低运营成本,一些养老机构在服务人员职业培训上的投入动力不足,再加上行业监管不力,在职养老护理员的职业技能培训权利得不到有效保障,养老服务行业整体陷入"服务质量差—职业认同感差—待遇水平低—职业吸引力弱—从业人员供不应求—职业准入门槛低—行业广受诟病"的恶性循环状态。

---

① 括号内为笔者加注。

7. 敬老氛围不足影响老年人幸福感提升

（1）代际关系重心下移，老年人家庭与社会地位边缘化

在计划生育政策背景下，随着"独生子女"一代的出现，中国城乡家庭结构渐趋小型化、核心化，人们对于下一代的关注普遍甚于对上一代的关注，孙辈日益取代祖辈成为家庭代际关系的重心。随着代际关系重心的下移，老年人的家庭与社会地位日趋边缘化，爱幼有余而尊老不足成为普遍的社会现象。在养老服务领域，尊老不足主要表现为如下几个方面：一是对老年人已做出的社会贡献视而不见，视老年人为家庭和社会负担，对其缺乏必要的尊重；二是对老年人的养老服务需求理解褊狭，认为养老就供吃供穿，忽视老年人的精神需要，老有所乐服务支持不足；三是对孝道的理解褊狭，认为"孝顺"就是让老人吃饱穿暖、生活体面，否认老年人的社会价值，忽视老年人的自我实现需要，对老有所为服务的支持不足。

（2）社会功利化催生"运动式爱心活动"，阻滞养老服务志愿化进程

市场化改革以来，"成本效益最大化"理念几乎渗透到社会生活中的每一个角落。在这一背景下，人们的经济与社会活动染上了浓厚的功利化色彩，即以"是否能够以最小投入获得最大化回报"作为衡量一切行动价值的标准，即使是志愿服务活动领域也不例外。

在功利化取向下，尽管近年来敬老、爱老的社会氛围有好转，但一些养老服务志愿活动往往并非基于志愿服务对象的需求，而是基于志愿服务者自身的功利化需求。如在高校，一些大学生参与养老服务志愿活动并非是基于爱心，而是为了完成学校规定的社会实践或实习任务，或是为了在"评优评先"时加分；在社会上，一些单位和个人参与献爱心活动并非是基于对老人的尊重和爱戴，而是为了向公众表现出一种敬老、爱老、有社会责任感的姿态，以提升单位和个人的社会形象。于是，我们就不难发现：养老服务志愿活动的主力是大学生，普通社会成员较少参与；养老志愿服务活动主要集中在周末、重阳节、学雷锋日等节假日，在平时老人却乏人问津；养老志愿活动往往是一窝蜂、一阵风的"运动式爱心活动"，定期性、长效性的爱心行为较少。在功利化的"运动式爱心活动"中，志愿

服务活动的爱心本质被冲淡，志愿者更关注的是自己所扮演的志愿者角色，而非老年人的真实需求。于是，为老年人修剪指甲、洗脚、洗头等项目成为志愿者的表演内容，老年人则成为志愿者手中争抢的表演道具。当老年人沦为志愿者的表演道具时，就不难理解"重阳节志愿者扎堆敬老、老人被洗 7 次脚吃不消"的事件为何常常见诸报端了。

五 加快推动城乡社会养老服务体系建设的对策建议

（一）以老年人需求为导向，优化社会养老服务结构体系

1. 尊重多数老年人的养老意愿，强化居家养老服务的基础地位

研究表明，居家养老仍是多数老年人的首选养老方式，就高龄、生活自理能力较差、身体健康水平较低、子女不在身边的居家养老老年人而言，其社会养老服务需求是刚性的且不可逆的。为此，笔者建议：（1）强化居家养老服务体系的基础地位，加快构建以居家为基础、以城乡社区为依托，辐射街道和乡镇的"X 分钟养老服务圈"。（2）以老年人需求为导向，在完善日常生活照料、便民利民服务的同时，积极拓展医疗护理、精神慰藉等高龄、独居、失能老年人需求较为迫切的居家养老服务。（3）完善居家养老服务体系建设的经费保障机制，按居家养老服务人口比例核定公益性或"以钱养事"岗位，推广居家养老政府购买服务补贴制度，建立居家养老服务站和农村老年人互助照料中心建设经费及运营经费补贴制度。（4）按适度普惠原则，实现居家养老服务对城乡社区留守老人、空巢老人、高龄老人全覆盖，提高居家养老服务受益面。（5）充分利用现代网络通信技术，依托街道（乡镇）、社区、养老服务机构及服务企业，推广智能化居家养老服务系统，为居家养老老年人提供及时、便捷、高效的养老、助残、便民、利民服务。

2. 充分整合社区资源，强化社区养老服务的依托作用

社区是人类生活的共同体，也是居家养老的空间场域；社区养老服务是居家养老服务的重要支撑。为此，笔者建议：（1）在充分整

· 219 ·

合利用社区公共服务设施的同时，增设城乡社区养老服务专用设施，增强社区养老服务设施的安全性、实用性、便捷性和针对性，以提高社区养老服务设施的利用率。（2）充分整合利用社区现有资源，采用新建、改建、扩建、购买、置换等方式，实现社区养老服务站和日间照料服务在城市社区的全覆盖；通过利用村委会闲置房屋、村办学校、厂房改造、农村中心户闲置富余房屋再利用、爱心人士捐建等方式，在留守、空巢、高龄老人较多，居住相对集中、新农村建设基础较好的建制村或自然村，建设一批示范性农村老年人互助照料活动中心，力争2018年覆盖100%的农村社区。（3）本着公益导向、可持续发展的原则，鼓励社区与养老服务机构、家政企业合作，无偿服务与低偿微利服务相结合，为社区老年人提供老年食堂、配餐送餐、日间照料、短期托养、日间医疗护理、娱乐休闲等养老服务。

3. 推动机构养老事业均衡发展，突出机构养老服务的补充作用

老年人服务需求分析结果显示，绝大多数老年人愿意在家里养老，机构养老是其在家庭养老资源不足的前提下作出的次优选择；相对居家养老老年人而言，机构养老老年人的孤独感更强，"心理辅导"需求更强烈。上述结论表明，从主观上讲，机构养老并非中国老年人的首选养老方式，亦非中国老年人的理想养老去处。从客观情形来看，综观国内外养老服务体系建设经验，机构养老均只在养老服务体系中处于补充作用。为此，笔者建议：

（1）准确定位机构养老服务功能，合理配置机构养老服务资源，确保让最有需要的老年人能够得到及时的机构养老服务。基于机构养老在养老服务体系中的补充地位和机构养老服务资源的稀缺性，机构养老服务应主要面向失能、半失能老年人和三无、五保供养老人，而非身体状况较好、生活自理能力较强的老年人。为此，应建立和完善收养性服务机构入住老人的评估机制和轮候制度，即除三无、五保供养老人外，公办福利院须在对老年人生活自理能力、身体健康状况、年龄和身体机能进行综合评估的基础上，优先代养失能、半失能老年人；公办福利院仅在轮候单上失能、半失能老年人的入住需求得到满足且床位尚有空余的前提下，才能代养自理、半自理老年人。同时，

为了满足部分经济条件较好、生活基本能自理老年人的机构养老需求，可以鼓励民间资本投资兴建生活照料与医疗护理相结合的疗养式老年公寓、中高端养老社区。

（2）切实发挥公办福利院的示范带动作用，推动公办福利院与民办福利院均衡发展。一方面，加大对民办养老机构新建床位补贴与运营补贴力度，投入专项资金扶持民办养老机构提档升级，提高民办养老机构的硬件水平；另一方面，加强民办养老机构服务人员培训工作，通过民政部门组织、公办福利院示范、民办养老机构自我组织相结合，提高民办养老机构的软件水平。与此同时，要通过政策支持与资金扶助，鼓励、引导民办养老机构积极探索医养结合、疗养服务、公寓式服务、老年社区等多样化、个性化养老服务模式，积极探寻养老服务市场空白点，实行差异化竞争策略，促进公办养老服务与民办养老服务齐头并进、优势互补、无缝连接。

（3）以城带乡、城乡统筹，推动城乡福利院协调发展。要站在以城带乡、城乡统筹的高度，推进农村福利院提档升级，改善农村福利院的基础设施与服务功能，在完善其收养照料等基本服务的同时，拓展医疗护理、文化娱乐、体育健身、精神慰藉等服务内容；支持农村福利院在保证五保对象自愿集中供养率达到100%的前提下，拓展社会代养服务，以满足农村失能、半失能老年人的机构养老服务需求；引导城乡福利院在服务经验交流、服务人员培训、服务资源共享和服务对象转介等方面展开合作，促进机构养老服务城乡互联、优势互补、协调发展。

4. 充分整合养老支持资源，实现三大子系统的无缝连接

鉴于老年人对社会养老服务需求呈现出多元化特征，在社会养老服务体系建设过程中，不仅要促进居家养老、社区养老和机构养老三大子系统的内部完善，而且要促进三大子系统之间的有效衔接与动态整合。为此，笔者建议：（1）充分利用福利院等收养性养老服务机构的闲置场地和富余养老服务设施资源，鼓励有条件的收养性养老服务机构开展居家养老服务，以弥补居家养老服务相对滞后的不足。（2）利用社区基层组织网络，挖掘社区社会资本，鼓励和支持社区低龄健康老人为高龄、失能、半失能老人开展"以老助

老"志愿服务①，在满足高龄老年人日常生活照料、精神慰藉服务需求的同时，满足低龄老年人的老有所为需要。(3)建立和完善城乡老年人动态信息库，及时了解老年人社会基本生活状况和养老服务需求；建立和完善集居家养老服务、社区养老服务和机构养老服务为一体的社会养老服务资源信息库，实现居家养老、社区养老与机构养老服务信息的无缝连接，让老年人足不出户，便可获知全面、准确的养老服务信息，选择适合自己需要的养老服务。(4)建立和完善居家养老服务机构、社区养老服务平台与收养性养老服务机构之间的互通互联机制。对于身体机能下降、不再适合居家养老的老人，社区居家养老站或社区养老服务平台应为其提供及时的机构养老转介服务，以确保失能、半失能老年人能得到及时的机构护理服务；对于身体机能基本恢复正常，希望重新回到社区或家中养老的老人，收养性养老服务机构应为其提供及时的社区养老或居家养老转介服务，以满足老年人"老有所属"的养老需要，进而实现养老服务资源的优化配置。

（二）层层落实规划、政策，健全社会养老服务事业保障机制

1. 落实养老服务事业发展规划，拓展养老服务事业发展空间

（1）因地制宜制定、完善养老服务设施空间布局规划，积极整合养老服务设施建设空间。一方面，在新建小区、旧城改造、"城中村"

---

① 在"以老助老"志愿服务方面，宜昌市西陵区学院街道四方堰社区进行了有益探索。该社区位于宜昌市中心地带的老城区，辖区面积0.6平方公里，常驻居民1675户5304人，是一个党员人数多、企业宿舍集中、人口密集的社区。2005年，社区党委书记徐家成推动成立了全市第一家"社区党员工作室"，充分调动退休党员参与到社区自治与社区服务事务中来。社区党员工作室选配了39名由4个楼栋支部书记、党员中心户和党员骨干组成的党员工作者在工作室轮流值班，按"接待来访—受理登记—分类办理—办结回复"的程序，为社区居民提供开具证明、调解纠纷、慰问老人、义务执勤、交通协管、文体娱乐、居家老人上门服务等便民利民服务。活动开展以来，社区离退休党员争先恐后认领政策宣讲员、计生、卫生监督员、治安巡逻员、护绿员、文艺宣传员等义务岗位，真正做到"人人有岗位，人人有作为"，充分发挥了退休党员的先锋模范作用。

改造、迁村腾地及建设新农村项目中，应统一要求配套建设相应面积的居家养老服务用房和社区养老服务设施；另一方面，对于老旧小区，应鼓励通过腾退、置换、整合、用途变更等方式，将闲置的医院、厂房、校舍、农村集体闲置房屋以及各类培训中心、活动中心、疗养院、旅馆、招待所等设施资源改造用于养老服务。

（2）积极争取本地党委政府支持，将养老服务事业纳入区域经济社会发展规划。自国务院办公厅关于印发社会养老服务体系建设规划（2011—2015年），各地政府相继出台了了本省、本市的社会养老服务体系建设规划或实施办法，但仍然有少数县（市）尚未出台统一的社会养老总体规划和实施细则。对于尚未出台规划、细则的地方民政部门，应充分利用各级党委高度关注民生和社会建设这一政治环境，尽快制定、提交本地区养老服务体系建设规划及实施办法建议，呼吁本地党委、政府真正把养老服务体系建设纳入民政工作的重要日程，纳入区域发展总体战略，纳入区域经济社会发展全局之中，以进一步明确本地区养老服务事业发展的总体思路、目标和方向。

（3）制定、完善社会养老服务发展监测指标体系，分解细化社会养老服务发展目标任务，落实部门责任分工，建立和完善养老服务事业发展部门问责机制，强化效果评估与督促检查，确保社会养老服务事业发展规划目标如期实现。

2. 完善社会养老服务政策运行机制，优化养老服务事业政策环境

（1）增强社会养老服务政策的可操作性。各地在制定和完善社会养老服务建设体系规划的同时，要尽快出台、完善社会养老服务事业发展的实施细则与办法，包括：居家养老服务实施细则、养老机构设立许可办法、养老机构管理办法、养老护理员持证上岗制度、养老服务机构扶持办法、养老服务工作人员岗位考核与晋升办法，等等。对相关政策落实时限、养老机构扶持标准、补偿方案、部门责任分工及行政不作为责任等均作出明确规定，以使养老服务政策具体化、可操作化。

（2）完善社会养老服务体系建设领导机制与会商协调机制，确保社会养老服务政策的有效实施。建议各级政府本着"政府主导、民政牵头、部门配合、社会参与"原则，成立社会养老服务体系建设工作

领导小组,以主管民政工作的副省长/副市长/副县(区)长为组长,以民政、老龄委、残联、财政、发改委、人力资源和社会保障、税务、工商、住建、卫生、国土、人防、绿化、消防、市政、能源等部门领导为成员,领导小组办公室设在当地民政部门,具体负责对本行政区域内养老服务工作进行规划、指导、协调、监督和检查;在社会养老服务体系建设工作领导小组领导下,定期召开联席会议,就养老服务体系建设中的责任分工、具体问题、解决方案进行会商、协调;建立和完善社会养老服务体系建设工作部门责任问责制,纳入部门年度考核指标体系。

(3) 社会政策与经济政策相结合,确保养老服务扶持政策落到实处。针对民政部门与能源供应及公共服务企业条块分割,导致民办养老服务机构用水、用电、用气、有线电视费等优惠政策难以落实到位的问题,建议由社会养老服务体系建设工作领导小组和部门联席会议协调,报请本级政府和人大批准,由财政部门按一定的标准对落实民办养老机构水、电、气等价格优惠政策的能源供应与公共服务企业提供差价补贴,或者由税务部门根据对落实优惠政策的能源供应与公共服务企业予以税收减免优惠政策。

(三)保障资金投入,促进养老服务经费来源渠道多元化

1. 保障财政资金和福彩公益金投入,保障基本养老服务的福利性

(1) 完善养老服务财政资金投入机制,加大福利彩票公益金对基本养老服务设施建设的投入力度。建议各级政府将基本养老服务设施建设纳入财政预算,并根据老龄人口抚养比动态调整基本养老服务设施建设支出在政府财政预算中的比例。同时,要加大省、市、县级福利彩票公益金对基本养老服务设施建设的投入力度。

(2) 进一步完善社会养老服务政府补贴制度。一是明确省、市、县各级财政的补贴责任,确保民办养老机构床位建设补贴和床位运营补贴能及时发放到位,并适时提高补贴标准;二是加强对居家养老服务项目补贴的可持续性,在居家养老服务建设起步阶段,政府除了要补贴居家养老服务机构开办经费以外,还应通过"居家养老服务机构

运营专项补贴"、"政府购买居家养老服务补贴"等方式帮助相关机构维持正常运营;三是在保障资金安全的前提下,提高养老服务政府财政补贴专项资金审批、划拨工作效率,适当缩短补贴周期,保障养老服务建设项目按时按质完成。

(3) 完善政府补贴标准自然增长机制,保障困难老年人基本养老服务权益。在科学计算困难老年人日常生活支出、生活照料服务支出、医疗护理支出水平的前提下,严格按照政府供养标准"不低于当地居民的平均生活水平"这一原则,动态调整政府供养对象补贴待遇,确保政府供养对象补贴待遇不低于当地最低生活保障标准的1.5倍。

(4) 建立和完善高龄津贴制度。确保每位百岁老人均可得到长寿补贴,每位80周岁以上老人均可得到高龄津贴,并根据经济发展水平和本地平均生活水平的变化适时调整长寿津贴与老龄津贴,让高龄、长寿老年人共享社会发展成果。

2. 创新民办养老机构融资政策,促进民办养老服务事业可持续发展

(1) 降低政府担保小额贷款门槛,适度提高政府担保小额贷款额度。针对"在民政系统注册的民办非营利养老机构资产属于社会,不能用作抵押融资"问题,建议参照下岗失业人员小额担保贷款政策,由民政部门协同人力资源和社会保障部门、财政部门和人民银行,联合推出"民办非营利养老机构小额担保贷款"。凡兴办非营利养老服务机构的个人,均可申请不超过10万元的小额担保贷款;对合伙经营的非营利养老服务机构,可按人均10万元以内计算,申请总额不超过200万元的小额担保贷款;对于兴办养老机构并招用失业人员就业的,可按照招用人数每人8万元以内的标准申请总额不超过300万元的小额担保贷款。

(2) 设立养老机构发展信托基金,探索建立养老机构贷款保险制度。建议借鉴OECD(经济合作与发展组织)和美国政府的经验,设立由财政拨款、民政部门管理的养老服务机构发展信托基金。一方面,委托银行向规模较大、前景较好、市场急需的养老服务项目发放贷款,由银行帮助控制资金风险;另一方面,为养老服务机构

兴建和修缮贷款提供保险，在拓宽民办养老机构贷款渠道的同时，帮助银行控制贷款风险。

（3）加大老龄事业发展基金会对养老服务事业投资力度，探索慈善基金投资养老事业新模式。依托已有的中国老龄事业发展基金会或新成立养老事业发展基金会，向社会筹募养老事业发展资金。由基金会作为投资代表，参股、控股营利与非营利养老服务机构，一方面缓解民办养老机构融资难问题；另一方面通过股东会、董事会引导养老机构健康发展。

3. 完善慈善捐赠环境，拓宽养老服务事业社会捐赠渠道

（1）完善捐赠人权益保护制度，吸引更多爱心人士投入公益慈善事业。一是严格执行自愿捐赠法律原则。对违背自愿捐赠原则，强行摊派或变相摊派的行为，当事人有权抵制或不作回应；对未经本人同意，扣除员工工资或擅自代他人捐赠的，法律应裁定捐赠行为无效，被捐赠人有权向单位或代捐人索赔；对未经工会、董事会、股东大会同意，擅自代表企事业单位捐赠的，法律应裁定捐赠无效，捐赠损失由决策人承担；对未经同级人大同意，擅自动用财政资金捐赠的，应追究捐赠决策人的滥用职权和挪用公款责任。二是完善慈善捐赠人信息安全保护制度。未经捐赠人同意，受捐人、受益人及媒体均不得擅自公开捐赠人信息；对未经授权擅自公开捐赠人信息的，捐赠人有权追究其侵犯个人隐私的法律责任。三是完善捐赠人激励制度。建议通过立法明确规定，对任何向非关联公益慈善机构或个人捐赠的，其捐赠款可以抵扣企业所得税或个人所得税；对长期捐赠公益事业且贡献突出的捐赠人，可通过冠名、授予荣誉称号等方式给予精神鼓励。

（2）强化捐赠财务管理，规范受赠人行为。一是严格执行捐赠财物登记制度、受捐财物使用公示、公告制度、受捐人财务账目公示与年报制度，重塑公众对公益慈善组织的社会信任。二是强化对受赠人的监督管理，规范受赠人行为。对于捐赠财物，除按国际惯例提取 5%—10% 作为公益机构管理费外，其余经费必须严格按组织章程及与捐赠人约定用于公益事业，不得挪作他用，更不得用作单位福利；对擅自挪用或侵吞捐赠财物的，追究其法律责任；对于

违背与捐赠人约定,擅自变更捐赠财物用途的,捐赠人可通过公益诉讼程序追究其违约责任。三是完善对公益慈善机构的信用评级制度。建议以公开招募志愿者方式,组建由注册会计师、律师、捐赠人、受益者和公众代表构成的评审团,定期对公益慈善机构进行信用评级,通过评级制度淘汰不合格组织,净化公益慈善事业环境。

(3) 弘扬慈善理念,提高公益慈善意识。一是弘扬中华民族"守望相助"、"乐善好施"、"老吾老以及人之老、幼吾幼以及人之幼"的传统美德,倡导公民主动行善,积极投入爱心慈善事业。二是加强媒体宣传与舆论监督,引导企业增强社会责任意识,积极履行慈善社会责任。三是利用税收调节杠杆,通过开征遗产税、提高奢侈品消费税率等方式引导高收入人士投入公益慈善事业。

(四) 完善服务人员培养与激励机制,保障社会养老服务质量

1. 完善服务人员培养机制,提高养老服务人员专业素养

(1) 加强职业道德培养,提升养老服务职业形象。一是要加强对养老服务人员的责任意识培养,引导养老服务人员以老年人的合理需求为出发点,全心全意为服务对象提供专业服务;二是要加强对养老服务人员的爱心意识培训,引导养老服务人员尊重老年人的个性化需求,平等对待和接纳服务对象,最大程度地维护服务对象的合法权益。

(2) 加强职业技能培训,提高养老服务人员专业化水平。一是要加强安全意识培养与技能培训,引导养老服务人员掌握防火、防触电、防盗、防走失、防治食物中毒、防医疗护理差错事故、防意外伤害、防非正常死亡、防施工伤害等方面的安全常识与实用技能,保障养老服务机构安全运转;二是要通过机构内部培训、机构间交流培训、民政部门组织集训、脱产进修等方式,加强养老服务人员专业技能培训,引导养老服务人员掌握日常生活照料、医疗护理、人际沟通、心理辅导等方面的专业知识,逐步提高其专业化水平。

2. 完善服务人员激励机制,提高养老服务人员职业认同

(1) 适度降低劳动强度,保障养老服务人员休息权利。一是敦促养老服务机构严格按"护理人员与自理、半自理、不能自理老人比例

分别不低于1:6、1:4、1:3"的标准配备护理工作人员，以降低护理人员工作强度；二是敦促养老服务机构严格执行轮休、年假制度，保障养老服务人员的休息权利。

（2）适度提升待遇水平，提升养老服务人员职业认同。一是推行老年服务与管理类专业毕业生入职奖励补助制度，鼓励专业人才投身养老服务职业。建议对入职非营利养老服务机构、从事养老服务与管理工作的大中专院校毕业生，发放一定数量的入职补助；对在非营利养老服务机构从事养老服务与管理工作满5年的大中专院校毕业生，发放一定数量的岗位专项补助金。二是制定和完善养老服务公益性岗位财政补助政策，将公办福利院护理员、居家养老服务员和社区日间照料服务员等岗位设置为公益性岗位，纳入财政支出范畴，参照公益性岗位待遇标准落实服务人员待遇，保证同工同酬。三是提高养老服务人员工资待遇水平。尽快出台《高级社会工作师职业水平评价办法》及《专业社会工作人才专业职位设置及薪酬待遇指导方案》，落实长期从事养老服务的中级社会工作者的职位晋升及资深社会工作者的待遇提升问题；全面贯彻《养老护理员国家职业标准》，落实养老护理员的职业技能鉴定、职位等级晋升问题，适度提高养老护理员的待遇水平。四是完善养老服务人员社会保障。加大执法力度，督促养老服务机构为养老服务工作人员落实"五险一金"待遇。

（五）加强行业监管，保障社会养老服务事业健康发展

1. 加强行业准入管理，保障养老服务机构合法运营

（1）严格执行《养老机构设立许可办法》，加强养老服务机构设立许可管理与服务。一是提高管理服务效率，及时审查养老机构设立申请材料，查验养老机构设立资质，告知机构设立许可结果；二是严格履行养老机构设立许可程序，重点加强对养老机构申请人资质、申请机构竣工报告、卫生防疫、环保、消防验收合格报告、管理服务人员资质、房屋产权、资金来源等方面的查验工作。对不符合法定许可条件的养老机构，许可机构应为之提供详细说明并帮助其整改；对提出整改意见仍然不符合法定许可条件的养老机构，一律不予许可。

（2）加强《养老机构设立许可办法》执法检查，查处无证经营行为。对于符合法定许可条件的，许可机关应敦促其提交许可申请及证明文件，办理许可手续；对于经过整改能够达到法定许可条件的，许可机关应责令其整改后提交许可申请，办理许可手续；对于无法经过整改达到法定许可条件的，许可机关应依法取缔；对于造成人身、财产损害的，应追究其民事责任；违反治安管理规定或构成犯罪的，依法追究其治安、刑事责任。

2. 加强行业运营监管，保障养老服务行业良性运行

（1）实施持证上岗制度，规范养老服务行为。养老机构中从事医疗、康复、社会工作等服务的专业技术人员，应当持有关部门颁发的专业技术等级证书上岗；养老护理人员应当接受专业技能培训，经考核合格后持证上岗；养老机构应当定期组织工作人员进行职业道德教育和业务培训，规范养老服务行为；民政部门应加大对养老服务市场的监督检查力度，杜绝歧视、侮辱、虐待、遗弃老年人及其他侵犯老年人合法权益行为的发生。

（2）强化养老服务风险管理，降低养老服务行业运营风险。一是加强养老服务机构安全管理。加大养老服务机构安全宣传与培训力度，定期组织安全知识宣讲与安全技能培训；加大安全检查与执法力度，敦促养老机构履行安全职责，健全安全管理制度，维护安全设施器材正常运转。二是加强对养老服务对象的安全宣传与教育，为政府供养对象统一购买老年人意外伤害保险，动员自费代养老年人自愿购买意外伤害保险。三是推行养老服务机构强制责任保险。基于养老服务行业的公益性、高风险性特征，建议参照《机动车交通事故责任强制保险条例》，推行养老服务机构护理强制责任险，由政府财政、福利彩票公益基金和养老服务机构共同承担保险费用，以降低养老服务机构运营风险。

（3）推动养老服务标准化与服务评估制度建设，保障养老服务质量。一是制定和完善居家养老服务、社区养老服务和机构养老服务的相关标准，建立相应的认证体系，推动养老服务标准化；二是遵循客观与主观相结合、标准化指标体系与老年人满意度相结合的原则，修订和完善养老服务机构等级评定办法，定期开展养老机构服务评估与

等级评定工作,及时公布评估与评定结果,充分利用市场竞争机制促优汰劣,净化养老服务环境,保障养老服务质量。

(六) 弘扬敬老文化与志愿风尚,提升老年人幸福水平

1. 弘扬敬老文化,构建和谐代际关系

(1) 弘扬孝亲敬老美德,维护老年群体尊严。一是要弘扬中华民族敬老、养老的传统"孝道"美德,通过敬老爱老教育、典型事迹宣传、敬老爱老家庭(社区、单位)评比等活动,营造良好的尊老、助老、养老的家庭与社会氛围,让老年人"老有所属",为居家养老奠定良好基础。二是厘清孝亲敬老文化本质,改变视老年人为社会包袱的消极观念,承认老年人的社会价值,维护老年人的生命和人格尊严,倡导公众在"养老"的同时"尊老"、"敬老",在满足老年人生理需要的同时,更注重对老年人社会交往、情感交流、精神慰藉等心理需要的满足。

(2) 关注个性化需求,凸显老年人人文关怀。一是对城市道路、公共交通工具、公共设施和场所、公共建筑和养老服务机构实行无障碍标准建设和改造;二是将老年人纳入终身教育体系,发展老年教育,满足老年人老有所学服务需要;三是充分发掘老年人力资源,鼓励、引导低龄健康老人为高龄老人提供生活照料与精神慰藉志愿服务,参与社区公益活动,让老年人在发挥自身余热的同时彰显社会价值,提升个人权能感与成就感。

2. 探索志愿服务长效机制,提升老年人幸福水平

(1) 提升全民志愿服务意识,倡导养老志愿服务社会风尚。一是以青少年学生为主体,加强志愿服务理念、现代公民意识、奉献精神的宣传与教育,引导青少年学生积极投身老年志愿服务事业;二是以青年党员、团员为主体,倡导"奉献、友爱、互助、进步"的志愿者精神,引导其积极参与老年志愿服务,在帮助老人、贡献社会的同时充实自我、提升品位;三是以低龄健康老年人为主体,倡导夕阳红精神,鼓励其积极参与"关心下一代"、"社区公益行"、"低龄长者服务高龄长者"等志愿服务活动,在发挥余热的同时丰富老年生活。

(2) 推行志愿服务记录制度,完善志愿服务激励机制。一是全面

推行志愿服务记录制度，督促所有志愿者组织、公益慈善组织和社会服务组织及时确认、录入、储存、更新和保护志愿者服务记录，并报送县级以上民政部门备案。二是鼓励相关单位将志愿服务记录纳入学生综合考核、招生招聘、职务晋升、奖优评先参照指标范畴。三是以志愿服务记录为依托，鼓励公共部门和公益服务组织建立健全志愿服务时间储蓄制度，使志愿者及其亲人可以在自己积累的志愿服务时数内得到他人无偿志愿服务，享受免费公共服务等优惠政策。四是推行志愿社会服务令制度，即对于年龄在 14 岁以上、触犯法律但情节较轻的违法行为人，可以要求其在一定期限内从事不低于一定时限的无薪志愿社会服务工作，以替代或附加于其他判决。

（3）拓展志愿服务平台，优化老年志愿服务环境。一是完善志愿服务组织注册登记制度，简化志愿服务组织注册流程，建立志愿服务组织申报、审批及网络备案制度。二是搭建志愿组织服务平台，在场地、经费、媒体宣传等方面为志愿服务组织开展志愿服务活动提供适度支持。三是引导志愿服务组织加强自身宣传与招募工作，吸收更多爱心人士投身志愿服务事业。四是加强志愿组织与养老服务机构的沟通协调工作，增进理解与共识，促进机构合作，拓展志愿服务阵地。五是加强对志愿组织规划指引和监督管理，以增强志愿服务组织的公信力。

参考文献

1. 安增龙、罗剑朝:《现阶段我国农村养老保险的需求和供给分析》,《经济与管理研究》2004年第5期。
2. 安增龙:《中国农村社会养老保险制度研究》,中国农业出版社2006年版。
3. 安徽省人民政府:《安徽省人民政府关于开展新型农村社会养老保险试点工作的实施意见》(皖政〔2009〕131号),2009年12月25日。
4. 安徽省人力资源和社会保障厅:《安徽省城乡居民社会养老保险实施办法》,2012年10月31日。
5. 包玉香、李吉红:《山东省养老保障的现状评估与需求分析》,《西北人口》2011第4期。
6. [美]保罗·J.麦克纳尔蒂:《劳动经济学的起源与发展》,杨体仁、潘功胜等译,中国劳动出版社1993年版。
7. [美]本尼迪克特:《文化模式》,王炜等译,浙江人民出版社1987年版。
8. 北京市民政局:《2011年将大幅调整城乡居民最低生活保障标准》,http://shbz.beijing.cn/syzx/n214105708.shtml。
9. [美]M.薄兹、[英]施尔曼:《社会与生育》,张世文译,天津人民出版社1991年版。
10. 曹水泉、肖岗、陈柯义:《保险是计划生育工作的推进器》,《中国经济体制改革》1990年第6期。
11. 曹信邦:《构建农民工养老社会保险制度的外部环境》,《中共长春市委党校学报》2007第3期。

12. 曹芳明：《十堰市人民政府关于全市养老服务体系建设情况的报告——2013 年 3 月 28 日在市四届人大常委会第十六次会议上》，《十堰市人大常委会公报》2013 年第 3 期。

13. 陈朝先：《计划生育系列保险经营管理体制研究》，《人口研究》1996 年第 2 期。

14. 陈桂华、毛翠英：《德国农民养老保险制度的比较与借鉴》，《理论探讨》2005 年第 1 期。

15. 陈骏、陆劲松、段立成：《新型农村养老保险制度探究》，《社会保障研究》2009 年第 5 期。

16. 陈映芳：《"农民工"：制度安排与身份认同》，《社会学研究》2005 年第 3 期。

17. 陈伟、黄洪：《批判视域下的老年社会工作：对社区居家养老服务的反思》，《南京社会科学》2012 年第 1 期。

18. 陈皆明：《中国养老模式：传统文化、家庭边界和代际关系》，《西安交通大学学报》（社会科学版）2010 年第 6 期。

19. 陈成文：《农村老年人的生活状况及其社会支持——对湖南省 1000 名农村老年人的调查》，《社会科学研究》1998 年第 6 期。

20. 陈雄：《我国农村老年人养老保障权的现状与难题》，《湖南社会科学》2011 年第 5 期。

21. 陈尧：《政治研究中的庇护主义——一个分析的范式》，《江苏社会科学》2007 年第 3 期。

22. 陈玉光、刘效敬、刘玫：《建立农村"低保"面临的问题及对策》，《哈尔滨市委党校学报》2006 年第 1 期。

23. 陈朝宗：《论制度设计的科学性与完美性——兼谈我国制度设计的缺陷》，《中国行政管理》2007 年第 4 期。

24. 陈正光、骆正清：《现行被征地农民养老保障主要模式》，《华中科技大学学报》（社会科学版）2009 年第 2 期。

25. 车文博：《当代西方心理学新词典》，吉林人民出版社 2001 年版。

26. 程度：《计划生育养老保险金可行性研究》，《人口学刊》1992 年第 4 期。

27. 程远、张真：《上海市区老年人养老意愿研究》，《市场与人口分析》1999年第4期。

28. 崔燕改：《农村养老状况与方式选择的实证分析——以河北省藁城市为例》，《南京人口管理干部学院学报》2006年第3期。

29. 崔义中、赵可嘉：《完善我国农村最低生活保障制度的若干思考》，《中州学刊》2010年第2期。

30. 崔鹏：《审计署摸底新农保试点农村年轻人参保积极性低》，《人民日报》2010年8月25日。

31. 蔡文辉：《社会福利》，五南图书出版股份有限公司2002年版。

32. 财政部财政科学研究所"农村低保制度研究"课题组：《农村低保制度研究》，《经济研究参考》2007年第15期。

33. 代雷锋：《农民的制度信任对参加新农保意愿的影响研究——基于河南省平舆县185名农民的调查》，硕士学位论文，华中科技大学，2010年。

34. ［美］道格拉斯·肯里克、史蒂文·纽伯格、罗伯特·西奥迪尼：《自我·群体·社会：进入西奥迪尼的社会心理学课堂》，谢晓非、刘慧敏、胡天翊译，中国人民大学出版社2011年版。

35. 邓颖、李宁秀、刘朝杰、杨维中、吴先萍、王燕：《老年人养老模式选择的影响因素研究》，《中国公共卫生》2003年第6期。

36. 邓大松、吴小武：《完善农村居民最低生活保障制度的若干思考》，《武汉大学学报》（哲学社会科学版）2006年第5期。

37. 邓大松、王增文：《我国农村低保制度存在的问题及其探讨——以现存农村"低保"制度存在的问题为视角》，《山东经济》2008年第1期。

38. 邓大松、张郧：《返乡农民工社会保障问题探析——基于武汉市返乡青年农民工的调研数据》，《广西财经学院学报》2010年第1期。

39. 丁煜、叶文振：《城市老人对非家庭养老方式的态度及其影响因素》，《人口学刊》2001年第2期。

40. 丁建定：《居家养老服务：认识误区、理性原则及完善对策》，《中国人民大学学报》2013年第2期。

41. 丁元竹：《当前新农保制度建设中的主要问题与对策》，http：//

news. 163. com/10/0304/09/60U130M1000146BD. html。

42. 杜鹏、武超：《中国老年人的主要经济来源分析》，《人口研究》1998 年第 4 期。

43. 范成杰、熊波：《农民对农村社会养老保险的心理预期及其影响因素——对武汉市 J 区农民的调查分析》，《人口与发展》2010 第 4 期。

44. 方菲：《影响家庭养老精神慰藉的因素分析》，《社会》2001 年第 5 期。

45. 方菲：《农村老年人生活状况调查与思考》，《理论月刊》2003 年第 3 期。

46. 复寿劳：《浦东老年人的养老意愿》，《社会》1997 年第 11 期。

47. 封铁英、贾继开：《社会养老保险城乡统筹发展问题研究综述》，《生产力研究》2008 年第 1 期。

48. 封铁英、董璇：《以需求为导向的新型农村社会养老保险筹资规模测算——基于区域经济发展差异的筹资优化方案设计》，《中国软科学》2012 年第 1 期。

49. 费孝通：《家庭结构变动中的老年赡养问题——再论中国家庭结构的变动》，《北京大学学报（哲学社会科学版）》1983 年第 3 期。

50. 凤凰网：《村民反映村支书家 5 人领 6 份低保，对方称不知情》，http：//finance. ifeng. com/city/cskx/20101102/2811920. shtml。

51. 肥东县人民政府：《肥东县新型农村社会养老保险试点实施办法》（东政〔2009〕61 号），2009 年 12 月 31 日。

52. 高和荣、薄新微：《论当前我国农村家庭养老面临的新问题及其对策》，《西北人口》2003 年第 3 期。

53. 高伟娜：《中国农村最低生活保障标准研究》，《西北人口》2005 年第 1 期。

54. 高尚友、余显亚：《"多条腿"走路筑牢农村计生家庭养老保障网》，《人口与计划生育》2011 年第 8 期。

55. 葛芳：《被征地农民社会养老保险制度模式的比较研究》，《西北人口》2010 年第 5 期。

56. 关培兰、吴晓俊：《个人与组织契合度在人力资源管理实践中的应用》,《商业时代》2008 年第 28 期。

57. 桂世勋:《关于探索农村计划生育家庭养老保险的思考》,《人口与计划生育》2008 年第 7 期。

58. 郭英立、秦颐:《建立失地农民养老保险的路径选择及若干建议》,《安徽农业科学》2007 年第 15 期。

59. 郭勇:《山东省莱芜市农村计划生育家庭养老保障问题研究》,硕士学位论文,西南交通大学,2009 年。

60. 郭竞成:《农村居家养老服务的需求强度与需求弹性——基于浙江农村老年人问卷调查的研究》,《社会保障研究》2012 年第 1 期。

61. 高真真、杨杰、吴平:《城郊农户参与新型农村社会养老保险的意愿及影响因素研究——基于成都市金堂县的调查研究》,《安徽农业科学》2010 年第 31 期。

62. 顾永红:《农民工社会保险参保意愿的实证分析》,《华中师范大学学报(人文社会科学版)》2010 年第 3 期。

63. 甘肃省人民政府办公厅:《甘肃省人民政府办公厅关于印发 2011 年提高城乡低保标准和补助水平实施方案的通知》(甘政办发〔2011〕69 号),2011 年 3 月 23 日。

64. 广州市民政局:《关于印发〈广州市调整最低生活保障标准试行办法〉的通知》(穗民〔2010〕399 号),2010 年 11 月 18 日。

65. 广州市民政局:《关于提高城乡低保标准和低收入困难家庭认定标准的通知》(穗民〔2011〕52 号),2011 年 3 月 22 日。

66. 广西壮族自治区人民政府办公厅:《广西壮族自治区人民政府办公厅关于印发广西壮族自治区城乡居民基本养老保险实施办法的通知》(桂政办发〔2014〕70 号),2014 年 1 月 1 日。

67. 国务院:《国务院关于开展新型农村社会养老保险试点的指导意见》(国发〔2009〕32 号),2009 年 9 月 1 日。

68. 国家人口计生委、人力资源和社会保障部、财政部:《关于做好新型农村社会养老保险制度与人口和计划生育政策衔接的通知》(国人口发〔2009〕101 号),2009 年 12 月 31 日。

69. 国家统计局:《2013 年全国农民工监测调查报告》,2014 年 5 月

12 日，http：// www.stats.gov.cn/tjsj/zxfb/201405/t20140512_551585.html。

70. 国家卫生计生委、民政部、财政部、人力资源和社会保障部、住房城乡建设：《关于进一步做好计划生育特殊困难家庭扶助工作的通知》（国卫家庭发〔2013〕41号），2013年12月18日。

71. 国务院：《国务院关于建立统一的城乡居民基本养老保险制度的意见》（国发〔2014〕8号文件），2014年2月21日。

72. 贵州省人民政府：《贵州省人民政府关于开展新型农村社会养老保险试点的意见》（黔府发〔2009〕37号），2009年12月3日。

73. 贵州省人民政府：《贵州省城乡居民基本养老保险实施办法》，2014年6月14日。

74. ［德］哈贝马斯：《后形而上学思想》，曹卫东、付德根译，译林出版社2001年版。

75. 韩梅、侯云霞：《河北省农村老年人生活状况研究——基于河北省XJ市JC镇的调查》，《河北农业科学》2009年第3期。

76. 黄平：《寻求生存——当代中国农村外出人口的社会学研究》，云南人民出版社1997年版。

77. 黄代玲：《新型农村社会养老保险需求研究——基于成都4个区县的调查》，硕士学位论文，四川农业大学，2010年。

78. 侯东民：《政府的补偿责任与计划生育养老保险改革》，《人口与发展》2000年第2期。

79. 胡洋、丁士军：《新时期农村家庭养老的出路选择——湖北省江陵县沙岗镇农村家庭养老的调查与思考》，《农村经济》2003第4期。

80. 胡荣：《农民上访与政治信任的流失》，《社会学研究》2007年第3期。

81. 胡宏伟、蔡霞、石静：《农村社会养老保险有效需求研究——基于农民参保意愿和缴费承受能力的综合考察》，《经济经纬》2009年第6期。

82. 胡宏伟、时媛媛、张薇娜：《需求与制度安排：城市化战略下的居家养老服务保障定位与发展》，《人口与发展》2011年第6期。

83. 华前珍：《老年护理学》（第 2 版），人民卫生出版社 2006 年版。
84. 惠恩才：《我国农村社会养老保险基金管理与运营研究》，《农业经济问题》2011 年第 7 期。
85. 郝金磊、贾金荣：《西部地区农民新农保参与意愿研究》，《西北人口》2011 年第 2 期。
86. 贺大姣：《农村低保制度的操作程序及组织机构探析》，《求实》2008 年第 2 期。
87. ［美］赫伯特·西蒙：《西蒙选集》，黄涛译，首都经济贸易大学出版社 2002 年版。
88. 洪娜：《中国计划生育利益导向政策研究》，博士学位论文，华东师范大学，2011 年。
89. 何媛玲：《湖北钟祥市高龄老人长寿原因研究》，硕士学位论文，南京师范大学，2011 年。
90. 贺雪峰：《农村家庭代际关系的变动及其影响》，《江海学刊》2008 年第 4 期。
91. 汉川市统计局：《汉川市 2010 年国民经济和社会发展统计公报》，http://www.hanchuan.gov.cn/tjsj/2535.html。
92. 杭州市萧山区劳动和社会保障局：《关于农村居民养老保险制度操作管理有关事项的通知》（萧劳社险〔2007〕96 号），2007 年 12 月 25 日。
93. 杭州市委办公厅、杭州市政府办公厅：《杭州市城乡居民社会养老保险实施意见》（市委办发〔2010〕11 号），2009 年 12 月 31 日。
94. 河北省人民政府：《河北省人民政府关于开展新型农村社会养老保险试点工作的实施意见》（冀政〔2009〕180 号），2009 年 11 月 13 日。
95. 合肥市人民政府：《合肥市城乡居民社会养老保险试点工作实施细则》（合政秘〔2011〕133 号），2012 年 1 月 1 日。
96. 湖北省人民政府：《湖北省人民政府关于开展新型农村社会养老保险试点工作的实施意见》（鄂政发〔2009〕64 号），2009 年 12 月 28 日。

97. 湖北省人民政府：《湖北省人民政府关于实施城乡居民社会养老保险制度的意见》（鄂政发〔2011〕40号），2011年7月10日。

98. 湖北民政：《养老服务体系建设初探——以湖北省麻城市为例》，http：//hubei.mca.gov.cn/article/gzyj/201210/20121000365183.shtml。

99. 金一虹：《父权的式微——江南农村现代化进程中的性别研究》，四川人民出版社2000年版。

100. 金文俊：《甘肃省促进人口发展的农村社会养老保障制度研究》，博士学位论文，兰州大学，2011年。

101. 姜向群：《老年社会保障制度：历史与变革》，中国人民大学出版社2005年版。

102. 江立华、符平：《断裂与弥补——农民工权益保障中的法与政府角色》，《社会科学研究》，2005年第6期。

103. 蒋岳祥、斯雯：《老年人对社会照顾方式偏好的影响因素分析——以浙江省为例》，《人口与经济》2006年第3期。

104. 江中三、陆军、何勇、向秀芳：《湖北实现新农保制度与人口计生政策有效衔接》，《中国人口报》，2009年5月4日。

105. 景睿、李向云、刘晓冬等：《山东省农村老年人生命质量影响因素的路径分析》，《中国心理卫生杂志》2008年第12期。

106. 荆州市民政局课题调研组：《荆州市养老服务建设现状及思考》，http：//jz.hbmzt.gov.cn/gzyj/201304/t20130408_151517.shtml。

107. ［丹麦］考斯塔·艾斯平·安德森：《福利资本主义的三个世界》，郑秉文译，法律出版社2003年版。

108. 孔祥智、涂胜伟：《我国现阶段农民养老意愿探讨——基于福建省永安、邵武、光泽三县（市）抽样调查的实证研究》，《中国人民大学学报》2007年第3期。

109. 缪保爱：《我国失地农民基本养老保险问题探析》，《淮南师范学院学报》2008年第3期。

110. 林丛：《从养老意愿看农村社会养老保险的可持续发展》，硕士学位论文，华中科技大学，2008年。

111. 林莉红、汪燕：《湖北省农村最低生活保障制度的问题与建议》，《湖北民族学院学报（哲学社会科学版）》2010年第2期。

112. 林善浪、张作雄、林玉妹：《家庭生命周期对农村劳动力回流的影响分析——基于福建农村的调查问卷》，《公共管理学报》2011年第4期。

113. 刘少杰：《经济社会学的新视野——理性选择与感性选择》，社会科学文献出版社2005年版。

114. 刘纯彬：《以养老保障换独生子女》，《中国财经报》，2004年12月14日。

115. 刘德寰：《用年龄变量透视家庭生命周期变量——媒介数据分析的新方法》，《广告大观（理论版）》2006年第6期。

116. 刘芳、张丽：《修武县确保"新农保"与计生利导政策相衔接》，《中国人口报》，2009年3月9日。

117. 刘燕舞：《作为乡村治理手段的低保》，《华中科技大学学报（社会科学版）》2008年第1期。

118. 刘爱玉、杨善华：《社会变迁过程中的老年人家庭支持研究》，《北京大学学报（哲学社会科学版）》2000年第3期。

119. 刘玉森、于彤、范黎光等：《贫困县农村"低保"金筹措渠道研究——新疆、甘肃农村贫困人口最低生活保障问题调查》，《河北农业大学学报（农林教育版）》2006年第4期。

120. 刘林平、郭志坚：《企业性质、政府缺位、集体协商与外来女工的权益保障》，《社会学研究》2004年第6期。

121. 刘万兆、卢闯、王春平等：《我国"失地农民"养老保险制度分析》，《农业经济》2007年第6期。

122. 刘华、沈蕾：《农村老年人养老意愿及影响因素的分析——基于苏南苏北的调查》，《甘肃农业》2010年第10期。

123. 刘宁：《新农保与计生家庭补贴协调给付研究——以大连市为例》，硕士学位论文，辽宁大学，2011年。

124. 刘颂：《农村计生家庭中老年父母养老现状调研》，《南京人口管理干部学院学报》2010年第4期。

125. 刘善槐、邬志辉、何圣财：《新型农村社会养老保险试点状况及对策——基于吉林省5000农户的调查研究》，《调研世界》2011年第2期。

126. 李强、唐壮：《城市农民工与城市中的非正规就业》，《社会学研究》2002 年第 6 期。

127. 李强：《中国大陆城市农民工的职业流动》，《社会学研究》1999 年第 3 期。

128. 李仲生：《人口经济学》，清华大学出版社 2006 年版。

129. 李长远、陈贝贝：《论构建城乡融合的失地农民养老保险制度》，《河北科技大学学报（社会科学版）》2007 年第 2 期。

130. 李德明、陈天勇、吴振云：《中国农村老年人的生活质量和主观幸福感》，《中华老年学杂志》2007 年第 12 期。

131. 李小云、董强等：《农村最低生活保障政策实施过程及瞄准分析》，《农业经济问题》2006 年第 11 期。

132. 李迎生：《转型时期的社会政策》，中国人民大学出版社 2007 年版。

133. 李伟：《农村社会养老服务需求现状及对策的实证研究》，《社会保障研究》2012 年第 2 期。

134. 李俊林、王虹、张霞：《建立新型农村社会养老保险体系的分析研究——以河北省青县为例》，《河北工业大学学报（社会科学版）》2010 年第 3 期。

135. 李建民、原新、王金营：《持续的挑战——21 世纪中国人口形势、问题与对策》，科学出版社 2000 年版。

136. 李君霞、姜木枝：《关于我国农村计划生育家庭新型养老保险问题的探讨》，《江西农业大学学报（社会科学版）》2009 年第 4 期。

137. 李建新、于学军、王广州、刘鸿雁：《中国农村养老意愿和养老方式的研究》，《人口与经济》2004 年第 5 期。

138. 李朋杰：《中国首届社会工作专业硕士生专业认同研究——以武汉市为例》，硕士学位论文，华中农业大学，2012 年。

139. 梁鸿：《改革中的社会风险与社会保障》，《社会科学》2000 年第 5 期。

140. 梁鸿、赵德余等：《人口老龄化与中国农村养老保障制度》，上海世纪出版集团 2008 年版。

141. 梁永郭、王晓春、于媛媛：《河北省新型农村社会养老保险制度可持续发展研究》，《安徽农业科学》2011年第19期。

142. 吕昊婧：《关于山西省农村养老问题的思考及建议——以长治县新型农村养老保险试点为例》，《经济师》2011年第1期。

143. 吕学静、丁一：《北京老年人网络养老服务需求意愿及其影响因素分析——基于"北京市城市老年人网络养老需求意愿"调查数据》，《社会保障研究》2013年第1期。

144. 吕学静：《城市农民工社会保障问题的现状与思考——以对北京市部分城区农民工的调查为例》，《学习论坛》2005年第12期。

145. 卢海元：《被征地农民社会保障模式选择与定型》，《中国社会保障》2007年第10期。

146. 龙沛和、黄成华：《建立农村养老保障机制稳定低生育水平——余庆县建立计划生育养老保障机制的调查和思考》，《中共贵州省委党校学报》2003年第5期。

147. 冷向民：《欠发达地区农村社会养老保险调查分析与对策》，《安徽农业科学》2005年第7期。

148. 乐章：《现行制度安排下农民的社会养老保险参与意向》，《中国人口科学》2004年第5期。

149. 陆杰华、吕智浩：《完善农村低保机制促进社会公平正义》，《北京观察》2008年第2期。

150. 聊城市人民政府：《聊城市人民政府办公室关于印发聊城市居民基本养老保险工作实施方案的通知》（聊政办字〔2014〕8号），2014年2月14日。

151. ［美］罗伯特·帕特南：《使民主运转起来》，王列、赖海榕译，江西人民出版社2001年版。

152. ［英］马尔萨斯：《人口原理》，朱泱、胡企林、朱和中译，商务印书馆1992年版。

153. ［英］马歇尔：《经济学原理》（上卷），朱志泰译，商务印书馆1964年版。

154. ［美］马斯洛：《动机与人格》，许金声、程朝翔译，华夏出版社1987年版。

155. 马寅初：《新人口论》，吉林人民出版社1997年版。

156. ［德］马克思：《资本论》（第三卷），中共中央马克思恩格斯列宁斯大林著作编译局译，人民出版社2004年版。

157. 《马克思恩格斯选集》（第4卷），人民出版社1972年版。

158. 马丽娜、汤哲、关绍成等：《社会家庭因素与老年人生命质量的相关性研究》，《中国老年学杂志》2009年第9期。

159. 马亮：《反思"新农保"推进工作中的若干问题——以江苏南通为例》，《理论前沿》2009年第21期。

160. 穆光宗：《农村独生子女户、双女户父母补充养老保险制度研究——基于山东潍坊市的调查》，《人口与计划生育》2002年第1期。

161. 米红、杨翠迎：《农村社会养老保障制度基础理论框架研究》，光明日报出版社2008年版。

162. 明磊：《对欠发达地区探索"老有所养"特色之路的思考——基于江苏省东海县建设新型农村社会养老保险制度的实证分析》，《安徽农业科学》2009年第17期。

163. 潘光旦：《中国之家庭问题》，载《潘光旦文集》（第1卷），北京大学出版社1993年版。

164. 潘红霞：《建立农村计划生育养老保障制度的探索与思考——以余庆县为例》，《中共贵州省委党校学报》2006年第3期。

165. 潘晓阳、俞萍、欧阳文：《构建向计划生育家庭倾斜的农村养老保障体系》，《重庆工商大学学报（社会科学版）》2010年第2期。

166. 彭希哲、梁鸿：《家庭规模缩小对家庭经济保障能力的影响：苏南实例》，《人口与经济》2002年第1期。

167. 邱道持、张传华、袁玮等：《失地农民社会养老保险可行性研究——以重庆市沙坪坝区为例》，《西南师范大学学报（自然科学版）》2005年第4期。

168. 秦文文、叶松勤：《农村老年人生活境况及现实思考》，《现代农业》2009年第2期。

169. 曲绍旭：《福利效能视域下社区养老服务主体之功能优化研究》，《华中科技大学学报（社会科学版）》2012年第6期。

170. 任长江、吴亮：《基于土地流转的新型农村社会养老保险体系的完善》，《社会保障研究》2011 年第 2 期。

171. 人力资源和社会保障部办公厅：《城乡养老保险制度衔接办法宣传提纲》，2014 年 2 月 24 日。

172. ［苏］斯姆列维奇：《资产阶级人口论和人口政策的批判》，中国人民大学编译室译，生活·读书·新知三联书店 1960 年版。

173. 宋明岷：《论我国失地农民社会养老保险制度的差异性》，《农村经济》2010 年第 7 期。

174. 宋宝安：《老年人口养老意愿的社会学分析》，《吉林大学社会科学学报》2006 年第 4 期。

175. 宋璐、李树茁：《照料留守孙子女对农村老年人养老支持的影响研究》，《人口学刊》2010 年第 2 期。

176. 宋书玉：《武汉低收入居家家庭的"四盼"》，武汉统计信息网，http：//www.whtj.gov.cn/details.aspx? id＝1778。

177. 史清华：《民生化时代中国农民社会保险参与意愿与行为变化分析——来自国家农村固定观测点 2003—2006 年的数据》，《学习与实践》2009 年第 2 期。

178. 史先锋、曾贤贵：《失地农民养老保险现状及对策选择》，《农村经济与科技》2006 年第 12 期。

179. 史先锋、曾贤贵：《我国城市化进程中失地农民养老保险问题研究》，《经济纵横》2007 年第 1 期。

180. 石人炳、李明：《"奖扶制度"并入"新农保"：创新制度的再创新》，《华中农业大学学报（社会科学版）》2011 年第 5 期。

181. ［美］舒尔茨：《人力资本的投资》，泽珠华等译，北京经济学院出版社 1990 年版。

182. 沈原：《"强干预"与"弱干预"：社会学干预方法的两条路径》，《社会学研究》2006 年第 5 期。

183. 山东省人民政府：《山东省人民政府关于建立居民基本养老保险制度的实施意见》（鲁政发〔2013〕13 号），2013 年 7 月 30 日。

184. 唐元、王翠绒、罗桂生、李凤山：《依靠农民自力更生解决计划生育养老保险问题》,《南方人口》1989 年第 4 期。

185. 唐利平、风笑天:《第一代农村独生子女父母养老意愿实证分析——兼论农村养老保险的效用》,《人口学刊》2010 年第 1 期。

186. 唐存礼:《关于农村计划生育养老保障问题的思考》,《人口与计划生育》2004 年第 4 期。

187. 唐灿、马春华、石金群:《女儿赡养的伦理与公平——浙东农村家庭代际关系的性别考察》,《社会学研究》2009 年第 6 期。

188. 田北海:《香港与内地老年社会福利模式比较》,北京大学出版社 2008 年版。

189. 田北海:《社会福利概念辨析:兼论社会福利与社会保障的关系》,《学术界》2008 年第 2 期。

190. 田先红:《当前农村谋利型上访凸显的原因及对策分析——基于湖北省江华市桥镇的调查研究》,《华中科技大学学报(社会科学版)》2010 年第 6 期。

191. 田丰:《中国当代家庭生命周期研究》,博士学位论文,中国社会科学院研究生院,2011 年。

192. 田文光:《大力推行农村计划生育养老保险》,《人口研究》1988 年第 4 期。

193. 田雪原:《田雪原文集》,社会科学文献出版社 2011 年版。

194. 谭洋:《我国农村独生子女家庭的养老保障研究——以济南市为例》,硕士学位论文,山东经济学院,2011 年。

195. 陶鹰:《关于建立农村计划生育养老保障问题探讨综述》,《人口与计划生育》2003 年第 5 期。

196. 童星、王增文:《完善农村低保制度的政策建议》,《农村工作通讯》2010 年第 19 期。

197. 王兴水:《横峰县实行纯女户养老保险效果好》,《老区建设》1990 年第 9 期。

198. 王勇军:《计划生育管理的新思路——利益导向机制》,《人口与经济》1992 年第 5 期。

199. 王裕明、张翠云、吉祥:《基于土地换保障模式的农村居民养老问题研究》,《安徽农业科学》2010 年第 5 期。

200. 王跃生：《中国家庭代际关系内容及其时期差异——历史与现实相结合的考察》，《中国社会科学院研究生院学报》2011年第3期。

201. 王跃生：《城乡养老中的家庭代际关系研究——以2010年七省区调查数据为基础》，《开放时代》2012年第2期。

202. 王梓西、杨洁：《新型农村养老保险制度的障碍分析》，《法制与社会》2010年第16期。

203. 王金元：《规范化与个别化：机构养老的艰难抉择》，《社会科学家》2010年第12期。

204. 王常虹：《甘肃推进新农保制度与计生政策相衔接》，《中国人口报》，2010年1月7日。

205. 王国军：《浅析农村家庭保障、土地保障和社会保障的关系》，《中州学刊》2004年第1期。

206. 王国强：《推动农村计划生育养老保障探索建立农村社会保障制度》，《人口与计划生育》2002年第5期。

207. 王翠琴、薛惠元：《新型农村社会养老保险与相关制度衔接问题初探》，《经济体制改革》2011年第4期。

208. 王丽骊：《个人需求与政府供给：农村社会养老保险制度的评价体系与实证研究》，硕士学位论文，厦门大学，2006年。

209. 王莉丽：《对我国西部地区失地农民养老保险问题的探讨》，《沿海企业与科技》2007第6期。

210. 王敏刚、易继芬：《欠发达地区新型农村社会养老保险需求分析——以陕西省佳县为例》，《人口与经济》2012年第2期。

211. 王俊杰：《"新农保"的制度创新与挑战》，《领导之友》2009年第6期。

212. 王培安：《进一步加强人口和计划生育利益导向机制建设——在全国人口和计划生育利益导向机制暨农村计划生育家庭养老保险论坛上的讲话（摘编）》，《人口与计划生育》2008年第4期。

213. 王晛：《武汉被征地农民养老保险制度模式》，《合作经济与科技》2009年第18期。

214. ［美］威廉姆·H. 怀特科（William H. Whitaker），罗纳德·C.

费德里科（Ronald C. Federico）:《当今世界的社会福利》，解俊杰译，法律出版社2003年版。

215. 吴海盛、江巍:《中青年农民养老模式选择意愿的实证分析——以江苏省为例》，《中国农村经济》2008年第11期。

216. 吴海盛:《农村老人生活质量现状及影响因素分析——基于江苏省农户微观数据的分析》，《农业经济问题》2009第10期。

217. 吴云勇:《农村最低生活保障问题研究综述》，《党政干部学刊》2007年第12期。

218. 吴罗发:《新农村建设中农民参与社会养老保险的意愿研究》，《江西农业学报》2008年第1期。

219. 吴罗发:《中部地区农民社会养老保险参与意愿分析——以江西省为例》，《农业经济问题》2008年第4期。

220. 吴帆、李建民:《中国人口老龄化和社会转型背景下的社会代际关系》，《学海》2010年第1期。

221. 吴思英:《影响老年人生活质量的社会因素及提高对策》，《海峡预防医学杂志》2002年第2期。

222. 吴晓林、万国威:《新中国成立以来五保供养的政策与实践：演进历程与现实效度》，《西北人口》2009年第5期。

223. 伍海霞:《河北农村老年人家庭生命周期及影响因素分析》，《人口与经济》2010年第4期。

224. 伍小兰:《农村老年人精神文化生活的现状分析和政策思考》，《人口与发展》2009年第4期。

225. 武家华、吴士勇:《贵州省余庆县建立农村计划生育家庭养老保障制度的调查与思考》，《人口与计划生育》2003年第7期。

226. 武汉市人口计生委:《关于做好新型农村社会养老保险制度与人口和计划生育政策衔接的通知》（武人计〔2010〕59号），2010年12月23日。

227. 巫新茂:《谈人口老化、计划生育与养老保险》，《人口学刊》1990年第3期。

228. 邬沧萍、苑雅玲:《农村计划教育家庭分享控制人口取得成果的政策研究》，《人口与经济》2004年第6期。

229. 卫松：《我国农村计划生育养老保障体系的构建》，《贵州民族学院学报（哲学社会科学版）》2009年第5期。

230. 韦志明：《农村社会养老保险推行困难重重之原因分析——以桂东南农村社会调查为依据》，《安徽农业科学》2007年第14期。

231. 韦璞：《我国老年人收入来源的城乡差异及其养老模式选择》，《重庆工学院学报》2006年第12期。

232. 温乐平：《论失地农民养老保险的制度保障》，《南昌大学学报（人文社会科学版）》2010年第4期。

233. "我国农村老龄问题研究"课题组、陈昱阳：《积极构建城乡统筹的社会保障体系》，《人民日报》2011年4月29日。

234. 夏海勇：《太仓农村老人养老状况及意愿的调查分析》，《市场与人口分析》2003年第1期。

235. 肖唐镖、王欣：《中国农民政治信任的变迁——对五省份60个村的跟踪研究（1999—2008）》，《管理世界》2010年第9期。

236. 肖旭：《社会心理学原理及应用》，成都科技大学出版社1998年版。

237. 肖应钊、李登旺、李茜茜、耿焕瑞、厉昌习：《农村居民参加新型农村社会养老保险意愿影响因素的实证分析——以山东省试点为例》，《社会保障研究》2011年第5期。

238. 肖云、刘慧：《农村最低生活保障制度实施中的问题与对策》，《农村经济与科技》2007年第10期。

239. 肖云、孙晓锦、杜毅：《农村最低生活保障制度实施中的社会排斥研究》，《劳动保障世界》2009年第7期。

240. 肖云、杜毅：《农村最低生活保障制度研究综述》，《生产力研究》2009年第13期。

241. 肖云、李亮：《农村最低生活保障制度筹资研究》，《合作经济与科技》2009年第8期。

242. 孝南区民政局：《政府主导、城乡统筹全力打造适度普惠型养老服务体系》，http：//www.hbmzt.gov.cn/xxgk/ywb/shfl/zcfg/201012/P020101229351415930274.doc。

243. 谢勇、李放：《农民工参加社会保险意愿的实证研究——以南京市为例》,《人口研究》2009 年第 3 期。

244. 馨芳、国太、劲民:《世界各国的社会保障制度》,中国物资出版社 1994 年版。

245. 邢学敏、任颖栀、刘用娜:《农村老年人生活状况的调查与思考——以胶南市 Z 村为个案》,《社会工作》2008 年第 2 期。

246. 熊波、林丛:《农村居民养老意愿的影响因素分析——基于武汉市江夏区的实证研究》,《西北人口》2009 年第 3 期。

247. 徐晓秋、孙伟根、董华根:《浙江省建立农村计生家庭社会养老保险制度研究》,《人口与计划生育》2010 年第 2 期。

248. 徐涛、姜宝法、孙玉卫等:《深圳市农村老年人生活质量及其影响因素研究》,《中华老年医学杂志》2003 年第 7 期。

249. 徐道稳:《论我国社会救助制度的价值转变和价值建设》,《社会科学辑刊》2001 年第 4 期。

250. 许传新:《农民工权益保障状况及影响因素的实证研究》,《农业技术经济》2011 年第 3 期。

251. 薛惠元、张德明:《新农保基金筹集主体筹资能力分析》,《税务与经济》2010 年第 2 期。

252. 杨益华、杨军昌:《基于一般均衡理论的农村计生户养老保障机制设计》,《兰州学刊》2010 年第 4 期。

253. 杨益华、杨军昌:《"经济人假说"与生育行为——兼论农村计划生育养老保障制度的建立》,《沿海企业与科技》2009 年第 1 期。

254. 杨善华、吴愈晓:《中国农村的社区情理与家庭养老》,载《中国社会工作研究》(第一辑),中国社会科学文献出版社 2002 年版。

255. 杨善华、吴愈晓:《我国农村的"社区情理"与家庭养老现状》,《探索与争鸣》2003 年第 2 期。

256. 杨宗传:《中国老年人生活服务保障体系探讨》,《经济评论》1996 年第 3 期。

257. 杨发祥:《当代中国计划生育史研究》,博士学位论文,浙江大学,2003 年。

258. 杨爱兵：《新型农村社会养老保险探析——沈阳市康平县试点跟踪调查》，《党政干部学刊》2010 年第 12 期。

259. 杨斌、贺琦：《影响农民参加农村社会养老保险的需求因素分析——基于宝鸡模式的研究》，《兰州商学院学报》2009 年第 6 期。

260. 杨斌、朱健华、张弘、李靖、胡蓉：《经济欠发达地区农村计生养老保障制度建设的有益探索——"余庆模式"分析》，《贵州师范大学学报（社会科学版）》2003 年第 5 期。

261. 杨翠迎、郭金丰：《农民工养老保险制度运作的困境及其理论诠释》，《浙江大学学报（人文社会科学版）》2006 年第 3 期。

262. 闫聪：《新型农村社会养老保险试点开展情况调查——以项城市为例》，《才智》2011 年第 11 期。

263. 姚远：《对中国家庭养老弱化的文化诠释》，《人口研究》1998 年第 5 期。

264. 姚俊：《农民工参加不同社会养老保险意愿及其影响因素研究——基于江苏五地的调查》，《中国人口科学》2010 年第 1 期。

265. 叶晓玲：《重庆失地农民养老保险制度模式分析》，《农业经济》2009 年第 11 期。

266. 袁东、孙殿明：《深化高校收入分配制度改革，推进教师社会保障体系建设——基于生命周期理论》，《中国高校师资研究》2007 年第 4 期。

267. 于景元、袁建华、何林：《中国农村养老模式研究》，《中国人口科学》1992 年第 1 期。

268. 于学军：《中国人口老化与代际交换》，《人口学刊》1995 年第 6 期。

269. 余松林：《农村老年人生活状况调查与思考》，《十堰职业技术学院学报》2003 年第 4 期。

270. 曾毅：《中国人口分析》，北京大学出版社 2003 年版。

271. 曾毅：《农村计划生育与养老保障一体工程探讨》，《人口与计划生育》2002 年第 5 期。

272. 张根明：《中国农村计划生育养老金保险可行性研究》，《社会科学研究》1995 年第 3 期。

273. 张兵、周彬：《欠发达地区农户农业科技投入的支付意愿及影响因素分析——基于江苏省灌南县农户的实证研究》，《农业经济问题》2006年第1期。

274. 张朝华：《农户参加新农保的意愿及其影响因素——基于广东珠海斗门、茂名茂南的调查》，《农业技术经济》2010第6期。

275. 张海东、杨隽：《转型期的社会关系资本化倾向》，《吉林大学社会科学学报》2000年第1期。

276. 张平平、尹洁、冯永斌：《对完善农村低保制度的探讨——以西安市为例》，《乡镇经济》2008年第2期。

277. 张其仔：《社会资本论：社会资本与经济增长》，社会科学文献出版社1997年版。

278. 张时飞、唐钧：《辽宁、河北两省农村低保制度研究报告》，《东岳论丛》2007年第1期。

279. 张旭升：《农村社区发展中的老人照顾》，《长沙民政职业技术学院学报》2003年第4期。

280. 张云筝：《确定农村最低生活保障对象中的问题》，《当代经济管理》2009年第1期。

281. 张汉湘、周美林：《对农村计划生育养老保障试点问题的思考》，《人口与计划生育》2002年第6期。

282. 张娟、唐城、吴秀敏：《西部农民参加新型农村社会养老保险意愿及影响因素分析——基于四川省雅安市雨城区的调查》，《农村经济》2010年第12期。

283. 张茉楠：《"土地财政"转型须通盘考虑》，《经济参考报》2013年5月20日。

284. 张宜霖、孙建平：《农村社会养老保险与计划生育系列养老保险之比较研究》，《人口学刊》1993年第1期。

285. 张彦青、司选明：《对新型农村养老保险建设的几点建议》，《西安社会科学》2009年第4期。

286. 张晓霞：《江西基本养老服务体系建设的现状及完善对策》，《江西社会科学》2011年第2期。

287. 张振星：《湖北孝昌县为女孩户定责·明利·解难》，《人口与计划生育》2008年第8期。
288. 张丽：《晋陕新农保"实验"》，《中国社会保障》2009年第9期。
289. 章晓懿：《政府购买养老服务模式研究：基于与民间组织合作的视角》，《中国行政管理》2012年第12期。
290. 赵殿国：《应当逐步建立农村社会养老保险制度》，《人口与计划生育》2002年第5期。
291. 赵复元：《建立农村最低生活保障制度的综述》，《经济研究参考》2005年第55期。
292. 赵颖：《我国农村最低生活保障行政程序的实证分析——兼论行政程序与实体的互动》，《国家行政学院学报》2009年第6期。
293. 赵子良：《农民利益表达权的缺失与保障》，《现代农业科技》2005年第1期。
294. 赵迎旭、王德文：《老年人对非家庭养老方式态度的调查报告》，《南京人口管理干部学院学报》2006年第4期。
295. 浙江省财政厅、浙江省人力资源和社会保障厅：《浙江省财政厅、浙江省人力社保厅关于印发浙江省城乡居民社会养老保险基金财务管理暂行办法的通知》（浙财社〔2011〕357号），2011年12月29日。
296. 浙江省人民政府：《浙江省人民政府关于进一步完善城乡居民基本养老保险制度的意见》（浙政发〔2014〕28号），2014年7月11日。
297. 郑功成：《中国农村社会养老保障政策研究——将农村居民社会保障与计划生育有机结合的政策选择》，《人口与计划生育》2008年第3期。
298. 郑功成：《实现全国统筹是基本养老保险制度刻不容缓的既定目标》，《理论前沿》2008年第18期。
299. 郑功成：《农民工的权益与社会保障》，《中国党政干部论坛》2002年第8期。
300. 郑功成：《社会保障学——理念、制度、实践与思辨》，商务印书馆2004年版。
301. 郑秉文：《改革开放30年中国流动人口社会保障的发展与挑

战》,《中国人口科学》2008 年第 5 期。

302. 郑卫东:《农村计划生育养老保险发展模式比较与前瞻》,《人口与计划生育》2008 年第 12 期。

303. 郑韩雪、胡继亮:《完善农村计划生育家庭经济供养体系的思考与对策》,《时代经贸》2007 年第 S8 期。

304. 钟丽娟:《农民权利保障的法律思考》,《理论学刊》2003 年第 2 期。

305. 郅玉玲:《江南三镇农村老人的养老状况及意愿比较》,《西北人口》2002 年第 2 期。

306. 周长城:《社会发展与生活质量》,社会科学文献出版社 2001 年版。

307. 周弘:《国外社会福利制度》,中国社会出版社 2002 年版。

308. 周延、姚晓黎:《政府在失地农民养老保险中责任和义务的缺失及完善》,《山东农业大学学报(社会科学版)》2006 年第 2 期。

309. 周光兵:《恩施去年清退 4009 个关系保人情保》,http://ctdsb.cnhubei.com/html/ctdsb/20110302/ctdsb1312308.html。

310. 朱丽芳:《国外农村最低生活保障制度》,《农村工作通讯》2008 年第 19 期。

311. 朱国定:《管理心理学》,上海教育出版社 2010 年版。

312. 左梅香、汤菊生:《江西宜春市全面实施关爱女孩"绿色养老工程"》,《人口与计划生育》2009 年第 11 期。

313. 中国老龄科学研究中心:《中国城乡老年人口状况一次性抽样调查数据分析》,中国标准出版社 2003 年版。

314. 中共遵义市委、遵义市人民政府:《关于进一步强化人口和计划生育工作确保实现"双降"目标的实施意见》(遵党发〔2011〕18 号),2011 年 11 月 2 日。

315. 中华人民共和国民政部:《2012 年 1 月份全国县以上农村低保情况》,http://files2.mca.gov.cn/cws/201202/20120228090822198.html。

316. 中华人民共和国民政部:《2013 年民政工作报告》,http://mzzt.mca.gov.cn/article/qgmzgzsphy/gzbg/201312/20131200568966.

shtml。

317. 中华人民共和国民政部：《民政事业统计季报》，http：// files2. mca. gov. cn/cws/201101/20110130160410749. html。

318. 中华人民共和国民政部：《民政部发布2013年社会服务发展统计公报》，http：// www. mca. gov. cn/article/zwgk/mzyw/201406/20140600654488. shtml。

319. 中华人民共和国国家统计局：《中国统计年鉴2010》，http：// www. stats. gov. cn/tjsj/ndsj/2010/indexch. html。

320. 中华人民共和国统计局编：《中国统计年鉴2011》，http：// www. stats. gov. cn/tjsj/ndsj/2011/indexch. html。

321. 中华人民共和国人力资源和社会保障部：《2009年度人力资源和社会保障事业发展统计公报》，http：// w1. mohrss. gov. cn/gb/zwxx/2010 – 05/21/content_ 382330. html。

322. 中华人民共和国人力资源和社会保障部：《2010年度人力资源和社会保障事业发展统计公报》，http：// www. molss. gov. cn/gb/zwxx/2011 – 05/24/content_ 391125. html。

323. 中华人民共和国人力资源和社会保障部：《人力资源和社会保障部、财政部关于印发〈城乡养老保险制度衔接暂时办法〉的通知》（人社部发〔2014〕17号），2014年2月24日。

324. 钟祥市人力资源和社会保障局：《钟祥市城乡居民社会养老保险实施办法》，2012年3月17日。

325. 中共杭州市萧山区委、杭州市萧山区人民政府：《杭州市萧山区城乡居民社会养老保险实施办法》（萧委〔2009〕33号），2009年12月28日。

326. 中共桐庐县委办公室、桐庐县人民政府办公室：《桐庐县城乡居民社会养老保险实施意见》（县委办〔2010〕68号），2010年4月29日。

327. Anderson, R. T.; Bradham, D. D.; Jackson, S.; Heuser, M. D.; Wofford, J. L. and Colombo, K. A.: Caregivers' Unmet Needs for Support in Caring for Functionally Impaired Elderly Persons: A Community Sample, *Journal of Health Care for the Poor and*

Underserved, 11（4）：412 – 429，2000.

328. Alission, F. B.; Richard, E. B. and William, K. P.: Farm Household Life Cycles and Land Use in the Ecuadorian Amazon, *Population and Environment*, 27（1）：1 – 27, 2005.

329. Bradshaw, J.: The Concept of Social Need, *New Society*, 19（3）, 1972.

330. Burch, T. K. and Matthews, B. J.: Household Formation in Developed Societies, *Population and Development Review*, 13（3）：495 – 511, 1987.

331. Bane, M. J. and Ellwood, D. T.: *Welfare Realities: from Rhetoric to Reform*, Cambridge: Harvard University Press, 1996.

332. Bowles, S. and Gintis, H.: Social Capital and Community Governance, *Economic Journal*, 112（483）：419 – 436, 2002.

333. Bužgová, R. and Ivanová, K.: Violation of Ethical Principles in Institutional Care for Older People, *Nursing Ethics*, 18（1）：64, 2011.

334. Cheung, C. and Kwan, A.: The Erosion of Filial Piety by Modernization in Chinese Cities, *Ageing and Society*, 29（2）：179 – 198, 2009.

335. Chen, Yenjong and Chen, Chingyi.: Living Arrangement Preferences of Elderly People in Taiwan as Affected by Family Resources and Social Participation, *Journal of Family History*, 37（4）：381 – 394, 2012.

336. Chen, Lin and Ye, Minzhi.: The Role of Children's Support in Elder's Decisions to Live in a Yanglaoyuan（Residential Long-term Care）, *Journal of Cross-Cultural Gerontology*, 28（1）, 2013.

337. Davanzo, J. and Chan, A.: Living Arrangements of Older Malaysians: Who coresides with their Adult Children?, *Demography*, 31（1）：95 – 113, 1994.

338. Dijkers, M. P.: Individualization in Quality of Life Measurement: Instruments and Approaches, *Archives of physical medicine and reha-*

bilitation, 84（2）：3 – 14, 2003.

339. Eisenstadt S. N. and Louis, R.: Patron-Client Relations as a Model of Structuring Social Exchange, *Comparative studies in Society and History*, 22（1）：42 – 77, 1980.

340. Ellinas, A. A. and Lamprianou, I.: Political Trust In Extremis, Comparative Politics, 46（2）：231 – 250, 2014.

341. Granovetter, M.: Economic Action and Social Structure: The Problem of Embeddedness, *American Journal of Sociology*, 91（3）：481 – 510, 1985.

342. George, V. and Wilding, P.: *Welfare and Ideology*, New York: Harvester Wheatsheaf, 1994.

343. Grootaert, C.: Social Capital, Household Welfare and Poverty in Indonesia, *Local Level Institutions Working Paper*, Washington, DC: World Bank, 6, 1999.

344. Guallar-Castillon, P; Sendino, A. R. and Banegas, J. R. etal: Differences in Quality of Life between Women and Men in the Older Population of Spain, *Social Science & Medicine*, 60（6）：1229 – 1240, 2005.

345. House, J. S. and Kahn, R. L.: *Measures and Concepts of Social Support, in Cohen, S. and Syme, S. L.（Eds.）: Social Support and Health*, Orlando, FL: Academic Press, 1985.

346. Hitaitė, L. and Spirgienè, L.: The Need of the Elderly for Nursing and Social Services in the Community of Kaunas District, *Medicina（Kaunas）*, 43（11）：903, 2007.

347. James, C. S.: Patron-Client Politics and Political Change in Southeast Asia, *The American Political Science Review*, 66（1）：91 – 113, 1972.

348. John, B. C.; Williams, L.; Hermalin, A.; Chang, M. C.; Chayovan, M.; Cheung, P.; Domingo, L.; Knodel, J. and Ofstedal, M.: *Differences in the Living Arrangements of the Elderly in Four Asian Countries: The Interplay of Constraints and Preferences*,

Population Studies Center Research Report, 91 – 10, 1991.

349. John B. W. and Fred C. P.: *Old – Age Security in Comparative Perspective*, New York: Oxford Univtrsity Press, 1993.

350. John, I.: Why Poverty Remains High: The Role of Income Growth, Economic Inequality and Changes in Family Structure, 1949—1999, *Demography*, 40 (3): 499 – 519, 2003.

351. Jeffres, L. W.; Bracken, C. C.; Jian Guowei and Casey, M. F.: The Impact of Third Places on Community Quality of Life, *Applied Research in Quality of Life*, 4 (4): 333, 2009.

352. Kobrin, F. E.: The Fall in Household Size and the Rise of the Primary Individual in the United States, *Demography*, 13 (1): 127 – 138, 1976.

353. Knodel, J and Chayovan, N.: Family Support and Living Arrangements of Thai Elderly, *Asia-Pacific Population Journal*, 12 (4): 51, 1997.

354. Kodner, D. L.: Whole-system Approaches to Health and Social Care Partnerships for The Frail Elderly: An Exploration of North American Models and Lessons, *Health and Social Care in the Community*, 14 (5): 384 – 390, 2006.

355. Karsten, J. and Sagiri, K.: U. S. Tax Policy and Health Insurance Demand: Can A Regressive Policy Improve Welfare? *Journal of Monetary Economics*, 56 (2): 210 – 221, 2007.

356. Lewis, B. and Condie, R. H. B.: The British Social Security Program, *The Journal of Politics*, 12 (2): 323 – 347, 1950.

357. Levi, L. and Anderson, L.: Population, environment and quality Of life, *Royal Minister for Foreign Affair*, 40 (6): 645 – 650, 1987.

358. Lam, T-p.; Chi, I.; Piterman, L.; Lam, C. and Lauder, I.: Community Attitudes toward Living Arrangements between the Elderly and their Adult Children in Hong Kong, *Journal of Cross-Cultural Gerontology*, 13 (3): 215 – 228, 1998.

359. Li, Lianjiang: Political Trust in Rural China, *Modern China*, 30

(2): 228 - 258, 2004.

360. Mason, K.: Family Change and Support of the Elderly in Asia: What Do We Know? *Asia-Pacific Population Journal*, 7 (3): 13 - 32, 1992.

361. Midgley, J.; Tracy, M. and Livermore, M.: *The Handbook of Social Policy*, London: Sage Publications Inc., 2000.

362. Maria-Cristina, C.; Arnold, R. S.; Grace, I. L. and Caskie, et al.: The Relationship between Social Support and Psychological Distress among Hispanic Elders in Miami, Florida, *Journal of Counseling Psychology*, 55 (4): 427 - 441, 2008.

363. North, D.: *Institutions, Institutional Change and Economic Performance*, Cambridge: Cambridge University Press, 1990.

364. Patrick, E. M.; William, A. S.: A Modernized Family Life Cycle, *The Journal of Consumer Research*, 6 (1): 12 - 22, 1979.

365. Putnam, R. D.: Tuning In, Tuning Out: The Strange Disappearance of Social Capital in America, *Political Science and Politics*, 28 (4): 664 - 683, 1995.

366. Pinquart, M. and Srensen, S.: Gender Differences in Self-concept and Psychological Well-Being in Old Age: A Meta-Analysis, *Journal of Gerontology Psychological Sciences*, 56 (4): 195, 2001.

367. Page, S. E.: Path Dependence, *Quarterly Journal of Political Science*, 1 (1): 87 - 115, 2006.

368. Stephen, G. P.: Household Demographic Factors as Life Cycle Determinants of Land Use in the Amazon, *Population Research and Policy Review*, 20 (3): 159 - 186, 2001.

369. Shi, Tianjian: Culture Values and Political Trust: A Comparison of the People's Republic of China and Taiwan, *Comparative Politics*, 33 (4): 401 - 419, 2001.

370. Scheil-Adlung, X. and Bonan, J.: Gaps in Social Protection for Health Care and Long-term Care in Europe: Are the Elderly Faced with Financial Ruin? *International Social Security Review*, 66 (1):

25 - 48, 2013.

371. Valkila, N.; Litja, H.; Aalto, L. and Saari, A.: Consumer Panel Study on Elderly People's Wishes Concerning Services, *Archives of Gerontology and Geriatrics*, 51 (3): 66, 2010.

372. Weinstein, M. C. and Stason, W. B.: Study of the Quality of Life of Older People, *New England Journal of Medicine*, 29 (6): 716 - 721, 1977.

373. Walker, R. T.; Perz, S. G.; Caldas, M. and Teixeira da Silva, L. G.: Land Use and Land Cover Change in Forest Frontiers: The Role of Household Life Cycles, *Internetional Regional Science Review*, 25 (2): 169 - 199, 2002.

374. Wong, Linda and Tang, Jun.: Dilemmas Confronting Social Entrepreneurs: Care Homes for Elderly People in Chinese Cities, *Pacific Affairs*, 79 (4): 623 - 640, 2006.

附录1 农村养老保障现状、需求与意识调查问卷

尊敬的农民朋友：

您好！

我叫_____，是_____大学"以农民需求为导向的农村养老保障制度研究"课题组调查员。我们正在进行一项社会调查，目的是了解农民的养老保障现状、需求与意识，从而为相关部门改进社会政策、推动农村养老保障事业发展提供决策咨询建议。您是我们通过科学方法抽取的调查对象，您的支持对于本研究具有十分重要的意义。本次调查不记姓名，调查数据只用于学术研究，您的回答不涉及是非对错，不会给您带来任何不利影响。请您根据实际情况作出真实回答，我们保证对您的信息严格保密。衷心感谢您的支持与合作。

"以农民需求为导向的农村养老保障制度研究"课题组
2009年7月

★问卷填答说明：以下问题如果没有特殊说明，请只选一项，并在合适的选项上打"√"；如遇"_____"，请直接填写；如遇到多选题并且需要您对其排序，请在"（　）"内依次填答。非常感谢您的合作！

一 个人与家庭基本情况

1. 您的年龄？_____岁
2. 您的性别？
（1）男　　　　　　　　　　（2）女
3. 您的文化程度？

（1）未受过正式教育　　　　　（2）小学

（3）初中　　　　　　　　　　（4）高中（中专）

（5）大专　　　　　　　　　　（6）大学本科及以上

4. 您的婚姻状况？

（1）已婚　　　　　　　　　　（2）未婚

（3）离婚或丧偶

5. 您家里有_____口人，_____代人。

5.1. 您家里有多少劳动力？_____人。

5.2. 您家里是否有60岁以上的老人？

（1）有，有_____位　　　　 （2）没有（跳答第6题）

5.3. 您家老人的主要生活费来源是什么？（可多选）

（1）个人积蓄　　　　　　　　（2）养老退休金

（3）养老保险金　　　　　　　（4）子女供养

（5）其他亲友接济　　　　　　（6）村集体供养

（7）低保金　　　　　　　　　（8）慈善救济

（9）其他（请注明）_____

6. 您的政治面貌？

（1）共产党员含预备党员　　　（2）民主党派

（3）共青团员　　　　　　　　（4）群众

7. 您是否曾经担任或正在担任某种乡村管理职务？（可多选）

（1）未担任任何职务　　　　　（2）生产组长（队长）

（3）村委会一般成员/大队一般干部（4）村委会主任/大队书记

（5）乡镇干部、领导/公社干部、领导

（6）其他（请注明）_____

8. 当前，您是否有稳定的收入来源？

（1）有（跳答第9题）　　　　 （2）没有

8.1. 您没有稳定收入来源的主要原因是什么？

（1）失业　　　　　　　　　　（2）料理家务

（3）丧失劳动能力　　　　　　（4）年迈，不能再下地劳动

（5）其他（请注明）_____

8.2. 您的生活开支所需主要从何而来？

(1) 积蓄 (2) 偶所挣

(3) 子女供养 (4) 其他亲友接济

(5) 村集体供养 (6) 低保

(7) 慈善救济

(8) 其他（请注明）_____

9. 当前，您的主要收入来源是：

(1) 务农 (2) 打工

(3) 个体经营 (4) 公司经营

(5) 投资 (6) 离退休金

(7) 亲友馈赠 (8) 社会救济

(9) 低保金 (10) 养老保险金

(11) 其他（请注明）_____

10. 您目前主要从事：

(1) 全职务农 (2) 兼业务农

(3) 全职/半职/临时性务工 (4) 个体经营

(5) 公司经营 (6) 料理家务

(7) 离退休 (8) 基层管理

(9) 在校学习 (10) 无业

(11) 其他（请注明）_____

11. 您的身体健康状况如何？

(1) 很好 (2) 比较好

(3) 一般 (4) 较差

(5) 非常差

12. 您的身体状况是否允许从事农业生产活动或其他非农工作？

(1) 啥活都能干 (2) 大部分活都可以干

(3) 只能干点轻活 (4) 什么也干不了

(5) 饮食起居都要人照顾

13. 您是否有子女？

(1) 没有（跳答第14题）

(2) 有，共有_____个子女，_____个儿子，_____个女儿

13.1. 您的子女是否都已经成家？

(1) 是 (2) 否

13.2. 是否有子女在读大学或已经读过大学？

(1) 是 (2) 否

13.3. 您是否与子女居住在一起？

(1) 是（跳答第13.9题） (2) 否

13.4. 子女一般隔多长时间会与您通电话？

(1) 每天 (2) 每周
(3) 每月 (4) 逢年过节
(5) 有要紧事时 (6) 从不

13.5. 您是否希望子女经常与您通电话？

(1) 是 (2) 否
(3) 不好说

13.6. 子女一般隔多长时间会来看望您？

(1) 每天 (2) 每周
(3) 每月 (4) 逢年过节
(5) 有要紧事时 (6) 从不

13.7. 您是否希望子女经常来看望您？

(1) 是 (2) 否
(3) 不好说

13.8. 与子女分开居住以来，您是否到子女家里居住过一段时间？

(1) 是 (2) 否

13.9. 您是否愿意长期与子女一起生活？

(1) 是（跳答第13.10题） (2) 否
(3) 不好说

13.9a. 您为什么不太愿意长期与子女一起生活？（可多选）

(1) 怕给子女添负担
(2) 在这住习惯了，哪都不想去
(3) 不适应外地的生活 (4) 害怕孤独
(5) 与子女合不来 (6) 与媳、婿合不来
(7) 图个轻松自在，不想再遭罪
(8) 其他（请注明）_____

13.10. 子女是否会定期给您钱用?

(1) 是　　　　　　　　　　　　(2) 否（跳答第 13.11 题）

13.10a. 一般而言,子女平均每月给您多少钱?_____元

13.11. 总的来说,您与子女的关系如何?

(1) 很融洽　　　　　　　　　　(2) 较融洽

(3) 一般　　　　　　　　　　　(4) 不太融洽

(5) 很不融洽

13.12. 总的来说,子女对您的孝顺程度如何?

(1) 很孝顺　　　　　　　　　　(2) 较孝顺

(3) 一般　　　　　　　　　　　(4) 不太孝顺

(5) 很不孝顺

14. 下面,请分别告诉我们您配偶及子女的一些具体情况。（未婚、离婚、丧偶者不填配偶情况,无子女者不填子女情况）

	14.1 年龄	14.2 性别 1. 男 2. 女	14.3 户口性质 1. 农业 2. 非农	14.4 有无稳定收入来源 1. 有 2. 无	14.5 当前主要在做什么 1. 全职务农　2. 兼业务农　3. 全职/半职/临时性务工　4. 个体经营　5. 公司经营　6. 料理家务　7. 离退休　8. 基层管理　9. 在校学习　10. 无业　11. 其他（请注明）_____	14.6 身体健康状况 1. 很健康 2. 较健康 3. 一般 4. 不太健康 5. 很不健康	14.7 与您的居住距离 1. 同村 2. 同乡/镇 3. 同县/市 4. 同省 5. 外省
配偶							
子女1							
子女2							
子女3							
子女4							
子女5							

15. 以您家目前的经济状况,您认为自家属于以下哪种情况?

(1) 经济上很宽裕　　　　　　(2) 经济上较宽裕

(3) 钱基本够用　　　　　　　(4) 经济上比较紧张

(5) 经济上非常紧张

16. 在您看来,您本人在当地的社会经济地位属于哪一层次?

(1) 上层　　　　　　　　　　(2) 中上层

(3) 中层　　　　　　　　　　(4) 中下层

(5) 下层　　　　　　　　　　(6) 不好说

17. 在您看来,您家在当地的社会经济地位属于哪一层次?

(1) 上层　　　　　　　　　　(2) 中上层

(3) 中层　　　　　　　　　　(4) 中下层

(5) 下层　　　　　　　　　　(6) 不好说

18. 过去一年,您个人全年的总收入是多少?_____元

19. 过去一年,您全家全年的总收入是多少?_____元

20. 过去一年,您全家全年的总开支是多少?_____元

21. 最近10年内,您家是否有人生过大病?

(1) 是　　　　　　　　　　　(2) 否(跳答第22题)

21.1. 家人生病对您家生活的影响有多大?

(1) 很大　　　　　　　　　　(2) 较大

(3) 一般　　　　　　　　　　(4) 较小

(5) 很小　　　　　　　　　　(6) 几乎没有

22. 最近10年内,您家是否有人遭遇过意外事故?

(1) 是　　　　　　　　　　　(2) 否(跳答第23题)

22.1. 家人遭遇意外事故对您家生活的影响有多大?

(1) 很大　　　　　　　　　　(2) 较大

(3) 一般　　　　　　　　　　(4) 较小

(5) 很小　　　　　　　　　　(6) 几乎没有

二　养老保障现状与需求

23. 最近一次确定土地承包面积后,您家承包的各类土地有多少亩?_____亩

24. 目前，您家实际耕种的土地有多少亩？_____亩

25. 您家承包的土地是否被征用过？
（1）没有被征用（跳答第26题） （2）部分被征用
（3）全部被征用

25.1. 土地被征用后，您家是否领到过土地补偿金？
（1）是，全部领到 （2）是，部分领到
（3）否

26. 您是否听说过新型农村社会养老保险？
（1）是 （2）否（跳答第27题）

26.1. 您对"新农保"的了解程度如何？
（1）非常熟悉 （2）比较熟悉
（3）一般 （4）不太熟悉
（5）了解很少

26.2. 您是从哪里听说新型农村社会养老保险的？（可多选）
（1）电视 （2）广播
（3）报纸 （4）杂志
（5）互联网 （6）相关部门群发短信
（7）基层干部上门宣讲 （8）村里集体组织宣讲
（9）亲友告知
（10）其他（请注明）_____

27. 您是否愿意参加新型农村社会养老保险？
（1）愿意（跳答第28题） （2）不愿意
（3）不好说

27.1. 您为什么不愿意参加新型农村社会养老保险？（可多选）
（1）家里没有闲钱 （2）不了解政策
（3）怕政策有变 （4）怕兑现不了保险待遇
（5）怕不合算 （6）怕保费被挪用
（7）已参加了其他保险 （8）周围人都没有参加
（9）还年轻，以后再说 （10）自己可以养老
（11）有子女在，没必要参加
（12）其他（请注明）_____

28. 村里是否推出了新型农村社会养老保险？

（1）是 　　　　　　　　　　　（2）否（跳答第 34 题）

28.1. 为动员大家参与"新农保"，村里开展了哪些宣传工作？（可多选）

（1）发放宣传册子、传单等　　　（2）村里召开大会，集中宣讲

（3）电视、广播、报纸宣传　　　（4）挨家挨户上门宣传与动员

（5）群发短信　　　　　　　　　（6）户外广告、展板宣传

（7）网络宣传

（8）其他方式（请注明）_____

29. 您是否参加了新型农村社会养老保险？

（1）是（跳答第 29.2 题）

（2）否（回答第 29.1 题后，跳答第 30 题）

29.1. 您为什么没有参加新型农村社会养老保险？

（1）家里没有闲钱　　　　　　　（2）不了解政策

（3）怕政策有变　　　　　　　　（4）怕兑现不了保险待遇

（5）怕不合算　　　　　　　　　（6）怕保费被挪用

（7）已参加了其他保险　　　　　（8）周围人都没有参加

（9）还年轻，以后再说　　　　（10）自己可以养老

（11）有子女在，没必要参加

（12）其他（请注明）_____

29.2. 您是怎么参加新型农村社会养老保险的？（可多选）

（1）参加后养老有保障，自愿参加

（2）干部做了大量工作，拗不过去，只好参加

（3）组织上强制参加

（4）家人让参加

（5）看别人参加了，自己跟着参加

（6）其他（请注明）_____

29.3. 您是按什么标准缴纳的养老保险费？

（1）一次性缴纳，缴纳_____元

（2）按月缴纳，_____元/月

（3）按年缴纳，_____元/年

(4) 其他（请注明）＿＿＿＿＿＿＿＿＿

29.4. 按目前的缴费标准，等您到法定领取养老金年龄后，每月大概可以领取多少养老保险金？＿＿＿＿元/月

29.5. 参加新农保以来，您有没有领取过养老金？

(1) 有　　　　　　　　　　　(2) 没有（跳答第30题）

29.6. 您是否领取到足额养老金？

(1) 是　　　　　　　　　　　(2) 否

29.7. 据您所知，当地养老金的发放是否及时？

(1) 及时　　　　　　　　　　(2) 不及时

30. 对于本地新型农村社会养老保险的各项指标，您分别如何评价？

30.1. 个人缴费标准：

(1) 过高　　　　　　　　　　(2) 偏高
(3) 适中　　　　　　　　　　(4) 偏低
(5) 过低

30.2. 集体补助标准：

(1) 过高　　　　　　　　　　(2) 偏高
(3) 适中　　　　　　　　　　(4) 偏低
(5) 过低　　　　　　　　　　(6) 根本没补

30.3. 政府财政补贴标准：

(1) 过高　　　　　　　　　　(2) 偏高
(3) 适中　　　　　　　　　　(4) 偏低
(5) 过低

30.4. 养老保险金待遇：

(1) 过高　　　　　　　　　　(2) 偏高
(3) 适中　　　　　　　　　　(4) 偏低
(5) 过低

30.5. 养老金发放程序：

(1) 非常简便　　　　　　　　(2) 比较简便
(3) 一般　　　　　　　　　　(4) 比较烦琐
(5) 非常烦琐

30.6. 保险经办人员态度：

(1) 非常好 (2) 比较好

(3) 一般 (4) 比较差

(5) 非常差

30.7. 保险经办人员素质：

(1) 非常高 (2) 比较高

(3) 一般 (4) 比较低

(5) 非常低

30.8. 保险基金的管理方式

(1) 非常合理 (2) 比较合理

(3) 一般 (4) 不太合理

(5) 很不合理

31. 在您看来，新农保的养老保险待遇是否能够满足本地老年人的基本生活需要？

(1) 是（跳答第32题） (2) 否

31.1. 在您看来，现行的新农保养老待遇标准离本地老年人的基本生活需要有多大的差距？

(1) 差距很大 (2) 差距较大

(3) 差距较小 (4) 差距很小

32. 总体而言，您对本地新型农村社会养老保险制度有何评价？

(1) 非常好 (2) 比较好

(3) 一般 (4) 不太好

(5) 很不好

33. 总体而言，您对本地新型农村社会养老保险的实施效果有何评价？

(1) 效果非常好 (2) 效果比较好

(3) 效果一般 (4) 效果不太好

(5) 效果很差

34. 如果可以选择，您理想中的农村社会养老保险模式是什么样的？（请依次回答下列问题）

34.1. 您认为，农民应该以个人为单位参加养老保险，还是应该以家庭为单位参加养老保险？
（1）以个人为单位参保　　　　（2）以家庭为单位参保
（3）不好说

34.2. 您认为，在缴纳农村社会养老保险费，个人应该按_____元/年的标准缴纳比较合理。

34.3. 您认为，达到法定领取养老金年龄以后，个人可以领取到的养老金应不低于_____元/月才算合理。

34.4. 您认为，法定领取养老金的年龄应该如何确定比较合理？男：_____岁；女：_____岁

34.5. 您认为，农村社会养老保险的缴费基数如何确定比较合理？
（1）上年度城镇居民年人均可支配收入
（2）上年度农村居民年人均纯收入
（3）二者之和的平均数
（4）其他（请注明）_____

34.6. 在缴纳农村社会养老保险费用时，把钱交给谁您最放心？（可多选）
（1）村干部　　　　　　　　（2）乡镇财政所
（3）县（区）财政局　　　　（4）地（市）财政局
（5）其他（请注明）_____

34.7. 您希望按哪种方式领取养老保险金？
（1）按月　　　　　　　　　（2）按季
（3）按年
（4）其他（请注明）_____

34.8. 在您看来，新型农村养老保险基金应由谁来管理？
（1）农民自己管理
（2）政府社保经办机构统一管理
（3）委托专业机构管理
（4）其他（请注明）_____

34.9. 如果可以自主选择，您愿意在多少岁时开始缴纳社会养老保险费？_____岁

34.10. 您认为，个人缴费年限至少是多少年比较合理？_____年

35. 您是否曾在城市打工或正在城市打工？

(1) 是 　　　　　　　　　　(2) 否（跳答第36题）

35.1. 从第一次在城市打工算起，您在城市有多长的打工经历？

_____月

35.2. 您最近一次在城市打工时，是在哪个行业工作？

(1) 农、林、牧、渔服务业　　(2) 采掘业

(3) 建筑、装饰业　　　　　　(4) 加工、制造业

(5) 交通运输业　　　　　　　(6) 仓储物流业

(7) 批发零售业　　　　　　　(8) 餐饮住宿业

(9) 娱乐服务业　　　　　　　(10) 家政服务业

(11) 其他（请注明）_____

35.3. 您最近一次在城市打工时，从事的是哪类工作？

(1) 纯体力劳动

(2) 以体力劳动为主，需要一定技术

(3) 需要初级技术，体力劳动量不大

(4) 需要中、高级技术，较少从事体力劳动

(5) 管理工作

(6) 其他（请注明）_____

35.4. 您最近一次在城市打工时，从事的是哪种具体工作？

(1) 工人　　　　　　　　　　(2) 保洁保安人员

(3) 服务员　　　　　　　　　(4) 设计制作人员

(5) 销售人员　　　　　　　　(6) 售后服务人员

(7) 财会人员　　　　　　　　(8) 质检人员

(9) 库管人员　　　　　　　　(10) 司机

(11) 文秘办公人员　　　　　　(12) 工头

(13) 中层管理人员　　　　　　(14) 高层管理人员

(15) 其他（请注明）_____

35.5. 您最近一次在城市打工时，是在哪种类型的单位工作？

(1) 党政机关　　　　　　　　(2) 国有企事业

(3) 集体企事业　　　　　　　(4) 私营、民营企事业

(5) 个体经营户　　　　　　　(6) 外资、合资企业

（7）其他（请注明）_____

35.6. 在城市打工期间，您是否参加了当地的社会养老保险？

（1）是（跳答第35.6b题）

（2）否（回答第35.6a题后，跳答第36题）

35.6a. 您为什么没有参加打工所在地的社会养老保险？（可多选）

（1）没有闲钱　　　　　　　　（2）不了解政策

（3）先保住工作再说　　　　　（4）怕兑现不了保险待遇

（5）雇主不提供　　　　　　　（6）怕保费被挪用

（7）当地没有农民工养老保险政策（8）周围人都没参加

（9）其他（请注明）_____

35.6b. 您是按哪种方式在打工城市参加的养老保险？

（1）与城镇职工实行同等缴费、享受同等待遇

（2）与城镇居民同等缴费，享受同等待遇

（3）参加城镇职工基本养老保险，但"低门槛进入、低标准享受"

（4）参加城镇居民基本养老保险，但"低门槛进入、低标准享受"

（5）参加专为农民工建立的养老保险

（6）其他（请注明）_____

35.6c. 在打工城市参加社会养老保险时，对于您个人每月所承担的保险费，您如何评价？

（1）费用过高　　　　　　　　（2）费用偏高

（3）费用适中　　　　　　　　（4）费用偏低

（5）费用过低

35.6d. 在打工城市参加社会养老保险时，对于单位或雇主每月为您缴纳的保险费，您如何评价？

（1）费用过高　　　　　　　　（2）费用偏高

（3）费用适中　　　　　　　　（4）费用偏低

（5）费用过低

35.6e. 您参加打工城市的社会养老保险并缴纳保险费有多长时间了？_____月

35.6f. 对于您在打工城市参加的社会养老保险，您的总体评价是：

（1）很不满意　　　　　　　　（2）不太满意

(3) 一般 (4) 比较满意

(5) 非常满意

35.6g. 在城市打工期间，您是否换过工作？

(1) 是，换过_____次 (2) 否

35.6h. 在城市打工期间，您是否有过退保的经历？

(1) 有 (2) 没有（跳答第35.6i题）

35.6h1. 您为什么会退保？（可多选）

(1) 缴费负担重 (2) 怕兑现不了保险待遇

(3) 怕保险金被挪用

(4) 工作变动，不知如何转移保险关系

(5) 工作变动，保险关系转移手续麻烦

(6) 其他（请注明）_____

35.6i. 在城市里打工期间，当您的工作发生变动时，您希望如何处理养老保险金？

(1) 一次性清算 (2) 存着不动，年老时再领取

(3) 转到别的保险账户

(4) 其他（请注明）_____

36. 您认为农民工群体应按哪种模式参加养老保险？

(1) 打工地城镇职工基本养老保险

(2) 打工地城镇居民基本养老保险

(3) 户籍地新型农村社会养老保险

(4) 户籍地城乡统筹基本养老保险

(5) 单独推行农民工养老保险

(6) 其他（请注明）_____

37. 您认为农民工参加养老保险时，应按哪种标准缴纳保险费？

(1) 按打工地城镇职工缴费标准

(2) 按打工地城镇居民缴费标准

(3) 按户籍地农村居民缴费标准

(4) 按城乡居民统筹缴费标准

(5) 单独设立既高于农村、又低于城市的缴费标准

(6) 其他（请注明）_____

38. 您认为被征地农民应按哪种模式参加养老保险？

（1）城镇职工基本养老保险　　　（2）城镇居民基本养老保险

（3）新型农村社会养老保险　　　（4）失地农民老年退休金

（5）被征地农民基本生活保障

（6）生活补助＋农村社会养老保险

（7）留地和股权分红

（8）其他（请注明）_____

39. 您认为被征地农民在参加养老保险时是否需要缴纳保险费？应按何种标准缴纳保险费？

（1）以土地换保障，不应缴费　　　（2）要缴费，但可适当减免

（3）与其他群体同等缴费

（4）其他（请注明）_____

40. 您认为农村计划生育户（独生子女户、双女户、子女死亡现无子女夫妇）应按哪种模式参加养老保险？

（1）城乡统筹基本养老保险　　　（2）新型农村社会养老保险

（3）计生户专门养老保险

（4）其他（请注明）_____

41. 您认为计划生育户在参加养老保险时是否需要缴纳养老保险费？应按何种标准缴费？

（1）不用缴费

（2）要缴费，可将计生户养老奖励金折算后充抵养老保险费

（3）与其他农户同等缴费

（4）其他（请注明）_____

42. 您认为计划生育户在享受养老金待遇时按什么标准比较合理？

（1）与其他农户享受同等待遇

（2）在与其他农户享受同等待遇的基础上，另外发放养老补助

（3）其他（请注明）_____

43. 您是否赞成对农村高龄老人发放高龄津贴？

（1）是　　　　　　　　　　　　（2）否（跳答第44题）

（3）不好说（跳答第44题）

43.1. 您认为年龄在多少岁以上的老人可以享受高龄津贴？

_____岁以上

44. 对于没有参加养老保险的农村困难老人，您是否赞成为其发放基本生活补助？

（1）是　　　　　　　　　　（2）否（跳答第45题）

（3）不好说（跳答第45题）

44.1. 您认为年龄在多少岁以上的老人可以享受基本生活补助？

_____岁以上

44.2. 您认为对困难老人的基本生活补助标准如何确定比较合理？

（1）与农村最低生活保障线持平　　（2）高于农村最低生活保障线

（3）其他（请注明）_____

45. 现阶段，您最需要参加的是哪些社会保险？（可多选）

（1）养老保险　　　　　　　　（2）医疗保险

（3）失业保险　　　　　　　　（4）工伤保险

（5）农业保险

（6）其他保险（请注明）_____

46. 在您身体不好时，一般是谁在身边照顾您？（可多选）

（1）配偶　　　　　　　　　　（2）子女

（3）媳、婿　　　　　　　　　（4）其他亲友

（5）邻居　　　　　　　　　　（6）专业服务人员

（7）其他（请注明）_____

46.1. （假如您年纪大了，）在您身体不好时，您最希望谁能在身边照顾您？

（1）配偶　　　　　　　　　　（2）子女

（3）媳、婿　　　　　　　　　（4）其他亲友

（5）邻居　　　　　　　　　　（6）专业服务人员

（7）其他（请注明）_____

47. 您平时经常和谁拉家常、交流呢？（可多选）

（1）配偶　　　　　　　　　　（2）子女

（3）媳、婿　　　　　　　　　（4）其他亲友

（5）邻居

（6）其他（请注明）_____

47.1.（假如您年纪大了,）您最希望平时能经常和谁拉家常、交流呢？

（1）配偶　　　　　　　　　（2）子女

（3）媳、婿　　　　　　　　（4）其他亲友

（5）邻居

（6）其他（请注明）_____

48. 您心情烦闷的时候，您一般会向谁倾诉？（可多选）

（1）配偶　　　　　　　　　（2）子女

（3）媳、婿　　　　　　　　（4）其他亲友

（5）邻居　　　　　　　　　（6）谁也不说

（7）其他（请注明）_____

48.1.（假如您年纪大了,）您心情烦闷的时候，您最希望向谁倾诉？

（1）配偶　　　　　　　　　（2）子女

（3）媳、婿　　　　　　　　（4）其他亲友

（5）邻居　　　　　　　　　（6）谁也不说

（7）其他（请注明）_____

49.（假如您年纪大了,）对于以下各项照顾或服务，您的需求程度如何？请逐一作出选择。

49.1. 饮食起居照顾

（1）不需要　　　　　　　　（2）不太需要

（3）需求一般　　　　　　　（4）比较需要

（5）非常需要

49.2. 保健服务

（1）不需要　　　　　　　　（2）不太需要

（3）需求一般　　　　　　　（4）比较需要

（5）非常需要

49.3. 医疗服务

（1）不需要　　　　　　　　（2）不太需要

（3）需求一般　　　　　　　（4）比较需要

（5）非常需要

49.4. 聊天谈心
(1) 不需要　　　　　　　　　(2) 不太需要
(3) 需求一般　　　　　　　　(4) 比较需要
(5) 非常需要

49.5. 心理辅导
(1) 不需要　　　　　　　　　(2) 不太需要
(3) 需求一般　　　　　　　　(4) 比较需要
(5) 非常需要

49.6. 娱乐休闲服务
(1) 不需要　　　　　　　　　(2) 不太需要
(3) 需求一般　　　　　　　　(4) 比较需要
(5) 非常需要

49.7. 旅游
(1) 不需要　　　　　　　　　(2) 不太需要
(3) 需求一般　　　　　　　　(4) 比较需要
(5) 非常需要

49.8. 学习
(1) 不需要　　　　　　　　　(2) 不太需要
(3) 需求一般　　　　　　　　(4) 比较需要
(5) 非常需要

49.9. 服务社会
(1) 不需要　　　　　　　　　(2) 不太需要
(3) 需求一般　　　　　　　　(4) 比较需要
(5) 非常需要

49.10. 除上述各项需要外，您是否还有哪些其他服务或照顾需要？（请注明）_____

50.（假如您年纪大了,）当经济上遇到困难时，您首先想到的是向谁求助？
(1) 配偶　　　　　　　　　　(2) 子女
(3) 亲戚　　　　　　　　　　(4) 朋友
(5) 邻居　　　　　　　　　　(6) 村集体

(7) 政府　　　　　　　　　　　(8) 社会慈善组织

(9) 其他（请注明）_____

三　养老保障意识与观念

51. 您担心自己的养老问题吗？

(1) 非常担心　　　　　　　　(2) 比较担心

(3) 一般　　　　　　　　　　(4) 不太担心

(5) 不担心

52. 您认为养老的责任应该由谁来承担？（可多选）

(1) 自己与配偶　　　　　　　(2) 子女

(3) 村集体或企业　　　　　　(4) 政府

(5) 社会

(6) 其他（请注明）_____

52.1. 谁应该承担最主要的责任呢？（请从上面的选项中选择，并在括号中填写序号）（　　）

53. 如果让您做主，您会选择以下哪些养老方式？（可多选）

(1) 养儿防老　　　　　　　　(2) 储蓄养老

(3) 农村社会养老保险　　　　(4) 城乡统筹社会养老保险

(5) 商业养老保险　　　　　　(6) 土地养老

(7) 集体养老

(8) 其他（请注明）_____

54. 在您看来，土地对您的重要性程度有多高？

(1) 非常重要　　　　　　　　(2) 比较重要

(3) 一般　　　　　　　　　　(4) 不太重要

(5) 不重要

55. 以下列举的各类现象，是否符合当地的实际情况？请您逐一作出判断。

55.1. 我们村里的大多数年轻人都很孝敬父母

(1) 符合　　　　　　　　　　(2) 较符合

(3) 不好说　　　　　　　　　(4) 不太符合

(5) 完全不符

55.2. 我们村里的大多数年轻人都很尊重老人
（1）符合　　　　　　　　　　（2）较符合
（3）不好说　　　　　　　　　　（4）不太符合
（5）完全不符

55.3. 当地政府的养老、敬老政策比较完善
（1）符合　　　　　　　　　　（2）较符合
（3）不好说　　　　　　　　　　（4）不太符合
（5）完全不符

55.4. 村里的养老、敬老工作做得很好
（1）符合　　　　　　　　　　（2）较符合
（3）不好说　　　　　　　　　　（4）不太符合
（5）完全不符

55.5. 村里经常有一些为老年人服务的活动
（1）符合　　　　　　　　　　（2）较符合
（3）不好说　　　　　　　　　　（4）不太符合
（5）完全不符

55.6. 村里非常关注老年人的精神健康状况
（1）符合　　　　　　　　　　（2）较符合
（3）不好说　　　　　　　　　　（4）不太符合
（5）完全不符

55.7. 除了打麻将、聊天，村里几乎没有其他娱乐休闲方式
（1）符合　　　　　　　　　　（2）较符合
（3）不好说　　　　　　　　　　（4）不太符合
（5）完全不符

56. 以下是关于养老保险的一些说法，您是否同意？请逐一作出评价。

56.1. 社会养老保险是所有公民应享有的权利
（1）同意　　　　（2）不同意　　　　（3）不好说

56.2. 缴纳社会养老保险费是所有公民应尽的义务
（1）同意　　　　（2）不同意　　　　（3）不好说

56.3. 农民应享有和城市居民一样的养老保障权利

(1) 同意　　　　　　(2) 不同意　　　　　　(3) 不好说

56.4. 老年人不仅需要经济上的生活保障，还需要有照顾和服务方面的保障

(1) 同意　　　　　　(2) 不同意　　　　　　(3) 不好说

56.5. 养老保障不仅要满足老年人基本物质生活需要，还需要满足老年人精神生活需要

(1) 同意　　　　　　(2) 不同意　　　　　　(3) 不好说

56.6. 农村与城市基础不一样，养老保障制度有所区别可以理解

(1) 同意　　　　　　(2) 不同意　　　　　　(3) 不好说

56.7. 应当允许农民以土地、实物或股权等实物换取社会保障

(1) 同意　　　　　　(2) 不同意　　　　　　(3) 不好说

56.8. 农村养老保障制度的建立应当最大限度地兼顾不同群体的不同需求

(1) 同意　　　　　　(2) 不同意　　　　　　(3) 不好说

56.9. 搞农村社会养老保险，实质上是增加农民负担

(1) 同意　　　　　　(2) 不同意　　　　　　(3) 不好说

56.10. 缴纳农村社会养老保险费，还不如把钱存到银行

(1) 同意　　　　　　(2) 不同意　　　　　　(3) 不好说

调查到此结束，再次谢谢您的合作，祝您生活愉快，家庭美满！

以下信息，请访问员记录

57. 调查地点：_____省_____市_____县/区_____乡/镇_____村

58. 调查日期：_____年_____月_____日

附录2 新型农村社会养老保险试点制度评估研究调查问卷

尊敬的农民朋友：

您好！

我是华中农业大学"新型农村社会养老保险试点制度评估研究"课题组调查员。我们正在进行一项社会调查，目的是了解新型农村社会养老保险试点制度的运行现状及其效果，从而为相关部门改进社会政策、推动农村养老保障事业发展提供决策咨询建议。您是我们通过科学方法抽取的调查对象，您的支持对于本研究具有十分重要的意义。本次调查不记姓名，数据只用于学术研究，您的回答不涉及是非对错，不会给您带来任何不利影响。请您根据实际情况作出真实回答，我们保证对您的信息严格保密。衷心感谢您的支持与合作。

国家社科基金"以农民需求为导向的农村养老保障制度研究"课题组

2011年7月

★问卷填答说明：以下问题如果没有特殊说明，请只选一项，并在合适的选项上打"√"；如遇"_____"，请直接填写；如遇到多选题并且需要您对其排序，请在"（　）"内依次填答。非常感谢您的合作！

一 个人与家庭基本情况

1. 您的年龄？_____周岁
2. 您的性别？
（1）男　　　　　　　　　　　　（2）女
3. 您的文化程度？

(1) 未受过正式教育　　　　　　(2) 小学

(3) 初中　　　　　　　　　　　(4) 高中/中专/技校

(5) 大专　　　　　　　　　　　(6) 大学本科及以上

4. 您的婚姻状况？

(1) 已婚　　　　　　　　　　　(2) 未婚

(3) 离婚或丧偶

5. 您家里有_____口人，_____代人。

5.1. 您家里有多少劳动力？_____人。

5.2. 您家里是否有60岁以上的老人？

(1) 有，有_____位　　　　　　(2) 没有

6. 您的政治面貌？

(1) 共产党员含预备党员　　　　(2) 民主党派

(3) 共青团员　　　　　　　　　(4) 群众

7. 您是否曾经担任或正在担任某种乡村管理职务？（可多选）

(1) 未担任任何职务　　　　　　(2) 生产组长（队长）

(3) 村委会一般成员/大队一般干部(4) 村委会主任/大队书记

(5) 乡镇干部、领导/公社干部、领导

(6) 其他（请注明）_____

8. 当前，您是否有稳定的收入来源？

(1) 有（跳答第9题）　　　　　(2) 没有

8.1. 您没有稳定收入来源的主要原因是什么？

(1) 失业　　　　　　　　　　　(2) 料理家务

(3) 丧失劳动能力　　　　　　　(4) 年迈，不能再下地劳动

(5) 其他（请注明）_____

8.2. 您的生活开支所需主要从何而来？

(1) 积蓄　　　　　　　　　　　(2) 配偶所挣

(3) 子女供养　　　　　　　　　(4) 其他亲友接济

(5) 村集体供养　　　　　　　　(6) 慈善救济

(7) 其他（请注明）_____

9. 当前，您的主要收入来源是：

(1) 务农　　　　　　　　　　　(2) 打工

（3）个体经营　　　　　　　　（4）公司经营

（5）投资　　　　　　　　　　（6）离退休金

（7）亲友馈赠　　　　　　　　（8）子女供养

（9）社会救济　　　　　　　　（10）低保金

（11）养老保险金

（12）其他（请注明）_____

10. 您目前主要从事：

（1）全职务农　　　　　　　　（2）兼业务农

（3）全职/半职/临时性务工　　 （4）个体经营

（5）公司经营　　　　　　　　（6）料理家务

（7）离退休　　　　　　　　　（8）基层管理

（9）在校学习　　　　　　　　（10）无业

（11）其他（请注明）_____

11. 您的身体健康状况如何？

（1）很好　　　　　　　　　　（2）比较好

（3）一般　　　　　　　　　　（4）较差

（5）非常差

12. 您的身体状况是否允许从事农业生产活动或其他非农工作？

（1）啥活都能干　　　　　　　（2）大部分活都可以干

（3）只能干点轻活　　　　　　（4）什么也干不了

（5）饮食起居都要人照顾

13. 您是否有子女？

（1）没有（跳答第14题）

（2）有，共有_____个子女，_____个儿子，_____个女儿

13.1. 您是否有子女在读大学或已经读过大学？

（1）是　　　　　　　　　　　（2）否

13.2. 您是否与子女居住在一起？

（1）是（跳答第13.6题）　　　（2）否（不回答第13.6题）

13.3. 从最后一个子女与您分开居住起，到现在已经有几年了？____年

13.4. 子女与您分开居住的主要原因是什么？（可多选）

（1）子女成家了，单独过日子好一些

(2) 子女在外地上学、工作

(3) 生活习惯不同，一起生活不方便

(4) 与子女合不来

(5) 与媳、婿合不来

(6) 不想给子女添麻烦

(7) 其他（请注明）＿＿＿＿＿＿＿＿

13.5. 与子女分开居住以来，您是否到子女家里居住过一段时间？

(1) 是 　　　　　　　　　　(2) 否

13.6. 是否还有其他子女与您不住在一起？

(1) 有 　　　　　　　　　　(2) 没有（跳答13.9a题）

13.7. 子女一般隔多长时间会与您通电话？

(1) 每天 　　　　　　　　　(2) 每周

(3) 每月 　　　　　　　　　(4) 逢年过节

(5) 有要紧事时 　　　　　　(6) 从不

13.7a. 与子女通电话时，你们一般会聊些什么？（可多选）

(1) 没啥好说，很快就挂了 　(2) 拉家常，谈琐事

(3) 嘘寒问暖，问我钱够不够用 (4) 诉苦

(5) 谈学习或工作 　　　　　(6) 谈孙子、孙女

(7) 商量大事

(8) 其他（请注明）＿＿＿＿＿＿＿＿

13.7b. 一般情况下，与子女通电话时，您的心情怎么样？

(1) 非常高兴 　　　　　　　(2) 比较高兴

(3) 无所谓 　　　　　　　　(4) 不太高兴

(5) 很不高兴

13.7c. 您是否希望子女经常与您通电话？

(1) 是 　　　　　　　　　　(2) 否

(3) 不好说

13.8. 子女一般隔多长时间会来看望您？

(1) 每天 　　　　　　　　　(2) 每周

(3) 每月 　　　　　　　　　(4) 逢年过节

(5) 有要紧事时 　　　　　　(6) 从不

13.8a. 子女来看您时，一般会与您聊些什么？（可多选）

(1) 没啥好说，很快就走了　　(2) 拉家常，谈琐事

(3) 嘘寒问暖，问我钱够不够用　(4) 诉苦

(5) 谈学习或工作　　　　　　(6) 谈孙子、孙女

(7) 商量大事

(8) 其他（请注明）_____

13.8b. 子女来看您时，一般会给您带些什么东西？（可多选）

(1) 给钱　　　　　　　(2) 日常生活用品

(3) 吃的　　　　　　　(4) 穿的

(5) 医疗、保健用品　　(6) 书刊、音像制品

(7) 几乎啥都不给

(8) 其他（请注明）_____

13.8c. 子女来看您时，一般会为您做些什么？（可多选）

(1) 做饭　　　　　　　(2) 浆衣洗裳

(3) 打扫卫生　　　　　(4) 干农活

(5) 身体护理　　　　　(6) 陪同娱乐、游戏

(7) 陪同购物逛街　　　(8) 陪同聊天散心

(9) 陪同散步

(10) 其他（请注明）_____

13.8d. 您是否希望子女经常来看望您？

(1) 是　　　　　　　　(2) 否

(3) 不好说

13.9. 您是否愿意长期与子女一起生活？

(1) 是（跳答第13.10题）　　(2) 否

(3) 不好说

13.9a. 您为什么不太愿意长期与子女一起生活？（可多选）

(1) 怕给子女添负担

(2) 在这住习惯了，哪都不想去

(3) 不适应外地的生活　　(4) 害怕孤独

(5) 与子女合不来　　　　(6) 与媳、婿合不来

(7) 图个轻松自在，不想再遭罪

（8）其他（请注明）_____

13.10. 遇到烦心的事时，您会向子女倾诉吗？
（1）总是　　　　　　　　　（2）经常
（3）偶尔　　　　　　　　　（4）很少
（5）从不

13.11. 当您向子女倾诉烦心事时，子女一般会怎么回应？
（1）积极回应　　　　　　　（2）不冷不热
（3）置之不理　　　　　　　（4）冷言冷语
（5）取笑斥责　　　　　　　（6）其他（注明）_____

13.12. 在遇到烦心事或大事时，子女是否会征求您的意见？
（1）总是　　　　　　　　　（2）经常
（3）偶尔　　　　　　　　　（4）很少
（5）从不

13.13. 一般情况下，对于您给出的建议或意见，您子女的采纳程度如何？
（1）无条件采纳　　　　　　（2）有道理就采纳
（3）偶尔采纳　　　　　　　（4）很少采纳
（5）从未采纳

13.14. 您在处理个人事务时，是否会受到子女的干涉？
（1）总是　　　　　　　　　（2）经常
（3）偶尔　　　　　　　　　（4）很少
（5）从不

13.15. 在处理家庭事务时，子女是否尊重您的意见？
（1）很尊重　　　　　　　　（2）较尊重
（3）一般　　　　　　　　　（4）不太尊重
（5）很不尊重

13.16. 子女是否会定期给您钱用？
（1）是　　　　　　　　　　（2）否（跳答第13.17题）

13.16a. 一般而言，子女平均每月给您多少钱？_____元

13.17. 您觉得子女是否争气？
（1）是　　　　　　　　　　（2）否

(3) 不好说

13.18. 您觉得子女是否还有什么让您操心的地方？
(1) 有
(2) 没有（跳答第 13.19 题）

13.18a. 当前，子女最让您操心的是哪方面的问题？
(1) 学习
(2) 工作
(3) 婚恋
(4) 孙子、孙女
(5) 生活
(6) 健康
(7) 其他（请注明）_____

13.19. 总的来说，您与子女的关系如何？
(1) 很融洽
(2) 较融洽
(3) 一般
(4) 不太融洽
(5) 很不融洽

13.20. 总的来说，子女对您的孝顺程度如何？
(1) 很孝顺
(2) 较孝顺
(3) 一般
(4) 不太孝顺
(5) 很不孝顺

14. 下面，请分别告诉我们您配偶及子女的一些具体情况。（未婚、离婚、丧偶者不填配偶情况，无子女者不填子女情况）

	14.1 年龄	14.2 性别 1. 男 2. 女	14.3 户口性质 1. 农业 2. 非农	14.4 有无稳定收入来源 1. 有 2. 无	14.5 当前主要在做什么 1. 全职务农 2. 兼业务农 3. 全职/半职/临时性务工 4. 个体经营 5. 公司经营 6. 料理家务 7. 离退休 8. 基层管理 9. 在校学习 10. 无业 11. 其他（请注明）_____	14.6 身体健康状况 1. 很健康 2. 较健康 3. 一般 4. 不太健康 5. 很不健康	14.7 与您的居住距离 1. 同村 2. 同乡/镇 3. 同县/市 4. 同省 5. 外省
配偶							

续表

子女1							
子女2							
子女3							
子女4							
子女5							

15. 以您家目前的经济状况,您认为自家属于以下哪种情况?

（1）经济上很宽裕　　　　　　（2）经济上较宽裕

（3）钱基本够用　　　　　　　（4）经济上比较紧张

（5）经济上非常紧张

16. 在您看来,您本人在当地的社会经济地位属于哪一层次?

（1）上层　　　　　　　　　　（2）中上层

（3）中层　　　　　　　　　　（4）中下层

（5）下层　　　　　　　　　　（6）不好说

17. 在您看来,您家在当地的社会经济地位属于哪一层次?

（1）上层　　　　　　　　　　（2）中上层

（3）中层　　　　　　　　　　（4）中下层

（5）下层　　　　　　　　　　（6）不好说

18. 过去一年,您个人全年的总收入是多少？_____元

19. 过去一年,您全家全年的总收入是多少？_____元

20. 过去一年,您全家全年的总开支是多少？_____元

21. 最近10年内,您家是否有人生过大病?

（1）是　　　　　　　　　　　（2）否（跳答第22题）

21.1. 家人生病对您家生活的影响有多大?

（1）很大　　　　　　　　　　（2）较大

（3）一般　　　　　　　　　　（4）较小

（5）很小　　　　　　　　　　（6）几乎没有

22. 最近10年内,您家是否有人遭遇过意外事故?

（1）是　　　　　　　　　　　（2）否（跳答第23题）

22.1. 家人遭遇意外事故对您家生活的影响有多大?

(1) 很大 　　　　　　　　　　(2) 较大

(3) 一般 　　　　　　　　　　(4) 较小

(5) 很小 　　　　　　　　　　(6) 几乎没有

23. 最近一次确定土地承包面积后，您家承包的各类土地有多少亩？_____亩

24. 目前，您家实际耕种的土地有多少亩？_____亩

25. 您家承包的土地是否被征用过？

(1) 没有被征用（跳答第26题） (2) 部分被征用

(3) 全部被征用

25.1. 土地被征用后，您家是否领到过土地补偿金？

(1) 是，全部领到　　　　　　(2) 是，部分领到

(3) 否

二　新型农村社会养老保险试点制度现状

26. 您对新型农村社会养老保险的了解程度如何？

(1) 非常熟悉　　　　　　　　(2) 比较熟悉

(3) 一般　　　　　　　　　　(4) 不太熟悉

(5) 了解很少

26.1. 您是从哪里听说新型农村社会养老保险的？（可多选）

(1) 电视　　　　　　　　　　(2) 广播

(3) 报纸　　　　　　　　　　(4) 杂志

(5) 互联网　　　　　　　　　(6) 相关部门群发短信

(7) 基层干部上门宣讲　　　　(8) 村里集体组织宣讲

(9) 亲友告知

(10) 其他（请注明）_____

26.2. 自新型农村社会养老保险开展以来，您对相关信息的关注程度如何？

(1) 总是关注　　　　　　　　(2) 经常关注

(3) 偶尔关注　　　　　　　　(4) 很少关注

(5) 从不关注

27. 您是否愿意参加新型农村社会养老保险？

(1) 愿意（跳答第28题） (2) 不愿意

(3) 不好说

27.1. 您为什么不愿意参加新型农村社会养老保险？（可多选）

  (1) 家里没有闲钱 (2) 不了解政策

  (3) 怕政策有变 (4) 怕兑现不了保险待遇

  (5) 怕不合算 (6) 怕保费被挪用

  (7) 已参加了其他保险 (8) 周围人都没有参加

  (9) 还年轻，以后再说 (10) 自己可以养老

  (11) 有子女在，没必要参加

  (12) 其他（请注明）＿＿＿＿＿＿

28. 为动员大家参与新型农村社会养老保险，村里开展了哪些宣传工作？（可多选）

  (1) 发放宣传册子、传单等 (2) 村里召开大会，集中宣讲

  (3) 电视、广播、报纸宣传 (4) 挨家挨户上门宣传与动员

  (5) 群发短信 (6) 户外广告、展板宣传

  (7) 网络宣传

  (8) 其他方式（请注明）＿＿＿＿＿＿

28.1. 对当地有关部门的新型农村社会养老保险宣传工作，您如何评价？

  (1) 宣传力度很大，工作很到位

  (2) 宣传力度一般，工作不到位

  (3) 宣传很少，农民几乎不了解参保的好处

29. 您是否参加了新型农村社会养老保险？

(1) 是（不回答第29.9题） (2) 否（跳答第29.9题）

29.1. 您为什么参加新型农村社会养老保险？（可多选）

(1) 参加后养老有保障，自愿参加

(2) 村（组）干部做了大量工作，拗不过去，只好参加

(3) 看别人参加了，自己跟着参加

(4) 自己不参加，父母不能享受保险金

(5) 村（组）里强制参加

(6) 其他（请注明）＿＿＿＿＿＿

29.2. 您是按什么标准缴纳的养老保险费？

(1) 一次性缴纳，缴纳_____元/人

(2) 按月缴纳/季/年缴纳，合计_____元/年

(3) 子女参加新农保，父母直接领取养老金

(4) 其他（请注明）_____

29.3. 您为什么选择参加这个标准？（可多选）

(1) 自己家的经济水平决定

(2) 担心以后政策落实情况

(3) 村里只收了这个标准

(4) 别人都交这么多，我也交这么多

(5) 多缴多得

(6) 其他（请注明）_____

29.4. 您是否知道当个人缴费标准达到一定缴费档次后政府会相应提高补贴额度？

(1) 知道　　　　　　　　　(2) 不知道

29.5. 您是否愿意提高自己的缴费档次？

(1) 愿意　　　　　　　　　(2) 不愿意

29.6. 按目前的缴费标准，您是否知道到法定领取养老金年龄后，每月大概可以领取多少养老保险金？

(1) 知道，_____元/月　　　(2) 不知道

29.7. 参加新农保以来，您有没有领取过养老金？

(1) 有　　　　　　　　　　(2) 没有（跳答第29.10题）

29.8. 您是否领取到足额养老金？

(1) 是　　　　　　　　　　(2) 否

29.9. 您为什么没有参加新型农村社会养老保险？

(1) 家里没有闲钱　　　　　(2) 不了解政策

(3) 怕政策有变　　　　　　(4) 怕兑现不了保险待遇

(5) 怕不合算　　　　　　　(6) 怕保费被挪用

(7) 已参加了其他保险　　　(8) 周围人都没有参加

(9) 还年轻，以后再说　　　(10) 自己可以养老

(11) 有子女在，没必要参加

（12）其他（请注明）＿＿＿＿＿＿＿＿＿＿

29.10. 据您所知，本地新型农村社会养老保险的筹资途径是怎样的？

（1）个人缴费、集体补助、政府补贴相结合

（2）个人缴费、政府补贴相结合

（3）个人缴费

（4）不清楚

29.11. 您是否知道新型农村社会养老保险金由谁管理？

（1）知道　　　　　　　　　（2）不知道

29.12. 您是否知道新型农村社会养老保险有不同的缴费档次？

（1）知道　　　　　　　　　（2）不知道

29.13. 据您所知，当地养老金的发放是否及时？

（1）及时　　　　　　　　　（2）不及时

（3）不知道

29.14. 您如何看待"年满60周岁的农村户籍老人，不用缴费就可按月领取55元基础养老金，但其符合参保条件的子女应当参保"这项政策？

（1）合理　　　　　　　　　（2）不合理

（3）无所谓

三 新型农村社会养老保险试点制度效果

30. 对于本地新型农村社会养老保险的各项指标，您分别如何评价？

30.1. 个人缴费标准：

（1）过高　　　　　　　　　（2）偏高

（3）适中　　　　　　　　　（4）偏低

（5）过低　　　　　　　　　（6）不清楚

30.2. 集体补助标准：

（1）过高　　　　　　　　　（2）偏高

（3）适中　　　　　　　　　（4）偏低

（5）过低　　　　　　　　　（6）根本没补

(7) 不清楚

30.3. 政府财政补贴标准:
(1) 过高　　　　　　　　(2) 偏高
(3) 适中　　　　　　　　(4) 偏低
(5) 过低　　　　　　　　(6) 不清楚

30.4. 政府补贴的基础养老金标准:
(1) 过高　　　　　　　　(2) 偏高
(3) 适中　　　　　　　　(4) 偏低
(5) 过低　　　　　　　　(6) 不清楚

30.5. 养老保险金待遇:
(1) 过高　　　　　　　　(2) 偏高
(3) 适中　　　　　　　　(4) 偏低
(5) 过低　　　　　　　　(6) 不清楚

30.6. 养老金发放程序:
(1) 非常简便　　　　　　(2) 比较简便
(3) 一般　　　　　　　　(4) 比较烦琐
(5) 非常烦琐

30.7. 保险经办人员态度:
(1) 非常好　　　　　　　(2) 比较好
(3) 一般　　　　　　　　(4) 比较差
(5) 非常差

30.8. 保险经办人员素质:
(1) 非常高　　　　　　　(2) 比较高
(3) 一般　　　　　　　　(4) 比较低
(5) 非常低

30.9. 保险基金的管理方式:
(1) 非常合理　　　　　　(2) 比较合理
(3) 一般　　　　　　　　(4) 不太合理
(5) 很不合理

31. 在您看来,新型农村社会养老保险待遇是否能够满足本地老年人的基本生活需要?

（1）完全能满足，绰绰有余　　（2）基本能满足

（3）很难满足　　　　　　　　（4）完全不能满足

31.1. 在您看来，现行的新型农村社会养老保险待遇离本地老年人的基本生活需要有多大的差距？

（1）差距很大　　　　　　　　（2）差距较大

（3）差距较小　　　　　　　　（4）差距很小

（5）没有差距

31.2. 在您看来，新型农村社会养老保险在改善老年贫困人口的生活方面，有多大作用？

（1）作用很大　　　　　　　　（2）作用较大

（3）作用一般　　　　　　　　（4）作用较小

（5）几乎没有什么作用

为什么呢？＿＿＿＿＿＿＿＿＿＿＿＿＿＿＿＿＿＿＿＿＿＿＿

32. 总体而言，您对本地新型农村社会养老保险制度有何评价？

（1）非常好　　　　　　　　　（2）比较好

（3）一般　　　　　　　　　　（4）不太好

（5）很不好

为什么呢？＿＿＿＿＿＿＿＿＿＿＿＿＿＿＿＿＿＿＿＿＿＿＿

33. 总体而言，您对本地新型农村社会养老保险的实施效果有何评价？

（1）效果非常好　　　　　　　（2）效果比较好

（3）效果一般　　　　　　　　（4）效果不太好

（5）效果很差

为什么呢？＿＿＿＿＿＿＿＿＿＿＿＿＿＿＿＿＿＿＿＿＿＿＿

四　理想的养老保险模式

34. 如果可以选择，您理想中的新型农村社会养老保险模式是什么样的？（请依次回答下面的问题）

34.1. 您认为，在缴纳新型农村社会养老保险费时，个人应该按＿＿＿＿＿＿元/年的标准缴纳比较合理。

34.2. 您认为，达到法定领取养老金年龄以后，个人可以领取到

的养老金应不低于_____元/月才算合理。

34.3. 您认为,法定领取养老金的年龄应该如何确定比较合理？
男:_____岁；女:_____岁

34.4. 在缴纳新型农村社会养老保险费用时,把钱交给谁您最放心？（可多选）

(1) 村干部　　　　　　　　(2) 乡镇财政所
(3) 县（区）财政局　　　　(4) 地（市）财政局
(5) 其他（请注明）_____

34.5. 您希望按哪种方式领取养老保险金？

(1) 按月领取　　　　　　　(2) 按季领取
(3) 按年领取
(4) 其他（请注明）_____

34.6. 您觉得养老金如何发放比较合适？

(1) 直接发现金　　　　　　(2) 用农保卡领取
(3) 其他（请注明）_____

34.7. 如果可以自主选择,您愿意在多少岁时开始缴纳新型农村社会养老保险费？_____岁

34.8. 您认为,个人缴费年限至少是多少年比较合理？_____年

35. 您认为农民工群体应按哪种模式参加养老保险？

(1) 在打工地参保　　　　　(2) 在户籍地参保
(3) 单独推行农民工养老保险
(4) 其他（请注明）_____

36. 您认为被征地农民应按哪种模式参加养老保险？

(1) 城镇职工基本养老保险　(2) 城镇居民基本养老保险
(3) 新型农村社会养老保险　(4) 失地农民老年退休金
(5) 被征地农民基本生活保障
(6) 生活补助＋新型农村社会养老保险
(7) 留地和股权分红
(8) 其他（请注明）_____

37. 您认为被征地农民在参加养老保险时是否需要缴纳保险费？应按何种标准缴纳保险费？

(1) 以土地换保障，不应缴费　　　(2) 要缴费，但可适当减免

(3) 与其他群体同等缴费

(4) 其他（请注明）＿＿＿＿＿＿＿＿

38. 您认为农村计划生育户（独生子女户、双女户、子女死亡现无子女夫妇）应按哪种模式参加养老保险？

(1) 城乡统筹基本养老保险　　　(2) 新型农村社会养老保险

(3) 计生户专门养老保险

(4) 其他（请注明）＿＿＿＿＿＿＿＿

39. 您认为计划生育户在参加新型农村养老保险时是否需要缴纳养老保险费？应按何种标准缴费？

(1) 不用缴费　　　(2) 要缴费，但可以适当减免

(3) 与其他农户同等缴费

(4) 其他（请注明）＿＿＿＿＿＿＿＿

40. 您认为计划生育户在享受养老金待遇时按什么标准比较合理？

(1) 与非计生户享受同等待遇

(2) 享受基础养老金的同时，额外发放养老补助

(3) 其他（请注明）＿＿＿＿＿＿＿＿

41. 您认为生活困难的适龄参保农民在参加新型农村社会养老保险时是否需要缴纳保险费？应按何种标准缴纳保险费？

(1) 不用缴费

(2) 要缴费，但可以根据其家庭经济状况适当减免

(3) 与其他农户同等缴费

(4) 其他（请注明）＿＿＿＿＿＿＿＿

42. 您是否赞成对农村高龄老人发放高龄津贴？

(1) 是　　　(2) 否（跳答第43题）

(3) 不好说（跳答第43题）

42.1. 您认为年龄在多少岁以上的老人可以享受高龄津贴？
＿＿＿＿＿岁以上

43. 对于没有参加新型农村社会养老保险的农村困难老人，您是否赞成为其发放基本生活补助？

(1) 是　　　(2) 否（跳答第44题）

(3) 不好说（跳答第 44 题）

43.1. 您认为年龄在多少岁以上的老人可以享受基本生活补助？
_____岁以上

43.2. 您认为对困难老人的基本生活补助标准如何确定比较合理？
(1) 与农村最低生活保障线持平　　(2) 高于农村最低生活保障线
(3) 其他（请注明）_____

五　养老保障意识与观念

44. 您担心自己的养老问题吗？
(1) 非常担心　　　　　　　　　(2) 比较担心
(3) 一般　　　　　　　　　　　(4) 不太担心
(5) 不担心

45. 您认为养老的责任应该由谁来承担？（可多选）
(1) 自己与配偶　　　　　　　　(2) 子女
(3) 村集体或企业　　　　　　　(4) 政府
(5) 社会
(6) 其他（请注明）_____

45.1. 谁应该承担最主要的责任呢？（请从上面的选项中选择，并在括号中填写序号）（　）

46. 据您所知，本地最主要的养老方式是？
(1) 养儿防老　　　　　　　　　(2) 储蓄养老
(3) 新型农村社会养老保险　　　(4) 城乡统筹社会养老保险
(5) 商业养老保险　　　　　　　(6) 土地养老
(7) 集体养老
(8) 其他（请注明）_____

46.1. 如果让您做主，您会选择以下哪些养老方式？（可多选）
(1) 养儿防老　　　　　　　　　(2) 储蓄养老
(3) 新型农村社会养老保险　　　(4) 城乡统筹社会养老保险
(5) 商业养老保险　　　　　　　(6) 土地养老
(7) 集体养老
(8) 其他（请注明）_____

47. 在您看来，土地对您的重要性程度有多高？

(1) 非常重要　　　　　　　　　(2) 比较重要
(3) 一般　　　　　　　　　　　(4) 不太重要
(5) 不重要

48. 以下列举的各类现象，是否符合当地的实际情况？请您逐一作出判断。

48.1. 我们村里的大多数年轻人都很孝敬父母
(1) 符合　　　　　　　　　　(2) 较符合
(3) 不好说　　　　　　　　　(4) 不太符合
(5) 完全不符

48.2. 我们村里的大多数年轻人都很尊重老人
(1) 符合　　　　　　　　　　(2) 较符合
(3) 不好说　　　　　　　　　(4) 不太符合
(5) 完全不符

48.3. 当地政府的养老、敬老政策比较完善
(1) 符合　　　　　　　　　　(2) 较符合
(3) 不好说　　　　　　　　　(4) 不太符合
(5) 完全不符

48.4. 村里的养老、敬老工作做得很好
(1) 符合　　　　　　　　　　(2) 较符合
(3) 不好说　　　　　　　　　(4) 不太符合
(5) 完全不符

48.5. 村里经常有一些为老年人服务的活动
(1) 符合　　　　　　　　　　(2) 较符合
(3) 不好说　　　　　　　　　(4) 不太符合
(5) 完全不符

48.6. 村里非常关注老年人的精神健康状况
(1) 符合　　　　　　　　　　(2) 较符合
(3) 不好说　　　　　　　　　(4) 不太符合
(5) 完全不符

49. 以下是关于养老保障的一些说法，您是否同意？请逐一作出评价。

49.1. 社会养老保险是所有公民应享有的权利
(1) 同意　　　(2) 不同意　　　(3) 不好说

49.2. 缴纳社会养老保险费是所有公民应尽的义务
（1）同意　　　　（2）不同意　　　　（3）不好说

49.3. 农民应享有和城市居民一样的养老保障权利
（1）同意　　　　（2）不同意　　　　（3）不好说

49.4. 老年人不仅需要经济上的生活保障，还需要有照顾和服务方面的保障
（1）同意　　　　（2）不同意　　　　（3）不好说

49.5. 养老保障不仅要满足老年人基本物质生活需要，还需要满足老年人精神生活需要
（1）同意　　　　（2）不同意　　　　（3）不好说

49.6. 农村与城市基础不一样，养老保障制度有所区别可以理解
（1）同意　　　　（2）不同意　　　　（3）不好说

49.7. 应当允许农民以土地、实物或股权等实物换取社会保障
（1）同意　　　　（2）不同意　　　　（3）不好说

49.8. 农村养老保障制度的建立应当最大限度地兼顾不同群体的不同需求
（1）同意　　　　（2）不同意　　　　（3）不好说

49.9. 搞农村社会养老保险，实质上是增加农民负担
（1）同意　　　　（2）不同意　　　　（3）不好说

49.10. 缴纳农村社会养老保险费，还不如把钱存到银行
（1）同意　　　　（2）不同意　　　　（3）不好说

调查到此结束，再次谢谢您的合作，祝您生活愉快，家庭美满！

以下信息，请访问员记录

50. 调查地点：_____省_____市_____县/区_____乡/镇_____村

51. 调查日期：2011 年_____月_____日

附录3 湖北省农民工就业、居住、保障与融入调查问卷

_____：

您好！

我们正在进行一项与农民工有关的课题研究，其目的是了解农民工在城市的就业、居住、保障及生活融入状况，从而为相关部门改进农民工政策，保障农民工合法权益提供决策建议。您是我们通过科学的方法抽取的访问对象之一，您的支持对于我们的研究有重要的意义。本次调查以不记名的方式进行，调查数据只用于统计分析，不会给您带来任何不利影响。您的回答不涉及是非对错，您只需要按照您的实际情况回答即可，我们保证对您的个人信息严格保密。谢谢您的支持，祝您身体健康，万事如意！

××大学"农民工就业、居住与融入研究"课题组

××大学"农民工社会保障研究"课题组

2008年6月

一 个人及家庭基本情况

A1. 请问您来自哪里？（ ）

（1）本市 （2）本省，但非本市

（3）外省

A2. 您的性别：（ ）

（1）男 （2）女

A3. 您的年龄：_____周岁

A4. 您的文化程度：（ ）

(1) 未受过正式教育　　　　(2) 小学

(3) 初中　　　　　　　　　(4) 高中/中专/技校

(5) 大专　　　　　　　　　(6) 本科以上

A5. 您的婚姻状况：（　）

1. 已婚

A5.1a. 您的配偶现在在哪？（　）

(1) 跟我在同一个单位或老板处打工

(2) 跟我在同一个城市打工，但不在同一个单位或老板处

(3) 在本地经商

(4) 在家务农或经商

(5) 在其他（请注明）_____

A5.1b. 您与您的配偶大约多久能见一次面？（　）

(1) 天天见面　(2) 2—3天见一次　(3) 每周一次　(4) 每月2次

(5) 每月一次　(6) 2—3月一次　(7) 4—6个月　(8) 半年以上

---

2. 未婚

A5.2a. 您近年内有结婚的打算吗？（　）

(1) 有　(2) 没有　(3) 说不清

A5.2b. 如果要结婚的话，您打算和什么样的人成为配偶？（　）

(1) 同村人　(2) 同乡人　(3) 城市居民　(4) 外地工友　(5) 无所谓

(6) 其他（请注明）_____

A5.2c. 您打算怎么找对象？（　）

(1) 托媒人或熟人介绍　(2) 在工友中发展对象　(3) 自己回家找

(4) 没想好　(5) 其他（请注明）_____

A5.2d. 您在择偶时主要考虑哪些因素？（多选，按重要程度依次选三项）（　）

（　）（　）

(1) 家庭背景　(2) 收入　(3) 学历　(4) 职业　(5) 年龄　(6) 身材外貌

(7) 人品　(8) 性格　(9) 感情　(10) 其他（请注明）_____

---

3. 其他

二　城市打工经历

B1. 今年以来，您主要在做什么？（　）

（1）一直在外打工

（2）以在外打工为主，以在家务农为辅

（3）一半时间在外打工，一半时间在家务农

（4）以在家务农为主，以在外打工为辅

B2. 您到城里打工的原因或主要目的是？（可多选）（　　）

（1）长见识，添本事

（2）待在家里没事干

（3）养家糊口

（4）见别人都出来了，自己就跟着出来了

（5）不愿在家干农活

（6）城里收入高，生活条件好

（7）其他（请注明）_____

B3. 您在城里打工有多长时间了？_____年

B4. 下面，请谈谈您正在从事的工作的一些情况。

B4.1. 您现在所从事的工作具体属于哪一个行业？（　　）

（1）农、林、牧、渔服务业　　（2）采掘业

（3）建筑、装饰业　　（4）加工、制造业

（5）交通运输业　　（6）仓储物流业

（7）批发零售业　　（8）餐饮住宿业

（9）娱乐服务业　　（10）家政服务业

（11）其他（请注明）_____

B4.2. 您当前工作的具体职位类型是：（　　）

（1）工人　　（2）保洁保安人员

（3）服务员　　（4）设计制作人员

（5）业务员　　（6）售后服务人员

（7）财会人员　　（8）质检人员

（9）库管人员　　（10）司机

（11）文秘办公人员　　（12）工头

（13）中层管理人员　　（14）高层管理人员

（15）其他（请注明）_____

B4.3. 您所在工作单位的性质是：（　　）

（1）党政机关　　　　　　（2）国有企业

（3）国有事业　　　　　　（4）集体企事业

（5）个体经营　　　　　　（6）私营/民营企事业

（7）外资企业　　　　　　（8）中外合资企业

（9）其他（请注明）_____

B4.4. 您所在的工作单位或雇主有多少名雇员（员工）？（　）

（1）8人以下　　　　　　（2）8—99人

（3）100—499人　　　　 （4）500—1999人

（5）2000人及以上

B4.5. 您与单位或雇主是否签订了劳动合同？如果签了，合同期限是几年？（　）

（1）签了，合同期限是_____年（跳至B4.6）

（2）没签

B4.5a. 为什么没有签劳动合同呢？（　）

（1）双方都认为没有必要签　　（2）单位或雇主不给签

（3）自己不愿意签　　　　　　（4）先干干再说

（5）其他（请注明）_____

B4.6. 您是否向单位或雇主提出过签订劳动合同的要求？（　）

（1）提出过（跳至B4.7）　　（2）没有

B4.6a. 您为什么没有提出过这方面的要求呢？（　）

（1）不知道自己有这项权利

（2）害怕因此丢了工作

（3）其他同事都没有要求签

（4）没有必要签

（5）其他（请注明）_____

B4.7. 在这份工作中，您的工作场所主要是在（　）

（1）户外　　　　　　　　（2）车间

（3）室内营业场所　　　　（4）办公室

（5）其他（请注明）_____

B4.8. 按月计算，您从事这份工作多长时间了？_____个月

B4.9. 在这份工作中，您的工作时间安排与以下哪一种情况相符

合?（　）

(1) 没有固定的上下班时间,完全看工作需要由本人自主安排
(2) 有基本固定的上下班时间,但有一定的灵活空间可以自由安排
(3) 完全按固定的上下班时间工作
(4) 完全按上司或老板的安排工作
(5) 其他（请注明）_____

B4.10. 在这个工作职位上,您平均每周要工作多少个小时? _____小时

B4.11. 如果要加班,您有没有加班工资?（　）
(1) 有　　　　　　　　　　(2) 没有

B4.12. 您在工作过程中,是否经常遇到下列情形?（每行单选,请在相应的选项打"√"）

	从不	很少	偶尔	经常	总是
a. 长时间的工作					
b. 繁重的体力劳动					
c. 需要快速反应的思考和脑力劳动					
d. 工作时让自己弄得很脏					
e. 工作环境存在安全隐患					

B4.13. 要做好这份工作,是否需要接受专门的培训或训练?（　）
(1) 是　　　　　　　　　　(2) 否

B4.14. 您掌握到的这些工作技能主要从哪里得到的?（　）
(1) 自己边干边学　　　　　(2) 单位培训
(3) 跟师傅学　　　　　　　(4) 学历教育
(5) 职业教育
(6) 其他（请注明）_____

B4.15. 从事这份工作,您有没有获得相应的职业资格或技术等级证书?（　）
(1) 没有获得　　　　　　　(2) 有初级资格证
(3) 有中级资格证　　　　　(4) 有高级资格证

（5）有技师资格证　　　　　　（6）有高级技师证

B4.16. 在您的工作中，以下事情在多大程度上能由自己决定？（请在相应的选项打"√"）

	完全由自己决定	部分由自己决定	总是由他人决定	说不清
a. 工作任务的内容				
b. 工作进度的安排				
c. 工作量或工作强度				

B4.17. 在这份工作上，单位或雇主按什么方式向您支付工资？（　）

（1）计件　　　　　　　　　　（2）计时

（3）有时计件，有时计时　　　（4）按天计发

（5）固定月薪　　　　　　　　（6）提成

（7）底薪+提成

（8）其他（请注明）_____

B4.18. 从事这份工作，您一年可以获得多少工资收入？（包括工资和奖金）_____元

B4.19. 上述工资收入再加上单位或雇主给您提供的各项保险、补贴，您一年在这个工作岗位上总共可以获得多少收入？_____元

B4.20. 从事这份工作时，您是否获得过职务或技术等级上的晋升？（　）

（1）是　　　　　　　　　　　（2）否

B4.21. 从事这份工作时，您是否获得过工资等级上的晋升？（　）

（1）是　　　　　　　　　　　（2）否

B4.22. 在您看来，您在近期内获得提拔的机会有多大？（　）

（1）肯定会　　　　　　　　　（2）很有可能

（3）不太可能　　　　　　　　（4）不可能

（-1）说不清　　　　　　　　（-3）不适用

B4.23. 在您看来，假如您换个地方打工，您获得提拔的机会有多大？（　）

（1）肯定会　　　　　　　　　（2）很有可能

（3）不太可能　　　　　　（4）不可能

（-1）说不清　　　　　　（-3）不适用

B5. 下面，请您谈谈您获得这份工作的情况。

B5.1. 在获得这个工作职位的过程中，您尝试过哪些求职渠道？（可选多项）（　　）

（1）托亲友介绍　　　　　（2）托老乡介绍

（3）职业介绍机构　　　　（4）自荐

（5）跳槽或工作调动

（6）其他（请注明）_____

B5.1a. 在这几种渠道中，哪种渠道对您获得这个职位起到了决定性作用？（　　）

B5.2. 在您获得这个工作职位时，当时工作单位或雇主对求职者有过哪些要求？

B5.2a. 性别要求：（　　）

（0）无明确要求　　　　　（1）只招男性

（2）只招女性

B5.2b. 年龄要求：（　　）

（0）无明确要求　　（1）要求在____岁至____岁之间

B5.2c. 对求职者的教育要求：（　　）

（0）无明确要求　　　　　（1）要求____以上学历

B5.2d. 对求职者有无专业资格证书的要求？（　　）

（0）没有明确要求

（1）要求____以上专业资格证书：①初级②中级③高级

B5.2e. 对求职者的相关工作经验有没有明确要求？（　　）

（0）没有明确要求

（1）要求从事相关工作____年以上

B5.2f. 您当时在技能和经验方面的情况是否符合他们的要求呢？（　　）

（1）符合　　　　　　　　（2）超过

（3）有差距

B5.2g. 对求职者的户口性质有没有要求？（　　）

（0）没有明确要求　　　　　　（1）要求本地户口，不限城乡

（2）要求本地城镇户口

B5.2h. 除了上述几个方面外，单位或雇主是否还有别的要求？（请文字说明）

_____

B6. 当前这份工作是您在城市的第一份工作吗？（　）

（1）是（跳至B7）　　　　　　（2）不是

B6.1 在您的打工经历中，您总共经历了几次工作变动？_____次

B6.2. 您工作变动的主要原因是什么？（可多选）（　）

（1）因单位或雇主拖欠工资而辞职

（2）为追求更好的发展而辞职

（3）因为人际关系不适应而辞职

（4）因为工作压力大而辞职

（5）违反单位制度而被辞退

（6）因不能胜任工作而被辞退

（7）劳动合同到期，单位不再续签

（8）因单位裁员、破产、关闭而被辞退

（9）无缘无故被辞退

（10）其他原因（请注明）_____

B7. 在城里打工时，您遇到过被拖欠工资的情况吗？这种经历多不多？（　）

（1）从未遇到（跳至B8）　　（2）很少遇到

（3）偶尔遇到　　　　　　　　（4）经常遇到

（5）总是遇到

B7.1. 遇到拖欠或拒付工资时，您首先想到借助什么力量解决？（　）

（1）自己　　　　　　　　　　（2）工会

（3）老乡　　　　　　　　　　（4）媒体

（5）政府部门　　　　　　　　（6）司法途径

（7）其他（请注明）_____

B7.2. 遇到拖欠或拒付工资时，您一般是通过哪种方式解决的？

( )

(1) 沉默妥协　　　　　　(2) 暴力解决
(3) 依法维权　　　　　　(4) 媒体倾诉
(5) 其他（请注明）＿＿＿＿＿＿＿＿

B8. 在城里打工时，假如单位或雇主让包括您在内的一大批人受到严重不公正的待遇，这时，如果有人想叫上大家一起去讨个说法，动员您一起去，您会怎么办？（　）

(1) 大力支持，积极参与　　(2) 可以参与，但不出头
(3) 看看形势再说　　　　　(4) 无论如何也不参与
(5) 其他（请注明）＿＿＿＿＿＿＿＿

B9. 您在工作中与城市居民有接触吗？如果有，接触频繁程度如何？（　）

(1) 从未接触（跳至 B13）　(2) 很少接触
(3) 偶尔接触　　　　　　　(4) 经常接触
(5) 总在接触

B10. 您在工作中接触最多的城市居民是：（　）

(1) 老板或领导　　　　　　(2) 同事
(3) 客户或顾客　　　　　　(4) 政府管理人员
(5) 其他（请注明）＿＿＿＿＿＿＿＿

B11. 您工作中与城市居民在下列各个方面互动的频繁程度如何？（请在相应的选项打"√"）

互动内容	从不	很少	偶尔	经常	总是
B11.1 相互讨论工作					
B11.2 彼此协助对方的工作					
B11.3 就工作问题展开争论或表示反对意见					
B11.4 向对方传授工作经验或技巧					
B11.5 聊天、谈家常					
B11.6 开玩笑					
B11.7 讨论对方的感觉或情绪					
B11.8 一起吃饭、喝酒					

B12. 总体而言,您在工作中所接触到的城市居民与您的关系如何?( )

(1) 总是很融洽(跳至 B13)

(2) 比较融洽,偶尔有隔阂或冲突

(3) 经常有隔阂或冲突

(4) 总是有隔阂或冲突

(-1) 不好说

B12.1. 您与城市居民发生冲突或隔阂的主要原因是(可多选):( )

(1) 自己不善言辞让人误会　(2) 自己工作中有过失

(3) 城市居民不尊重咱、欺负咱

(4) 城市居民对咱有偏见

(5) 双方都有责任

(6) 其他(请注明)＿＿＿＿＿＿

B13. 您在城里打工挣的钱够花吗?( )

(1) 够花　　　　　　　　(2) 不够花

B14. 对于您当前的工作,您的满意程度如何,请逐项评价。(请在相应的选项打"√")

评价项目	非常满意	比较满意	一般	不太满意	很不满意
1. 工作条件					
2. 安全保障					
3. 工作内容					
4. 劳动强度					
5. 工作时间安排					
6. 工作待遇					
7. 培训机会					
8. 晋升机会					
9. 人际关系					
10. 工作的稳定性					
11. 收入的稳定性					

B14.1. 上述 11 项与工作环境有关的指标，您在城里打工时最看重的是哪一项？（　　）

三　保障现状

C1. 您打工所在的单位或雇主，是否给您缴纳了国家规定的基本养老保险、基本医疗保险、失业保险和工伤保险？（　　）

（1）均已缴纳（跳至 C3）　　　（2）缴了 3 项

（3）缴了 2 项　　　　　　　　（4）缴了 1 项

（5）1 项都没缴纳　　　　　　（6）不知道

C2. 您是否知道您所在的单位或雇主有义务为您购买上述四类保险？（　　）

（1）不知道（跳至 C3）　　　（2）知道

C2.1. 您给单位或雇主提出过参加上述四种保险的要求吗？

（1）提出过（跳至 C3）　　　（2）没有提过

C2.2. 您为什么没有向雇主或单位提出上述要求？

（1）怕提出要求后就丢了工作

（2）自己不想参加，所以就没提

（3）其他员工也没给买，提了也没用

（4）其他（请注明）＿＿＿＿＿＿＿＿

C3. 您在城里打工期间，是否有过"退保"（主动要求退出养老保险或医疗保险等社会保险）的经历？（　　）

（1）有过　　　　　　　　　　（2）没有（跳至 C4）

C3.1. 您为什么要退保？（可多选）（　　）

（1）自己也要缴费，感觉负担过重

（2）担心交了钱，也不一定真能享受到保险待遇

（3）担心保险金被挪用

（4）工作不稳定，保险续转手续麻烦

（5）其他（请注明）＿＿＿＿＿＿＿＿

C4. 当前，您打工所在的单位或雇主为您提供了哪些福利或补贴待遇？（请在相应的选项打"√"）

（1）基本养老保险　　　　　　（2）基本医疗保险

(3) 失业保险　　　　　　(4) 工伤保险

(5) 生育保险　　　　　　(6) 企业年金

(7) 补充医疗保险　　　　(8) 住房公积金

(9) 购房补贴　　　　　　(10) 租房补贴

(11) 福利住房　　　　　 (12) 免费宿舍

(13) 免费工作餐　　　　 (14) 带薪年假

(15) 其他（请注明）＿＿＿＿＿＿＿＿

C5. 如果让您来选择，您最希望单位或雇主为您提供哪些福利或补贴待遇？（请依重要程度直接填写C4中相应选项的序号）（　　）

C6. 如果让您选择，在您打工所在的城市，您最愿意按哪种方式参加社会保险？（　　）

(1) 农民工与城镇职工实行同等缴费，享受同等待遇

(2) 将农民工纳入城镇社会保险制度框架内，实行"低门槛进入、低标准享受"

(3) 为农民工建立专门的，既区别于当地城镇职工、又区别于农村居民的社会保险制度

(4) 参加家乡所在地的社会保险

(5) 其他（请说明）＿＿＿＿＿＿＿＿

C7. 在城里打工时，若是遇上感冒之类的普通小病，您一般会怎么处理？（可多选）（　　）

(1) 小病不碍事，不去管它，拖几天就好

(2) 用土办法，如喝姜汤等自我诊治

(3) 随便买点药吃

(4) 在附近找个小诊所看病

(5) 到当地知名的大医院去看病

(6) 到当地的医保定点医院看病

(7) 其他（请说明）＿＿＿＿＿＿＿＿

C8. 在城里打工时，若是遇上大病，您一般会怎么处理？（可多选）（　　）

(1) 没钱治，撑一天是一天

(2) 买点药或偏方治治，尽量少花钱

（3）尽量到便宜的医院或诊所去看病

（4）只去知名的大医院去看病

（5）到医保定点医院看病

（6）回家乡的新型农村合作医疗定点医院看病

（7）烧香求神拜佛，祈求平安

（8）其他（请注明）＿＿＿＿＿＿＿＿

C9. 在城里打工时，您有没有生过病？（　）

（1）有　　　　　　　　　　（2）没有（跳至C10）

C9.1. 在城里打工生病时，您看病的费用一般是怎么解决的？（　）

（1）完全是自费

（2）大部分由自己承担，其余由医疗保险机构或单位、雇主承担

（3）自己承担一半，其余由单位、雇主或医疗保险机构承担

（4）自己承担一小部分，大部分由医疗保险机构或单位、雇主承担

（5）全由单位、雇主或医疗保险机构承担

（6）其他（请注明）＿＿＿＿＿＿＿＿

C10. 在城里打工期间，您有没有发生过工伤？（　）

（1）有　　　　　　　　　　（2）没有（跳至C11）

C10.1. 您发生工伤时，是否享受了工伤医疗待遇？（　）

（1）是　　　　　　　　　　（2）否

C10.2. 在您发生工伤时，单位或雇主有没有保留您的工作？（　）

（1）有　　　　　　　　　　（2）没有

C10.3. 在您发生工伤接受治疗期间，单位或雇主是否继续为您支付工资？（　）

（1）是　　　　　　　　　　（2）否

C10.4. 您治疗工伤的医疗费用是如何解决的？（　）

（1）全部由个人承担

（2）大部分由个人承担，其余由保险机构或单位（雇主）承担

（3）个人承担一半，其余由保险机构或单位（雇主）承担

（4）个人承担一小部分，大部分由保险机构或单位（雇主）承担

（5）全由保险机构或单位（雇主）承担

(6) 其他（请注明）_____

C11. 在城里打工期间，您是否有过失业的经历？（ ）

(1) 有 　　　　　　　　　　　(2) 没有（跳至 D1）

C11.1. 失业期间，您是否在当地领到过失业保险金？（ ）

(1) 是 　　　　　　　　　　　(2) 否

C11.2. 失业期间，您是否领到过职业培训和职业介绍补贴？（ ）

(1) 有 　　　　　　　　　　　(2) 没有

C11.3. 失业期间，您在城里的生活开支主要来源于（可多选）：（ ）

(1) 自己过去的积蓄 　　　　　(2) 亲友、老乡接济
(3) 家里寄钱过来 　　　　　　(4) 失业保险金及相关补贴
(5) 当地政府部门的资助 　　　(6) 当地社团组织的资助
(7) 其他（请注明）_____

四　城市生活与社会交往

D1. 在城里打工时，您住在什么地方？（ ）

(1) 单位（雇主）搭建的集体工棚或集体宿舍
(2) 单位（雇主）提供的单人宿舍或套房
(3) 租住房
(4) 自建或自购商品房
(5) 其他（请注明）_____

D2. 您的住所位于哪种类型的小区？（ ）

(1) 工地 　　　　　　　　　　(2) 单位小区
(3) 城中村 　　　　　　　　　(4) 商品房小区
(5) 其他（请注明）_____

D3. 在城里打工时，您是否和家人住在一起？（ ）

(1) 是 　　　　　　　　　　　(2) 否（跳至 D4）

D3.1. 有哪些家人和您住在一起？（可多选）（ ）

(1) 配偶 　　　　　　　　　　(2) 子女
(3) 父母 　　　　　　　　　　(4) 兄弟姐妹
(5) 其他家庭成员

D4. 您有子女吗？（ ）

(1) 有，有_____个　　　　(2) 没有（跳至 D5）

(-3) 不适用（跳至 D5）

D4.1. 您是否有子女在打工地读中学或小学？

(1) 有，有_____个　　　　(2) 没有（跳至 D4.4）

D4.2. 您的子女在当地什么学校念书？（ ）

(1) 公立学校

(2) 民工子弟学校

(3) 民办贵族子弟学校

(4) 民办普通学校

(5) 当地教育部门专门为流动人口办的学校

(6) 其他学校（请注明）_____

D4.3. 与打工地城市家庭的学生相比，您的子女在当地就读中学或小学的交费情况是：（ ）

(1) 费用全免

(2) 比城里学生交得少

(3) 和城里学生交得一样多

(4) 除正常费用外，还需要交赞助费或借读费

(-1) 不清楚

D4.4. 您打算供子女读书到什么学历程度？

(1) 读完初中

(2) 读完高中

(3) 念完大学

(4) 只要子女肯读，读研究生、博士我都愿供

D4.5. 您平时是否对子女的学习进行过辅导？如果有，辅导的频繁程度如何？（ ）

(1) 从未辅导过　　　　　　(2) 很少辅导

(3) 偶尔辅导　　　　　　　(4) 经常辅导（跳至 D5）

(5) 总在辅导（跳至 D5）

D4.5a. 您对子女学习辅导次数不多的原因是什么？（可多选）
（ ）

(1) 没有时间

(2) 没有知识

(3) 不知该如何辅导

(4) 其他原因（请注明）_____

D4.6. 您最希望您的子女将来从事何种职业？（　）

(1) 从政（当官）　　　(2) 从商

(3) 当老师　　　　　　(4) 从事科学研究

(5) 当明星　　　　　　(6) 当文学家或艺术家

(7) 做工人　　　　　　(8) 做农民工

(9) 务农

(10) 其他（请注明）_____

D4.7. 您觉得您的子女将来最有可能成为哪类人？（　）

(1) 公务员　　　　　　(2) 商人或企业家

(3) 老师　　　　　　　(4) 科学研究者

(5) 明星　　　　　　　(6) 文学家或艺术家

(7) 工人　　　　　　　(8) 农民工

(9) 农民

(10) 其他（请注明）_____

D5. 在城里打工时，对于您所在小区的相关环境，您分别如何评价？（请在相应选项打"√"）

评价项目	非常好	比较好	一般	比较差	非常差
1. 卫生状况					
2. 交通条件					
3. 治安状况					
4. 教育环境					
5. 商业配套设施					
6. 居民素质					

D6. 在城里，您每月大约花多少钱？_____元，这些钱主要花在哪些地方？（可多选，限选三项）（　）（　）（　）

(1) 饮食 (2) 服装
(3) 日常生活用品 (4) 房租
(5) 教育支出 (6) 看病
(7) 交通 (8) 请客送礼
(9) 通信 (10) 娱乐、休闲
(11) 其他（请注明）_____

D7. 工作之余，您从事下列活动的频率是怎样的？（每行单选，请在相应选项下打"√"）

	从不	很少	偶尔	经常	总是
1. 看电视，听收音机					
2. 打扑克，打麻将，下棋					
3. 外出就餐					
4. 外出购物					
5. 外出旅游					
6. 读书、看报、上网查资料					
7. 上网聊天、打游戏					
8. 散步					
9. 到专业场馆健身、运动					
10. 听音乐、歌剧，看电影					
11. 上专业机构美容、护理、洗浴					
12. 泡咖啡馆、上茶馆、酒吧					
13. 给亲人、朋友、老乡打电话					
14. 与朋友、老乡聚会，唱卡拉OK					
15. 参与社会工作与志愿活动					

D7.1. 您对您的闲暇生活的满意程度如何？（ ）
(1) 很不满意 (2) 不太满意
(3) 一般 (4) 比较满意
(5) 非常满意

D8. 工作之余,您在城里与什么人(家人除外)接触最频繁?
(　　)

(1) 亲友　　　　　　　　(2) 老乡
(3) 同学　　　　　　　　(4) 房东
(5) 街坊邻居　　　　　　(6) 同事
(7) 其他(请注明)＿＿＿＿＿＿＿＿

D9. 工作之余,您与城市居民在下列各个方面的互动频繁程度如何?(请在相应选项打"√")

互动内容	从不	很少	偶尔	经常	总是
1 见面时打招呼					
2 在一起聊天、拉家常					
3 逢年过节互致问候					
4 平时互相串门,到对方家里做客					
5 一起吃饭、喝酒					
6 一起休闲、娱乐					
7 日常生活中相互帮点小忙					
8 对方有经济困难时借钱、捐物					
9 对方生病时给予问候					
10 对方生病时给予照顾					
11 相互排忧解愁、倾诉、开导					
12 为对方解决婚姻、恋爱问题牵线、搭桥					
13 协助对方管教、照顾子女					
14 帮对方协调家庭矛盾与纠纷					
15 在对方受到权利侵害时,为其主持公道					

D10. 您是否居住或曾经居住在城市社区?(　　)

(1) 是　　　　　　　　　(2) 否(跳至E1)

D10.1. 您知道社区居委会在哪吗？（ ）
（1）知道　　　　　　　　（2）不知道

D10.2. 您与所在社区居委会工作人员的熟悉程度如何？（ ）
（1）不认识　　　　　　　（2）不太熟
（3）一般　　　　　　　　（4）比较熟
（5）非常熟

D10.3. 您是否接受过所在社区居委会的帮助？（ ）
（1）是　　　　　　　　　（2）否（跳至 D10.4）

D10.3a. 社区居委会/工会主要向您提供过哪些方面的帮助？（ ）
（1）子女教育　　　　　　（2）物资帮助
（3）就业帮助　　　　　　（4）医疗救助
（5）心理咨询　　　　　　（6）法律援助
（7）其他（请注明）_____

D10.4. 您与社区居民交往的频繁程度如何？（ ）
（1）从不交往　　　　　　（2）很少交往
（3）偶尔交往　　　　　　（4）经常交往
（5）总在交往

D10.5. 在您看来，您与社区居民的关系如何？（ ）
（1）很不融洽　　　　　　（2）不很融洽
（3）一般　　　　　　　　（4）比较融洽
（5）非常融洽

D10.5a. 在城里时，您是否参加过所在小区的集体活动？（ ）
（1）是　　　　　　　　　（2）否（跳至 D11）

D10.5b. 是当地人邀请您参加的，还是您主动要求参加的？（ ）
（1）当地人邀请参加的　　（2）我主动要求参加的
（-1）不好说

D10.5c. 在参加小区的集体活动时，您一般扮演什么角色？
（1）倡导者　　　　　　　（2）组织者
（3）参与者
（4）其他（请注明）_____

D10.5d. 在您参加所在小区的集体活动时，当地大多数居民一般

持什么态度？（ ）

(1) 欢迎　　　　　　　　(2) 无所谓

(3) 排斥

D11. 在城里时，您是否参与过所在小区内重大事务的讨论？（ ）

(1) 是　　　　　　　　　(2) 否（跳至 E1）

D11.1. 当您就小区内重大事务发表意见时，当地居民一般持什么态度？（ ）

(1) 非常重视　　　　　　(2) 比较重视

(3) 不好说　　　　　　　(4) 不太重视

(5) 不屑一顾

五　态度、认知与评价

E1. 在城里打工或生活期间，您是否遇到过下列各种情况？（可多选，请在相应选项打"√"）

(1) 因无暂住证而受到处罚

(2) 因没有本地户口而无法应聘某些工作岗位

(3) 因没有本地户口而受当地人歧视

(4) 因没有本地户口，小孩读书要交赞助费或借读费

(5) 年年要回家办计划生育证

(6) 生活没有安定感

(7) 上述情况均未遇到

E2. 您在城里是否有过下列感受？感觉的频繁程度如何？（请在相应选项打"√"）

	从没有	很少有	偶尔有	经常有	总是有
1. 我的收入没有体现出我的劳动价值					
2. 我们农民工总是受到老板的剥削					
3. 这个社会对我们农民工很不公平					
4. 城市居民很排斥我们外来打工者					
5. 我在城里低人一等					

E3. 下列说法，分别在多大程度与您个人的实际情况相符？（请在相应选项打"√"）

	完全符合	比较符合	不太符合	完全不符合	不好说
1. 我不喜欢农村的生活					
2. 我已经适应了城市的生活					
3. 我希望自己的小孩能够留在城市					
4. 我已经熟悉了打工地的语言					
5. 在城里打工以来，我感觉自己的地位提高了					
6. 城里的工作对于我很重要					
7. 我能够与城市居民和睦相处					
8. 我能够与城市居民成为朋友					

E4. 现在社会上常常将人们划分为下列一些不同的类型，您认为自己分别属于其中的哪一个群体？（请逐项选择，并在相应的选项打"√"）

E4.1
(1) 富人　　　　　　　　(2) 穷人
(-1) 说不清

E4.2
(1) 工人　　　　　　　　(2) 农民
(-1) 说不清

E4.3
(1) 城市居民　　　　　　(2) 乡下人
(-1) 说不清

E5. 下列各种说法，您是否赞同？（请在相应选项打"√"）

	完全赞同	比较赞同	不好说	不太赞同	完全反对
1. 农民工为城市的发展做出了巨大贡献					
2. 农民工为市民生活提供了便利					
3. 城市对外地人的各种限制太多					
4. 农民工只能在城市干脏活、累活、重活					
5. 农民工抢了城市人的工作机会					
6. 农民工影响城市社会治安					
7. 农民工加剧了城市交通压力					
8. 农民工影响城市环境、卫生					
9. 农民工增加了城市负担					

E6. 您在老家有没有责任田？（　　）

（1）有　　　　　　　　　　（2）没有

E7. 您愿意放弃在老家的田地吗？（　　）

（1）愿意　　　　　　　　　（2）不愿意

（3）无所谓　　　　　　　　（4）已经没田了

（-1）说不清

E8. 您是否愿意把户口迁入打工所在的城市？（　　）

（1）愿意　　　　　　　　　（2）愿意，但不敢想

（3）不愿意　　　　　　　　（4）无所谓

（-1）说不清

我们的访问到此为止，再次感谢您的支持！

祝您身体健康，生活幸福！

六　访谈记录（以下内容由访问员自己填写）

F1. 调查地点（记录地点的名称和代号）

＿＿＿＿＿市＿＿＿＿＿县/市/区＿＿＿＿＿街道/镇

F2. 被访者所在城市类型（　　）

（1）直辖市/省会城市的市区　（2）地级市市区

（3）县城城区　　　　　　　（4）乡镇

F3. 被访者工作单位：_____

F4. 访谈过程记录

	访谈日期 （月、日）	开始时间 （时、分） 24小时制	结束时间 （时、分） 24小时制	成功与否 1. 成功 2. 失败	未成功 的原因
第一次访谈					
第二次访谈					
第三次访谈					

未成功原因选项
01 找不到被访者或拒访
02 不能调查（被访者生病）
03 被访者当时不在，需要另约时间
04 被访者要求调查员稍后再来
05 完成了部分调查，必须再来

附录4 鄂籍农民工城市就业、生活与权益保障调查问卷

_____：

您好！

我们正在进行一项关于"农民工城市就业、生活与权益保障"的课题研究，其目的是了解农民工在城市的就业、生活及权益保障状况，从而为相关部门改进农民工政策，保障农民工合法权益提供决策建议。您是我们通过严格的科学抽样选中的访问对象之一，您的支持对于我们的研究有十分重要的意义。

本次调查以不记名的方式进行，调查数据只用于统计分析，不会给您带来任何不利影响。您的回答不涉及是非对错，您只需要按照您的实际情况回答即可，我们保证对您的个人信息严格保密。

谢谢您的支持，祝您身体健康，万事如意！

××大学"农民工就业、居住与融入研究"课题组
××大学"农民工社会保障研究"课题组
2008年2月

一 个人及家庭基本情况

A1. 请问您是哪里人？_____省_____市_____县（区）_____镇（乡）_____村

A2. 您的性别：（　）

（1）男　　　　　　　　　　（2）女

A3. 您的年龄：_____周岁

A4. 您的文化程度：（　）

(1) 未受过正式教育　　　　　(2) 小学

(3) 初中　　　　　　　　　　(4) 高中/中专/技校

(5) 大专　　　　　　　　　　(6) 本科以上

A5. 您的婚姻状况（　　）

(1) 未婚　　　　　　　　　　(2) 已婚

(3) 离婚未再婚　　　　　　　(4) 离婚后再婚

(5) 丧偶未再婚　　　　　　　(6) 丧偶后再婚

(-2) 不回答

A6. 您家里有_____口人，_____代人，其中家庭劳动力（16—60岁，不计学生）有_____人。

A7. 2007年，您家的家庭纯收入是多少钱？（　　）

(1) 1000元以下　　　　　　　(2) 1000—4999元

(3) 5000—9999元　　　　　　(4) 10000—14999元

(5) 15000—19999元　　　　　(6) 2万元及以上

A8. 2007年，您家家庭收入的主要来源是：（　　）

(1) 务农收入　　　　　　　　(2) 做生意收入

(3) 企业利润　　　　　　　　(4) 打工收入

(5) 基层干部工资

(6) 其他（请注明）_____

A9. 您家在村里（农村老家）有自建房吗？（　　）

(1) 有　　　　　　　　　　　(2) 没有（跳至A10）

A9.1. 您家在村里（农村老家）的住房属于以下哪种类型？（　　）

(1) 楼房　　　　　　　　　　(2) 平房

(3) 瓦房　　　　　　　　　　(4) 土坯房

(5) 其他（请注明）_____

A9.2. 请您回忆一下，您家的住房建于哪一年？_____年

A9.3. 当年，您家在建这栋房子时花了多少钱？_____元

A9.4. 当年建房子的时候，您家有没有向亲戚或朋友借钱？如借过，借了多少钱？（　　）

(1) 没借过（跳至A10）　　　　(2) 借过，借了_____元钱

A10. 您家拥有的下列各项耐用消费品的数量（请在横线上填数字）

A10.1 _____台彩电　　　　A10.2 _____台洗衣机

A10.3 _____台热水器　　　A10.4 _____台冰箱

A10.5 _____台空调　　　　A10.6 _____部手机

A10.7 _____台电脑　　　　A10.8 _____辆摩托车

A10.9 _____辆汽车

A11. 当前，您家的经济状况在村里（农村老家）处于什么水平？（　）

(1) 上层　　　　　　　　(2) 中上层

(3) 中层　　　　　　　　(4) 中下层

(5) 下层

A12. 2007 年，您家里有_____人上学，您家里的教育总支出是_____元。

A12.1. 对于您家而言，过去一年的家庭教育支出属于下列哪一种情况？（　）

(1) 负担很重　　　　　　(2) 负担比较重

(3) 负担适中　　　　　　(4) 负担较轻

(5) 负担很轻

二　城市打工经历

B1. 2007 年，您主要在做什么？（　）

(1) 一直在外打工

(2) 以在外打工为主，以在家务农为辅

(3) 一半时间在外打工，一半时间在家务农

(4) 以在家务农为主，以在外打工为辅

(5) 一直在家务农（终止访问）

B2. 您到城里打工的原因或主要目的是？（可多选）（　）

(1) 长见识，添本事

(2) 待在家里没事干

(3) 养家糊口

(4) 挣钱娶媳妇或挣嫁妆

(5) 挣钱供小孩上学

(6) 挣钱还债

(7) 看别人都出来了，自己就跟着出来了

(8) 不愿在家干农活

(9) 城市收入高，生活条件好

(10) 其他（请注明）_____

B3. 您在城里打工有多长时间了？_____年

B4. 2007年，您主要是在本省打工，还是在外省打工？（ ）

(1) 本省 　　　　　　　　　(2) 外省

B5. 2007年，您主要是在哪个省打工？_____省/直辖市/自治区

B6. 2007年，您主要是在哪一级城镇打工？（ ）

(1) 北京 　　　　　　　　　(2) 直辖市

(3) 省会城市 　　　　　　　(4) 地级市

(5) 县级市 　　　　　　　　(6) 乡镇

B7. 2007年，您主要是在哪一个行业打工？（ ）

(1) 农、林、牧、渔服务业　　(2) 采掘业

(3) 建筑、装饰业 　　　　　 (4) 加工、制造业

(5) 能源供应业 　　　　　　 (6) 交通运输业

(7) 仓储物流业 　　　　　　 (8) 批发零售业

(9) 餐饮住宿业 　　　　　　(10) 公共服务业

(11) 娱乐服务业 　　　　　 (12) 家政服务业

(13) 金融、保险业

(14) 其他（请注明）_____

B8. 下面，请您谈谈在城里最近一份工作的情况。

B8.1. 您在城里最近一份工作的具体职位类型是：（ ）

(1) 工人 　　　　　　　　　(2) 保洁保安人员

(3) 服务员 　　　　　　　　(4) 设计制作人员

(5) 业务员 　　　　　　　　(6) 售后服务人员

(7) 财会人员 　　　　　　　(8) 质检人员

(9) 文秘办公人员 　　　　　(10) 司机

(11) 工头 　　　　　　　　 (12) 中层管理人员

(13) 高层管理人员

（14）其他（请注明）＿＿＿＿＿＿

B8.2. 当时，您所在工作单位的性质是：（　）

(1) 党政机关　　　　　　　(2) 国有企业

(3) 国有事业　　　　　　　(4) 集体企事业

(5) 个体经营　　　　　　　(6) 私营/民营企事业

(7) 三资企业

(8) 其他（请注明）＿＿＿＿＿＿

B8.3. 您所在的工作单位或雇主有多少名雇员（员工）？（　）

(1) 8人以下　　　　　　　(2) 8—99人

(3) 100—499人　　　　　 (4) 500—1999人

(5) 2000人以上

B8.4. 您与单位或雇主是否签订了劳动合同？如果签了，合同期限是几年？（　）

(1) 签了，合同期限是＿＿＿＿年（跳至B8.5）

(2) 没签

B8.4a. 为什么没有签劳动合同呢？（　）

(1) 双方都认为没有必要签　　(2) 单位或雇主不给签

(3) 自己不愿意签　　　　　　(4) 先干干再说

(5) 其他（请注明）＿＿＿＿＿＿

B8.5. 您是否向单位或雇主提出过签订劳动合同的要求？（　）

(1) 提出过（跳至B8.6）　　 (2) 没有

B8.5a. 您为什么没有提出过这方面的要求呢？（　）

(1) 不知道自己有这权利　　　(2) 害怕因此丢了工作

(3) 其他同事都没有要求签　　(4) 没有必要签

(5) 其他（请注明）＿＿＿＿＿＿

B8.6. 在这份工作中，您的工作场所主要是在：（　）

(1) 户外　　　　　　　　　　(2) 车间

(3) 室内营业场所　　　　　　(4) 办公室

(5) 家里

(6) 其他（请注明）＿＿＿＿＿＿

B8.7. 按月计算，您从事这份工作多长时间了？＿＿＿＿＿个月

B8.8. 在这份工作中,您的工作时间安排与以下哪一种情况相符合?( )

(1) 没有固定的上下班时间,完全看工作需要由本人自主安排

(2) 有基本固定的上下班时间,但有一定的灵活空间可以自由安排

(3) 完全按固定的上下班时间工作

(4) 完全按上司或老板的安排工作

(5) 其他(请注明)_____

B8.9. 在这个工作职位上,您平均每周要工作多少个小时?_____小时

B8.10. 如果要加班,您有没有加班工资?( )

(1) 有　　　　　　　　　(2) 没有

(-1) 不清楚

B8.11. 您在工作过程中,是否经常遇到下列情形?(每行单选,请在相应的选项打"√")

	总是	经常	偶尔	从不	说不清
a. 长时间的工作	(1)	(2)	(3)	(4)	(-1)
b. 繁重的体力劳动	(1)	(2)	(3)	(4)	(-1)
c. 快速而频繁地移动身体的位置	(1)	(2)	(3)	(4)	(-1)
d. 需要快速反应的思考和脑力劳动	(1)	(2)	(3)	(4)	(-1)
e. 工作时让自己弄得很脏	(1)	(2)	(3)	(4)	(-1)
f. 工作环境存在安全隐患	(1)	(2)	(3)	(4)	(-1)

B8.12. 要做好这份工作,是否需要接受专门的培训或训练?( )

(1) 是　　　　　　　　　(2) 否

B8.13. 为掌握这份工作所需要的主要技能,您花了多长时间?( )

(1) 不到一天　　　　　　(2) 1—6 天

(3) 1 周　　　　　　　　(4) 8—29 天

(5) 1—3 个月　　　　　　(6) 3—12 个月

（7）1—3 年　　　　　　　　（8）3 年以上

B8.14. 您掌握到的这些工作技能主要从哪里得到的？（　）

（1）自己边干边学

（2）单位培训

（3）跟师傅学

（4）普通高中或以下学校教育

（5）职业学校、技校、中专教育

（6）成人高等教育

（7）大学专科教育

（8）本科及以上正规高等教育

（9）社会上的职业培训

（10）其他（请注明）_____

B8.15. 从事这份工作，您有没有获得相应的职业资格或技术等级证书？（　）

（0）没有获得　　　　　　　（1）不需要

（2）有初级资格证　　　　　（3）有中级资格证

（4）有高级资格证　　　　　（5）有技师资格证

（6）有高级技师证

B8.16. 在您的工作中，以下事情在多大程度上能由自己决定？（　）

	完全由自己决定	部分由自己决定	总是由他人决定	说不清
a. 工作任务的内容	(1)	(2)	(3)	(-1)
b. 工作进度的安排	(1)	(2)	(3)	(-1)
c. 工作量或工作强度	(1)	(2)	(3)	(-1)

B8.17. 在这份工作上，单位或雇主按什么方式向您支付工资？（　）

（1）计件　　　　　　　　　（2）计时

（3）提成　　　　　　　　　（4）按天计发

（5）月薪制　　　　　　　　（6）有时计件，有时计时

（7）底薪+提成

(8) 其他（请注明）_____

B8.18. 从事这份工作，您一年可以获得多少工资收入（包括工资、奖金及单位或雇主支付的其他报酬）？_____元

B8.19. 上述工资收入再加上单位或雇主给您提供的各项保险、补贴，您一年在这个工作岗位上总共可以获得多少收入？_____元

B8.20. 从事这份工作时，您是否获得过职务或技术等级上的晋升？（　）

(1) 是　　　　　　　　　　　(2) 否

B8.21. 从事这份工作时，您是否获得过工资等级上的晋升？（　）

(1) 是　　　　　　　　　　　(2) 否

B8.22. 在您看来，假如您继续在这个单位或雇主处打工，您获得提拔的机会有多大？（　）

(1) 肯定会　　　　　　　　　(2) 很有可能
(3) 不太可能　　　　　　　　(4) 不可能
(-1) 说不清　　　　　　　　(-3) 不适用

B8.23. 在您看来，假如您换个地方打工，您获得提拔的机会有多大？（　）

(1) 肯定会　　　　　　　　　(2) 很有可能
(3) 不太可能　　　　　　　　(4) 不可能
(-1) 说不清

B9. 下面，请您谈谈您获得这份工作的情况。

B9.1. 当时，您是通过哪些途径获得这个职位的相关信息的？（可选多项）（　）

(1) 亲友介绍
(2) 老乡介绍
(3) 职业介绍机构
(4) 劳务、人才市场招工信息
(5) 报纸、杂志、电视广播招聘广告
(7) 互联网招聘广告
(8) 其他（请注明）_____

B9.1a. 在 B9.1 的信息来源中,哪个信息在您获得这个职位的过程中起到了关键作用?(　　)

B9.2. 在获得这个工作职位的过程中,您尝试过哪些就业渠道?(可选多项)(　　)

(1) 托亲友介绍　　　　　　(2) 托老乡介绍

(3) 职业介绍机构　　　　　(4) 自荐

(5) 单位工作变动

(6) 其他(请注明)_____

B9.2a. 在 B9.2 的几种渠道中,哪种渠道对您获得这个职位起到了决定性作用?(　　)

B9.3. 在您获得这个工作职位时,当时工作单位或雇主对求职者有过哪些要求?

B9.3a. 性别要求:(　　)

(0) 无明确要求　　　　　　(1) 只招男性

(2) 只招女性

B9.3b. 年龄要求:(　　)

(0) 无明确要求

(1) 要求在____岁至____岁之间

B9.3c. 对求职者的教育要求:(　　)

(0) 无明确要求　　　　　　(1) 要求____以上学历

(教育程度编码:1. 初中及以上　2. 高中及以上　3. 大专及以上　4. 大学本科及以上　5. 研究生及以上)

B9.3d. 对求职者的专业资格证书的要求:(　　)

(0) 没有明确要求

(1) 要求____以上专业资格证书:①初级　②中级　③高级

B9.3e. 对求职者的工作技能是否有明确要求(比如技能等级证明等)?(　　)

(0) 没有明确要求　　　　　(1) 有要求

B9.3f. 对求职者的相关工作经验有没有明确要求?(　　)

(0) 没有明确要求

(1) 要求从事相关工作____年以上

B9.3g. 您当时在技能和经验方面的情况是否符合他们的要求呢？（ ）

(1) 符合 　　　　　　　　　　　(2) 超过

(3) 有差距

B9.3h. 对求职者的户口性质有没有要求？（ ）

(0) 没有明确要求 　　　　　　　(1) 要求本地户口，不限城乡

(2) 要求本地城镇户口

B9.3i. 除了上述几个方面外，单位或雇主是否还有别的要求？（请文字说明）_____

B9.4. 在获得这份工作之前，您都作了哪些方面的努力呢，请分别说说。

B9.4a. 您曾经到多少个单位或公司去申请过工作（包括正式和非正式申请）？_____个

B9.4b. 从开始寻找新的工作到正式开始目前这份工作，期间大约有几周？_____周

B9.4c. 当时您是从哪些渠道收集就业信息的？（可选多项）（ ）

(1) 各种社会关系

(2) 报纸、杂志、电台、电视台招聘广告

(3) 互联网招聘广告

(4) 职业介绍机构

(5) 招工单位/公司

(6) 政府劳动部门

(7) 其他（请说明）_____

B9.4d. 下面，请您谈谈您的亲友和熟人对您获得这份工作都帮过些什么忙。

B9.4d1. 当时有多少人帮忙？_____人（没有，填0，跳至B9.5）

B9.4d2. 他们提供了有关工作的信息吗？（ ）

(0) 没有提供 　　　　　　　　　(1) 提供了

B9.4d3. 他们还提供了其他帮助吗？（ ）

(0) 没有提供 　　　　　　　　　(1) 提供了

B9.5. 在帮助您找这个工作的人中，是否有人起过关键性的作用？（ ）

（1）是　　　　　　　　　　　　（0）否（跳至 B10）

B9.5a. 这个起过关键作用的人与您是什么关系？（请注明）_____

B9.5b. 您和他的相熟程度是：（ ）

（1）不认识　　　　　　　　　　（2）不太熟

（3）比较熟　　　　　　　　　　（4）非常熟

B9.5c. 您和他的亲密程度是：（ ）

（1）谈不上亲密　　　　　　　　（2）不太亲密

（3）比较亲密　　　　　　　　　（4）非常亲密

B9.5d. 您和他的信任程度是：（ ）

（1）谈不上信任　　　　　　　　（2）不太信任

（3）比较信任　　　　　　　　　（4）非常信任

B9.5e. 他在工作中是否从事管理工作，如果承担管理工作，他属于哪一层次？（ ）

（0）否　　　　　　　　　　　　（1）基层管理人员

（2）中层管理人员　　　　　　　（3）高层管理人员

（-1）不清楚

B9.5f. 他的单位性质：（ ）

（1）党政机关　　　　　　　　　（2）国有企业

（3）国有事业　　　　　　　　　（4）集体企事业

（5）个体经营　　　　　　　　　（6）私营/民营企事业

（7）三资企业

（8）其他（请注明）_____

B9.5g. 他与招工主管人的相熟程度是：（ ）

（1）不认识　　　　　　　　　　（2）不太熟

（3）比较熟　　　　　　　　　　（4）非常熟

（5）他是主管人　　　　　　　　（-1）不清楚

B9.5h. 您和他是否仍保持联系？（ ）

（1）是　　　　　　　　　　　　（2）否

B10. 当前这份工作是您在城市的第一份工作吗?（　）

(1) 是（跳至 B11）　　　　　(2) 不是

B10.1. 在您的打工经历中,您总共经历了几次工作变动?_____次

B10.2. 您工作变动的主要原因是什么?（可多选）（　）

(1) 因单位或雇主拖欠工资而辞职

(2) 因为单位工作环境不如意而辞职

(3) 为追求更好的发展而辞职

(4) 因和上司不和而辞职

(5) 因为人际关系不适应而辞职

(6) 因为工作压力大而辞职

(7) 因个人和家庭原因而辞职

(8) 因违反单位制度而被辞退

(9) 因得罪上司而被辞退

(10) 因不能胜任工作而被辞退

(11) 劳动合同到期、单位不再续签

(12) 因单位裁员、破产、关闭而被辞退

(13) 无缘无故被辞退

(14) 其他原因（请注明）_____

B11. 在城里打工时,您遇到过被拖欠工资的情况吗?这种经历多不多?（　）

(1) 从未遇到（跳至 B12）　　(2) 偶尔遇到

(3) 经常遇到　　　　　　　　(4) 总是遇到

B11.1. 遇到拖欠或拒付工资时,您一般是怎么解决的?（　）

(1) 自认倒霉,不作声

(2) 单独与老板或领导交涉

(3) 与同事一起找老板或领导交涉

(4) 找媒体投诉

(5) 去劳动保障或仲裁部门寻求帮助

(6) 和单位或雇主打官司

(7) 参加集体上访

(8) 动员同事集体上访

（9）采取极端手段逼老板或领导发工资

（10）其他（请注明）_____

B12. 在城里打工时，假如单位或雇主让包括您在内的一大批人受到严重不公正的待遇，这时，如果有人想叫上大家一起去讨个说法，动员您一起去，您会怎么办？（ ）

（1）大力支持，积极参与　　（2）可以参与，但不出头

（3）看看形势再说　　　　　（4）无论如何也不参与

（5）其他（请注明）_____

B13. 在城里打工时，您在工作中与城市居民有接触吗？如果有，接触频繁程度如何？（ ）

（1）从未接触　　　　　　　（2）偶尔接触

（3）经常接触　　　　　　　（4）总是接触

B14. 在城里打工时，您接触最多的城市居民是：（ ）

（1）老板或领导　　　　　　（2）同事

（3）同行　　　　　　　　　（4）客户或顾客

（5）合作伙伴　　　　　　　（6）政府管理人员

（7）其他（请注明）_____

B15. 在城里打工时，您与城市居民在下列各个方面有互动吗？互动的频繁程度如何？

互动内容	从不	偶尔	经常	总是	不好说
1. 相互讨论工作	(0)	(1)	(2)	(3)	(-1)
2. 彼此协助对方的工作	(0)	(1)	(2)	(3)	(-1)
3. 聊天、谈家常	(0)	(1)	(2)	(3)	(-1)
4. 就工作问题展开争论或表示反对意见	(0)	(1)	(2)	(3)	(-1)
5. 向对方传授工作经验或技巧	(0)	(1)	(2)	(3)	(-1)
6. 开玩笑	(0)	(1)	(2)	(3)	(-1)
7. 捉弄对方	(0)	(1)	(2)	(3)	(-1)
8. 讨论对方的私人生活	(0)	(1)	(2)	(3)	(-1)
9. 讨论对方的感觉或情绪	(0)	(1)	(2)	(3)	(-1)
10. 要求或给予对方忠告	(0)	(1)	(2)	(3)	(-1)
11. 一起吃饭、喝酒	(0)	(1)	(2)	(3)	(-1)

B16. 总体而言,您在打工时所接触到的城市居民与您的关系如何?( )

(1) 总是很融洽(跳至 B17)

(2) 比较融洽,偶尔有隔阂或冲突

(3) 经常有隔阂或冲突

(4) 总是有隔阂或冲突

(-1) 不好说

B16.1. 您与城市居民发生冲突或隔阂的主要原因是(可多选):( )

(1) 自己不善言辞让人误会　　(2) 自己工作中有过失

(3) 城市居民不尊重咱　　　　(4) 城市居民欺负咱

(5) 城市居民对咱有偏见　　　(6) 城市居民不讲道理

(7) 双方都有责任

(8) 其他原因(请注明)_____

B17. 2007 年,您在城里打工共挣了多少钱?_____元

B17b1. 您在城里打工挣的钱够花吗?( )

(1) 够花　　　　　　　　　　(2) 不够花

B18. 在城里打工时,对 2007 年的打工生活,您的满意程度如何,请逐项评价。

评价项目	非常满意	比较满意	一般	不太满意	很不满意
1. 工作条件	(1)	(2)	(3)	(4)	(5)
2. 安全保障	(1)	(2)	(3)	(4)	(5)
3. 工作内容	(1)	(2)	(3)	(4)	(5)
4. 劳动强度	(1)	(2)	(3)	(4)	(5)
5. 工作时间安排	(1)	(2)	(3)	(4)	(5)
6. 工作待遇	(1)	(2)	(3)	(4)	(5)
7. 培训机会	(1)	(2)	(3)	(4)	(5)
8. 晋升机会	(1)	(2)	(3)	(4)	(5)
9. 与上司的关系	(1)	(2)	(3)	(4)	(5)

续表

评价项目	非常满意	比较满意	一般	不太满意	很不满意
10. 与同事的关系	(1)	(2)	(3)	(4)	(5)
11. 工作的稳定性	(1)	(2)	(3)	(4)	(5)
12. 收入的稳定性	(1)	(2)	(3)	(4)	(5)

B18.1. 上述12项与工作环境有关的指标，您在城里打工时最看重的是哪一项？（　）

B19. 过完春节后，您还会进城里打工吗？（　）

(1) 会　　　　　　　　　(2) 不会，为什么呢？

_____

（跳至C1）

B19.1. 过完春节后，您是否还会回到原来的单位或雇主那打工？（　）

(1) 是　　　　　　　　　(2) 否，为什么呢？_____

_____

三　权益保障现状

C1. 据您所知，您打工所在的城市是否推出了针对农民工的基本养老保险政策？（　）

(1) 是　　　　　　　　　(2) 否（跳至C1.2)

(-1) 不清楚（跳至C1.2)

C1.1. 在您打工所在的城市，农民工可以按哪种方式参加基本养老保险？（　）

(1) 农民工与城镇职工实行同等缴费、享受同等待遇

(2) 将农民工纳入城镇养老保险制度框架内，实行"低门槛进入、低标准享受"

(3) 为农民工建立专门的，既区别于当地城镇职工、又区别于农村居民的养老保险制度

(4) 参加家乡所在地的养老保险

(5) 其他（请说明）_____

C1.2. 如果让您选择，您最愿意按哪一种方式参加基本养老保险？（请按 C1.1 的选项选择，如选其他项，请注明）_____

C2. 您是否已在打工所在的城市参加了基本养老保险？（ ）

（1） 是（跳至 C2.2）　　　　　　（2） 否

C2.1. 您没有参加当地城镇基本养老保险的原因是什么？（ ）

（1） 本人对养老保险政策不了解，没有参加

（2） 个人缴费负担过重，不愿参加

（3） 先保住工作再说

（4） 担心交了费也不一定领得到养老金

（5） 单位或雇主不提供养老保险待遇

（6） 当地没有明确的农民工养老保险政策

（7） 其他（请注明）_____

C2.2. 在当地参加基本养老保险后，您个人需要缴纳基本养老保险费吗？如果需要缴费，是否按当地政策规定的个人费率标准缴的费？（ ）

（0） 个人不用缴费

（1） 要缴费，而且是按当地政策规定的费率标准缴的费

（2） 要缴费，但每月缴的费高于当地政策规定的费率标准

（3） 要缴费，但每月缴的费低于当地政策规定的费率标准

（-1） 不清楚

C2.3. 在当地参加基本养老保险后，您打工所在的单位或雇主为您缴纳了基本养老保险费吗？如果缴费了，是否按当地政策规定的企业或雇主费率标准缴的费？（ ）

（0） 单位或雇主没有缴费

（1） 缴了费，而且是按当地政策规定的费率标准缴的费

（2） 缴了费，但每月缴的费高于当地政策规定的费率标准

（3） 缴了费，但每月缴的费低于当地政策规定的费率标准

（-1） 不清楚

C2.4. 对于你个人每月所承担的基本养老保险费，您如何评价？（ ）

（1） 负担过重　　　　　　　　　（2） 负担偏重

（3）负担适中 　　　　　　　（4）负担偏低

（5）负担过低

C2.5. 对于单位或雇主每月为您缴纳的基本养老保险费，您如何评价？（　）

（1）费率过高 　　　　　　　（2）费率偏高

（3）费率适中 　　　　　　　（4）费率偏低

（5）费率过低

C2.6. 总的来说，对于您打工所在城市的基本养老保险政策，您的满意程度如何？（　）

（1）很不满意 　　　　　　　（2）不太满意

（3）比较满意 　　　　　　　（4）非常满意

（-1）不好说

C3. 据您所知，您打工所在的城市是否推出了针对农民工的基本医疗保险政策？（　）

（1）是 　　　　　　　　　　（2）否（跳至C3.2）

（-1）不清楚（跳至C3.2）

C3.1. 在您打工所在的城市，农民工可以按哪种方式参加基本医疗保险？（　）

（1）农民工与城镇职工实行同等缴费、享受同等待遇

（2）将农民工纳入城镇居民医疗保险制度框架内，实行"低门槛进入、低标准享受"

（3）为农民工建立专门的，既区别于当地城镇职工、又区别于农村居民的医疗保险制度

（4）只能参加家乡所在地的新型农村合作医疗

（5）其他（请说明）_____

C3.2. 如果让您选择，您最愿意按哪一种方式参加基本医疗保险？（请按C3.1的选项选择，如选其他项，请注明）_____

C4. 在您打工所在的城市，您是否参加了基本医疗保险？（　）

（1）是（跳至C4.2） 　　　　（2）否

C4.1. 您没有参加当地城镇基本医疗保险的原因是什么？（　）

（1）对政策不了解，没有参加

（2）个人缴费负担过重，不愿参加

（3）工作不稳定，医疗保障的事以后再说

（4）担心缴了费也不一定享受得到医疗保障

（5）单位或雇主不提供医疗保险待遇

（6）当地没有明确的农民工医疗保险政策

（7）其他（请注明）＿＿＿＿＿＿＿＿＿＿

C4.2. 在当地参加基本医疗保险后，您个人需要缴纳基本医疗保险费吗？如果需要缴费，是否按当地政策规定的个人费率标准缴的费？（ ）

（0）个人不用缴费

（1）要缴费，而且是按当地政策规定的费率标准缴的费

（2）要缴费，但每月缴的费高于当地政策规定的费率标准

（3）要缴费，但每月缴的费低于当地政策规定的费率标准

（-1）不清楚

C4.3. 在当地参加基本医疗保险后，您打工所在的单位或雇主为您缴纳了基本医疗保险费吗？如果缴了费，是否按当地政策规定的企业或雇主费率标准缴的费？（ ）

（0）单位或雇主没有缴费

（1）缴了费，而且是按当地政策规定的费率标准缴的费

（2）缴了费，但每月缴的费高于当地政策规定的费率标准

（3）缴了费，但每月缴的费低于当地政策规定的费率标准

（-1）不清楚

C4.4. 对于你个人每月所承担的基本医疗保险费，您如何评价？（ ）

（1）负担过重　　　　　　（2）负担偏重

（3）负担适中　　　　　　（4）负担偏低

（5）负担过低

C4.5. 对于单位或雇主每月为您缴纳的基本医疗保险费，您如何评价？（ ）

（1）费率过高　　　　　　（2）费率偏高

（3）费率适中　　　　　　（4）费率偏低

(5) 费率过低

C4.6. 总的来说，对于您打工所在城市的基本医疗保险政策，您的满意程度如何？（ ）

(1) 很不满意 (2) 不太满意
(3) 比较满意 (4) 非常满意
(-1) 不好说

C5. 在城里打工时，您是否知道自己有权利参加家乡所在地的新型农村合作医疗？（ ）

(1) 知道 (2) 不知道

C5.1. 您是否参加了新型农村合作医疗？（ ）

(1) 是（跳至 C5.2） (2) 否

C5.1a. 您为什么没有参加家乡所在地的新型农村合作医疗？（可多选）（ ）

(1) 在外地打工，报销起来很麻烦，不划算
(2) 觉得没什么意义
(3) 我身体好得很，不看也得交钱，不划算
(4) 报销比例太低
(5) 看病不自由
(6) 定点医院服务不好
(7) 定点医院价格虚高
(8) 定点医院不开好药
(9) 担心报销不公平
(10) 担心钱被贪污挪用
(11) 先看看试点情况再说
(12) 其他（请注明）＿＿＿＿＿＿＿＿＿

C5.2. 您是怎么参加家乡所在地的新型农村合作医疗的？（ ）

(1) 家里人加进去的，自己并不知情
(2) 家里征求本人意见后给加进去的
(3) 组织上强制要求全家人都参加
(4) 参加对自己有好处，所以就参加了
(5) 为支持村里的工作，所以就参加了

（6）其他（请注明）＿＿＿＿＿＿＿＿＿

C5.3. 对于家乡所在地新型农村合作医疗的个人缴费标准，您如何评价？（ ）

（1）过低　　　　　　　　　　（2）偏低
（3）适中　　　　　　　　　　（4）偏高
（5）过高　　　　　　　　　　（-1）不清楚

C5.4. 在您看来，新型农村合作医疗的个人缴费标准在哪一个范围内最合理？（ ）

（1）10元以下/年　　　　　　（2）10—14元/年
（3）15—19元/年　　　　　　（4）20—24元/年
（5）25—29元/年　　　　　　（6）30—34元/年
（7）35—39元/年　　　　　　（8）40元以上/年

C5.5. 对于家乡所在地新型农村合作医疗的报销范围，您如何评价？（ ）

（1）过宽　　　　　　　　　　（2）偏宽
（3）适中　　　　　　　　　　（4）偏窄
（5）过窄　　　　　　　　　　（-1）不清楚

C5.6. 对于家乡所在地新型农村合作医疗的报销比例，您如何评价？（ ）

（1）过高　　　　　　　　　　（2）偏高
（3）适中　　　　　　　　　　（4）偏低
（5）过低　　　　　　　　　　（-1）不清楚

C5.7. 下列新型农村合作医疗的保障方案，您认为哪一种最合理？（ ）

（1）住院补助为主，兼顾大病和慢性病门诊补助，小病门诊补助包干
（2）住院补助为主，门诊补助包干
（3）只保住院、大病和慢性病门诊，不保小病门诊
（4）只保住院，不保门诊
（5）只保门诊，不保住院
（6）住院补助、门诊补助一样保

（7）其他（请注明）_____

C5.8. 下列新型农村合作医疗的报销程序，您认为哪一种最合理？（　）

（1）统一事后报销

（2）统一直接减免

（3）在区内定点医疗机构就医的费用，直接减免；区外就医的，事后报销

（4）其他（请注明）_____

C5.9. 下列针对农民工的新型农村合作医疗报销方案，您认为哪一种最合理？（　）

（1）必须回户口所在地治疗，事后报销

（2）必须回户口所在地治疗，直接减免

（3）可在外地治疗，但必须回户口所在地报销

（4）可在外地治疗且可直接减免

（5）其他（请注明）_____

C5.10. 您以后是否会参加新型农村合作医疗？（　）

（1）肯定会　　　　　　　（2）肯定不会

（3）到时候再说　　　　　（-1）说不清

C6. 在城里打工时，若是遇上感冒之类的普通小病，您一般会怎么处理？（可多选）（　）

（1）小病不碍事，不去管它，拖几天就好

（2）在家稍事休息就好

（3）用土办法，如喝姜汤等自我诊治

（4）随便买点药吃

（5）在附近找个小诊所看病

（6）到当地知名的大医院去看病

（7）到当地的医保定点医院看病

（8）其他（请说明）

C7. 在城里打工时，若是遇上大病，您一般会怎么处理？（可多选）（　）

（1）没钱治，撑一天是一天

(2) 买点药或偏方治治，尽量少花钱

(3) 尽量到便宜的医院或诊所去看病

(4) 只去知名的大医院去看病

(5) 到医保定点医院看病

(6) 回家乡的新型农村合作医疗定点医院看病

(7) 烧香求神拜佛，祈求平安

(8) 其他（请注明）_____

C8. 在城里打工时，您有没有生过病？（　）

(1) 生过　　　　　　　　　　　(2) 没有（跳至C9）

C8.1. 在城里打工生病时，您看病的费用一般是怎么解决的？（　）

(1) 完全是自费

(2) 大部分由自己承担，剩下的由基本医疗保险机构报销或补贴

(3) 自己承担了一半，基本医疗保险机构报销或补贴一半

(4) 大部分由基本医疗保险机构报销或补贴，自己承担一小部分

(5) 大部分由自己承担，新型农村合作医疗机构报销或补贴一小部分

(6) 自己承担一半，新型农村合作医疗机构报销或补贴一半

(7) 新型农村合作医疗机构报销或补贴一大部分，自己承担一小部分

(8) 自己承担一大部分，单位或雇主报销或补贴一小部分

(9) 自己承担一半，单位或雇主报销或补贴一半

(10) 单位或雇主报销或补贴一大部分，自己承担一小部分

(11) 全由单位或雇主报销或补贴

(12) 个人、单位或雇主、当地基本医疗保险机构各承担一部分

(13) 个人、单位或雇主、家乡新型农村合作医疗机构各承担一部分

(14) 其他（请注明）_____

(-1) 不清楚

C9. 在城里打工时，您是否知道您有享受工伤保险待遇的权利？（　）

（1）知道 　　　　　　　　　　（2）不知道

C10. 在城里打工期间，您是否向单位领导或雇主提出过为您购买工伤保险的要求？（　）

（1）是（跳至C11）　　　　　（2）否

C10.1. 您为什么没有向领导或雇主提出相关要求呢？（　）

（1）不知道自己有这个权利

（2）怕提出要求后就丢了工作

（3）其他员工也没给买，提了也没用

（4）其他原因（请注明）＿＿＿＿＿＿＿＿

C11. 据您所知，您打工所在的单位或雇主是否为您缴纳了工伤保险费？（　）

（1）是 　　　　　　　　　　（2）否

（−1）不清楚

C12. 在城里打工期间，您有没有发生过工伤或患上职业病？（　）

（1）有 　　　　　　　　　　（2）没有（跳至C13）

C12.1. 您发生工伤时，是否享受了工伤医疗待遇？（　）

（1）是 　　　　　　　　　　（2）否

C12.2. 在您发生工伤时，单位或雇主有没有保留您的工作？（　）

（1）有 　　　　　　　　　　（2）没有

C12.3. 在您发生工伤接受治疗期间，单位或雇主是否继续为您支付工资？（　）

（1）是 　　　　　　　　　　（2）否

C12.4. 您治疗工伤的医疗费用是如何解决的？（　）

（1）全部由个人承担

（2）自己承担了大部分，单位或雇主报销或补贴了一小部分

（3）自己承担了一半，单位或雇主报销或补贴了一半

（4）单位或雇主报销或补贴了大部分，自己承担了一小部分

（5）全部由单位或雇主报销或补贴

（6）自己承担了大部分，工伤医疗保险机构报销或补贴了一小部分

（7）自己承担了一半，工伤医疗保险机构报销或补贴了一半

（8）工伤医疗保险机构报销或补贴大部分，自己承担一小部分

（9）全部由工伤医疗保险机构报销或补贴

（10）个人、单位或雇主、工伤医疗保险机构各承担一部分

（11）其他（请注明）_____

（-1）不清楚

C13. 总的来说，对于您打工所在城市的工伤保险政策，您的满意程度如何？（   ）

（1）很不满意　　　　　　　　（2）不太满意

（3）比较满意　　　　　　　　（4）非常满意

（-1）不好说

C14. 在城里打工时，您是否知道自己有参加失业保险的权利？（   ）

（1）是　　　　　　　　　　　（2）否

C15. 在城里打工期间，您是否向单位领导或雇主提出过为您购买失业保险的要求？（   ）

（1）是（跳至C16）　　　　　（2）否

C15.1. 您为什么没有向领导或雇主提出相关要求呢？（   ）

（1）不知道自己有这个权利

（2）怕提出要求后就丢了工作

（3）其他员工也没给买，提了也没用

（4）其他原因（请注明）_____

C16. 您打工所在的单位或雇主是否为您缴纳了失业保险费？（   ）

（1）是　　　　　　　　　　　（2）否

（-1）不清楚

C17. 在城里打工期间，您是否有过失业的经历？（   ）

（1）有　　　　　　　　　　　（2）没有（跳至C18）

C17.1. 失业期间，您是否在当地领到过失业保险金？（   ）

（1）是　　　　　　　　　　　（2）否

C17.2. 失业期间，您是否领到过职业培训和职业介绍补贴？（   ）

（1）有　　　　　　　　　　　（2）没有

C17.3. 失业期间，您在城里的生活开支主要来源于（可多选）：

( )

(1) 自己过去的积蓄

(2) 亲友、老乡接济

(3) 家里寄钱过来

(4) 失业保险金及相关补贴

(5) 原单位或雇主的资助

(6) 当地政府部门的资助

(7) 当地社团组织的资助

(8) 其他（请注明）_____

C18. 总的来说，对于您打工所在城市的失业保险政策，您的满意程度如何？（ ）

(1) 很不满意 (2) 不太满意

(3) 比较满意 (4) 非常满意

(-1) 不好说

C19. 您打工所在的单位或雇主是否为您购买了生育保险？（ ）

(1) 是 (2) 否

(-1) 不清楚 (-3) 不适用

C20. 您打工所在的单位或雇主是否为您提供了下列福利或补贴待遇？（请逐项填写）

C20.1. 企业年金（ ）

(1) 提供 (2) 不提供

(-1) 不清楚

C20.2. 补充医疗保险（ ）

(1) 提供 (2) 不提供

(-1) 不清楚

C20.3. 住房公积金（ ）

(1) 提供 (2) 不提供

(-1) 不清楚

C20.4. 购房补贴（ ）

(1) 提供 (2) 不提供

(-1) 不清楚

C20.5. 租房补贴（　　）
（1）提供　　　　　　　　　（2）不提供
（-1）不清楚
C20.6. 福利住房（　　）
（1）提供　　　　　　　　　（2）不提供
（-1）不清楚
C20.7. 带薪年假（　　）
（1）提供　　　　　　　　　（2）不提供
（-1）不清楚

C21. 在城里打工时，您最希望工作单位或雇主为您提供的保险或补贴项目是哪三项？（请按重要程度依次填写）（　　）（　　）（　　）
（1）基本养老保险　　　　　（2）基本医疗保险
（3）失业保险　　　　　　　（4）工伤保险
（5）生育保险　　　　　　　（6）住房公积金
（7）企业年金　　　　　　　（8）补充医疗保险
（9）购房补贴　　　　　　　（10）租房补贴
（11）福利住房　　　　　　　（12）带薪年假
（13）其他项目（请注明）_____

四　城市生活与社会交往

D1. 在城里打工时，你平时住在什么地方？（　　）
（1）单位或雇主搭建的集体工棚
（2）单位或雇主提供的集体宿舍
（3）单位或雇主提供的单人宿舍
（4）单位或雇主提供的套房
（5）城中村租住房
（6）居民小区租住房
（7）城中村自建房
（8）自购商品房
（9）其他（请注明）_____

D2. 在城里打工时，您的住所位于哪种类型的小区？（　　）

（1）工地　　　　　　　　　　（2）单位小区

（3）城中村　　　　　　　　　（4）商品房小区

（5）其他（请注明）_____

D3. 在城里打工时，您所在住所的人均住房面积有多大？（　）

（1）10平方米以下　　　　　　（2）10—14平方米

（3）15—19平方米　　　　　　（4）20—24平方米

（5）25—29平方米　　　　　　（6）30平方米及以上

D4. 在城里打工时，您是否和家人住在一起？（　）

（1）是　　　　　　　　　　　（2）否（跳至D5）

D4.1. 在城里打工时，有哪些家人和您住在一起？（可多选）（　）

（1）配偶　　　　　　　　　　（2）子女

（3）父母　　　　　　　　　　（4）兄弟姐妹

（5）其他家庭成员

D5. 您有子女吗？（　）

（1）有，有_____个　　　　　（2）没有（跳至D6）

（-3）不适用（跳至D6）

D5.1. 您是否有子女在打工地读中学或小学？（　）

（1）有，有_____个　　　　　（2）没有（跳至D6）

D5.2. 与打工地城市家庭的学生相比，您的子女在当地就读中学或小学的交费情况是：（　）

（1）费用全免

（2）比城里学生交得少

（3）和城里学生交得一样多

（4）除正常费用外，还需要交赞助费或借读费

（-1）不清楚

D5.2a. 在您看来，这种交费方式是否合理？（　）

（1）是　　　　　　　　　　　（2）否

（-1）说不清

D5.3. 在您看来，农民工子女在打工所在地读书时，哪一种收费方式最合理？（　）

（1）一视同仁，城乡学生按同一标准收费

349

（2）应给予农民工子女更多优惠

（3）可以比城里学生收得高一点，但不能太高

（4）其他（请注明）_____

D6. 在城里打工时，对于您所在小区的相关环境，您分别如何评价？（请在相应选项上打"√"）

评价项目	非常好	比较好	一般	比较差	非常差
1. 卫生状况	（1）	（2）	（3）	（4）	（5）
2. 交通条件	（1）	（2）	（3）	（4）	（5）
3. 治安状况	（1）	（2）	（3）	（4）	（5）
4. 教育环境	（1）	（2）	（3）	（4）	（5）
5. 公共设施	（1）	（2）	（3）	（4）	（5）
6. 商业配套设施	（1）	（2）	（3）	（4）	（5）
7. 居民素质	（1）	（2）	（3）	（4）	（5）
8. 人际关系	（1）	（2）	（3）	（4）	（5）
9. 与工作地点的距离	（1）	（2）	（3）	（4）	（5）

D7. 在城里打工时，您每个月大概平均要花多少钱？_____元，其中，下列各项开支的明细是：

（1）食品类支出占_____%

（2）服装支出占_____%

（3）日常生活用品支出占_____%

（4）住房支出占_____%

（5）教育支出占_____%

（6）医疗支出占_____%

（7）交通支出占_____%

（8）请客送礼支出占_____%

（9）娱乐、休闲支出占_____%

（10）其他支出占_____%

D8. 工作之余，您从事下列活动的频率是怎样的？（每行单选，请在相应选项上打"√"）

	几乎每天	一周几次	一周一次	一月几次	一月一次	一年几次	从不
1. 看电视，听收音机	(1)	(2)	(3)	(4)	(5)	(6)	(7)
2. 阅读报纸、杂志	(1)	(2)	(3)	(4)	(5)	(6)	(7)
3. 在互联网上查阅资料	(1)	(2)	(3)	(4)	(5)	(6)	(7)
4. 阅读文学、社会科学或科技类的书	(1)	(2)	(3)	(4)	(5)	(6)	(7)
5. 听音乐、歌剧，看电影	(1)	(2)	(3)	(4)	(5)	(6)	(7)
6. 健身或参加体育锻炼	(1)	(2)	(3)	(4)	(5)	(6)	(7)
7. 上专业机构美容、护理、洗浴	(1)	(2)	(3)	(4)	(5)	(6)	(7)
8. 外出旅游	(1)	(2)	(3)	(4)	(5)	(6)	(7)
9. 打扑克、打麻将，下棋	(1)	(2)	(3)	(4)	(5)	(6)	(7)
10. 上网聊天、打游戏	(1)	(2)	(3)	(4)	(5)	(6)	(7)
11. 泡咖啡馆、上茶馆、酒吧	(1)	(2)	(3)	(4)	(5)	(6)	(7)
12. 上迪吧、唱卡拉OK	(1)	(2)	(3)	(4)	(5)	(6)	(7)
13. 外出就餐	(1)	(2)	(3)	(4)	(5)	(6)	(7)

D9. 工作之余，您在城里与什么人（家人除外）接触最频繁？（　　）

（1）亲友　　　　　　　　（2）老乡

（3）同学　　　　　　　　（4）房东

（5）街坊邻居

（6）其他（请注明）_____

D10. 工作之余，您与城市居民在下列各个方面的互动频繁程度如何？（请在相应选项打"√"）

互动内容	从不	偶尔	经常	总是	不好说
1. 见面时打招呼	(0)	(1)	(2)	(3)	(-1)
2. 在一起聊天，拉家常	(0)	(1)	(2)	(3)	(-1)
3. 逢年过节互致问候	(0)	(1)	(2)	(3)	(-1)
4. 春节时相互拜年	(0)	(1)	(2)	(3)	(-1)

续表

互动内容	从不	偶尔	经常	总是	不好说
5. 平时互相串门，到对方家里做客	(0)	(1)	(2)	(3)	(-1)
6. 一起吃饭、喝酒	(0)	(1)	(2)	(3)	(-1)
7. 一起休闲、娱乐	(0)	(1)	(2)	(3)	(-1)
8. 日常生活中互相帮点小忙	(0)	(1)	(2)	(3)	(-1)
9. 借用日常生活用品、工具	(0)	(1)	(2)	(3)	(-1)
10. 对方有经济困难时借钱、捐物	(0)	(1)	(2)	(3)	(-1)
11. 对方生病时给予问候	(0)	(1)	(2)	(3)	(-1)
12. 对方生病时给予照顾	(0)	(1)	(2)	(3)	(-1)
13. 相互排忧解愁、倾诉、开导	(0)	(1)	(2)	(3)	(-1)
14. 为对方解决婚姻、恋爱问题牵线、搭桥	(0)	(1)	(2)	(3)	(-1)
15. 协助对方管教、照顾子女	(0)	(1)	(2)	(3)	(-1)
16. 帮对方协调家庭矛盾与纠纷	(0)	(1)	(2)	(3)	(-1)
17. 在对方受到权利侵害时，为其主持公道	(0)	(1)	(2)	(3)	(-1)

D11. 在城里时，您是否参加过所在小区的集体活动？（　　）

（1）是　　　　　　　　　　（2）否（跳至D12）

D11.1. 是当地人邀请您参加的，还是您主动要求参加的？（　　）

（1）当地人邀请参加的　　　（2）我主动要求参加的

（-1）不好说

D11.2. 在参加小区的集体活动时，您一般扮演什么角色？

（1）倡导者　　　　　　　　（2）组织者

（3）参与者

（4）其他（请注明）_____

D11.3. 在您参加所在小区的集体活动时，当地大多数居民一般持什么态度？（　　）

（1）欢迎　　　　　　　　　（2）无所谓

（3）不欢迎

D12. 在城里时，您是否参与过所在小区内重大事务的讨论？（　　）

（1）是　　　　　　　　　　（2）否（跳至E1）

D12.1. 当您就小区内重大事务发表意见时,当地居民一般持什么态度?(　)

(1) 非常重视　　　　　　　(2) 比较重视
(3) 不太重视　　　　　　　(4) 不屑一顾
(-1) 不好说

五　态度、认知与评价

E1. 在城里打工或生活期间,您是否遇到过下列各种情况?(请在相应选项打"√")

	是	否
1. 因无暂住证而受到处罚	(1)	(0)
2. 因没有本地户口而无法应聘某些工作岗位	(1)	(0)
3. 因没有本地户口而受到当地人歧视	(1)	(0)
4. 因没有本地户口而不被当地人信任	(1)	(0)
5. 因没有本地户口,小孩在当地读书要交高额赞助费或借读费	(1)	(0)
6. 年年要回家办计划生育证	(1)	(0)
7. 生活没有安定感	(1)	(0)

E2. 在城里打工或生活期间,您是否有过下列感受?感觉的频繁程度如何?(请在相应选项打"√")

	从没有	偶尔有	经常有	总是有	不好说
1. 我的收入没有体现出我的劳动价值	(1)	(2)	(3)	(4)	(-1)
2. 我们农民工总是受到老板的剥削	(1)	(2)	(3)	(4)	(-1)
3. 这个社会对我们农民工很不公平	(1)	(2)	(3)	(4)	(-1)
4. 我不属于城市	(1)	(2)	(3)	(4)	(-1)
5. 城市居民很排斥我们外来打工者	(1)	(2)	(3)	(4)	(-1)
6. 我在城里低人一等	(1)	(2)	(3)	(4)	(-1)
7. 如果我是城市户口,生活会比现在好很多	(1)	(2)	(3)	(4)	(-1)

E3. 下列说法，分别在多大程度与您个人的实际情况相符？（请在相应选项打"√"）

	完全符合	比较符合	不太符合	完全不符合	不好说
1. 我不喜欢农村的生活	(1)	(2)	(3)	(4)	(-1)
2. 我已经适应了城市的生活	(1)	(2)	(3)	(4)	(-1)
3. 我希望自己的小孩能够留在城市	(1)	(2)	(3)	(4)	(-1)
4. 我已经熟悉了打工地的语言	(1)	(2)	(3)	(4)	(-1)
5. 在城里打工以来，我感觉自己的地位提高了	(1)	(2)	(3)	(4)	(-1)
6. 城里的工作对于我很重要	(1)	(2)	(3)	(4)	(-1)
7. 我能够与城市居民和睦相处	(1)	(2)	(3)	(4)	(-1)
8. 我能够与城市居民成为朋友	(1)	(2)	(3)	(4)	(-1)

E4. 下列各种说法，您是否赞同？（请在相应选项打"√"）

	完全赞同	比较赞同	不太赞同	完全反对	不好说
1. 农民工为城市的发展做出了巨大贡献	(1)	(2)	(3)	(4)	(-1)
2. 农民工为市民生活提供了便利	(1)	(2)	(3)	(4)	(-1)
3. 城市的发展离不开农民工	(1)	(2)	(3)	(4)	(-1)
4. 城市对外地人的各种限制太多	(1)	(2)	(3)	(4)	(-1)
5. 农民工只能在城市干脏活、累活、重活	(1)	(2)	(3)	(4)	(-1)
6. 农民工抢了城市人的工作机会	(1)	(2)	(3)	(4)	(-1)
7. 农民工影响城市社会治安	(1)	(2)	(3)	(4)	(-1)
8. 农民工加剧了城市交通压力	(1)	(2)	(3)	(4)	(-1)
9. 农民工影响城市环境、卫生	(1)	(2)	(3)	(4)	(-1)
10. 农民工增加了城市负担	(1)	(2)	(3)	(4)	(-1)

E5. 现在社会上常常将人们划分为下列一些不同的类型，您认为

自己分别属于其中的哪一个群体？（请逐项选择，并在相应的选项打"√"）

1	（1）富人	（2）穷人	（-1）说不清
2	（1）工人	（2）农民	（-1）说不清
3	（1）城市居民	（2）乡下人	（-1）说不清
4	（1）有产者	（2）无产者	（-1）说不清
5	（1）管理者	（2）被管理者	（-1）说不清
6	（1）高学历者	（2）低学历者	（-1）说不清

E6. 您在老家有没有责任田？（ ）

（1）有 （2）没有

E7. 您愿意放弃在老家的田地吗？（ ）

（1）愿意 （2）不愿意

（3）无所谓 （4）已经没田了

（-1）说不清

E8. 您是否愿意把户口迁入打工所在的城市？（ ）

（1）愿意 （2）愿意，但不敢想

（3）不愿意 （4）无所谓

（-1）说不清

E9. 最后，为了方便回访，我们还需要您告诉我们您的联系方式。

E9.1. 您的电话是：＿＿＿＿＿＿（如没有，填 -3；如拒绝提供，填 -2）

E9.2. 您的 E-mail 是：＿＿＿＿＿＿（如没有，填 -3；如拒绝提供，填 -2）

E9.3. 您的 QQ 号是：＿＿＿＿＿＿（如没有，填 -2；如拒绝提供，填 -3）

我们的访问到此为止，再次感谢您的支持！

祝您身体健康，生活幸福！

六 访谈记录（以下内容由访问员自己填写）

F1. 被访者住址（在农村调查返乡农民工时填写）

_____省_____市_____县/区_____乡/镇/街道_____村/居委会_____号

F2. 被访者工作单位（在城市调查在职农民工时填写）

_____

F3. 访谈过程记录

	访谈日期（月、日）	开始时间（时、分）24小时制	结束时间（时、分）24小时制	成功与否 1. 成功 2. 失败	未成功的原因
第一次访谈					
第二次访谈					
第三次访谈					

未成功原因选项（　）
1. 无人居住
2. 不能调查（被访者生病）
3. 被访者当时不在家需要另约时间
4. 被访者要求调查员稍后再来
5. 完成了部分调查，必须再来

附录5 老年人生活质量与社会支持调查问卷

尊敬的长者：

您好！我们是"以农民需求为导向的农村养老保障制度研究"课题组调查员，正在进行有关农村老年人生活质量与社会支持情况的调查，从而为改善农村老年人的生活状况提出对策建议。您是我们通过科学方式抽取的调查对象，您的回答对于我们的研究非常重要。本次调查采取不记名的方式进行，答案无对错之分，请您根据本人的真实情况认真填答，谢谢您的合作！

"以农民需求为导向的农村养老保障制度研究"课题组
2011年7月

★问卷填答说明：以下问题如果无特殊说明，请只选一项，并在合适的选项上打"√"；如遇"＿＿＿"，请按照题目要求直接填写。非常感谢您的合作！

A1. 您的年龄是＿＿＿周岁（低于60周岁时中止访问）

A2. 您的性别

1. 男　　　　　　　　　　2. 女

A3. 您的民族是

1. 汉族　　　　　　　　　2. 少数民族

A4. 您的文化程度

1. 未受过正式教育　　　　2. 小学

3. 初中　　　　　　　　　4. 高中及以上

A5. 您的政治面貌：

1. 中共党员 2. 民主党派

3. 群众

A6. 您是否有参军入伍经历？

1. 是 2. 否（请跳答 A8 题）

A7. 您与老战友的联系是否频繁？

1. 经常来往 2. 很少来往

3. 几乎不来往 4. 已失去联系

A8. 您家是否为军、烈属家庭？

1. 是 2. 否

A9. 目前，您家里有_____口人，_____代人。（指您所在的户口本上的人口）

A10. 您以及您的老伴一共有兄弟姐妹_____人，其中在本村生活的有_____人。

A11. 您的婚姻状况？

1. 已婚且配偶健在 2. 离婚

3. 丧偶 4. 未婚（跳答第 A12 题）

A11.1. 您是否有子女？

1. 有，有_____个儿子，_____个女儿

2. 没有（跳答第 A12 题）

A11.2. 您的子女是否都已经成家？

1. 是 2. 否

A12. 您家是否有曾经或正任职于以下任何组织或机构的亲友？（可多选）

1. 村委会 2. 乡/镇级党政部门

3. 县/处级党政部门 4. 地/市/厅级党政部门

5. 省/部级党政部门 6. 没有

A13. 您的亲友中是否有以下任何类型的人？（可多选）

1. 宗族的族长、头人或长老 2. 企业主

3. 新闻工作者 4. 技术能人或专业大户

5. 没有

A14. 您现在的居住方式是？

1. 与儿子同住　　　　　　　2. 与女儿同住

3. 在儿女家轮住　　　　　　4. （与老伴）单独居住

5. 在福利院/敬老院居住

6. 其他（请注明）_____

A14.1a. 您的晚辈是否经常与您通电话？

1. 是　　　　　　　　　　　2. 否（跳答第 A14.1b 题）

3. 不适用（跳答第 A14.1c 题）

A14.1a1. 与您通电话时，他们和您聊得最多的是什么问题？

1. 嘘寒问暖　　　　　　　　2. 拉家常

3. 谈学习工作　　　　　　　4. 商量大事

5. 诉苦求助

6. 其他（请注明）_____

A14.1b. 您是否希望他们经常与您通电话？

1. 是　　　　　　　　　　　2. 否

3. 不好说　　　　　　　　　4. 不适用

A14.1c. 他们是否经常来看望您？

1. 是　　　　　　　　　　　2. 否（跳答第 A14.1d 题）

3. 不适用（跳答第 A14.1d 题）

A14.1c1. 他们来看您时，一般会给您带些什么东西？（可多选）

1. 给钱　　　　　　　　　　2. 日常生活用品

3. 吃的　　　　　　　　　　4. 穿的

5. 医疗、保健用品　　　　　6. 书刊、音像制品

7. 几乎啥都不给

8. 其他（请注明）_____

A14.1c2. 他们来看您时，一般会为您做些什么？（可多选）

1. 做饭　　　　　　　　　　2. 浆衣洗裳

3. 打扫卫生　　　　　　　　4. 干农活

5. 身体护理　　　　　　　　6. 陪同娱乐

7. 陪同购物逛街　　　　　　8. 聊天

9. 陪同散步

10. 其他（请注明）_____

A14.1d. 您是否希望他们经常来看望您？

1. 是 　　　　　　　　　　　2. 否

3. 不好说 　　　　　　　　　4. 不适用

A14.1e. 分开居住以来，您是否到子女家中居住过一段时间？

1. 是 　　　　　　　　　　　2. 否

3. 不适用

A14.1f. 您是否愿意长期与他们一起生活？

1. 是（跳答第 A14.2 题）　　2. 否

3. 不适用（跳答第 A14.2 题）

A14.1g. 您为什么不愿意长期与他们一起生活？请说出最主要的原因。

1. 怕给他们添负担 　　　　　2. 在这住习惯了，哪都不想去

3. 害怕孤独 　　　　　　　　4. 与他们合不来

5. 图个轻松自在，不想再遭罪

6. 其他（请注明）_____

A14.2. 家中晚辈是否会给您钱用？

1. 是 　　　　　　　　　　　2. 否（跳答第 A14.3 题）

3. 不适用（跳答第 A14.3 题）

A14.2a. 在过去一年中，他们共给了您多少钱？_____元

A14.3. 遇到烦心事时，您是否经常向家中晚辈倾诉？

1. 是 　　　　　　　　　　　2. 否（跳答第 A14.4 题）

3. 不适用（跳答第 A14.4 题）

A14.3a. 一般而言，当您倾诉心事时，他们是否会积极回应？

1. 是 　　　　　　　　　　　2. 否

A14.4. 在遇到重要事情时，家中晚辈是否经常征求您的意见？

1. 是 　　　　　　　　　　　2. 否

3. 不适用

A14.5. 在处理个人事务时，您是否经常受到家中晚辈的干涉？

1. 是 　　　　　　　　　　　2. 否

3. 不适用

A14.6. 总的来说，家中晚辈对您是否孝顺？

1. 是   2. 否

3. 不好说   4. 不适用

A15. 您是否为土生土长的本村人？

1. 是   2. 否

A16. 您是否曾经担任或正在担任某种乡村管理职务？（可多选）

1. 未担任任何职务

2. 生产组长（队长）

3. 村委会一般成员/大队一般干部

4. 村委会主任/大队书记

5. 乡镇干部、领导/公社干部、领导

6. 其他（请注明）_____

A17. 当前，您是否有稳定的收入来源？

1. 有   2. 没有（跳答第 A18 题）

A17.1. 您的最主要收入来源是：

1. 低保   2. 务农

3. 打工   4. 个体经营

5. 子女供养   6. 亲友接济

7. 社会救济   8. 社会养老保险金

9 其他（请注明）_____

A17.2. 过去的一年，您的总收入为_____元。（包括务农、务工、经商收入、赡养费、亲友馈赠、保险金、存款及其利息、租赁费等各种现金收入以及所有实物收入的折价款）

A18. 过去的一年，您全家的年收入为_____元。

A19. 以您目前的经济状况，您认为自己属于以下哪种情况？

1. 很宽裕   2. 较宽裕

3. 钱基本够用   4. 比较紧张

5. 非常紧张

A20. 与其他老人相比，您在当地的经济地位属于哪一层次？

1. 上层   2. 中上层

3. 中层   4. 中下层

5. 下层

A21. 在过去一年，您的总开支大概是_____元。

A22. 当前，您的生活开支主要用在哪些方面？（限选三项）（　）（　）（　）

1. 衣　　　　　　　　　　2. 食
3. 用　　　　　　　　　　4. 医疗保健
5. 娱乐　　　　　　　　　6. 补贴晚辈
7. 人情
8. 其他（请注明）_____

A22.1. 在过去一年中，您一般在什么情况下会食用荤菜？

1. 想吃就吃　　　　　　　2. 隔三岔五吃
3. 只有来客人或节日时才吃　4. 几乎没吃

A22.2. 您一般会在什么时候添置新衣服？

1. 想买就买　　　　　　　2. 定期添置
3. 很少添置　　　　　　　4. 从未添置

A23. 您家拥有以下哪些耐用消费品？（可多选）

1. 电视机　　　　　　　　2. 冰箱
3. 洗衣机　　　　　　　　4. 热水器
5. 电脑　　　　　　　　　6. 空调
7. 手机　　　　　　　　　8. 轮椅
9. 摩托车、电动车　　　　10. 汽车
11. 以上都没有

A24. 有事外出时，您使用最多的交通工具是：

1. 自行车　　　　　　　　2. 摩托车、电动车
3. 公共汽车　　　　　　　4. 摩的
5. 出租车　　　　　　　　6. 私人汽车
7. 其他（请注明）_____

A25. 一般而言，您平时的闲暇时间是怎么安排的？（可多选）

1. 帮子女带孩子　　　　　2. 做家务
3. 打牌　　　　　　　　　4. 下棋
5. 看电视、听收音机　　　6. 读书看报
7. 上网　　　　　　　　　8. 闲聊

9. 走亲访友　　　　　　　10. 旅游

11. 散步、健身　　　　　　12. 参加文娱活动

13. 参与公益活动　　　　　14. 一个人待着，什么都不干

15. 其他（请注明）_____

A26. 在过去一年中，您曾经得到过以下哪些个人或群体提供的资助？（可多选）

1. 子女　　　　　　　　　2. 其他亲友

3. 乡邻　　　　　　　　　4. 村干部

5. 福利院工作人员　　　　6. 政府

7. 慈善团体或个人　　　　8. 以上都没有

9. 其他（请注明）_____

A27. 在过去一年中，您得到过以下哪些形式的支持或者帮助？（可多选）

1. 最低生活保障　　　　　2. "五保户"补助

3. 长寿津贴　　　　　　　4. 慈善捐赠

5. 结对帮扶　　　　　　　6. 送温暖活动

7. 特困救济　　　　　　　8. 计生户奖励

9. 优抚安置　　　　　　　10. 以上都没有

11. 其他（请注明）_____

注：A28—A33 题仅限选择了"最低生活保障"的被访者回答。

A28. 您家有_____人享受低保待遇。

A29. 您全家每月能得到低保金_____元，其中算在您名下的有_____元。

A30. 在获得低保待遇期间，您履行过以下哪些相关义务？（可多选）

1. 及时领取低保金　　　　2. 按时进行续保登记

3. 如实申报家庭收入　　　4. 及时报告家庭人口变化

5. 积极参加公益活动　　　6. 配合相关调查

7. 均未履行

A31. 在过去一年中，您得到过哪些物质资助？（可多选）

1. 现金　　　　　　　　　2. 食物

3. 衣被　　　　　　　　　　4. 日用品

5. 医疗保健用品　　　　　　6. 图书、音像制品

7. 其他（请注明）＿＿＿＿＿＿＿＿

A31.1. 2011 年春节，您得到的低保慰问形式是：

1. 增发一个月低保金，为＿＿＿＿＿元（请跳答 A32 题）

2. 物资　　　　　　　　　　3. 没有

A31.2. 2011 年春节，您得到的慰问品包括：

鱼＿＿＿＿斤，肉＿＿＿＿斤，油＿＿＿＿斤，蛋＿＿＿＿斤，米＿＿＿＿斤。

A32. 在您看来，上述资助是否能帮助您改善生活状况？

1. 是　　　　　　　　　　　2. 否

3. 不好说　　　　　　　　　4. 不适用

A33. 作为低保对象，您和您的家人还可以享受以下哪些优惠待遇？（可多选）

1. 子女教育费用减免

2. 免费参加新型农村合作医疗

3. 灾后房屋重建补助

4. 其他灾害救助或补助

5. 农业技术培训或资金扶持

6. 丧葬费用减免

7. 以上都没有

A34. 您是否参加新型农村社会养老保险？

1. 是　　　　　　　　　　　2. 否（跳答第 35 题）

A34.1. 您是否已经开始领取养老金？

1. 是　　　　　　　　　　　2. 否（跳答第 A35 题）

A34.2. 总的来说，养老金发放是否及时？

1. 是　　　　　　　　　　　2. 否

A34.3. 总的来说，养老金发放是否到位？

1. 是　　　　　　　　　　　2. 否

A34.4. 现有的养老金待遇是否能够满足您的养老需求？

1. 是　　　　　　　　　　　2. 否

3. 不好说

A35. 您的身体健康状况属于以下哪种类型？

1. 很健康，无病（跳答第 A36 题）

2. 较健康，无大病或慢性病（跳答第 A36 题）

3. 常年有病，但无残疾（跳答第 A36 题）

4. 有残疾

A35.1. 导致您残疾的主要原因是：

1. 先天　　　　　　　　2. 意外

3. 药物　　　　　　　　.4. 疾病

5. 其他（请注明）_____

A35.2. 您是否曾经享受过下列任何残疾人优惠政策或服务？（可多选）

1. 免费技能培训　　　　2. 优先就业支持

3. 个体经营税费减免　　4. 辅助器械购置补贴

5. 定期生活救济　　　　6. 免费乘坐公共交通工具

7. 均未享受

8. 其他（请注明）_____

A36. 您的生活是否可以自理？

1. 是（跳答第 A38 题）　　2. 否

A37. 平时，主要是谁照顾您的日常生活起居？

1. 配偶　　　　　　　　2. 子女

3. 其他亲友　　　　　　4. 邻里

5. 机构服务人员　　　　6. 志愿工作者

7. 无人照顾

8. 其他（请注明）_____

A38. 在您生病时，主要是谁照顾您？

1. 配偶　　　　　　　　2. 子女或其他亲友

3. 邻里　　　　　　　　4. 机构服务人员

5. 志愿工作者

6. 其他（请注明）_____

A39. 您是否得到过以下任何形式的生活照顾或服务？其频繁程

度分别如何？

	几乎每天	定期	每年不到 1 次	从未提供
1. 清扫房间、整理物品				
2. 换洗衣被				
3. 做饭				
4. 清洗餐具				
5. 喂食喂药				
6. 个人清洁护理				
7. 协助翻身、起卧				
8. 户外活动陪护				
9. 按摩保健				
10. 康复理疗				
11. 体检				
12. 心理咨询				

A40. 总的来说，您所得到的各种生活照料服务是否及时？

1. 是　　　　　　　　　2. 否

3. 不好说　　　　　　　4. 不适用

A41. 总的来说，相关人员的服务态度是否让您满意？

1. 是　　　　　　　　　2. 否

3. 不好说　　　　　　　4. 不适用

A42. 您有没有参加新型农村合作医疗保险？

1. 是　　　　　　　　　2. 否（跳答第 A43 题）

3. 不清楚（跳答第 A43 题）

A42.1. 参加新农合以来，您是否报销过医药费？

1. 是（跳答第 A43 题）　2. 否（跳答第 A43 题）

3. 不清楚（跳答第 A43 题）

A42.2. 医药费报销手续是否方便？

1. 是　　　　　　　　　2. 否

3. 不清楚

A42.3. 新农合经办人员的服务态度是否让您满意？

1. 是　　　　　　　　　　2. 否

3. 不清楚

A42.4. 医疗费报销款到账是否及时？

1. 是　　　　　　　　　　2. 否

3. 不清楚

A42.5. 医疗费报销款是否足额到位？

1. 是　　　　　　　　　　2. 否

3. 不清楚

A42.6. 医疗费报销比例是否让您满意？

1. 是　　　　　　　　　　2. 否

3. 不清楚

A43. 在过去一年中，您的医疗费用支出主要来自：

1. 个人及配偶　　　　　　2. 子女

3. 新农合　　　　　　　　4. 政府救济

5. 集体资助

6. 其他（请注明）_____

A44. 您在看病过程中遇到的最大困难是：

1. 没有足够的钱治病　　　2. 去医院不方便

3. 医疗水平差

4. 其他（请注明）_____

A45. 在过去一个月中，您是否遇到过下列各种情形？请逐一回答。

1. 入睡很困难或睡眠不深易醒（或经常做梦）	1. 是　2. 否
2. 经常感到不愉快和情绪抑郁（情绪低落）	1. 是　2. 否
3. 经常感到凄惨与沮丧（灰心失望）	1. 是　2. 否
4. 经常感到孤独	1. 是　2. 否

A46. 当您心情不好时，您一般会向谁倾诉？

1. 配偶　　　　　　　　　2. 子女

3. 其他亲友

4. 福利院工作人员

5. 乡邻或同住老人

6. 不向任何人倾诉（跳答 A47）

7. 其他（请注明）_____

A46.1. 一般而言，您的倾诉是否能得到积极回应？

1. 是　　　　　　　　　　2. 否（跳答第 A46.3 题）

A46.2. 他们一般通过什么方式对您的倾诉作出积极回应？（可多选）

1. 认真倾听

2. 表示理解和同情

3. 安慰

4. 心理辅导

5. 帮助解决实际问题

6. 没有实质性回应

7. 其他（请注明）_____

A46.3. 一般而言，通过与他们的交流，您的心情是否能够得到好转？

1. 是　　　　　　　　　　2. 否

A47. 您与下列各类人员交往频繁程度如何？请逐一回答。

A47.1. 家人

1. 很多　　　　　　　　　2. 较多

3. 一般　　　　　　　　　4. 较少

5. 很少　　　　　　　　　6. 不适用

A47.2. 邻里/同住老人

1. 很多　　　　　　　　　2. 较多

3. 一般　　　　　　　　　4. 较少

5. 很少　　　　　　　　　6. 不适用

A47.3. 福利院工作人员（限入住老人回答）

1. 很多　　　　　　　　　2. 较多

3. 一般　　　　　　　　　4. 较少

5. 很少　　　　　　　　　　6. 不适用

A47.4. 村干部

1. 很多　　　　　　　　　　2. 较多
3. 一般　　　　　　　　　　4. 较少
5. 很少　　　　　　　　　　6. 不适用

A47.5. 民政干部

1. 很多　　　　　　　　　　2. 较多
3. 一般　　　　　　　　　　4. 较少
5. 很少　　　　　　　　　　6. 不适用

A48. 总体而言，您与下列各类人员的关系如何？请逐一回答。

A48.1. 家人

1. 很好　　　　　　　　　　2. 较好
3. 一般　　　　　　　　　　4. 较差
5. 很差　　　　　　　　　　6. 不适用

A48.2. 邻里/同住老人

1. 很好　　　　　　　　　　2. 较好
3. 一般　　　　　　　　　　4. 较差
5. 很差　　　　　　　　　　6. 不适用

A48.3. 福利院工作人员（限入住老人回答）

1. 很多　　　　　　　　　　2. 较多
3. 一般　　　　　　　　　　4. 较少
5. 很少　　　　　　　　　　6. 不适用

A48.4. 村干部

1. 很好　　　　　　　　　　2. 较好
3. 一般　　　　　　　　　　4. 较差
5. 很差　　　　　　　　　　6. 不适用

A48.5. 民政干部

1. 很好　　　　　　　　　　2. 较好
3. 一般　　　　　　　　　　4. 较差
5. 很差　　　　　　　　　　6. 不适用

A49. 在村里决定重大事务时，您的参与情况如何？

1. 主动参与 2. 村干部提出要求时才参与
3. 勉强参与 4. 基本上不参与
5. 从不参与

A50. 村干部或者民政干部要求您参与公共事务时,您通常会怎么样?

1. 全力支持 2. 量力而行
3. 置身事外 4. 拒绝参与
5. 从不参与

A51. 对于村里决定的重大事务,您通常会_____

1. 拥护 2. 不置可否
3. 反对

A52. 您或您的家人是否有担任村民代表的经历?

1. 是 2. 否

A53. 对于村里的各项决议,您或者您的家人是否提出过异议?

1. 是 2. 否
3. 不清楚

A54. 您或家人是否有过上访经历?

1. 是 2. 否
3. 不清楚

A54.1. 您或家人上访的主要原因是_____
_____

A55. 平时,您或家人与村干部(民政干部)有没有来往?

1. 经常 2. 偶尔
3. 很少 4. 从不
5. 不清楚

A56. 村干部或民政干部家有红白喜事或农忙时,您或家人是否会主动提供帮助?

1. 是 2. 否
3. 说不清

A57. 村干部或者民政干部有私事请您帮忙时,您会怎么办?

1. 全力支持 2. 量力而行

3. 勉强应付 4. 找理由推脱

5. 直接拒绝

A58. 村干部/民政干部办红白喜事时，您或家人是否会随礼？

1. 是 2. 否（请跳答 A60 题）

3. 视情况而定 4. 不清楚（请跳答 A60 题）

A59. 您随礼的标准一般为？

1. 高于普通乡邻 2. 与普通乡邻持平

3. 低于普通乡邻 4. 不清楚

A60. 逢年过节，您或家人是否会给村干部/民政干部送礼？

1. 总是 2. 经常

3. 偶尔 4. 很少

5. 从不 6. 不清楚

A61. 总体而言，您对自己当前的生活现状是否满意？

1. 是 2. 否

3. 不好说

A62. 您对自己当前的经济现状是否满意？

1. 是 2. 否

3. 不好说

A63. 您对自己当前的健康现状是否满意？

1. 是 2. 否

3. 不好说

A64. 您对自己的人际关系现状是否满意？

1. 是 2. 否

3. 不好说

A65. 您最希望在哪里度过晚年？

1. 家里 2. 福利院

3. 其他（请注明）_____

A66. 您最希望获得哪方面的养老支持？

1. 经济支持 2. 生活照料

3. 情感慰藉

A67. 您最希望从哪里获得养老支持？

1. 子女 　　　　　　　　　　2. 村集体
3. 政府 　　　　　　　　　　4. 其他（请注明）_____

A68. 为了让老年人过得更好一点，您认为政府和社会还应该从哪些方面努力？请谈谈您的看法。

_____

1. 调查地点：_____市_____县/区_____乡/镇_____村
2. 调查日期：2011 年_____月_____日

调查到此结束，再次谢谢您的合作，祝您身体健康，生活愉快！

附录6 以农民需求为导向的农村老年人养老问题调查问卷

尊敬的老年朋友:

您好!

我们是华中农业大学的学生。我们正在进行一项社会调查,目的是了解农村老年人养老现状,从而为相关部门改进社会政策、推动农村养老保障事业发展提供决策咨询与建议。您是我们科学选取的调查对象,您的支持对于本研究具有十分重要的意义。本次调查不记姓名,调查数据只用于学术研究,您的回答不涉及是非对错,不会给您带来任何不利影响。请您根据实际情况做出真实回答,我们保证对您的信息严格保密。衷心感谢您的支持与合作。

华中农业大学"以农民需求为导向的农村
老年人养老问题调查研究"课题组
国家社科基金"以农民需求为导向的农村
养老保障制度研究"课题组
2012年7月

填答说明:

1. 请在适合自己情况的答案上打"√",或者在横线处填上适当内容。
2. 无特殊说明,每个问题只能选择一个答案。

一 个人基本信息及家庭状况

1. 您的年龄? _____ 周岁
2. 您的性别?

(1) 男 (2) 女

3. 您的文化程度？

(1) 未接受过正式教育 (2) 小学

(3) 初中 (4) 高中/中专/技校

(5) 大专及以上

4. 您的健康状况？

(1) 很好 (2) 比较好

(3) 一般 (4) 比较差

(5) 非常差

5. 您目前的婚姻状况？

(1) 已婚 (2) 丧偶

(3) 离婚 (4) 未婚（直接回答第6题）

5.1. 您是否有子女？

(1) 没有（直接回答第6题）

(2) 有，其中_____个儿子，_____个女儿，_____个已婚儿子，_____个已婚女儿

5.2. 您与子女的关系如何？

(1) 很融洽 (2) 较融洽

(3) 一般 (4) 不太融洽

(5) 很不融洽

6. 当前，您是否有稳定的收入来源？

(1) 是 (2) 否

6.1. 您的主要收入来源是什么？

(1) 劳动所得 (2) 子女供养

(3) 社会养老保险金 (4) 低保

(5) 其他（请注明）_____

6.2. 过去的一年，您个人的纯收入处于哪个水平？

(1) 2300元以下 (2) 2300—4999元

(3) 5000—9999元 (4) 10000—19999元

(5) 20000元及以上

7. 您目前的主要职业身份是？

(1) 基层干部 (2) 企业主
(3) 技术人员（医生、教师等） (4) 个体经商户
(5) 务工人员 (6) 农业劳动者
(7) 家务劳动者 (8) 无劳动能力人员
(9) 其他（请注明）_____

8. 您是否曾经担任或正在担任某种乡村管理职务？
(1) 是 (2) 否（直接回答第 9 题）

8.1. 您曾经担任的最高级别的乡村管理职务是（ ）
(1) 生产组长（队长）
(2) 村委会一般成员/大队一般干部
(3) 村委会主任/大队书记
(4) 乡镇干部、领导/公社干部、领导
(5) 其他（请注明）_____

9. 您的政治面貌？
(1) 中共党员含预备党员 (2) 民主党派成员
(3) 群众

10. 您家总共有_____口人，_____代人，其中，接受过大学教育的有_____人

10.1. 在您看来，您家的经济水平在本村属于：
(1) 上层 (2) 中上层
(3) 中层 (4) 中下层
(5) 下层

11. 您家是否有亲友曾经或正任职于以下组织或机构？（可多选）
(1) 村委会 (2) 乡/镇级党政部门
(3) 县/处级党政部门 (4) 地/市/厅级党政部门
(5) 省/部级党政部门 (6) 以上都没有

12. 您的亲友中是否有以下任何类型的人？（可多选）
(1) 宗族族长或长老 (2) 企业主
(3) 技术能人或专业大户 (4) 以上都没有

13. 总的来说，您与村委会干部打交道频繁程度如何？
(1) 总是 (2) 经常

(3) 偶尔 　　　　　　　　　（4) 很少

(5) 几乎没有

14. 当前村委会所有成员中，您经常打交道的有几个人？_____人

15. 您目前的居住形式？

(1) 独自居住 　　　　　　　（2) 与配偶单独居住

(3) 仅与子女或孙子、孙女居住 　（4) 与配偶、子孙共同居住

(5) 养老院

(6) 其他（请注明）_____

16. 您的自理能力？

(1) 完全能自理 　　　　　　（2) 基本能自理

(3) 基本不能自理 　　　　　（4) 完全不能自理

二　养老观念及认知

17. 您认为对于自己的养老问题谁应该承担主要责任？（可多选）

(1) 自己或配偶 　　　　　　（2) 子女

(3) 村集体 　　　　　　　　（4) 政府

(5) 社会

(6) 其他（请注明）_____

17.1. 谁应该承担最主要的责任呢？（请在第17题的选项中选择，并在括号中填写序号）（　　）

18. 下列关于赡养老年人的说法，您是否同意？在合适的项目后打"√"

	完全同意	比较同意	说不清	比较反对	完全反对
1. 未婚成年男性在自己父母的养老中应负主要责任					
2. 未婚成年女性在自己父母的养老中应负主要责任					
3. 已婚男性在自己父母的养老中应负主要责任					
4. 已婚女性在自己父母的养老中应负主要责任					
5. 已婚男性在配偶父母的养老中应负主要责任					
6. 已婚女性在配偶父母的养老中应负主要责任					

19. 如果让您做主,您会选择在哪里养老?
(1) 在家里　　　　　　　　(2) 在福利院

20. 您对以下养老内容的看法?

	完全同意	比较同意	说不清	比较反对	完全反对
1. 养老就是能吃饱穿暖					
2. 养老不仅是要吃饱穿暖,还要吃得好、穿得体面					
3. 我希望在自己家里和子孙一起安度晚年					
4. 我希望老了有人做伴,有人陪我聊天谈心					
5. 我希望老了看病时有医疗保障					
6. 我希望老了还能够给子孙做贡献					
7. 我希望老了还能给社会做贡献					
8. 我希望老了还能学点新东西					
9. 我希望得到子女的尊重					
10. 我希望得到年轻人的尊重					

三　养老需求与现状

21. 您对以下经济支持的需求程度及现状如何?请逐一回答,并在选项框内填写相应的序号。

	21.1 需要程度: (1) 很需要　(2) 较需要 (3) 不太需要　(4) 不需要	21.2 获得支持的频繁程度: (1) 总是　(2) 经常 (3) 偶尔　(4) 很少 (5) 从未
1. 现金		
2. 米、面、油等食品		
3. 衣被		
4. 电视机等家用电器		
5. 医疗器械		
6. 医疗药品		
7. 保健药品		

22. 您最希望从哪里得到以上经济或物质支持?

（1）自己或配偶　　　　　　（2）子女

（3）村集体　　　　　　　　（4）政府

（5）慈善人士

（6）其他（请注明）_____

22.1. 您主要从哪里获得上述经济或物质支持?（请在第 22 题的选项中选择）（　）

23. 您对以下生活照料服务的需求程度及现状如何,请逐一回答。

	23.1 需求程度： （1）很需要　（2）较需要 （3）不太需要　（4）不需要	23.2 获得支持的频繁程度： （1）总是　（2）经常 （3）偶尔　（4）很少 （5）从未
1. 清扫房间、整理物品		
2. 换洗衣被		
3. 做饭		
4. 清洗餐具		
5. 喂食喂药		
6. 个人清洁护理		
7. 协助翻身、起卧		
8. 户外活动陪护		
9. 按摩保健		
10. 康复理疗		
11. 体检		

24. 您最希望谁来为您提供生活照料?

（1）配偶　　　　　　　　　（2）子女

（3）村集体　　　　　　　　（4）政府

（5）专职服务人员　　　　　（6）志愿者

（7）其他_____

24.1. 您主要从哪里获得上述生活照料?（请从第 24 题的选项中

选择）（   ）

25. 您对以下精神支持的需求程度及其现状，请逐一回答。

	25.1 需求程度： （1）很需要　（2）较需要 （3）不太需要　（4）不需要	25.2 获得支持的频繁程度： （1）总是　（2）经常 （3）偶尔　（4）很少 （5）从未
1. 聊天解闷，排解抑郁情绪		
2. 子女的陪伴和关心		
3. 参加一定的娱乐活动		
4. 读书看报等知识性活动		
5. 邻里间串门		
6. 心理辅导		

26. 您最希望从哪里获得情感支持？

（1）自己或配偶　　　　　　（2）子女

（3）村集体　　　　　　　　（4）政府

（5）专职服务人员　　　　　（6）志愿者

（7）其他_____

26.1. 您主要从哪里获得上述精神支持？（请在第 26 题的选项中选择）（   ）

27. 当前而言，您最需要得到哪方面的养老支持？

（1）经济或物质支持　　　　（2）生活照料

（3）精神支持

（4）其他（请注明）_____

28. 在您的成年子女中，哪一位与您联系最密切？如果与他们/她们联系的密切程度都差不多，请选择最近一段时间与您交谈最多的那位（单选）

（1）长子　　　　　　　　　（2）其他儿子

（3）长女　　　　　　　　　（4）其他女儿

（5）长婿　　　　　　　　　（6）其他女婿

（7）长媳　　　　　　　　　　（8）其他媳妇

（9）其他（请注明）＿＿＿＿＿＿＿＿

29. 在过去一年中，该成年子女是否经常为您提供以下帮助？

	总是	经常	偶尔	很少	从不
a. 给钱					
b. 帮助料理家务（例如打扫、准备晚餐、买东西、代办杂事）或照顾小孩或其他家人					
c. 听你的心事或想法					

30. 您参加以下活动的频繁程度

	总是	经常	偶尔	很少	从不	不适用
1. 社区组织的文化娱乐活动						
2. 社区组织的老年健身活动						
3. 社区组织的外出游玩活动						
4. 社区组织的免费体检活动						
5. 社区老年学校组织的活动						
6. 社区老年活动室组织的活动						
7. 老年协会组织的活动						

31. 据您所知，您所在的村有没有开设老年食堂？

（1）有　　　　　　　　　　（2）没有

32. 您使用以下设施的频繁程度？

	总是	经常	偶尔	很少	从不	不适用
1. 老年人医疗保健室						
2. 老年人活动室						
3. 老年人图书馆						
4. 健身器材						
5. 休息座椅						

33. 请依据您的实际情况，在符合的项目下作答。

	非常符合	比较符合	一般	不太符合	很不符合
1. 您对目前自己的生活状况感到满意					
2. 当您需要帮助时，子女能及时提供帮助					
3. 您的邻里在养老上给了您很大的帮助					
4. 政府和村干部在养老上给了您很大帮助					
5. 您对自己获得的经济或物质支持感到满意					
6. 您对自己获得的生活照料感到满意					
7. 您对自己获得的精神支持感到满意					
8. 您对社区专职人员的服务感到满意					
9. 您对志愿者的服务感到满意					
10. 您对您的养老持乐观态度					

34. 您对中国农村养老问题有什么意见或建议？
_____
_____

调查到此结束，再次谢谢您的合作，祝您生活愉快，家庭美满！

附录7 湖北社会养老服务体系建设研究调查问卷

您好!

  我们正在进行社会养老服务的调查,目的是了解老年人的养老服务需求与现状,为完善社会养老服务体系提供决策咨询与建议。您是我们通过科学方式抽取的调查对象,您的支持对于本研究具有十分重要的意义。本次调查不记姓名,调查数据只用于学术研究,您的回答不涉及是非对错,不会给您带来任何不利影响。请您根据实际情况做出真实回答,我们保证对您的信息严格保密。衷心感谢您的支持与合作。

"湖北社会养老服务体系建设研究"课题组
2013年1月

填答说明:

1. 请在适合自己情况的答案上打"√",或者在横线处填上适当内容。

2. 无特殊说明,每个问题只能选择一个答案。

1. 您的年龄?_____周岁
2. 您的性别?
 1. 男   2. 女
3. 您的户籍性质?
 1. 农业户口   2. 非农户口
4. 您的文化程度?
 1. 未接受过正式教育   2. 小学

3. 初中　　　　　　　　　　4. 高中/中专/技校

5. 大专及以上

5. 您的政治面貌？

1. 共产党员（含预备党员）　　2. 民主党派

3. 群众

6. 在离退休或60岁之前，您的最后一个职业身份是？

1. 党政机关干部　　　　　　2. 企事业单位管理人员

3. 办事员　　　　　　　　　4. 专业技术人员

5. 私营企业主　　　　　　　6. 个体工商户

7. 商业服务业人员　　　　　8. 工人

9. 自由职业者　　　　　　　10. 军人

11. 农民工　　　　　　　　　12. 农民

13. 下岗失业人员及无业人员

14. 其他（请注明）＿＿＿＿＿＿＿＿

7. 您的婚姻状况？

1. 已婚　　　　　　　　　　2. 离婚

3. 丧偶　　　　　　　　　　4. 未婚（跳答第8题）

7.1. 您是否有子女？

1. 没有（直接回答第8题）

2. 有，其中＿＿＿＿个儿子，＿＿＿＿个女儿，＿＿＿＿个已婚儿子，＿＿＿＿个已婚女儿

7.2. 您家总共有＿＿＿＿口人，＿＿＿＿代人，其中，接受过大学教育的有＿＿＿＿人

7.3. 总的来说，您与家中晚辈的关系是否融洽？

1. 很融洽　　　　　　　　　2. 较融洽

3. 一般　　　　　　　　　　4. 不太融洽

5. 很不融洽

7.4. 总的来说，家中晚辈对您是否孝顺？

1. 很孝顺　　　　　　　　　2. 较孝顺

3. 一般　　　　　　　　　　4. 不太孝顺

5. 很不孝顺

8. 当前,您是否有稳定的收入来源?

　　1. 有　　　　　　　　　　2. 没有(跳答第 9 题)

8.1. 您的最主要收入来源是?

　　1. 退休金　　　　　　　　2. 社会养老保险金

　　3. 个体经营　　　　　　　4. 务农或务工

　　5. 商业养老保险金　　　　6. 政府救助金

　　7. 亲友接济

　　8. 其他(请注明)_____

8.2. 过去的一年,您大约有多少元的收入?_____元

9. 您目前的生活开支所需主要从何而来?

　　1. 积蓄　　　　　　　　　2. 自己和配偶所挣

　　3. 子女/孙子女供养　　　　4. 其他亲友接济

　　5. 退休金　　　　　　　　6. 社会养老保险金

　　7. 商业养老保险金　　　　8. 政府救助

　　9. 其他(请注明)_____

10. 当前,您最主要的生活开支用在哪个方面?

　　1. 机构服务费用　　　　　2. 专业人员服务费用

　　3. 衣食　　　　　　　　　4. 医疗保健

　　5. 娱乐　　　　　　　　　6. 补贴晚辈

　　7. 人情

　　8. 其他(请注明)_____

11. 在过去一年中,您曾经得到过以下哪些个人或群体提供的资助?(可多选)

　　1. 子女　　　　　　　　　2. 其他亲友

　　3. 社区　　　　　　　　　4. 福利院工作人员

　　5. 政府　　　　　　　　　6. 慈善团体或个人

　　7. 无

　　8. 其他(请注明)_____

12. 以您目前的经济状况,您认为自己属于以下哪种情况?

　　1. 很宽裕　　　　　　　　2. 较宽裕

　　3. 钱基本够用　　　　　　4. 比较紧张

5. 非常紧张

13. 您的身体健康状况处于以下哪种类型？

1. 很健康，无病　　　　　　2. 较健康，无大病或慢性病

3. 常年有病，但无残疾　　　4. 有残疾

14. 您的生活自理能力如何？

1. 完全可以自理　　　　　　2. 基本可以自理

3. 基本不能自理　　　　　　4. 完全不能自理

15. 您目前的养老方式？

1. 家庭养老

2. 福利院形式的机构养老（跳答第15.2题）

3. 服务人员上门提供服务的居家养老（跳答第16题）

4. 社区日托型养老（跳答第16题）

5. 其他（请注明）_____（跳答第16题）

15.1. 您目前的居住方式？（跳答第16题）

1. 与子女或孙子女居住　　　2. 与配偶单独居住

3. 独自居住

4. 其他（请注明）_____

15.2. 您入住福利院有多长时间了？_____年_____月（折合成_____个月）

15.3. 您所住的福利院属于？

1. 国办福利机构　　　　　　2. 街道办福利机构

3. 社区办福利机构　　　　　4. 民办福利机构

5. 非营利性志愿服务组织

6. 其他（请注明）_____

15.4. 您是如何入住福利院的？

1. 收养入住　　　　　　　　2. 自费代养，每月_____元

15.5. 您所住福利院经费的主要来源是？

1. 政府支持（跳答第16题）

2. 社会慈善人士支持（跳答第16题）

3. 自营所得

4. 其他（请注明）_____（跳答第16题）

15.5a. 对于您所住福利院的收费，您是否能承受？

1. 完全能承受 　　　　　　　2. 基本能承受

3. 一般 　　　　　　　　　　4. 基本不能承受

5. 完全不能承受

15.5b. 您能承受福利院的收费大约为_____元/月

16. 您希望自己以哪种方式养老？

1. 家庭养老

2. 服务人员上门提供服务的居家养老

3. 社区日托型养老

4. 养老院形式的机构养老

5. 其他（请注明）_____

17. 下列关于养老的一些说法，您赞成的有哪些？（可多选）

1. 我更希望在自己家里和子孙一起安度晚年

2. 让老人住在养老院，对子女来说是没面子的事

3. 为了减轻子女经济负担，我会在家里养老

4. 无论如何，我更愿意在家里养老

5. 为了减轻子女照料负担，我会在养老院养老

6. 为了老时有伴，我更愿意在养老院养老

7. 在养老院比在家里更自由，我更愿意在养老院养老

8. 在养老院能得到及时照顾，我更愿意在养老院养老

18. 下列人员中，您关系比较融洽的是_____；不融洽的是_____

1. 家人

2. 邻里/同住老人

3. 村干部/居委会

4. 福利院工作人员（限入住老人回答）

19. 下列说法，您认为符合本社区实际情况的是？（可多选）

1. 当地的大多数年轻人都很孝敬父母

2. 当地的大多数年轻人都很尊重老年人

3. 当地政府的养老、敬老政策比较完善

4. 当地的养老、敬老工作做得很好

5. 当地经常有一些为老年人服务的活动

6. 当地非常关注老年人的精神健康状况

7. 除了打麻将、聊天，几乎无其他娱乐

20. 调查地点：_____省市县（区）乡_____（镇）/街道村/社区/养老院

21. 调查时间：_____年_____月_____日

22. 下列各项服务内容的情况，请您根据您的实际情况一一填写。

		a. 需求程度： 1. 很需要 2. 较需要 3. 一般 4. 不太需要 5. 不需要	b. 目前主要由谁提供： 1. 无 2. 家人 3. 邻里 4. 机构服务人员 5. 专业服务人员 6. 志愿工作者 7. 其他（请注明）__	c. 您希望由谁提供： 1. 无 2. 家人 3. 邻里 4. 机构服务人员 5. 专业服务人员 6. 志愿工作者 7. 其他（请注明）__	d. 该服务的收费形式： 1. 免费 2. 低偿 3. 有偿 4. 高偿	e. 该服务的费用您： 1. 完全能承受 2. 基本可以承受 3. 一般 4. 基本不能承受 5. 完全不能承受	f. 您对该服务： 1. 很满意 2. 较满意 3. 一般 4. 较不满意 5. 很不满意
日常照料	1. 清扫房间、整理物品						
	2. 换洗衣被						
	3. 做饭						
	4. 清洗餐具						
	5. 个人清洁护理						
	6. 购买生活用品						
	7. 喂食喂药						
	8. 协助翻身、起卧						
	9. 户外活动陪护						
医疗护理	10. 陪伴就医，帮助配药						
	11. 康复理疗						

续表

医疗护理	12. 按摩保健						
	13. 常见疾病的防治						
	14. 医疗保健知识的普及						
	15. 紧急情况下及时救援						
	16. 上门医疗服务						
	17. 定期体检、义诊服务						
	18. 提供常用药品						
情感慰藉	19. 聊天解闷，排解情绪						
	20. 生日有人问候和陪同						
	21. 节日有人问候和陪同						
	22. 组织老年联谊活动						
	23. 心理辅导						
	24. 组织老年娱乐活动						
	25. 外出旅游						
	26. 读书看报等学习活动						
	27. 老年培训或讲座						
	28. 组织老年竞技活动						
	29. 参与公益等社会活动						
权益保障	30. 维权和法律咨询						
	31. 帮助解决家庭纠纷						

23. 过去一年内，您接受下列机构或个人服务的情况。

	a. 需求程度： 1. 很需要 2. 较需要 3. 一般 4. 不太需要 5. 不需要	b. 该服务的频繁程度： 1. 从无 2. 偶尔 3. 一般 4. 较频繁 5. 很频繁	c. 该服务的收费形式： 1. 免费 2. 低偿 3. 有偿 4. 高偿	d. 您对该服务： 1. 很满意 2. 较满意 3. 一般 4. 较不满意 5. 很不满意
1. 家政公司				
2. 社区老年生活服务中心				
3. 社区老年活动中心				
4. 老年公园				
5. 社区老年大学				
6. 家庭病床				
7. 社区医院				
8. 社区日间照料服务				
9. 社区志愿服务				
10. 家庭服务员入户服务				

我们的调查到此结束，再次感谢您的支持。

祝您身体健康，晚年幸福！

附录8 湖北省社会养老服务机构基本情况调查表

您好!

我们正在进行社会养老服务的调查,目的是了解老年人的养老服务需求与现状,为完善社会养老服务体系提供决策咨询与建议。该机构是我们通过科学方式抽取的调查对象,您的支持对于本研究具有十分重要的意义。本次调查数据只用于学术研究,请您根据该机构实际情况真实填写,我们保证对该机构和您的信息严格保密,不会给该机构和您带来任何不利的影响。衷心感谢您的支持与合作。

"社会养老服务体系建设研究"课题组
2013年1月

填答说明:请在适合该机构情况的答案上打"√",或者在横线处填上适当内容。

1. 贵机构属于以下哪种类型?
(1) 养老院或福利院　　　　(2) 疗养院
(3) 老年生活服务中心　　　(4) 社区老年活动中心
(5) 社区日间照料中心(室)　(6) 社区志愿服务机构
(7) 社区医院
(8) 其他(请注明)_____

2. 贵机构属于以下哪种性质?
(1) 国办　　　　　　　　　(2) 街道办
(3) 社区办　　　　　　　　(4) 民办

（5）非营利性组织

（6）其他（请注明）＿＿＿＿＿＿＿＿＿＿＿＿

3. 以下关于贵机构的基本信息，请您根据实际情况填写，或在相应选项上打"√"。

机构规模	成立时间	＿＿＿＿年＿＿＿＿月
	占地面积	＿＿＿＿平方米
	建筑面积	＿＿＿＿平方米
	建筑投资	＿＿＿＿万元
	机构资金来源	1. 政府财政拨款＿＿＿＿% 2. 彩票公益金的资助＿＿＿＿% 3. 社会捐助＿＿＿＿% 4. 个人投资＿＿＿＿% 5. 市场运作＿＿＿＿%
	机构资金用途	1. 设施的建设＿＿＿＿% 2. 员工酬劳＿＿＿＿% 3. 补贴老年人＿＿＿＿%
	养老服务用房	共＿＿＿＿间；其中 ＿＿＿＿间单人房 ＿＿＿＿间双人房 ＿＿＿＿间多人房 ＿＿＿＿间日托房
	办公用房数	＿＿＿＿间
	床位数	＿＿＿＿个床位
人员配置	员工人数及待遇（共＿＿＿＿人）	管理人员＿＿＿＿人，待遇：＿＿＿＿元/月 日常照料护理人员＿＿＿＿人，待遇：＿＿＿＿元/月 康复理疗师＿＿＿＿人，待遇：＿＿＿＿元/月 心理辅导师＿＿＿＿人，待遇：＿＿＿＿元/月 社会工作者＿＿＿＿人，待遇：＿＿＿＿元/月 营养师＿＿＿＿人，待遇：＿＿＿＿元/月 医师＿＿＿＿人，待遇：＿＿＿＿元/月 厨师＿＿＿＿人，待遇：＿＿＿＿元/月 保洁员＿＿＿＿人，待遇：＿＿＿＿元/月 保安＿＿＿＿人，待遇：＿＿＿＿元/月 设备维护人员＿＿＿＿人；待遇：＿＿＿＿元/月 其他（请注明）＿＿＿＿＿＿＿＿人；待遇：＿＿＿＿元/月

续表

人员配置	从业人员来源构成人数	1. 专业从业人员（指具有职业资格证书的）_____人 2. 下岗工人_____人 3. 征地人员_____人 4. 退休人员_____人 5. 待业人员_____人 6. 农民_____人 7. 其他（请注明）_____人
	从业人员学历构成人数	1. 初中及以下_____人 2. 高中、中专_____人 3. 大专或高职_____人 4. 本科及以下_____人
机构设施	房间设施（如有，请在相应选项上打"√"）	1. 衣柜 2. 床头柜 3. 电视机 4. 空调 5. 坐便器 6. 热水器 7. 浴霸 8. 条桌 9. 紧急呼叫器 10. 电脑 11. 电话 12. 其他（请注明）_____
	室外设施（如有，请在相应选项上打"√"）	1. 阅览 2. 棋牌室 3. 健身器 4. 康复设施 5. 医疗诊所 6. 药店 7. 其他（请注明）_____
收住对象	总计_____名；其中，三无老人_____名，五保户_____名，自费代养_____名，其他（请注明）_____名 其中，完全自理_____名，半自理_____名，全护理_____名，特护_____名	
收费标准	收费区间：_____元/月—_____元/月；其中，1. 床位费_____元/月；2. 护理费_____元/月；3. 水电费_____元/月；4. 餐饮费_____元/月；5. 入院购置费_____元/人	
服务内容	服务项目	下列服务项目针对哪类老年人，请在相应选项上打"√"，可多选。
个人卫生护理	1. 定期换洗衣服	1. 无 2. 自理老人 3. 半自理老人 4. 全护理老人 5. 特别护理老人
	2. 督促老人进行个人清洁（洗脸、刷牙、洗澡、梳头）	1. 无 2. 自理老人 3. 半自理老人 4. 全护理老人 5. 特别护理老人
	3. 督促老人洗头、剪指甲、理发剃须	1. 无 2. 自理老人 3. 半自理老人 4. 全护理老人 5. 特别护理老人
	4. 搀扶上厕所	1. 无 2. 自理老人 3. 半自理老人 4. 全护理老人 5. 特别护理老人
	5. 协助其梳头、洗浴	1. 无 2. 自理老人 3. 半自理老人 4. 全护理老人 5. 特别护理老人

续表

服务内容	服务项目	下列服务项目针对哪类老年人，请在相应选项上打"√"，可多选。
个人卫生护理	6. 定期给老人修剪指甲、洗头、理发	1. 无　2. 自理老人　3. 半自理老人 4. 全护理老人　5. 特别护理老人
	7. 帮助穿、脱衣服	1. 无　2. 自理老人　3. 半自理老人 4. 全护理老人　5. 特别护理老人
	8. 帮助老人大小便	1. 无　2. 自理老人　3. 半自理老人 4. 全护理老人　5. 特别护理老人
	9. 为大小便失禁或呕吐的老人及时更换衣物	1. 无　2. 自理老人　3. 半自理老人 4. 全护理老人　5. 特别护理老人
	10. 及时帮助老人大小便、插导尿管并及时更换和清洗	1. 无　2. 自理老人　3. 半自理老人 4. 全护理老人　5. 特别护理老人
	11. 为大小便失禁或卧床不起的老人勤洗身、勤换衣物和尿片	1. 无　2. 自理老人　3. 半自理老人 4. 全护理老人　5. 特别护理老人
饮食起居护理	1. 提供一日三餐	1. 无　2. 自理老人　3. 半自理老人 4. 全护理老人　5. 特别护理老人
	2. 定期将餐具消毒	1. 无　2. 自理老人　3. 半自理老人 4. 全护理老人　5. 特别护理老人
	3. 观察老人饮食情况有无异常	1. 无　2. 自理老人　3. 半自理老人 4. 全护理老人　5. 特别护理老人
	4. 将饭菜、茶水送到居室	1. 无　2. 自理老人　3. 半自理老人 4. 全护理老人　5. 特别护理老人
	5. 协助医生观察老人病情变化和用药反映	1. 无　2. 自理老人　3. 半自理老人 4. 全护理老人　5. 特别护理老人
	6. 喂食喂药	1. 无　2. 自理老人　3. 半自理老人 4. 全护理老人　5. 特别护理老人
	7. 定时观察病情并做好记录	1. 无　2. 自理老人　3. 半自理老人 4. 全护理老人　5. 特别护理老人
居室卫生护理	1. 洗床单、被套、枕套	1. 无　2. 自理老人　3. 半自理老人 4. 全护理老人　5. 特别护理老人

续表

服务内容	服务项目	下列服务项目针对哪类老年人，请在相应选项上打"√"，可多选。
居室卫生护理	2. 定期清扫、整理房间	1. 无 2. 自理老人 3. 半自理老人 4. 全护理老人 5. 特别护理老人
	3. 定期开启门窗	1. 无 2. 自理老人 3. 半自理老人 4. 全护理老人 5. 特别护理老人
	4. 协助老人整理床铺	1. 无 2. 自理老人 3. 半自理老人 4. 全护理老人 5. 特别护理老人
	5. 定期帮老人翻晒被褥	1. 无 2. 自理老人 3. 半自理老人 4. 全护理老人 5. 特别护理老人
医疗康复护理	1. 进行医疗指导	1. 无 2. 自理老人 3. 半自理老人 4. 全护理老人 5. 特别护理老人
	2. 进行保健指导	1. 无 2. 自理老人 3. 半自理老人 4. 全护理老人 5. 特别护理老人
	3. 进行卫生宣传教育	1. 无 2. 自理老人 3. 半自理老人 4. 全护理老人 5. 特别护理老人
	4. 定时协助老人翻身	1. 无 2. 自理老人 3. 半自理老人 4. 全护理老人 5. 特别护理老人
	5. 加强老人床位、座椅安全	1. 无 2. 自理老人 3. 半自理老人 4. 全护理老人 5. 特别护理老人
	6. 为老人进行室内晨练、晚练	1. 无 2. 自理老人 3. 半自理老人 4. 全护理老人 5. 特别护理老人
	7. 24小时有指定人员护理	1. 无 2. 自理老人 3. 半自理老人 4. 全护理老人 5. 特别护理老人
	8. 配备抢救设备和急救药品	1. 无 2. 自理老人 3. 半自理老人 4. 全护理老人 5. 特别护理老人
精神慰藉	1. 聊天解闷，排解情绪	1. 无 2. 自理老人 3. 半自理老人 4. 全护理老人 5. 特别护理老人
	2. 生日有人问候和陪同	1. 无 2. 自理老人 3. 半自理老人 4. 全护理老人 5. 特别护理老人

续表

服务内容	服务项目	下列服务项目针对哪类老年人,请在相应选项上打"√",可多选。
精神慰藉	3. 节日有人问候和陪同	1. 无 2. 自理老人 3. 半自理老人 4. 全护理老人 5. 特别护理老人
	4. 心理辅导	1. 无 2. 自理老人 3. 半自理老人 4. 全护理老人 5. 特别护理老人
	5. 打牌下棋等娱乐活动	1. 无 2. 自理老人 3. 半自理老人 4. 全护理老人 5. 特别护理老人
	6. 外出旅游	1. 无 2. 自理老人 3. 半自理老人 4. 全护理老人 5. 特别护理老人
	7. 读书看报等学习活动	1. 无 2. 自理老人 3. 半自理老人 4. 全护理老人 5. 特别护理老人
	8. 参与公益等社会活动	1. 无 2. 自理老人 3. 半自理老人 4. 全护理老人 5. 特别护理老人
权益保障	1. 维权和法律咨询	1. 无 2. 自理老人 3. 半自理老人 4. 全护理老人 5. 特别护理老人
	2. 帮助解决家庭纠纷	1. 无 2. 自理老人 3. 半自理老人 4. 全护理老人 5. 特别护理老人

4. 2012 年服务老年人_____人次。

5. 请您谈谈贵机构开展养老服务的经验。

请您谈谈贵机构在运营过程中面临的主要困难。

6. 调查地点:_____市县(区)_____乡(镇)/街道_____村/社区

7. 调查时间:_____年_____月_____日

我们的调查到此结束,再次感谢您的支持。

祝您身体健康,工作顺利,生活幸福!

后　　记

本书是国家社科基金青年项目"以农民需求为导向的农村养老保障制度研究"（立项号：08CSH033）的最终成果，同时受到湖北省社科基金一般项目"湖北省社会养老服务体系建设研究：基于供需均衡的研究视角"（立项号：2013155）、华中农业大学自主科技创新基金人文社会科学优秀青年人才资助计划（课题编号：2012YQ004）和国家级科技人才培育项目（课题编号：2662015PY106）的资助。

在课题研究过程中，课题组成员张翠娥教授、狄金华副教授、王翠琴副教授、方菲副教授、胡宏伟副教授、王彩云同学、罗卫同学、李春芳同学、李冬雪同学等，为课题研究付出了辛勤的劳动，贡献了大量的智慧。

在课题调查过程中，湖北省民政厅、武汉市武昌区民政局、汉川市民政局、宜昌市民政局、十堰市民政局、荆州市民政局、荆门市民政局、共青团云梦县委员会等单位，湖北省民政厅范长林处长、汉川市纪委监察局余国庆同志、荆门市教育局付子林先生、孝昌县委组织部李惠芬女士、浙江工商大学曾鹏副教授、广西大学牟坚博士、华中农业大学陈红莉博士等友人在调研联络协调方面提供了大量帮助；华中农业大学社会学系研究生雷华、李静、耿宇瀚、李艳英、李冬雪、刘晓强、邱泽嫒、付佳、周晨冰、李明书、刘珂、张小丹、徐燕、董京京、朱良瑛、唐永木、余建佐、张进、高冬梅、魏丹、孙舟燕、陈丹、田经炎炎、季加海、蒋俊杰，本科生曹政伟、陈高选、丁镇、吕钊煜、范勇、叶荣、卢星、段洪琳、宋敏、董文颖、叶闽慎、李艰、杨艳飞、魏丽娜、钱加强等同学参与了实地调查或数据录入。没有他们的支持，本书的资料收集工作不可能顺利完成。

后 记

从立项到付梓，本书经历了 8 年多的时间，几乎可以用"八年抗战"来形容。在研究过程中，我尝试不断地拓展研究资料、完善研究内容，希望做到精益求精。相应地，研究进展未免偏慢。感谢华中农业大学文法学院院长、社会学学科带头人钟涨宝教授，人事处杨少波处长（时任文法学院党委书记），万江红教授，郑杰处长（时任文法学院副院长），鄢万春副部长（时任文法学院党委副书记），马华力副院长等领导和同事，是他们用博大的胸怀、无私的关怀、悉心的指导助推并见证了我的学术成长。

感谢我的博士生导师刘祖云教授、硕士生导师向德平教授。两位先生在我毕业之后一如既往地如慈父般关心我，在研究选题和成果撰写过程中提出了大量建议性意见，在为学、为人之道方面给了我许多忠告。感谢我在美国加州大学洛杉矶分校的合作导师周敏教授、Roger Waldinger 教授和 Cindy Fan 教授。他们欣然接受了我的访学申请，他们的远见卓识丰富了我的学术视野。感谢武汉大学桂胜教授、徐炜副教授，华中科技大学雷洪教授、丁建定教授，华中师范大学江立华教授等师友，他们在我的学术成长过程中提供了大量无私的帮助。

本书相关章节的部分内容曾作为阶段成果发表在《中国农村观察》、《学习与实践》、《中南民族大学学报（人文社会科学版）》、《甘肃行政学院学报》、《华中农业大学学报（社会科学版）》等期刊，曾被《新华文摘》、中国人民大学复印报刊资料《社会保障制度》、《劳动经济与劳动关系》等杂志转载，感谢潘劲、刘仲翔、陈秋红、白描、陶秀丽、何海涛、罗梁波、陈浩、陈万红、刘少雷等编辑的信任及匿名审稿人的建议性修改意见；感谢相关章节的合作者李春芳、雷华、王彩云、徐燕等同学的合作；感谢中国社会科学出版社，尤其是本书的责任编辑田文老师的辛勤付出。

感谢我的双亲。我的母亲自幼丧母，家境贫寒，历经磨难，造就吃苦耐劳、自强不息之品质。在我的少年时期，父亲一人在外经营小生意，留下母亲在家耕种。母亲巾帼不让须眉，勤持家而有成；上奉而下养，内贤而外明。适劳极而福至，噩起辛未仲夏，罹患肾病。久治不愈，恐拖累子女学业，在我 16 岁那年含泪撒手西归。我的父亲少年体弱多病，集体化时期受尽歧视；中年丧偶，一生多悲苦而少欢愉。无论生活如何艰辛，在我求学期间，父亲总是倾其全力支持我的学习、生活。在父亲有生之年，他一直鞭策着、激励着我踏踏实实做人、精益求精做事。"子欲养而亲不在"，在我赴美访学那年，父亲也因病离我而去，给我留下无尽的自责和哀思。

感谢我的妻子佘洪毅。攻读硕士、博士学位期间，她一面辛勤工作，一面帮我孝敬老人、善待家人，无私地资助我完成学业；工作以来，她任劳任怨，一人操持起所有的家务，独力承担起孝敬老人、养育儿子的所有责任。感谢我的儿子。坦白地说，我并不是一个称职的父亲，平时每天"朝八晚十"，很少能抽出时间陪儿子，但他善解人意，给了我莫大的欣慰和鼓励。

最后要感谢支持我们调研的社区干部、养老机构工作人员及广大农民朋友。本研究的初衷是为完善农村社会养老保障制度、保障农民养老保障权益提供决策参考，但在实地调研过程中，我们从来不敢向调查对象保证，能马上帮助他们解决养老保障方面的现实问题。尽管如此，他们还是接纳了我们，并向我们贡献了他们的智慧。

田北海
2017 年 10 月 9 日于武昌南湖